本多弘之

親鸞の名号論

根本言の動態的了解

法藏館

親鸞の名号論――根本言の動態的了解――＊目次

第四章　称名は正念なり

第六章　『安楽集』の引文

凡例

『真宗聖典』（東本願寺出版部）は「聖典」と表記する。また『真宗聖教全書』は「真聖全」、『大正大蔵経』は、「大正蔵」と表記する。

『清沢満之全集』は岩波書店（二〇〇三年）版による。『曽我量深選集』は彌生書房（一九七〇年）版による。

漢字は、旧漢字しかない場合にはそれを用いるが、教育漢字・現代漢字があるものについては、現代表記を用いることとする。

書名は、初出を正式名とし、次回からおおむね略称を用いることとする。

親鸞の名号論

――根本言の動態的了解――

はじめに

親鸞聖人が明らかにされた「行」ということについて、皆さま方とご一緒に考えていきたいと思います。ついては、私の師であった安田理深（一九〇〇―一九八二）先生、そして、その先生であった曽我量深（一八七五―一九七一）先生が、力を尽くしてお考えになられたことがあります。「はじめに名号あり」とか、そして「根本言《ごん》」というようなお言葉で、名号のもつ大切さ、重さ、そしてそれは親鸞聖人が「大行」と言われるような、如来の行という意味を、「南無阿弥陀仏」にいただいていくという方向性です。これがどこかで我々が称名するという、人間が行為することによって行になるという考え方と混ざって、元々の名号に対する非難であった行としては軽すぎる、という問題に逆転しているのではないでしょうか。

それはつまり、修行ということが行であるなら、難しく困難な時間のかかる行為を積んで、そして我々がその積んだ功徳で何か立派なことを体験する。そういう考え方で名号、行ということをいただこうとすると、名号というものの意味がよくわからない。軽い行としてしかわからない。そういうことになっていて、特に現代は名の意味がよくわからないということと、行として軽いということ。この両面から浄土真宗における名号というものの重さが、どこか抜けてしまっているのではないかという危機感を私は感じています。

浄土真宗の「浄土」が何かよくわからなくなっているという根本問題がひとつあり、その浄土のわからなさと「名号」のわからなさということが、現代の文明社会と言いましょうか、マスコミが毎日のように新しい刺激を流している生活の中でより一層重さがなくなり、意味が見えなくなり、そして我々の信仰生活の中核であるような柱としての大切さが、どこか希薄になっています。

そういう問題を感じていますので、「行文類」（「行巻」〈主として大行釈から『選択本願念仏集』《『選択集』》引用まで〉）を考察し直したいと思うのです。親鸞聖人が、主著『顕浄土真実教行証文類』（『教行信証』）に「行巻」を開いて、そして名号というものの意味、法然（源空）上人からいただいた専修念仏の意味を、これだけ深めて考えてくださった。そのことについて、しっかりといただき直してみようと思うのです。

安田理深先生が、『親鸞教学』（大谷大学真宗学会の機関誌）という雑誌に「根本願、根本言」というテーマで論文を寄せてくださったことがありました（『安田理深選集』第一巻）。いわゆる「選択本願」と言われている願とは、「根本願」である。そして「大行」と言われている名号の意味は、「根本言」であると。そういうふうに言葉を変えたというだけではなくて、その意味を新しく掘り下げてお考えになっていました。

私は、安田理深先生の考えられた「根本言」ということ、そういう言葉で名号の意味をお考えくださったことを、もう一度尋ね直して、浄土真宗における名号というものの大切さを、我々自身の自覚において、しっかりと確認し直してみたいという思いなのです。

「言」ということは、呉音読みで、言語の言という字を「ごん」と読むのですが、これを安田理深先生も「ごん」というふうに発音されて、「言《ごん》の教学」というふうにおっしゃっていました。仏教の学びは、呉音で発音することが多いです。それで「こんぽんげん」と言わずに「こんぽんごん」と発音したいと思います。そういうことで、「根本言の動態的了解」を副題に、「南無阿弥陀仏」というお言葉の意味を考えていきたいと思うのです。

第一章　「顕浄土の仏法」――『無量寿経』を「真実の教」とすること

第一節　浄土を顕すということ

『顕浄土真実教行証文類』の題名

親鸞聖人の主著である『顕浄土真実教行証文類』を我々は『教行信証』と略称しています。しかし本来の題には、よくわからない謎が孕まれています。何か、親鸞聖人がどうしてこういう題名を付けられたのか、ということについてのわからなさがあります。それではじめに「顕浄土」ということ、「浄土を顕す」ということで問題を出してみたいと思います。

ご承知のように「文類」ということは、浄土の伝統、浄土教の歴史において、文類という形で浄土の教えを受け伝えていくということが、随分と盛んになされています。『楽邦文類』という書物がありますが、これは「らくほうもんるい」というふうにも読みますが、どういうわけか、坂東本に「ふんるい」とルビがふってあります。坂東本に「ふんるい」とふってあるということは、「ぶんるい」と読んでほしいということだと思うのです。「らくほうぶんるい」は、一般には「らくほうもんるい」と言っていますが、その『楽邦文類』ということが、親鸞聖人にとっては、「文類」（要文の類聚）として浄土教の内容を明らかにする書物を出すというヒントになったのではないかということが言われています。

しかし、それだけではありません。師である法然上人の主著の題も『選択集』といいますが、この「集」ももちろん、『無量寿経』、『観無量寿経』（以下『観経』）、『阿弥陀経』という教えに沿いながら、善導大師の教えを中心にして、文を集めるという体裁をとっていますし、法然上人の先輩である源信僧都の『往生要集』も「集」ですから、往生の要を集めるという形で、文類になっているのです。そして、中国でももちろん、そのほかの往生の文類を集めるということが、随分と多いわけです。『浄土五会念仏略法事儀讃』（以下『五会法事讃』）もそうですし、文を集めるということによって、「南無阿弥陀仏」の教えをはっきりさせるという形式をとっているのです。

親鸞聖人が書物を制作するという決断は、早くにできたのかも知れませんが、それを『顕浄土真実教行証文類』六巻という構成にするということが、どういうふうにできていったのかということについてはよくわかっていません。そして、その中、教・行・信・証と言われる四巻は、「往相の回向について、真実の教行信証あり」（聖典一五二頁）と、「教巻」に書いておられて、その「教巻」のテーマ「往相の回向」の内容が、教・行・信・証の巻として展開されていると考えられます。そういう思想の展開内容というものを六巻にまとめ上げていくことを、いつ着想され、どういうふうにそれを練り上げていかれたのかについても、まだよくわからないところが多いのです。

その中でも、『顕浄土真実教行証文類』という題名が、最終的に決まったのは、いつなのかということも、わからないところがあります。

それは、「化身土巻」と言われる最後の巻のところに、坂東本だと、「顕化身土文類」と書いた横に、朱で、浄土方便と入れているのです。

ということは、坂東本ができあがったときには、差しあたって書いた題では、「教巻」の前に出されている標列のような題だったのかも知れません。坂東本は清書本だと言われていますけれど下書きが何回かあって、最終的にそれを整理されて作り上げられたのが、坂東本であるということでしょう。

その坂東本で題名の一部を書き落としたとは思えません。はじめは、「顕化身土文類」と書いてあった。それを「顕浄土方便化身土文類」と書き換えられたのでしょう。

「総序」の後の標列では、

真実の教
浄土真宗

大無量寿経

顕真実教　一
顕真実行　二
顕真実信　三
顕真実証　四

顕真仏土　五

顕化身土　六（聖典一五〇―一五一頁）

と、六つの巻の題とおぼしきものが出されています。『無量寿経』の内容が、「真実の教」であって、その内容がこれであるというふうに親鸞聖人が押さえておられる。そして、それを展開する。その場合には、浄土真実という言葉、そして浄土方便も外されているわけです。

ところが、それを表に出して本の題にするときには、『顕浄土真実教行証文類』と書かれて、そして「顕浄土」という言葉は、全六巻の題に全部付いているわけです。こういうことが、単なる言葉を落としたとか、略したとかいうことではすまない、何か親鸞聖人には、どうしても書き加えておきたい意図がおありなのではないでしょうか。

これを外題と内題という言い方で、もうわかったようにしてしまう考え方もあるようです。内題は、浄土真実とか、浄土方便なしでよいと。外に出した、外題の場合には付けるのだと。なぜ付けるのか、なぜ外すかということは、外と内だから、内は略してもいいというか、何かそんなことですっと通ってしまうというか。そういう考え方もあるようです。

だが私には、そういうふうにすっと行かない問題が感じられるのです。というのは、今述べたように、「真実の教　浄土真宗」と押さえたわけですから。『無量寿経』の内容は、浄土の真宗なのだと押さえて、浄土の真宗の内容が六巻に開かれるということなのですから。だから、題はそれぞれ「顕浄土」という課題を持った、それぞれの巻であるということに相違ないのです。

隠顕

「顕」という字はご承知のように、親鸞聖人は善導大師の教えを受けて、「隠顕《おんけん》」ということをおっしゃいます。顕、明らかに顕すという字の顕と、隠微とか、隠匿とか、隠すという字の隠。隠という字で、隠彰という言い方をして、隠して彰《あらわ》すと。その彰の字と、顕の字とを対応させて、「顕彰隠密」ということを言います。これを略して隠顕とも言います。

この言葉は、善導大師の言葉の中にあるわけですが、そういう言葉に親鸞聖人は、大切な指示を見出されて、そして特に『観経』の教え方というものには、顕の義で、顕わに説いているという説き方が、定散二善であると。顕わに説くということは、人間は皆自力の心をもって、自力でこの世を生きていると思っている。だから、自力の心に呼びかけて、仏教を求めさせるという形を取らないと人間はわからない。ついて来ない。

だからまず、自力の心に対して、浄土を呼びかける、これが顕の義だと。しかし、自力の心に呼びかけるけれど、人間の限界を超えて真実の世界、あるいは大涅槃の世界、あるいは一如法界と言われるような無為の世界、そういう世界は、人間の努力や、人間の分限で分かち取れる世界ではないのだということがあるから、自力で呼びかけるけれど、自力では届かないということを、仏陀は初めから知っておられるのです。

自力でやれと教えるけれど、本当は自力は駄目なのだと言いたいところだけれど、人間は自力が駄目だと言ったら、教えを聞こうとしません。努力しようとしません。

だから、まずは努力せよと、こう呼びかける。それが顕の義だと。だから顕の義も、もちろん大悲の心があって、顕の義を説くと。

これを、十九の願に親鸞聖人は対応させるわけです。「至心・発願・欲生」、つまりみずから発願して、仏になろうとおもいたって、仏の教えを求めると。その心に『観経』が、しっかり浄土を観よと。浄土を求めたいと思うなら、こうやれというふうに呼びかける。それは顕の義である。

しかし、本当は如来の大悲は、一切衆生、これは愚かであり、有限であり、無為・涅槃には到達できない。法性のさとりを得ることはできない。それで韋提希を対告衆にして、「凡夫よ」と呼びかけているわけです。韋提希をお前は凡夫なのだと、「汝是凡夫」（聖典九五頁）と初めに出してある。『観経』の韋提希が、家庭悲劇の中から、お釈迦さまに教えを聞きに来ているのに、その韋提希に向かって、お釈迦さまは「おまえは凡夫だ」と言っているわけです。

でも、そのように言われて、「はい、わかりました。私は凡夫です」というふうにはなりません。だから、定散二善を説くと。しかし、本当はそれで救われるまで歩むということはできないのだ、ということから、隠して彰す。

本当は、大悲を信じて欲しい。如来の大いなる無限なる用《はたら》きが、一切衆生を救いたいと願って、そのためには、我が世界に生まれよと。本願の世界に生まれよという形をもって呼びかける。それは、無為の世界を衆生に与えるためなのです。無為の世界というのは、用かない世界です。一如の世界、法性の世界。法性の世界を、本願を通して衆生に用きかけようとする教えとして、浄土の教えが立ち上がった。

これが、親鸞聖人の浄土の理解です。本願は、静かなる大涅槃から、やみがたき大悲をもって立ち上がったのだと。それが回向の心なのだと。こういうふうに親鸞聖人は了解なさって、浄土から本願が立ち上がって、我々に用いてくるのだとおっしゃるわけです。

善導大師は、そこまではっきりとおっしゃっているわけではないけれど、釈迦如来の深い慈悲の心は、韋提希の願いが自力では成就しないということを見通して、本当はあなたは念仏を取りなさいと。念仏という言葉をたもてば、大悲の世界に触れられるのだと。こういうことを教える。『観経』の最後に、そのことが出てきます。最後ということは、自力に破れて、はじめて触れるのだという。そういう教え方、これが『観経』の教え方です。その『観経』の教え方のときに、表は顕である。しかし、お釈迦さまの大悲は、実は、「隠彰の実義」というふうに言いますけれど、隠れて本当のことを彰してあるのだと。何も言わないのではない、彰してはあるけれども、ひそかに彰してある。「彰隠密」というふうに言います。隠密に彰してあると。こういうふうに善導大師が『観経』の構成を裏表で読むということを、『観経四帖疏』（以下『観経疏』）で教えてくださったのです。

浄土を顕す

親鸞聖人は、このように文字について大変ていねいに意味をいただいていかれる方ですから、この「顕」という字を使われるときには、おそらくそういう善導大師の指示というものを、どこかに念じておられるに相違ありません。そういうことが思われるのです。そうすると、「顕浄土」という、浄土を顕すということは、これは如来の仕事です。本当は、教えとしてはお釈迦さまの仕事であり、お釈迦さまにそれを説きださせるような深い精神的な背景として、物語として説きだされた『無量寿経』の本願の教えからすれば、法蔵菩薩の願力がはじめて浄土を顕すような力を持っている、と言ってもよいわけですが、その仕事を親鸞聖人は、この題のもとになさろうとしていると。

そういうことで「顕浄土」、浄土を顕すというふうに浄土の教えをお考えになったというところに、『教行信証』という著作を通して、親鸞聖人が人類の救いである本願の教えを、非常に思想的な仕事として練り上げていかれるときの何か大事な要があるのではないかということが、今回私が講義をしていくときの一番底流にある問題意識です。

つまり、一般的に考えられている浄土に「お」を付けて、「お浄土」と言ったら、やはり、この世界は穢土である。死んだら往く世界が、もうひとつあって、そちらがお浄土であると。こっちは「お」が付かない穢土であると。こういうふうな分け方で考えられている浄土、それは、当然親鸞聖人の時代であっても、おそらく一般的には、何かこの世では満ち足りない、この世では満たされない、この世では救われない我らが、如来の大悲によって死んだらたすかるという。そういう、死んだら往くという浄土です。そういう浄土というイメージが、親鸞聖人の時代にもあったであろうと思われます。

そして、一般的にその世界に往くことを往生と言いますから、往生という言葉がそういう形で一般用語として使われているということは、親鸞聖人のお手紙などを読むと、当然そういう使われ方は流通しているということはわかります。

しかし、この主著である『教行信証』を「顕浄土」という言葉をかぶせて、六巻の内容として、『無量寿経』の内容として明らかにしようと。こういう時の浄土は、そのような生きていた人間が、死んだら往く世界を考えるなどという話ではないのです。全然違う問題意識で、この著を作っておられます。そこに、浄土真宗をいただいていくときには、まずは親鸞聖人の教えが何を意図して、こういうことを考えていかれたのかということについて、少なくとも死んだら往く世界を考えるのだという前提に立って考えるのではなく、親鸞聖人が何をおっしゃりたいのかということで、聞いていかなければならないと、私は思うのです。

実は、親鸞仏教センターを真宗大谷派が、首都圏に学事施設として建ててくださったということに対する我々の責任がありますので、首都圏で働いておられるサラリーマンを中心にして、そしてできれば知識人と言われる指導層の方々に、親鸞聖人の教えというものが、どういうことかということについて興味を持ってもらいたいという思いで、私は、厚かましくも有楽町駅前にあります東京国際フォーラムというところで、お話をさせていただいています。穢土の、濁世の真っ直中で、悪戦苦闘しておられる方々に一番遠い世界である浄土を、バーンとぶつけてみようと。こういうことでやり始めて、そのときに、安田理深先生も長い間講義をしてくださった天親菩薩の『無量寿経優婆提舎願生偈』（以下『浄土論』）の二十九種荘厳功徳を中心にして、浄土のお話をするということで、やってみました。

興味がないから誰も来ないかと思いましたら、意外と、そこはやはりたくさんの門徒の方も東京へ出ておられるし、両親や祖父母が門徒であったような方々もおられますし、教えから離れてしまって、資本主義社会の真っ直中で大波に揺られながら、小舟の上で、死にものぐるいで生きているというような有り様の方々が、何か必死の思いでわかろうとして聞きに来てくださいます。

私は、親切な人間ではありませんので、あまりていねいにお話をしませんけれど、でも、一生懸命に聞きに来てくださるその方々に、浄土という問題をぶつけたのです。穢土の話ではない、浄土の話です。おそらく穢土しか興味がない人には全然わからない話にもかかわらず、浄土の話を聞いてみようという百人ぐらいの方が毎月寄ってくださいます。

それで、その方々に『浄土論』の荘厳功徳の話を通しながら、親鸞聖人にとっての浄土とは何であるか、ということを投げかけてみたのです。そういうことをしたこともあって、「顕浄土」ということは、『教行信証』のテーマであるとともに、親鸞聖人にとっての非常に大事なテーマであると、私は思うのです。

浄土を顕すということが、本当は、法蔵菩薩の本願の主旨なのです。法蔵菩薩は、我が国をつくろうと、我が国土、つまり浄土です。その浄土を建立しようというのが、本願です。だから「顕浄土」ということは、法蔵菩薩の本願だと言ってもいいわけですが、それをあえて思想の場でと言いますか、言葉を通し、顕そうと。

『無量寿経』の内容としての浄土、浄土真宗の浄土を顕そうと。こういう意図が、この「顕浄土」というところにあるのではないでしょうか。

三依という見方

凡夫たる我ら、つまり我々は聞く側、教えを聞き、本願の用きを受ける。つまり受動形であるべき我らが、「顕浄土」という能動的な表現を取り得るのか。それは、我々自身も親鸞聖人の教えをいただいて、浄土真宗というものをいただこうとするならば、「顕浄土」という課題に、少なくとも共感し、この課題を自分も何とか自分なりにいただこうと。こういう思いがはたして成り立ち得るのか。そういう「顕浄土」ということから、問題を出発しようと思います。

親鸞聖人自身も、「顕」という字を書いて著作をつくるからには、何かの形で自分が能動的に、「顕浄土」というふうに問題を取り直されたのではないでしょうか。『無量寿経』が教えている言葉を、みずからにおいて、「顕浄土」としていただき直す。そういうことができないなら、『教行信証』ができるはずがありません。

ですから、そういうことが、どうして成り立つのかということで、まずは、曇鸞大師の『無量寿経優婆提舎願生偈註』(以下『浄土論註』)の成上起下の文、「三依」という問題を出してみようと思います。ご承知のように、金子大榮(一八八一―一九七六)先生が、「真宗学序説」という講義をされました。これは大正時代の話ですから、一九二〇年代、大谷大学が今の大谷大学になる前、当時は今でいう厚生労働省の前身のような、厚生省のさらに前身のような官僚の組織のところに届け出ている各種学校だったのです。

東京で真宗大学をまったく新しい形で大学として運営していくときの届け先は、東京市のそういう役所でした。国立公文書館でさんざん探しますと、文部省(現、文部科学省)の管轄のところにはないのです。

厚生省管轄のところにあるわけです。それで、そういう大学だったのだというふうに、私は改めてわかったのです。

つまり、大学という名前は付いているけれども、料理学校とか、そのほかの技能の各種学校と同じレベルの扱いの学校だったのです。

その東京の真宗大学は、十年で止めにして、京都に真宗大谷大学という大学を建てて、それが今の大谷大学のある場所、大正の初めは賀茂川の河原だったのだそうですけれども、その賀茂川の河原の一帯を買い取って、大学にするという。それによって、大正十一（一九二二）年、文部省令による大学にしようと、佐々木月樵（一八七五―一九二六）先生が発願されて、文部省に届け出ました。その文部省管轄にするというときに、その大学の「学」の内容を十分なる近代の学問にふさわしい学であるということにしないと、文部省は認可しません。

それで、そのときに引っかかったのが、真宗学です。仏教学も、近代仏教学ならばよいと。要するにヨーロッパから来た近代仏教学は、ヨーロッパですでに学問として認められていますから、当然文部省もそれなら認めてくれます。ところが、いわゆる宗学、宗派の学びは、これは学問ではないというのです。修行をするための学びなのだから、それは、大学の学問にふさわしくないと。近代の学問といえば、人間の対象界を、合理性、理性をもって解明するものだというわけです。

科学をドイツ語では、ヴィッセンシャフト（Wissenschaft）と言います。wissen というのは、知るという ドイツ語です。Wissenschaft、知る作用、science もそうです。science という英語も元々は意識という言葉から出ていますから、意識の対象界を分析したり、解明していく。そういうことが学問だと考えられていました。

近代の大学は、そういうためにある場所だとされていますから、そのときに、宗学というものは、自分の主体的なというか、内面的な苦しみ、悩み、精神的な問題を解明して解決するという方法、そのための学問であって、それは対象界を解明するいわゆる学問ではないというわけです。

現代では、もう精神分析とか、心理学はもちろんですけれども、非常に内面的な、人間の内部にあるような問題を当然学問の内容として、研究するということが、当たり前になっていますけれど、大正のころは、まだそういうことがよくわかっていなくて、宗学というようなものは、学問ではないとされたのです。特に個人の精神内容というものは、これは客観化できないのだから、学問にはなじまないと。

こういうふうにして、なかなか許可してくれませんでした。そういう時代に、金子大榮先生が、『浄土論註』の成上起下の文によって、「三依」、三依というのは、三つの依り処です。「何所依《がしょえ》」「何故依《がこえ》」「云《うん》何依《がえ》」という言葉を出して、これによって、宗学の学びには、「対象」と「目的（理由・動機）」と、「方法」がある。つまり、学問の対象があり、学問の目的があり、そして学問の方法があると。そういうことを「真宗学序説」という講義で明らかにされて、その講義録を『真宗学序説』（文献書院、一九二三年）という本にされました。これなら確かに学問の内容をそろえているという話になるのです。

そういう三依という見方を、私も借りて考えようと思います。曇鸞大師が提出している三依ですが、天親菩薩は「世尊我一心　帰命尽十方　無碍光如来　願生安楽国」という言葉と、「観彼世界相　勝過三界道」という荘厳功徳の言葉の間に、「我依修多羅　真実功徳相　説願偈総持　与仏教相応」（『浄土論』聖典一三五頁）という「成上起下の文」と言われる言葉を挟んでいます。短い言葉だし、あまり意味もよくわかりませんから、『浄土論』を読んでも、すうっと通り過ぎてしまうようなところです。

ところが、曇鸞大師は、初めの「世尊我一心　帰命尽十方　無碍光如来　願生安楽国」、ここには、非常に大事な信仰表白があると言われます。そして、「観彼世界相」以下は、浄土の相《すがた》だから、これも大事だと。しかし、なぜその真ん中に、「我依修多羅　真実功徳相　説願偈総持　与仏教相応」というような言葉が入っているのか、ということについて註釈をしています。

まず曇鸞大師は、大乗の修多羅に依ると言われます（「何所依」）。すなわち浄土三経を依り処として、仏陀の教えと相応するのだと。源空上人も『選択集』で「三経一論」を「正しく往生浄土を明かすの教」（真聖全一、九三二頁）であると言われますが、その三経一論の中から、正依の経として『無量寿経』を選定し、これを「真実の教」と定めたのが、親鸞聖人の決断です。

親鸞聖人は、真実の教の内容については「如来の本願を説きて、経の宗致とす。すなわち、仏の名号をもって、経の体とするなり」（聖典一五二頁）と「教巻」で明言されています。本願を説くことが「釈尊出世の正意」であるとし、この本願を根拠として仏法の真仮を批判的に見抜いていくことができる。それにおいて、「顕浄土」の事業を生みだす背景の力を明確にすることができる。経典の内容に、一切衆生を平等に救い遂げたいという大悲の本願が説かれていること、それを本願成就の事実として自身のところに確認できるのだ、と。

これによって、『浄土論』が「真実功徳」と語ることを、『無量寿経』の体である「名号」に仰いで、本願が「荘厳功徳」として表現する「浄土」の事実を、愚禿なる自己において顕していくことができるということなのでしょう。教えの言葉を通して、人間を超えた如来の本願海に触れる道が、人間に開かれている。経典が説く本願の言葉によって、仏説の顕す仏陀の境界を我等衆生の分限で「顕して」いくことができるということなのでしょう。「何故依」ということで考えるなら、この真実功徳を顕す教なるがゆえに、これに依って「顕浄土」を明示できるということかと思います。このことについては、次節でさらに考察したいと思います。

「云何依」とは、どういう方法でそれを実践するのかということですが、そもそもこの「我依修多羅　真実功徳相　説願偈総持　与仏教相応」の「依」というのは、どこまで依るのかというのは、普通漢文で読むと「修多羅」に依るというところで読んで、そして、「真実功徳相」というのはどっちに付くのか、上に付くのか、下に付くのかというのは漢文だけ読むとちょっと難しいところです。「修多羅　真実功徳相」に依ると、そこから返って読む。それまでは文法としてはよくわかります。ところが、曇鸞大師は、「説願偈総持　与仏教相応」そこまで「依る」がかかるのだと読む。こういう漢文の読み方は、文法としてはむちゃくちゃだと言えます。でも、曇鸞大師はそう読み、「いかに」その修多羅に依っていくのか、と。それは「五念門を修して相応するのだ」と言われるのです。

親鸞聖人は、そこに、大悲みずから衆生の中に自己を表現しようとする意欲があると。それを感受して経文を紙背に徹して読み込んだ親鸞聖人独自の理解があります。衆生の煩悩罪濁の意識の根底に、大悲が無限の時間をも超過して（兆載永劫の修行を通して）、衆生の迷妄を翻転するまで歩み続けてきたのだ、それを衆生に自覚せしめようと呼びかけるものが「欲生心」なのだ、これを回向の「欲生心」というのだと。だから、方法としては、本願の用きの「聞思」。聞思も実は、本願のもよおしに依るのですが、差しあたって伝承されてきた経・論・釈の学びを通して、真実功徳が身に付くまで、聞いて思惟していくと。

そういうことがありますので、「顕浄土」、浄土を顕すということは、成上起下の「我依修多羅　真実功徳相　説願偈総持　与仏教相応」と曇鸞大師が出された、そのテーマを親鸞聖人が受けられて、出してこられたのではなかろうかと。これによって我々も、親鸞聖人の「顕浄土」の問題意識に関わり得るのではないか。そのように思い、一番最初に、そういう問題を少し考えてみたいわけです。

第二節　真実の功徳

仏法でいう「功徳」・「利益」とは

『無量寿経』には、「かの仏の名号を聞くことを得て、歓喜踊躍して乃至一念することあらん。当に知るべし、この人は大利を得とす。すなわちこれ無上の功徳を具足するなり」（聖典八六頁）とあって、親鸞聖人はこの一念を「行の一念」と言われています。この文は「弥勒付属の文」とも言われます。未来世一切衆生を代表する弥勒菩薩に念仏を付属し、この一念において、大利を得て、無上功徳を具足することができるのだ、と言われている。この『無量寿経』の大意を押さえて、親鸞聖人は「弥陀、誓いを超発して、広く法蔵を開きて、凡小を哀れみて、選びて功徳の宝を施することをいたす」(『教行信証』聖典一五二頁)とも言っています。

それで、「功徳」という言葉について、少し確認しておきます。「功徳」という言葉がはっきりしないままですと混乱しますので、初めにこの言葉の確認をしておこうと思うのです。

「真実の功徳」ということを、親鸞聖人は、繰り返し漢文の文章でも、あるいは仮名の聖教でも言われます。そういう「功徳」とか、「利益」ということを言われるのは、広く衆生の生活空間・凡夫の関心世界と、仏法の世界とをつなげて、そこに共通する関心の言葉を使いながら、世間関心を転じて仏法の関心に導き入れる、そういう意味があるのかと思います。

そういう言葉を単に世間関心の場所だけで理解してしまうと、仏法の方向を見失うことになります。典型的な例に、「現世利益和讃」というのがありますが、現世の利益と言っているから、それでは現世の関心がそのまま認められるのかというと、そうではありません。現世利益という言葉を使いながら、現世における仏法の利益を語られています。我々の、凡夫の生活として、現世の生活として求めてやまない利益の言葉を呼びかけながら、実はそれを転じて仏法の利益、つまり物質的利益のように呼びかけながら、精神的利益ということを語る。世間用語を転じて、宗教用語として理解するべく言葉が発せられている。そういう変質をさせている。そういうことが理解されていくことによって、教えを聞くということが、我々にとって精神的な糧となり、精神的な利益となるという方向をもたなければならないわけです。

親鸞聖人のお言葉には、「功徳」とか「利益」ということが多くあります。それは、功徳とか利益ということがないと、人間は飛びつかないからとも言えます。我々には、我執があるというだけではありません。我執の上に、我所執という、自分の欲求が満たされて欲しいという欲があります。これは生きていれば、誰であってもそういう意味の欲があります。単に財欲とか、性欲とかいう、そういう激しい欲だけではありません。もっと根底に、何か生存が満たされて欲しいというような、生命欲というようなものが動いていますから、そういうものに呼びかけながら、実はそれを超えた本当の利益、「真実の利益」という、そういう方向に目覚めさせていくという、それが教えの言葉の持つ大切さでもあるし、難しさでもあると思うのです。

大乗の涅槃

それで、大乗仏教の利益とは、大涅槃に尽きるというのが、お釈迦さまが最後に『涅槃経』をお説きになって、我々に教えてくださるということが持つ、大きな意味なわけでしょう。しかし、その大涅槃という言葉が何を言おうとするのかが、よくわからないのです。大乗の『涅槃経』が繰り返し繰り返し膨大な量のお言葉で語っても、まだ尽きない。その膨大な『涅槃経』のお言葉を、全部読んだらわかるかといったら、全部を読んでもわからない。それはなぜわからないかと言ったら、つまりは言葉では本当は言えないものを言葉で掘り当てようとするから、言葉で言って、それを否定する。それを読んで、それではわかるのかといったら、わからないわけです。つまり、わかろうとしてつかまえに行ったら逃げてしまう。はっきりと見えていてつかまえるのではなくて、見えてもいないし、つかまえに行こうとすると、何だかよくわからない。こういう問題があるのです。

そういうところに、お釈迦さまが亡くなるということを縁として、『涅槃経』が生まれてきました。初めは入涅槃というのは、お釈迦さまが亡くなるという、そういう悲しい事件を、単に偉大な人がこの世から消えたというのではなくて、亡くなったことが、もっと大きな、お釈迦さまが生きて教えてくださった内容全体を、亡くなることを通して、我々にいただき直せと、そういうふうに弟子たちが受け止めました。一体、お釈迦さまが説かれたことは何であるかということを受け止めようということが、涅槃の内容になってくる。だから『涅槃経』というのは、後から後から増えるというのは当然です。ですから、それこそ「真実功徳」と言いますか、本当の功徳を仏陀が自分の死を通して、衆生に呼びかけたと言ってもよいのかも知れません。

そういう意味で大乗の涅槃というのは、教義的には涅槃であって、涅槃でないといいますか、「不住生死・不着涅槃」とか言うのです。涅槃であって涅槃に着してはいけない。小乗仏教は涅槃に帰することを目的として、本当に死んでいくことといいますか、そういう形で弟子たちがお釈迦さまの後を追ったけれども、そうではないと。むしろお釈迦さまが生きて語ろうとしたこと全体が、涅槃の内容になってくるというような考え方が出てきて、死んで終わることが目的ではない、本当に命が生きて用くことの根底になるものが、涅槃だというような考え方になっていったのだろうと思うのです。ですから、涅槃は大変難しいし、わかりにくい。しかし、仏教の大前提のようになっていますから、涅槃を抜いたら仏教が成り立ちません。涅槃によって仏教が成り立つと言えます。

親鸞聖人が、『唯信鈔文意』でお取り上げになった善導大師『法事讃』の「極楽無為涅槃界　随縁雑善恐難生」（聖典五五三頁）という言葉があります。極楽は、無為涅槃の界であると。涅槃ということは、『涅槃経』でさんざん説かれていて、親鸞聖人も『涅槃経』をたくさんご引用になる。その涅槃ということは、無為であるというのですから、生命の事実ではありません。生命の事実は有為と言います。有為とは、作られていくもの、作られたもの、サムスクリタ（saṃskṛta）と言われていますが、それが有為です。生きているということ、生命ということは、有為です。時間を感じ、時間とともに生まれてきて、成長し、病気にもなり、死んでいくという、そういう変化するもの。変化することが、有為であり、生きるということです。

それに対して無為ということは、変化しないもの、変わらないもの、時間が絡まないものです。ということになると、命あるものにとっては触れられないもの。命あるものは、命として、時間とともに関わり得るもの、それ以外のものには、我々は触れてみようがありません。

譬喩的に言うなら、何か食事を食べて噛み砕いて、お腹に入って消化できるものは栄養になるけれど、噛めないもの、お腹に入っても全然変化しないもの。たとえば、鉄の塊を飲んだら、胃が破けてしまうだけですから、変わらないものというのは、命にとっては意味がないわけです。これは譬喩です。鉄であっても変わるのですけれど、まあ、譬喩的に相対的に言えばということです。ですから、無為というのは、我々にとってはつかまえられないものであると言うべきだと思うのです。

しかし、変わり行くものだけでは、人間は苦を離れられない。それをどうしたら、そうでないものに触れられるかというのが、お釈迦さまの根本の問いです。

そして、お釈迦さまはその変わらないものを獲得した、変わらざるものに出遇ったという喜びを体験されました。その変わらざるものということを、言葉にして説こうとすると、変わるものしかわからない人間にとっては、変わらないものというのは、意味がない。まあ、猫にとっての小判みたいなものですから、人間にとって無為というのは、ほとんど意味がないわけです。変わらないものというものは、取り付く島がありません。しかし仏教は、本当はその無為なるものこそが、人間を支えるものだというふうに呼びかけています。

『涅槃経』に、「涅槃は名づけて「洲渚《すしょ》」とす」（『教行信証』聖典二四四頁）と言われています。洲渚だから、そこを依り処とせよと、涅槃を依り処とせよと言うわけです。でも、我々の生きている関心ではそう言われても、涅槃は生きている人間にとっての依り処になりにくい。

そういうところに、親鸞聖人は、「極楽無為涅槃界」の言葉を註釈する中に、「「涅槃界」というは、無明のまどいをひるがえして、無上涅槃のさとりをひらくなり」と、さらに、「「涅槃」をば、滅度という、無為という、安楽という、常楽という、実相という、法身という、法性という、真如という、一如という、仏性という。仏性すなわち如来なり」、そして、「この一如よりかたちをあらわして、方便法身ともうす御すがたをしめして、法蔵比丘となのりたまいて、不可思議の大誓願をおこして、あらわれたまう御かたちをば、世親菩薩は、尽十方無碍光如来となづけたてまつりたまえり」（『唯信鈔文意』聖典五五三―五五四頁）と言います。だから、涅槃界というは、一如であり、法性である、そういう世界だということを言いながら、そこから、法蔵菩薩が立ち上がったのだということを言われる。それは無為そのものでは、有為の衆生にとっては本当に頼りにならない、わからない。だから無為そのものが有為の形に呼びかけるために、物語の形を取るのです。

大乗仏教は物語が多くあります。大乗仏教が物語を通して衆生に呼びかけようとするということは、人間は物語となれば、自分の生きて行く人生と重ね合わせて何か感ずることができる。そういうところに、単なる究極目的としての涅槃というものに止めずして、それが衆生と共に歩んで行くような物語となって我々に寄り添う。そういうところに、仏陀の教え方の中に、「本生譚」というものが出てきたのだろうと思うのです。

古い教説の中に、前世の物語、あるいはお釈迦さまの修行時代の物語が、教説として説かれています。お経には、さとり以前のことを一生懸命に説いてあるのもあります。さとり以前は、我々が迷っている世界だから、そのようなところは言わなくてもよいではないかとも思うのですけれども、どれだけさとりを獲るために、お釈迦さまが苦労されたかということがお経になるわけです。さらには、今生での人間に生まれる前の命のときに、どれだけ苦労されたかというようなことが、物語として教えになっています。そういう不思議な経典があるのです。そういうことに中国の浄土教の方で気がついた方（たとえば法照禅師の『五会法事讃』）があって、それで、法蔵菩薩の物語と、そういう「本生譚」の物語とを、同じように考えておられるということがあるのです。

とにかく日常の中で、どうしたら衆生が大涅槃と接するような体験を生きることができるか。そのために教えの方法がいろいろと工夫されています。特に、浄土教の経典というものは、『無量寿経』は五存七欠と言われるように、少なくとも現存する『大正蔵』の中に、五つの翻訳が残っています。翻訳者が違い、時代の違う翻訳が五つあるのです。それについては、藤田宏達（一九二八―）先生が、翻訳者が間違って伝えられているというような研究をしてくださって、随分と新しい知見を出してくださっています。目録とか、そういうものを付き合わせて、何が正しいのかということを、もう一度研究し直してくださっているのです。

とにかく、何回も何回も翻訳されているということ。そして親鸞聖人も、『教行信証』で本願が語りかける内容をいただこうとするについて、異訳の経典の本願、異なった翻訳の本願を照らし合わせて、その意味を明らかにしようとされています。本願といっても、本願が教えの言葉として表現されている場合は、その言葉の意味をほかの翻訳の言葉の意味と照らし合わせて、我々にどういう願いをかけているのかということをいただこうとされるのが、親鸞聖人のお考えです。

こういう方法論と言いますか、ほかの異訳の経典まであたって、言葉を尋ねるというような学び方は、これは、もう比叡山時代に、「無量寿経」というものを学ぶ、そういう訓練を経ていたから、「無量寿経」の異訳のみならず、ほかの古い経典なども付き合わせて意味を考えるということをされるのだろうと、私は思うのです。突然、親鸞聖人が思いついて、異訳の経典を引っ張り出したというはずがありません。それはおそらく方法論として、天台の流れに浄土教が入っていますから、そして源信僧都などが、そういう学び方を随分と工夫しておられます。源信僧都も異訳の経典を引いておられます。だからそのような異訳の経典に学ぶという姿勢などは、すでに比叡の山から学んできておられるわけで、関東に行ってから急に思いついて、異訳の経典を引き始めるという、そのようなことではないのです。それは、もう若いころに、さんざんいろいろなことを勉強しておられた。しかし、いくら勉強しても、何が本筋かがわからなかった。それが、法然上人によっていろいろな混乱した問題が、すうっと通っていって、これでいけるという方向が与えられたというのが、親鸞聖人の法然上人との出遇いであったのではないかと思うのです。

功徳の翻訳語

話は少し飛びますけれども、鈴木大拙（一八七〇―一九六六）先生の英訳を契機にして、今、イギリスに行って浄土真宗をイギリス人に説法して、何とか浄土真宗をわかってもらおうと苦労をしている、佐藤平（一九三九―）さんという方がおられます。彼は、私と大谷大学でよく顔をあわせた人で、京都大学の宗教学の卒業生です。その彼が、この間私に教えてくれたことがあります。

それは、鈴木大拙先生が、昭和三十六（一九六一）年に、前の御遠忌の年の四月に、東本願寺から『教行信証』英訳の依頼を受けて、教・行・信・証の四巻を翻訳してくださった。その中に、「功徳」という言葉が、繰り返し出てくるわけですが、これに merit という翻訳と、virtue という翻訳と両方がある。大拙先生は、virtue が多いけれども、merit という言葉もある、というのです。

佐藤平さんは、ロンドンに行って、ロンドンのど真ん中では、いきなりお寺を開くことは許されないので、一般の民家の形を取りながら家の前に、法輪を掲げて説法をしていたら、ロンドン大学の副学長が尋ねて来てくださって、すっかり意気投合するということが起こったのだそうです。それでこのごろは、盛んに熱心に親鸞の思想を研究しておられる。随分と苦労をしながら、そういうイギリス人を相手に一生懸命、英語で説法をしている。その佐藤さんが、この間、親鸞仏教センターの研究会に来てくださいまして、五十年ぶりで、ややあと握手をしたのです。それで彼がイギリス人から言われたことで、英語圏の人間として、仏法の功徳をmeritと訳されると誤解されると言うのです。やはりvirtueの方が良いと、こういう話をしてくれたのです。

それはどういうことかというと、meritというのは、やはり、この世の我々の関心において、少しでも自分に良いこと、利益があること、自分にとって功徳があること、そういうことをイメージします。日本語になっているカタカナのメリット、デメリットは、必ずしも英語圏の人が使う言葉とは、ぴったりとは重ならないそうですけれど、それにしても、meritには、demeritという対応語があって、得するか損するかという発想が強いと。そういう意味で、仏教の功徳をmeritというと、やはり現世利益、この世的な利益の面だけにとられます。もちろん、大拙先生の翻訳は、読めば決してそういう現世的な利益を言っているのではない、ということはわかりますから、言葉だけでそう言うのは、どうかと思いますけれども。でも、言葉には必ず誤解が付きものですから、できるだけ誤解のない言葉を使っていこうとするならば、本願の功徳は、virtueと言うべきだと、そういう提言を英国人からいただいたのだそうです。

仏教で使う功徳は、この世のmerit、demeritでない功徳、真実の利益を求めるということです。それは無為法を教えるわけです。この世の苦悩を本当に超えようとするならば、この有為転変を超えた「無為法」に触れなければならないと教えるわけです。しかし、無為法に触れよと言われても衆生からは、どうしようもない。ここに大悲方便によって、あたかも形あるがごとくに、「荘厳功徳」を語られる意味がある。『阿弥陀経』にも、功徳荘厳と言われるし、天親菩薩の『浄土論』も十七種荘厳功徳と言います。荘厳功徳、それは何か功徳のある場所として浄土が言葉となり、あたかも功徳が空間を持っているようなイメージで我々に呼びかけている。それをこの世でつかまえることができないから、死んでから後というふうに人間が誤解してしまう。それを親鸞聖人は、天親菩薩の『浄土論』を中心に、もう一度純粋な仏法の道理に、仏法の文脈に引き戻しながら考え直そうとされたのではないかと思うのです。

真実功徳を求める歩み

だから、この功徳という問題がはっきりしていないと、どうも死んでから後の浄土という考え方と、親鸞聖人がおっしゃる真実報土ということの意味とが、ずるずると滑って、あたかも重なってしまうような感じがするものですから、我々は功徳と言われたときに、何を功徳とするのかということが確認されていないと、話がずれてしまうと、私はいつも思うのです。

現実に、曽我量深先生が、浄土の真宗と言いながら、浄土仮宗になっていると言われています。浄土真宗というが、浄土仮宗になっているという言葉の中には、いろいろな意味があると思うのですが、それは真実功徳を本当に味わうような生き方になっていない。真実信心になっていない。真実功徳にならずに、不実功徳に滑り落ちたものに頼ってしまう。そういうところを、浄土仮宗と言われているのではないでしょうか。浄土真宗をいただくべきなのに、浄土仮宗と言われるような問題があるのではないでしょうか。

面倒なのは、この世ではびこるもの、この世で人が飛びつくものは、この世の利益、つまり不実功徳なのです。真実功徳など欲しいとも思えないのです。ところが、欲しくないというのは、本当は表向きであって、人間の根源には、真実功徳を求めてやまないものがあります。それを信頼して、「真実功徳を求めよ」と教える。本当に歩もうと思うならば、こういうふうに歩めと呼びかけるのが、本願の教えです。十方衆生は、みんな本当は真実功徳を求めざるを得ない素質を持っています。そういう信頼が、大悲の教えなのですけれど、それに気づかないで我々は、不実功徳に迷わされます。不実功徳とは、人間にとっては、それが一番の功徳だと思うものです。つまり、我々が命を生き、現世を生き、濁世を生きていれば、それが当然だと思う功徳、それを仏法からは、不実功徳と言うのです。それは、なぜ不実なのかということがわからないほど、人間は不実功徳になじんでいるわけです。

そこに、真実功徳を本当に確認していく。しかし、真実功徳が直接的に大涅槃として教えられたら、我々は、たとえそれにあこがれても、それを自分のものにはできません。お釈迦さまの功徳に大涅槃があると教えられて、そういう世界とはどのようなものだろうと求めてみても、それが、本当に日常体験の中に生きてくることはありません。

そういうことがあって親鸞聖人は、浄土の教えを積極的に求め、それは衆生のためにというよりも、親鸞聖人ご自身が衆生の一人として、本当に自分にとっての真実功徳を求めて歩まれた。「後世の助からんずる縁」(『恵信尼消息』聖典六一六頁)というものを求めて歩まれた。それがこの世にはない形でかたどられた浄土の荘厳功徳だったのだと。だから、この「極楽無為涅槃界」は、報土であると註釈されるのです。

つまり、報土とは法蔵菩薩が生みだす世界なのだと。法蔵菩薩が生みだす報土ということは、本願が用いて作りだす世界ということですから、願が報いてくる世界です。それを天親菩薩は、『願心荘厳』と言われるわけです。願心が荘厳する。本願が荘厳する。願心というのは、四十八願だと曇鸞大師は註釈されています。親鸞聖人は、「「浄入願心」とは、『論』に曰わく、「また向に観察荘厳仏土功徳成就・荘厳仏功徳成就・荘厳菩薩功徳成就を説きつ。この三種の成就は、願心の荘厳したまえるなりと、知る応し」といえりと。「応知」とは、この三種の荘厳成就は、本四十八願等の清浄の願心の荘厳したまうところなるに由って、因浄なるがゆえに果浄なり、因なくして他の因のあるにはあらざるなりと知る応しとなり」（『教行信証』聖典二三三―二三四頁）と引文されています。つまり、『無量寿経』で言えば、四十八願として展開されるような、法蔵菩薩の本願が生みだしている功徳、これが極楽という言葉で教えられる内容なのだと。それは実は、「無為涅槃」なのだと。無為涅槃というだけでは、我々はわからないから、「荘厳功徳」として語りかける。それは実は、本願の言葉であり、本願の言葉が、そのまま浄土の功徳なのだと。

こういうことを親鸞聖人は言われています。ですから、教学として親鸞聖人は『浄土論』『浄土論註』などは、比叡の山でもしっかりと深く読んでいたと私は推測するのです。読まないはずがありません。親鸞聖人のような資質の方が、源信僧都の流れで勉強をしていたら、善導大師のものが出てきます。善導大師を読めば必ずそこには、天親菩薩の『浄土論』が引用されてきます。そういうものを尋ねなかったはずがありません。でも読んでも、それが本当に功徳として、自分の身に付かないのです。

それは、『観経』の対象界となるような浄土をいくら観察していっても、それが自分の救いにならないということと同じであって、親鸞聖人にとっては浄土を求めてやまなかったけれども、何か自分にとって、有為と無為の境が超えられないと言いますか、いくら教義としてわかっても、自分の身に付かない。もうポンと突かれれば、千尋の谷底に落ちるような生死巌頭のところに聖人は立っておられたのではないかと思います。だから、法然上人に遇いに行かれた。でも、その学びが深かったから、疑いも深い。そこに法然上人との語り合いというか、教えを聞くのに百日かかったと恵信尼公が書いています（『恵信尼消息』聖典六一八頁）。百日かかるということは、その学びの深さがあったから、法然上人の言葉に対して、なかなか納得できなかったのではないでしょうか。

そういうことを潜って、親鸞聖人は法然上人と遇って、「本願に帰す」（『教行信証』聖典三九九頁）という決断をしたと。本願を「真実の利」と言う。これは『無量寿経』というものが、何を説くかというときに、『教行信証』の「教巻」に、「如来、無蓋の大悲をもって三界を矜哀したまう。世に出興する所以は、道教を光闡して、群萌を拯い、恵むに真実の利をもってせんと欲してなり」（聖典一五三頁）という言葉があって、『無量寿経』が真実の利を説こうとするのだと、その真実の利ということを、親鸞聖人は本願が真実の利だとおっしゃっているのです。

これも私は学生のころ、なぜ本願が「真実の利」と言えるのかということが、よくわかりませんでした。法蔵菩薩が願を起こす。その願が『無量寿経』が説く本当の利益なのだという。「真実の利」が本願だという頷きと、「後序」の「雑行を棄てて本願に帰す」という言葉の持つ意味とには、重なるところがあるように思うのです。

親鸞聖人は、法然上人に出遇って、そして法然上人が教えてくださる念仏に帰すると書かずに、「本願に帰す」と書いた。雑行を棄てて念仏に帰すと書くところを、「雑行を棄てて本願に帰す」と書いてある。これは、大変大事な問題を孕んでいると思うのです。それは、『無量寿経』の本願をどういただくかという問題にも絡んできますから、大変な問題です。それで、本願に出遇う、本願を我々が本当に根拠にできる、それがこの世の命をいただいたものにとって本当の利益なのだということを、聖人はおっしゃったのです。

本当の利益に遇うということが、一般的に言う宗教的救済であるとするなら、本願との値遇ということが、宗教的救済です。曽我先生の言葉で言えば、回向との値遇が、この世の救いである。浄土真宗の救いは、回向との値遇にある。つまり回心にある。回心できるということが、この世の救いである。もう、そこは非常にはっきり曽我先生は言い切っておられます。親鸞聖人の信念の核もそこにあります。

今、たすかっていないから、死んでからたすかるのだという考え方は、浄土真宗ではありません。本願をいただくということは、「後序」の言葉で言えば、「心を弘誓の仏地に樹て」（聖典四〇〇頁）るということです。弘誓の仏地とは、つまり、本願は仏地から発起してきたものです。その本願を自分の地面として、仏さまの大地を我が大地としていただくと。弘誓の仏地は、荘厳功徳としての浄土という意味にもなるかも知れませんけれど、そこを浄土と言ってしまうと混乱も生じますから、本願とか弘誓と言う。願心荘厳の因である本願、本願そのものを自分の根拠としていただくと。

こういうことが成り立つということが、利益なのだと。この利益をいただいて生きるようになれることが、我々の無上の救いである。こういうことが、親鸞聖人が一生をかけて我々に伝えてくださった浄土真宗の心髄であると言ってもよいかと思うのです。

それで、親鸞聖人が「本願に帰す」という、本願を依り処として、大悲が必ず一切衆生を浄土に摂め取って成仏させようと誓っていると。それを、曇鸞大師が「三願的証」と言われる解釈で、十八願、十一願、二十二願という、そういう本願によって一切衆生の成仏道、あるいは菩薩道を包んで必ず成就させようと、本願自身がそう誓ってくださっていると。こういうことは人間が、真実功徳、無上功徳ということを求めるというときには、普通であったら一歩一歩積み上げて、一番高見にある功徳をもらうという発想をするでしょう。

ところが、親鸞聖人は、本願によって一挙に功徳をいただくのだから、「横超」という言い方をされるわけです。だんだん、一歩一歩という行き方は、自力です。自力は、本当は役に立たないのだと。自力は、有限の積み重ねですから、有限の積み重ねは、決して無限には行かないという本質を持っています。「随縁雑善」（『唯信鈔文意』聖典五五三頁）ということがありますが、随縁、縁に随って起こす人間の行為は、雑善であると善導大師が押さえています。雑じり気の善でしかないのだと。どれだけ人間がその情況の中で、本当に一生懸命、善根を積んで人に功徳を与えようとしてみても、それはこの世の関係として、有限の関係としては、差しあたってはそういうことが善になることもあるかも知れないけれども、この苦悩の人生を本当に超えていくという仏法の課題からすれば、ほとんど前に進んだことにはなりません。人間にとっては、人間の情況の中でのメリットが、非常に有り難いわけですけれど、それが必ずしも人生を救うことにはなりません。たすけたことが、かえって悪い結果になることも多いし、本当にたすかるとは、どういうことかという、そういう問題があるわけです。

罪悪深重の自覚と悪人の救い

だから、親鸞聖人はどういう情況であっても、人間の努力を積み重ねていくという自力を本当に破って、本願他力を信受するしかないということの道が、人間にとって本当に人間を救うことになるのだということを明らかにされています。

親鸞聖人は、罪悪深重という自覚と、そして悪人の救いという問題を、生涯の課題として突き詰めていかれます。親殺しの歴史というような、人間にとって抜きがたい悲惨な出来事、普通の常識的な我々の意識からすると他人事のような、親を殺して王位を簒奪したという、そのような世界は我々の世界ではない、というようなものなのですが、親鸞聖人は、その問題を坂東本の「信巻」の「別序」の前に『涅槃経』から抜きだして、メモのように書いておられます。これはほかの西本願寺本、高田本という『教行信証』にはありません。

西本願寺本、高田本も伝承では親鸞聖人のご真蹟だとして伝えられてきたけれど、近代の研究で坂東本が、筆跡から筆の力といい、文字の力といい、坂東本が勝れている、これを書いた人が親鸞だと。「坂東本」こそ、親鸞聖人の自筆本だということをみんなが認めるようになりました。そうしてみると、高田本や、西本願寺本は、やはり違うのです。文字の力といい、一本一本の筆の線の力といい、全然違います。これは恐ろしいもので、人間は誤魔化せないものです。どのようなところにも、その人間が出ます。だから、いくら立派にしようとしても、駄目なのです。それは真似できないのです。おそらく写本した方は、親鸞聖人を尊敬し、本願念仏を信じて、全然駄目なのです。今度こそは良い線を引こうと力んで書いても、全然駄目なのです。おそらく写本した方は、親鸞聖人の『教行信証』の書写を許されて、喜び勇んで書いたでしょうけれども、親鸞聖人の字にはかなわない。かなわないというのは、やはり力が違うのです。親鸞聖人ご自身は、人間はみな平等だとおっしゃるのですが、それは本願の救いにおいてはみんな平等なのですけれど、この世の人間の情況について見れば、千差万別です。みんな違っていて、それぞれである。どれだけこの世で違っていても、本願の信心は平等であるというのであって、みんな何でも同じだと言っているわけではない。法然上人と自分とみんな同じだなどと、そんなことを言っているのではなくて、本願を信ずるという点においてその信心の質は、どれだけ偉い法然上人であっても、私と同じだと言われた。我々は、人間はみんな同じだというわけではないので、みんな違うのです。絶対真似はできないわけです。だから、親鸞聖人のことをいくら思っても、親鸞聖人の字を書ける人は、古今東西、これからも一人も出ないわけです。あの字を書いたのは親鸞聖人です。

それで、親殺しの罪を犯した阿闍世が、自分は、もう地獄に行くしかないと苦しんでいる。身も心も痛むと。それは誰がなぐさめごとを言っても、全然効き目がない。インドのその当時の知識人であった六師外道を経巡っても、少しも傷が浅くなることはなく、全然、変わらないのです。そういう苦しみの中で、耆婆《ぎば》という、お医者さんで、友人でもあった人に言われて、お釈迦さまのところに行くというふうに『涅槃経』には展開されています。そのときに、お釈迦さまの言われる言葉が、六師外道が苦しんでいる阿闍世を救おうとして言う言葉と、どう違うのかということが、よくわからないぐらい似ているのです。つまり阿闍世が、犯した罪に苦しんで、自分は必ず悪道に落ちると苦しんでいることに対して、六師外道はいろいろな屁理屈のような言葉を言うのです。たとえば、刀で人を殺したところで、それは刀が殺したのであって、動かした人間の手が直接相手に触れていないのだから、手には罪はないとか、無茶苦茶を言うわけです。お釈迦さまが、お前が犯した罪は重くとも、それを罪だというなら、自分も罪人だという、その論理とどこが違うのかよくわかりません。

お釈迦さまがおっしゃるのは、阿闍世は、自分の為した業、悪業の結果、地獄に堕ちるという決定論的な因果の縛りに苦しみ抜いているということです。それは決定されることはないのだと。今ここに、新しい心で善心が起こり、善なる生活をすることにおいて、念々に新しい生活を立てることにおいて、悪因悪果という、その因果が、罪業が地獄を決定するということではないのだということをおっしゃっているのです。でも、どうも『涅槃経』の論理だけを読んでいても、何だかすっきりしないというのが、私の正直な思いでした。

親鸞聖人は、なぜ「別序」の前に親殺しの歴史ということを書かれたのかということについて、はたと気がついたのは、結局、善業を積んで仏になっていくというのと、悪業を犯して地獄に堕ちるというのは、方向は逆だけれど、この世で人間が、遇縁存在と言いますか、「随縁雑善」、つまり縁にもよおされて行為をする。それが、善導大師が言うように、善の縁であるか、悪の縁であるかというのは、因縁によると。因縁の積み重ねで、人間が決定されていくという因果の発想が、自力の根性に付いている。それを本当に破ることが、本願に遇うことだと。

本願の利益を本当にいただくときに、人間の因果として、この世のことを教えるということがあります。しかし、因果があると言いながら、他力の教えというのは人間の因果を破るのか。こういう疑難が常にあるわけです。

人間の因果の世界は、この世の有限の因果の世界である。けれども、本願の救いというものは、それこそ大涅槃に関わる事柄ですから、そこは、本当は次元が違う。次元が違うものは、本当は因果にはならないのです。だから、人間の善業を尽くして仏になるという因果も成り立たないし、人間の悪業の結果地獄に行くということも成り立たない。本当は、人間の因果の結果ではなく、真実功徳に遇うか遇わないかということにおいて、人間がここに本当にたすかるか、たすからないかという転換が起こると。こういうふうに、方向を転じて人間が立ち直るというようないただき方を親鸞聖人はされたのではないでしょうか。

そういうことが、「信巻」一巻の課題として、真実信心を明らかにしていく課題としてあったのかなと。それが、「別序」の前に置かれた親殺しの問題なのだと言えると思うのです。

第三節　真実功徳を衆生の事実にすること――本願力の回向とは

自利利他成就の菩薩道と成仏道

親鸞聖人の教学は、法然上人の「選択」の教学から「回向」の教学への展開だと言われますし、「選択本願」から「回向の本願」への展開とも言われます。回向の気づきということが、本願成就の救いとして、大悲の側から人間の上に積極的に用きかけ、常に本願他力からいつも用きかけを受ける存在として人間が立ち直っていく、そういう原理を明らかにしました。この回向ということが非常に大事な柱であり、言うまでもなく、これを抜いたら親鸞聖人の信念が成り立たないというほど大事な概念であるわけです。

法然上人も、「本願成就の信心」とまではおっしゃるわけですから、本願成就だけでも、もうそれで本願が衆生の上に救いをもたらしているのだと言えなくはないのですが、親鸞聖人は、そこにもうひとつ天親菩薩の『浄土論』の「回向門」というものを持ってきたわけです。そして親鸞聖人の本願の仏法には、成仏道として、言い換えれば「誓願一仏乗」として、つまり比叡の山での求道の目的であった一乗を本当に衆生の上に成就するという課題とともに、大乗仏教が、菩薩という人間像を生みだして、菩薩道を通して仏道を成就するという課題があります。その菩薩道が、『華厳経』の中心課題なのです。天親菩薩は、『華厳経』の教学と言いますか、『十地経論』という著書もありまして、菩薩として歩んで行くことを通して、仏道を明らかにするという関心が非常に強い論師だと思うのです。その華厳の菩薩道成就の問題は、

『無量寿経』の法蔵菩薩にも入って来ているわけですから、菩薩道という問題と、仏道とか成仏という課題とが、大乗仏教にとっては抜き差しならない大きな課題なわけです。親鸞聖人は、念仏往生の教えをいただいたのですけれど、それが、成仏道にも適い、菩薩道にも適うという、そういう大変大きな大乗仏教の大問題を考え抜かれて、それを信心ひとつにおいて、凡夫がいただけるのだというところまで、煮詰めていかれたのだと、私はいただくのです。

菩薩道は、我々が行じて歩むことになれば、もう三大阿僧祇劫歩んでも成就しないと言われているような課題です。みずからが本当に完成した人格になるとともに、どのような人びとをも、みんな仏にするように教えていくなどということは、言葉では言えても現実には、身近な人、一人すら教えに導くことなどはできないし、かえって、自分がそちらの方に引きずり込まれて、腹を立ててみたり、欲を起こしてみたりして、自分自身がどこへ行くかすらわかりません。自利利他どころではない、自害害彼だとも言われるわけです。ですから、自利利他成就の菩薩道と成仏道と、そのような課題を凡夫が成就するなどということは、どうやったらできるのか。そういう仏法の究極の課題を無視して、自分が念仏していたらお浄土に往けてたすかるのだという話ではなくて、自分が学んだその課題の重さと、それを成就しなければ人間として本当に成就したことにならないのだという、仏者としての誠実な責任感において、親鸞聖人は、「本願に帰す」ということが、この二つの道（菩薩道と成仏道）を一挙に成就するのだ、そういう頷きがおありだったのではないでしょうか。つまり、自力で菩薩道を成就するとか、自力で成仏するというなら、どちらも成就しない。しかし、大悲の本願を信ずることにおいて、その道全部を本願力が、必ず十方衆生に恵むのだ。それを信ずると。その信心自身が、もうこの大きな課題を引き受けて歩む存在を生みだしてくるのだという。そういう信頼が、親鸞聖人にはおありであったのではないかと思うのです。

回向ということ

そのときに大事な契機が、回向です。この回向とは、一般仏教では、やはり自分の功徳を衆生に振り向けるとか、自分が積んだ功徳を仏法に振り向けるとか、とにかく、自分が功徳を積むことが前提にあって、自利の功徳を利他に振り向けるということがあります。ですから回向は「回転趣向《えてんしゅこう》」と言われています。意味を転じて他に振り向けるという。もとの言語は、パリナーマ（pariṇāma）だというのです。それは、天親菩薩の『浄土論』で言えば、礼拝・讃嘆・作願・観察という自利の功徳、その自利の功徳を積んだことを通して、利他（衆生済度）への回向ということが言われています。自利と利他とは、相互に成就します。自利と利他は別ではありません。利他回向は、自利の四門の功徳を含んで、利他回向が成り立ちます。利他回向によって真の自利も成り立つ、交互成就ということを言われるのです。それはつまり、自利の功徳が、利他に回転する。それを振り向ける。天親菩薩が書いた意味としては、自利利他の成就です。それは曇鸞大師も、そのように註釈しています。

「世尊我一心」の「我」は、天親菩薩の自督の言葉だと註釈されます。あの「我」は、一応は、天親菩薩の作られた論の主語ですから、天親菩薩の「我一心」です。

しかし、解義分にくると、主語が変わります。解義分というのは、前半の偈文に対して、自分でお作りになった『浄土論』の偈文の註釈です。註釈といっても、一字一句の註釈ではなくて、偈《うた》で詠った信仰内容を、今度は論理を通して、普遍なるものとする。それは、善男子・善女人が菩薩道を成就するという論理展開にするということなのです。そうすると、善男子・善女人が五念門の行を修して、自利利他して速やかに阿耨多羅三藐三菩提を成就すると、無上菩提を成就すると、そういう展開になっているわけです。これは菩薩道、つまり、天親菩薩は、菩薩ですから、菩薩行として、『浄土論』を作っておられるということです。その第五番目にある回向は利他だと、利他回向であるとあります。

ここに誤解が随分ありまして、回向に二種の回向ありという、往還二回向というのが出てくるのですが、これについて、誤解が生じてしまっていて整理がついていません。考えていくと、頭が混乱してしまって、何が何やらわからない。私は、長い間、真宗学をやらせていただきながら、この往還二回向をどう考えたらよいのかが、どうしてもわかりません。そういうことがあって、いまだに納得できたとは言えないところがあるのです。ところが、寺川俊昭（一九二八―）先生が整理をしてくださって、回向にはいろいろな考え方があると。往還という、往ったり来たりするという形で、人生の課題を考える。しかし、それは往相、還相という相だけで、何か親鸞聖人の言っている意味を勝手に解釈し直すようなところがある。回向と関係なく、往相と還相ということで考えてしまう。それを、往相と還相とは、「二種の回向」だと、寺川先生が整理してくださいました。親鸞聖人のおっしゃる往相の回向、還相の回向ということを、もう一度しっかりと考え直さなければいけないのではないか、というふうに整理してくださっていて、これは、私は大変有り難いと思ったことなのです。とにかく、往相の回向、還相の回向の問題は、大変面倒な問題です。

寺川先生の基本的な考えは、親鸞聖人の書いておられるお言葉を正確に読み取っていこうと、誠実に読んでいこうとされるもので、自分の思いで読み込んで、勝手に解釈するのではなくて、親鸞聖人がおっしゃるところを聞いていく。こういう姿勢で読み直していこうという呼びかけをしてくださっているのではないかと思うのです。

そうすると二種の回向を親鸞聖人は、どう読まれたかというと、天親菩薩は、天親菩薩の菩提心において、自利の四門を成就して「回向門」が開かれる。そして「回向門」が開かれれば、自利の四門も真に成就する。自利利他は「回向を首として大悲心を成就することを得たまえる」と、こう書いてあります。しかし、天親菩薩の『浄土論』自身を読んでみると、大悲心成就ということは、単なる個人の成就ではなかろうと。大悲とはどこにあるか。そこに、曇鸞大師の大悲についての解釈ということが、大きな問題提起になるわけです。つまり「性功徳釈」において、『大智度論』にある考え方を、曇鸞大師は取り入れるわけです。「慈悲に三縁あり」、衆生縁の小悲、法縁の中悲、無縁の大悲ということを言って、浄土の本性とは、「正道大慈悲　出世善根生」と言われていると。大慈悲と、わざわざ「大」が乗っているということは、中悲や、小悲ではない。浄土は、大慈悲から生ずるのだと。こういうふうに曇鸞大師は註釈しているわけです（『教行信証』聖典三一五頁参照）。そこに親鸞聖人は大悲回向、つまり「回向を首として大悲心を成就することを得」るとある「回向門」の言葉、この大悲心ということは、浄土の功徳だ、つまり法蔵菩薩の功徳だと気づかれたのです。

だから、自分で積んだ功徳と読むのではなくて、天親菩薩の菩薩道を成り立たせる力は、「帰命尽十方無碍光如来」によっていただける法蔵菩薩の功徳である。そのように親鸞聖人は読まれたのです。そこにはやはり、法蔵菩薩の物語が単なる物語ではなくて、一切衆生に呼びかけて、一切衆生を本当に立ち上がらせ、解放させるような大きな力、そういう信頼があって、それが信心として、如来の側、法蔵願心の側から、我々衆生に振り向けられてくると。

「回向を首として」という「首」という字を、「はじめ」と読んでいます。頭とか、首というのを、はじめという意味で使うことがあるわけです。回向を首としてという、この首は、はじめという意味だと。回向というものを、一番中心において、衆生をたすけようとする。本願が荘厳するとか、本願が救うといっても、どこかやはりよそよそしい。それが、「回向を首として」と言ったときには、大悲心がやむことができない、やめることができない大悲が、苦悩の衆生のところに来るのだと。それが、人間の自力の思いで、抜き差しならない、自分を自分でどうにもできないような愚かな衆生を支えて、気づかせて、そして転じて歩ませるのだ。このように親鸞聖人は、読んでいかれて、『選択集』の本願の教えを、回向成就の教えとしていただき直されました。こういうことが、親鸞聖人の大事なお仕事になっている、ということです。

如来の因果を衆生の因果にする

しかし、それはあたかも「他因自果」のごとくに語ることになります。この世で我々は、知らない間に自我の思い、つまり、有身見と言いますか、自分がいて、自分がやって、自分がその結果を受けるという。

そういうこの世を生きている関心と理解というものが、いつも我々に付いていますから、「自業自得の道理」というものが、説得力を持つし、事実そういうふうに成り立っているのではないかと、我々は感じています。この自業自得の道理に対して、如来の本願力回向を信ずるということは、「横超」だというのです。横からいきなり来るように、横やりが来るように、いきなり来るから、裾払いのように、バーンと吹き飛ばされるように用いてくる力。そんなことが、我々の救いになるというのが、何となく信じがたい。いつもそこに突き戻されて、また、自力の心に動かされるというようなことが繰り返される。

これは私にとっては気づかずにいた問題なのですけれども、坂東性純（一九三二―二〇〇四）先生が親鸞仏教センターに来てくださったときに、我々にとって本願の教えは、「自因自果」の教えではない。自因自果では救われないという自覚というか、違う論理が入るということだと言われ、どうもそこが、なかなか自分にとって本願力が本当にそれでよいということにならない大事な問題だ、と言われたのです。つまり、自因自果と本願力の救いとは、どういう関係にあるのか、ということがどうもわからない。それが混乱すると、何も自分はしないままで念仏していればたすかるというような、それで、この世のこともおろそかにしたり、この世の生き方がルーズになったりする可能性もあると言うのです。

そのことと、先ほどの阿闍世の救いということと、どういうふうに関わるのか。完全に自因自果が成り立たない論理を、本願力回向というのだとなったら、これは無茶苦茶というか、それこそ、因果撥無の邪見になりかねないわけです。仏法がそのようなことを言うはずがありません。だから、どういうことなのかという。この世の因果の物語ではなくて、大悲願心によって、無為法であるような大涅槃というものが、我々の生活を本当に支える信念になると。そういう問題、それを我々はいつも混乱したり、何かわからなくなっていったりするのです。

社会の問題と信心の問題

これも難しいことだと思うのですけれども、倫理の問題もそうなのですが、社会の問題とか、人間の現実の問題とか、そういう問題と主体の問題である信心の問題とがどう関わるのかということと、今の自因自果に対して本願他力を信ずるということは、どういう関わりになるのかということが、何か混乱したり、曖昧になったり、ルーズになったりします。そのことを、我々は、どういうふうにいただくかということです。『精神界』に、曽我先生が投げかけた「未来に対する指標がない」ではないか、という問いがあります。これは清沢満之（一八六三―一九〇三）先生自身が言ったのではなくて、浩々洞から出された『精神界』の論文の中に、他力の信心を獲たものは、もう何をしてもよいというような表現が、非常に激しく出たのです。無責任論と言うか、他力責任論と言うか、本願他力が責任を持ってくださると、如来が責任を持ってくださる、だから何をしてもよいと。

それが、大変批判を浴びて、清沢先生は、そういう場面に引きだされたこともあったわけです。それに対して清沢先生は一言も弁明をせずに、そして『精神界』に、「精神主義と三世」（『清沢満之全集』第六巻、所収）という、過去・未来・現在、三世という文章を書かれたのです。これでも、曽我先生は答えになっていないと言われているのですが、清沢先生は、精神主義は過去に対するアキラメ主義である、現在に対する安住主義である、そして未来に対する奮励主義であるという言い方をされました。過去に対しては、もうこれは過去のことを悔やんでも、後悔しても、どうにもならない。だから、過去に対するアキラメ主義である。しかし、未来に対しては奮励主義であると。それは、まったく仏教用語を使わないで語っていますから、どういうふうに理解していったらよいかということについては、問題がいろいろあろうかと思いますけれども、過去と未来とを孕んだ現在において、過去の責任を引き受け、未来には全責任を持って歩んで行く、その真ん中のところの現在は、親鸞聖人からいえば、信心なのです。信心のところに引き受けて、過去の罪業の結果は、今引き受けると。未来に持ち越すのではなくて、現在に引き受ける。現在に引き受けて、現在から未来に対しては、これは自分に与えられた情況において、全力を尽くして関わっていく、そういう人生態度です。過去はどうでもよい、未来もどうでもよい、それでは悪い意味の無責任主義になってしまう。そういう問題です。

つまり回向の信心というのは、そういう意味で、未来の問題は、大悲の本願力の用きにあるから、全然何もしないというのではなくて、現在に、有限の自分において与えられた分限において全力を尽して関わると。そういうことが、何を意味するかです。これは非常に大きな問題です。そして、過去のことはあきらめるというのは、言うならば「機の深信」です。無始以来迷って苦しんできた自分、『無有出離之縁』、たすかるべき因のひとつもないような自分、その自分が、それにもかかわらず、そこでたすかるという。そこに回向の用きがあります。回向の用きをいただいて生きるということにおいて、いただいてある有為の命がある限りにおいて、未来に向かっては全力を尽くすと。

清沢先生は、親鸞聖人の信心を生きるということにおいて、ほとんどあきらめざるを得ないような問題情況の中で、延々と、思索し表現されました。親鸞聖人は『教行信証』を作り、和語の聖教を作り続け、和讃を作り、あの情熱というものは、あきらめて何もしないなどという話ではありません。命のある限り、衆生のたすかるべき縁があるならば、全力を尽くして語りかけていくという。そういう姿勢というものは、何か信心というものが、やはり与えられた宿業因縁を引き受けて、その因縁において自分が苦しんだり、悩んだり、もがいたりするということを離れずして、しかも全力を尽くして生きていくという、そういうことがあるのではないでしょうか。

回向成就の信心

だから、一番有名な和讃が、「報恩講和讃」ですけれども、「身を粉にしても報ずべし」(『正像末和讃』聖典五〇五頁)、「報ずる」ということは、自分勝手にしてよいという話ではないわけです。自分の命だからといって、自分の所有物ではない、如来回向に値遇した身である。だから、自分の命の全力を尽くして、用いてきている本願に返していく。そういう未来に向かっての方向性になります。それは、報恩感謝の実践ですから、尽きることもない、無限の能力に帰して尽くしていくということですから。そこが、全然違ってくると思うのです。もう何か、自分で何をしてもよいのだと、自分はもう無責任だと、そのようになれるはずがありません。大悲によって、罪業深重の身が、ここに回向の用きにおいて翻されるなら、ここからが人生の始まりであるというような思いで全力を尽くして、「身を粉にしても報ずべし」という方向に生きていけるという。そういうことを成り立たせる力が、回向の本願力であると。だから、我々は、自我の思いを捨てないで、傍《はた》から教義として聞いていたら、そんなことは、というふうにしか思えません。それは、自分が回向に値遇してたすかるということになっていないからなのです。傍から見ていて、そういうお話もあるかなと聞いているのは、身が本願力回向に値遇して、ここに救いをいただくということになっていないという問題なのです。

そういうことが親鸞聖人が、本願成就の信心というだけでは、何かはっきりしないと。そこに、回向ということをもうひとついただいて、如来の回向、五念門成就は、法蔵願心の用きだと。菩薩道の功徳、全部を総合して、「南無阿弥陀仏」という言葉として我々に呼びかけると。その回向の用きを信ずるなら、その回向の用き全体が我々を支える力になるのだと。こういうようないただき方をされて、信心に立つと言われるのでしょう。

信心に立つということ、広大無碍の一心に立つということが救いなのです。この有限な、この愚かな身をいただいて、この有限の情況の中に、我々の苦悩の命を生きる。この場を離れずして、ここに新しい人生が開けてくる。こういう救いを親鸞聖人は、回向成就の信心において明らかにしようとされたのではないでしょうか。

私がいつも思うのは、どうしても人間は体験主義でわかろうとする、ということです。体験主義でわかろうとするということは、体験できない間は傍から見ているしかありません。ところが、本願成就の信心を回向成就として値遇するということは、まさに体験です。出遇うという体験が一番大事なのです。出遇うということは、求めて獲得するのではなくて、出遇うわけです。出遇うのが回向だということは、では、こちらから何をしたらよいのかというのですけれど、何かをすることが要らなくなることなのですから、困ったことです。

そこに、どこまでも自力の思いが破れない、「自力の執心」の自分というものが、ここにいながら、それが根源から破られてくるようなものに出遇う。それが、欲生心が勅命であるということなのでしょう。欲生心を勅命であると聞くことは、如来の本願がここに呼びかけてきてくださっていたのだ、こちらから何かをするのではない。もう、ここに、ガーンとここに来ているのだというふうに、動かされると言いますか、そういう出遇いです。これは「どうやったら出遇えるのですか」と質問されると困ってしまうのです。どうやったらという方法論はないのです。ただ、聞くしかない。ただ聞くといっても、耳で聞くのではない。それで困るのです。つまり、宗教的な要求が、法蔵願心となって、我が身に聞かしめるように用いてくるしかないのです。でも、それは、自分で求めて、自力で尋ねるしかないのです。だから、十九願、二十願が大切だというのは、自力で求めよということです。求め抜いて自力の限界に気づいていく。自力に破れていく。それを抜きにして、はじめから他力が欲しいと言っても、どこにもないのです。

私は、つくづく思いましたのは、なぜ清沢先生とか、安田先生の言葉が私に響くのかと思ったら、あの先生方が悪戦苦闘しておられるからです。悪戦苦闘するということは、自力なのです。あいつらは自力だと、傍からは非難されるくらい、悪戦苦闘されている。その悪戦苦闘の末、悪戦苦闘が正しいのではなくて、だから他力が有り難いとおっしゃる。それで説得されるのです。

他力が有り難い、もう何もしなくてよいのだとひっくり返っている人間の顔を見て、それで他力が欲しくなるかといったら、そのような他力は全然欲しくなりません。ここが、他力の難しいところです。他力は自力ではないのだけれど、何もしなくてよい、他力のみだと称している人間に自力心がないとは思えません。自力を隠して、他力だと言っている。本当に立ち上がることは、自分の力ではありません。本願力なのです。でも、それを自分の力だと思うと間違いです。自分の力ではない用きがきていたのだなというふうに気づかせていただいて、それにもかかわらず、また、自力の根性が襲ってくる。それとの闘いが、聞法なのです。

私は、もう二十年も前に講義をしたものですけれども、法藏館から『大無量寿経講義』（第一巻「法蔵菩薩の誓願」、第二巻「浄土と阿弥陀仏」、第三巻「人間成就の仏道」〈二〇〇八―二〇一〇年〉）を出しました。それを、校正しなければならないから、読み返してみると、やはり、曽我先生の教えを受けたことが大きいと思ったのです。「本願に帰す」ということは、もう十八願になったということではなくて、二十願に気づくこと。雑行から念仏へ、二十願に回入し、念仏に帰したのだが、念仏に帰してみたら、その念仏を自分の功徳にしてしまう。人間は、どうしても自分の功徳というか、自分でという思いが抜けません。抜けないことを正直に知らされながら、本願他力が歩ませてくださるのだと気づいていく。もう私は十八願ですと、だからもうよいのです、とひっくり返っているのは、まったく無責任、悪い意味の他力です。自力と他力は、離れません。親鸞聖人が、五十九歳のときに、まだ自分は自力があるという夢を見たということを恵信尼公に語ったといいます（『恵信尼消息』聖典六一九頁）。ああいう人間像を、なぜ、覚如上人は、『本願寺聖人伝絵』（以下『御伝鈔』）に書かないのか。親鸞聖人は、他力に帰したのだから、もう純粋他力なのだという人間像に作り上げたい。そういう野心が、あったのではないでしょうか。

むしろ、正直な人間として親鸞聖人は、宿業因縁の自分だということを、本当に歩み続けられました。それが、我々にとっては有り難いのです。我々に先だって念仏者になられた親鸞聖人は、十八願を生きたなどというものではありません。十八願は、「果遂の誓い」によって、本願力が引き入れてくれる世界ですから、自分で入るのではないのです。常に自分は、念仏すれども、「自ら流転輪回を度るに、微塵劫を超過すれども、仏願力に帰しがたく、大信海に入りがたし」（『教行信証』聖典三五六頁）とまで書いておられる親鸞聖人の自力に対する深いまなざしです。微塵劫というのは、生きている間は自力の執心がやまないということです。仏願力に帰しがたい。願力に帰したと思う、その直下から自力心が湧く、これが現実の人間です。しかし、それ全体を歩ませる用きが回向なのだと。これがすごいことだと思うのです。

回向に値遇するということは、値遇している事実を歩むということです。そういうふうに、力動的にと言うか、ダイナミック（dynamic）に、親鸞聖人のお言葉というものをいただいていきたいものだと思っていることです。

第二章　真実の行——行の意味転換

第一節　功徳を行ずるとは

「選択」に気づく

前章では、親鸞聖人が「行」である名号について、『無量寿経』「弥勒付属の文」による「大利」「無上功徳」という言葉と、曇鸞大師の教示によって、名号は真実功徳であるとお考えになっているということを考察しました。それと、この世で功徳ということを英語でメリットと言いますけれど、メリットが欲しいという我々の欲求に応じて、如来が功徳を衆生の事実にするため「名」を案じ出したと。こういうような意味があるということを押さえておきました。

親鸞聖人は、『教行信証』のそれぞれの巻を始めるところに、巻の「題」を掲げて、その後に、短い言葉を置いておられます。これを「標挙の文」と言います。「挙」は、手を挙げるというときの「あげる」という字です。これは、これから顕らかにする巻の内容全体を、テーマとして出すというような意味です。

ただ「教巻」には、「標挙の文」がありません。その代わりに、「総序」との間に、「標列」と言われるものが置いてあって、どう考えたらよいのかは難しいですけれど、『無量寿経』が「真実の教」と標列にありますから、「教文類」の標挙は、あえてなされなかったということかも知れません。そのほかの巻については、それぞれ「標挙の文」を置かれています。

「顕浄土真実行文類」にくると、この題の読み方も、いろいろな読み方がありますが、私は一応、「浄土」で切るということにして考えてみようと思います。そしてその下の「真実行」という言葉は、「顕」という字を付けて標列には出される。だから一旦、「顕浄土」、「真実行文類」と、こう読みます。「顕」はもちろん「浄土」を包む動詞でもあるけれど、「真実行」を顕す「文類」である、とも読み替えることができるわけです。

それで、そういう「行文類」という名前を出して、その後に「諸仏称名の願」という本願名を出して、そしてその下に二列の、「浄土真実の行」「選択本願の行」という言葉が置かれています。「諸仏称名の願」という問題は、第三章で考えようかと思っております。第二章では、「真実の行」と親鸞聖人がおっしゃる、そのことの意味を少しく考えてみたいと思います。

それで第一章に、真実功徳ということを言いました。その「真実功徳」と「行」ということとが、どういう関わりになるのかということに、ひとつの問題があります。ということで、まず「行」とは、真なるものを衆生の事実にする（真にして実となる）ための用きとしての「行」と押さえてみます。その行について、「真実の行」か、「虚偽の行」かという、そのことを明らかにすることが、この『教行信証』の表すひとつの大きな意味であると思います。

「浄土真実の行」に対して、もうひとつ「選択本願の行」ということを並べておられます。行ということに選択本願という言葉を載せて標挙しておられるということです。その「選択」というのは、古い異訳の経典に、『無量清浄平等覚経』（以下『平等覚経』）とか、『仏説諸仏阿弥陀三耶三仏薩楼仏檀過度人道経』（以下『大阿弥陀経』）、そういう古い時代の翻訳である「無量寿経」の法蔵菩薩を語る段に、法蔵菩薩が本願を「選択」したという言葉があります。

法蔵菩薩が願を選びだしたということなのですけれど、その法蔵菩薩が選びだしたということを、法然上人は、大事に取り上げられました。この選択は、人間がそれぞれの因縁で、自分にとっての大切な行という意味で選ぶというのではありません。法蔵菩薩が選んだ行だという。

こういうことが明らかになるまで法然上人は、求道する過程で本当に苦労されました。念仏の教えというものは、当然比叡の山にいれば、もう毎日のように行じたり、考えたりはしていたのでしょうけれど、法然上人の伝記では、黒谷の報恩蔵に籠って、『一切経』を五回読んだとあります。まあ、これは伝説的に言われていることなのかも知れませんが、そのくらい、とにかく経論釈を読み抜かれた法然上人が、善導大師の『観経疏』の一句、「是名正定之業、順彼仏願故」（真聖全一、五三八頁）に出遇うまでどれだけ苦労されたか。それは想像を絶するようなことでしたでしょう。称名は正定業である、仏の本願によるがゆえにと。称名は自分の選びではない。本願の選びだというふうに、自分の眼が転ぜられて、それで決断して比叡の山を下りられたわけです。

その善導大師の言葉に出遇うということの背景に、異訳の経典にあった「選択」という言葉に気づかれました。「ああ、そうだったのだ」と法然上人は気づかれた。おそらく善導大師の言葉が読めたのも、異訳の経典を読んでいたからだ、と私は思うのです。

法然上人の比叡の山での『無量寿経』の学びは、ただ魏訳の『無量寿経』だけではなくて、そのほかの「無量寿経」を並べて読んでいるということがあるわけです。先輩の源信僧都が、新羅の憬興師の文を引いているのです。源信僧都の時代に、すでに、新羅の憬興師の『無量寿経連義述文賛』（以下『述文賛』）というものが入ってきていて、それを読んでいるわけです。

そして『悲華経』という経典、これは古い「無量寿経」の根拠になるような経典と考えられているわけですが、その『悲華経』という経典も、その新羅の憬興師が引用しています。それを源信僧都がまた引用しているわけです。ですから「無量寿経」を読むについて、ただ正依と言われる康僧鎧訳の『無量寿経』だけではなくて、ほかの本願を説いてある経典と照らし合わせて、経典の意味を読み解くという試みは、もうすでに新羅から、そして比叡の山でも親鸞聖人に先だってもう何百年も前から、そういう学びの伝統があるのです。

だから法然上人も当然、異訳の経典を読んでおられるし、善導大師を読んでいて、「称名正定之業」と気づくまでに、大変時間がかかったけれど、気づいてみたら、そうだ、このことはちゃんと異訳で言ってあるし、よく読んでみれば、『無量寿経』でも、法蔵菩薩が本願を摂取したという、その摂取というときには、選び捨てることなくして選び取ることはできないわけですから、そういうふうな気づきの背景には、すごい学びがあったということを、我々は知っておかなければならないと思うのです。

『選択集』という名前の「選択」ということは、ただ上に付けたというものではない、「選択」の「本願」なのだということを、法然上人は気づかれました。本願は、「選択」の「本願」なのだ、法蔵菩薩の願行の独自の意味だと。つまり、如来の選択、大悲の選択です。これは人間にはわかりません。人間は、なぜだろうといくら考えてもわからないけれども、大悲が衆生の機根をみそなわして選んだのだと。本願が衆生を平等に救うために、「念仏」を選び取ったという意味です。それは、『選択集』「本願章」で、「平等の慈悲に催されて」（真聖全一、九四五頁）念仏の行を選んだのだと述べていることで明らかです。さらには、「慇懃付属章」で選択に八義を開いて、浄土三経にそれぞれ選択があるとも述べています。

選択するとは、不要なものを選び捨てて、本当に必要なもののひとつを選び取るということであり、捨てるものは、「諸行」であるということです。諸行は、行者が自分の条件や努力で行ずるのであるから、世間一般では大切な行為であるという評価です。しかしこれは自己に与えられた条件や自己の努力や、自己の力を使って、自分の理想を獲得しようとする発想です。それに対して如来の大悲からするならば、苦悩の衆生を漏らさず平等に救い取るという、人間の条件に関わりない救いが課題です。そのために選択した行が、称名念仏です。『選択集』はこういう意味を持つ名前の著作なのです。

『選択本願念仏集』について

『選択集』、これはどういうわけか、浄土宗では「せんちゃく」と発音します。「せんちゃくほんがん」

と。法然上人が、本当はどう発音していたのかということは、調べてみようがありません。親鸞聖人がどう発音していたかということは、『教行信証』に圏発《けんぽつ》があって、濁音か清音かということが読める場合もあるけれども、圏発が全部の文字に付いているわけではなくて、わかりません。

なぜ今、浄土真宗は「せんじゃく」で、浄土宗は「せんちゃく」なのか、これはわかりません。

この濁音にするか、清音にするか、どういう音にするかというのは、一般的な規則はあるわけです。先の音が、「ん」(撥音)であったら次は濁るとか、長音であったら次は濁るとか、そういう一応の約束はあるけれど、濁らない場合もあるし、その例外が非常に多いものだから、どちらが正しいとは言えないわけです。まあ、読み癖があるということです。

法然上人は、歳をとり病気になられて、大分危ない病気であったと言われていました。それを、法然上人を崇拝されていた九条兼実公が聞いた。摂政、関白だった方です。摂政、関白という地位は、今の首相の地位ですから、天皇を補佐するというか、天皇に代わって実権を握って日本国の政治を牛耳る、そういう立場の方が、法然上人を深く信じておられました。ところが、ひょっとしたら亡くなるのではないかという噂を聞いて、九条兼実公が法然上人が亡くなる前に、涅槃説法ではないけれど、ともかく法然上人の一番に言いたいことを、きちんと書き取って残しておけと。その命を受けて、法然上人が病床で語ったことを筆録したものが『選択集』であるとされているのです。

法然上人という方の学びのすごさ、いかに大変な思索を積んでおられたかということの一端がうかがえるのは、『選択集』を作るについて参考書も何もない、病気で寝ている状態で語りだしたことが本になっているということです。

内容の一字一字は、筆記した側が、後でもとの文献にあたって整理した可能性はありますけれど、でもほとんど覚えておられたのでしょう。昔の人の学び方というのは、そういう学び方なのです。いちいちテキストを横に置いてやるのは、最近の学びです。昔の人は、全部覚えている。だから、少しぐらい文字が違っているなどということは、どうでもよかったわけです。言いたいことをしっかりと覚えていて、そのことを伝える。そういうことであったわけです。

その『選択集』の「本願章」は、四十八願全部について語るのではなくて、一願、二願、三願、四願と語って、十八願に飛んでいます。十八願が、「選択本願」の中の「選択本願」だということは、もうすぐわかるのですが、その選び方については、誰でもできるために易行を選ぶのだと。易行という言葉は、龍樹菩薩の『十住毘婆沙論』（以下『十住論』）の言葉ですけれど、法然上人は、なぜ易しいかといえば、「平等の慈悲」という課題があるからだと言われます。

そしてもう一つは、勝れているからだ、ということをおっしゃる。それがどうしてかということはわからないのですが、法然上人は、仏の名号はあらゆる功徳を具していると。仏さまであるということにおいて、仏の名であるということが、万徳、あらゆる功徳、万というのは、数の万ですけれど、満足の満という意味を持っていて、万というのは数字ではなくて、万事というように全体を表すわけです。森羅万象というときの万ですから、数の問題ではなくて、全体を表すわけです。万徳、あらゆる功徳が、その名に帰している。「名号はこれ万徳の帰するところなり」（『選択集』真聖全一、九四三頁）とおっしゃる。万徳が帰するところの名、だから勝れているのだと。そういうふうに法然上人は、選びの根拠を、二つの根拠で押さえられ、そして「平等の慈悲に催されて、あまねく一切を摂せんがために、造像起塔等の諸行をもつて往生の本願となしたまはず、ただ称名念仏一行をもつて、その本願となしたまへり」（真聖全一、九四五頁）と、平等の慈悲に催されて、名号を選んだのだということを、おっしゃるわけです。

法然上人にとっては、十八願が名号選択の願です。そして、その「選択」ということについては、『選択集』の後の方に、「慇懃付属章」という章があって、そこで「選択」についていろいろな意味を、いろいろな場合の選択ということを立てておられます。この「選択」についていろいろ考えておられるということを受けて、親鸞聖人は、『愚禿鈔』の中に、「選択」について、ご自分でいろいろ吟味しておられます。ただ、法蔵菩薩だけが「選択」したのではないと。お釈迦さまも、あるいは韋提希夫人も、いろいろ選択ということは考えられると書いていています。これは、法然上人のお話の記録を整理されたのか、法然上人のお考えをさらに親鸞聖人が、少しく深められたのか、その辺もよくわからないところですけれど、とにかく「選択」という言葉は、親鸞聖人も非常に大事な言葉として考えておられるということは、言うまでもないことです。

それで、「選択」の「選」の字については、選び取ると。「択」の字については、選び捨てるという意味があるようで、その選び捨てるということは、諸行を捨てるという。万善諸行を捨てるのだと。選び取るということは、名号ひとつを選び取るのだということを法然上人はおっしゃるわけです。

『選択集』の中に、「二行章」という章があって、「二行章」では、そういうふうに雑行と正行、助業と正業という対応で、諸行を捨てて念仏を取るということをおっしゃっています。

「三輩章」に残る謎

『無量寿経』に三輩段というのがありますが、親鸞聖人は、それは十九願成就の文だと押さえているわけですけれど、法然上人は非常に大事な章として、「三輩章」というものを『選択集』の中に開かれています。

その「三輩章」にも謎があります。「三輩章」はそれぞれ諸行が説かれています。諸行の中に、発菩提心ということもあります。そして「一向専念無量寿仏」という言葉もあります。だから「三輩章」をどう読むかということには長い歴史があって、曇鸞大師は「三輩章」は菩提心を勧めているところだと読まれました。

源信僧都もそれを受けて、「三輩章」の文を五念門の第三番目、作願門の内容として引用されます。作願門というのは、「願生安楽国」が作願門だというのですけれど、浄土に願生するということは、作願門だと。その作願門ということは、発菩提心を要とする。三輩段の中に発菩提心ということが三輩に通じて出てきますから、大事な言葉だと。こういう三輩段了解の歴史があるのです。

ともかくその三輩段は諸行と念仏が説かれていますから、法然上人は、「三輩章」の意図は、「一向専念無量寿仏」にあると読まれたわけです。これは法然上人の独特の読み方です。

けれども、法然上人の『選択集』における「三輩章」は、「一向専念無量寿仏」を取っているのに、なぜ、諸行を説いたのかについて、「助正」「傍正」「廃立」という三つの解釈を立てて、どういう立場を取るかは、行者はおのおの選びなさいという言い方にしています。

しかし、『選択集』の「二行章」の流れからしたら、そして法然上人がおっしゃる「選択本願」の意図からすれば、廃立に本意があるのです。助正の立場というのは、ほかの諸行は念仏を助けるためにあるのだと。念仏ひとつでは頼りないから、念仏を助けるために諸行も勤める。諸行を一生懸命に勤めながら念仏もするのだと。これは一般的には、考えやすい考え方です。たとえばプレゼントをするときに、ちょっと物足りないから、これも付けるという形で何かで助けをすると、一番大事なものを差し上げるのだけれども、それに何か助けを付けると。こういう考え方、これが助正です。

傍正というのは、傍らに、つまり、二股膏薬という表現がありますが、念仏申しながら、他の行もしていると。両方やっておくという考え方です。これも、この人生においては、当たり前にやっていることです。あれもやり、これもやりと。そういうことは、この世のことではいくらでもあることです。

廃立というのは、そういういろいろなことをやること全部を捨てなさいと。念仏ひとつを取りなさい。これは、この世では非常に難しいことです。『唯信鈔』にありますけれど、とにかく真面目に、閑があったら、他経、他仏を持念しながら念仏すると。こういう方がよいのか。そうではなしに念仏のみを取って、念仏したら後は昼寝をしている方がよいのか。そういう話が出ていますけれど、常識的に、この世的な人間として考えると、「ひめもすにとなえ」（聖典九二八頁）る方はよいが、昼寝をしていて時々念仏するのは不謹慎、軽蔑される対象になるでしょう。

けれど、『唯信鈔』は、そっちの方がよいのだということを勧めるのです。つまり、廃立というのは、そういうことです。ほかのものは要らないのだ、念仏ひとつでよいのだ。念仏を本当に依り処にすれば、念仏以外は要らないという決断を取れというのです。

それで法然上人の真意は廃立にあるということを見抜いて、明らかにしようとしたのが、親鸞聖人です。浄土余流と言いますけれど、それぞれ学問もしたり、修行者でもあった方々が、法然門下になっています。その人たちは、どこかでやはり聖道門の名残りがありますから、何となく自分で真面目にいろいろやっている方がよいのだという思いが捨てられません。だから、助正の立場、傍正の立場というものを、捨てずして法然上人門下になっています。法然上人はそれを見抜いておられますから、信念が本当に決まっていない人間には、『選択集』は付属されません。どれだけ長い間聞いていても、どれだけ学者として勝れていても、決して『選択集』は渡さない。どうもそういう姿勢であったようです。

親鸞聖人は、入門されて数年で許されました。それは、やはり端々に出てくる言葉、態度、そういうものの中に、親鸞は廃立を取っているということが、法然上人に確認されたからだろうと思うのです。

なぜ、法然上人は「三輩章」で廃立だと断言しておかないのでしょう。これは、ひとつの謎です。これでは誤解する人が出てもしようがないと思います。しかしながら、誤解するのは読み方が浅いからなのです。しっかりと読めば、必ず廃立になっています。全体を通せば、「選択本願」なのですから、「選択本願」が、助正、傍正を許すというのはおかしな話です。そういうことはないはずなのですけれど、表面だけを取れば、決めていないように見えます。

法然上人は、「専修念仏」ということを掲げました。念仏ひとつ、その行のみでよいと。「専修念仏」という主張を掲げて、「浄土宗」の独立を宣言したわけです。専修とは、もっぱら修するということです。それは、「一向専念無量寿仏」を根拠に立てたわけですから、浄土真宗は一向宗と言われますけれども、むしろ、法然上人の教団が「一向宗」なのです。「一向専念無量寿仏」という三輩段の言葉を根拠にして、専修念仏を立てているのです。

寺川俊昭先生が、蓮如上人には、法然上人の流れを強く引き受けているものを感ずる、ということをおっしゃられたことがありましたけれど、蓮如上人は一向にと言われます。だから一向は蓮如上人の言葉を受けて、浄土真宗の標識になり、その後、江戸時代は一向宗と呼ばれてきたわけです。そういうことなのですけれども、元々は法然上人が選んだ言葉です。

それで源空上人は、十八願というところに「選択本願」の中心を置くのですが、四十八願の他の願はどうなのかというと、他の願は、十八願ひとつを浮きださせるためのバックボーンと言いますか、そういうようにいただいてきているわけです。

『浄土論』をどういただくのか

親鸞聖人は、法然上人の「選択本願」の教えを受けて、『浄土論』をどう読むかという問題に強く執着しているところがあります。なぜ『教行信証』というような思索ができてきたのかというもとのところに、何か、法然上人から「選択本願」をいただいただけでは、どうも自分の思ってきた課題が十分に答えられていないということが、おありであったのではないかと思えるのです。

それは、比叡の山での親鸞聖人の学問、修行というものは、横川という、源信僧都の流れを受けた場所での歩みですから、大きくは、天台大師の「法華一乗」の思想の中での営みです。その中に念仏はあるし、浄土の教えもあるわけです。けれども、その中で、源信僧都が「正修念仏」ということをおっしゃって、正しく念仏を修するという、その念仏の内容を五念門として書いておられるのです。

源信僧都においては、念仏は五念門であると言われます。礼拝・讃嘆・作願・観察・回向、それぞれの註釈で、行者がやはりみずから行ずる。みずから礼拝し、みずから讃嘆し、みずから作願し、みずから観察し、みずから回向する。天親菩薩が、ご自分で五念門を行じて無上菩提を成就したごとくに書いてある『浄土論』を、そのまま源信僧都も受けている。それに先だっては、善導大師の『往生礼讃』の出だしのところに、やはり五念門が出ているのです。

ですから、五念門ということが念仏の内容であると善導大師も押さえているし、源信僧都も押さえています。そして法然上人も、『選択集』の最初、「教相章」に浄土宗という宗を名告《なの》る根拠には、依り処になる経典があると。経典があるというだけでない、「三経一論これなり」と押さえて、「「三経」とは、一には『無量寿経』、二には『観無量寿経』、三には『阿弥陀経』なり。「一論」とは、天親の『往生論』これなり」（真聖全一、九三一頁）と書いているわけです。親鸞聖人は、『浄土論』とおっしゃいますけれど、法然上人は、『往生論』とおっしゃっています。

天親菩薩の『往生論』ですから、『無量寿経優婆提舎願生偈』を指しているに違いないわけですが、その略称『往生論』を、法然上人が正依の論だとおっしゃっています。ところが天親菩薩は、菩薩道として五念門行を行じて、無上菩提を成就するという展開で、『浄土論』を構想しておられます。

法然上人は、何も要らない、菩提心すら余行だと。「三輩章」では、「一向専念無量寿仏」に対して、いろいろな諸行が説かれる中に、発菩提心という言葉もある。だから、源信僧都は、発菩提心が大事だとおっしゃるけれど、法然上人は要らない、廃捨すべき余行だと言われる。「菩提心等の余行」とおっしゃるのですから、菩提心を自分が発こすということすら要らない。ただ、念仏だけ、「一向専念無量寿仏」だ。「汝好持是語　持是語者　即是持無量寿仏名」（聖典一二二頁）と、『観経』の最後に言っていると。だから、無量寿仏の名《みな》を称えるということは、三経に通じての大悲の選びだ。こういうのが法然上人の教えでしょう。

ですからなぜ、五念門を説いている『浄土論』が、正依の論なのでしょうか。その問題はたぶん、親鸞聖人は、比叡の山で五念門を成就しようとして、さんざんやってきた念仏の行が、自分においては成就しない。つまり個人の菩提心に成就できる課題を、天親菩薩が語っているのだろうかと。その『浄土論』と、阿弥陀如来の「本願」の教えとは、どういう関係になるのか。阿弥陀如来の本願は、一切の愚かな衆生よ、十方衆生よと呼びかけて、機の三願（第十八、十九、二十願）を呼びかけているわけですから、十方衆生が念仏でよいという、「選択本願」に立ったときに、どうして天親菩薩の『往生論』が必要なのかと。

これは、かねがね親鸞聖人が、深い問いとして持っていて、解決できなかった問題であったのではないでしょうか。それについて、これは法蔵菩薩の願心なのだ、五念門は、法蔵菩薩の願行なのだといただいたら、『浄土論』を読めるかも知れないということに気がつかれた。『選択集』で法然上人は、「三経一論これなり」と書いて、一論というは、天親菩薩の『往生論』これなりと書いています。選択付属を受けて、「これは法然上人、どう考えるのですか」と。こういう問いを、親鸞聖人が、師に持っていったに相違ないと思うのです。法然上人は、菩提心すら要らないとおっしゃっているのに、どうして五念門が要るのですかと。五念門の作願門は、源信僧都は菩提心として理解しているが、どう考えるのですかと。そういう議論があったのではないでしょうか。

法然上人の中に、願生心が菩提心であるという言葉は、お言葉の中にはあるのです（『三部経大意』真聖全四、七九七頁参照）。だから、願生心が菩提心であるということはあるけれども、五念門が念仏だということはありません。

五念門がどうして念仏なのか。何かそこにやり取りがあって、どちらかの側から、これは法蔵菩薩の「選択本願」の修行の内容であり、法蔵菩薩の兆載永劫の修行の内容を背景にして、五念門ということを天親菩薩がお書きくださったのではないかと。こういうふうな話が出たのではなかろうかと思うのです。それを背景にして、たぶん親鸞聖人は、法然上人の信心も、我が信心もひとつであるという確信を持って議論を出した（『歎異抄』聖典六三九頁参照）。だから、法然上人がすぐさま賛成してくださるのは、当然のことと言えるのです。

「たまわりたる信心」ということは、回向ということが、背景にあると思うのです。「回向を首として大悲心を成就する」という、そのお心をいただいて、我々は念仏を信ずることができるのだ。念仏の中に、もう法蔵願心の五念門行が、自力の菩薩行としての五念門行というものを超えて、我々に呼びかけているのだ。だから、我々が一心に名号を信ずることができるという背景が五念門行である、こう読めば何の矛盾もないと。

新しい親鸞像

そういうことがたぶんあった。そこで改名が起こったのではないか。親鸞聖人はすでに綽空という良い名前を持っている。この名は、道綽、源空から一字ずつもらったようなすばらしい名前です。道綽禅師の選びである聖浄二門判と、法然上人の選びである専修念仏と、そこから一字ずつもらって、綽空と名告っているのですから、この念仏の教団の後を引き受けていくべき人間であると見られているとも言えるのでしょう。その名前を改めてでも、お前にやってもらいたい仕事がある。ぜひやって欲しいと。それは、天親菩薩の五念門の回向門、そして曇鸞大師の理解、そういうものを受けて浄土を顕らかにする。その仕事をやって欲しい。ついては、新しい名前として「親鸞」という名前を授けると。こういうやり取りがあって真影の付属に当たって書いていただいたのが、「後序」の「名の字」であると、私は確信しています。

そういう背景があるから、これだけ面倒な書物を、とにかく親鸞聖人の資質をもってして、もう寝ても覚めても『教行信証』をどう作っていくかということに、それ以後の人生のすべてを捧げています。その情熱と長い時間にわたる思索の背景があってできた書物であるに相違ありません。これはもう野心とか、怒りとかでできるものではありません。

天皇に対して申し上げたいから作ったとか、興福寺奏上を批判するために作ったとか、そのようなケチな根性でできる書物ではないのです。私は、つくづくそう思います。すごい内容ですから。法然上人との深い信頼関係の中にあっても、どうしても解決できない問題があったに相違ないのです。

決して、比叡の山で何も勉強しないで、ちょっと性欲に迷って夢見たものだから、法然上人のところに行ってどうしたらたすかるでしょうかというような親鸞聖人はそんな人間ではないのです。そのような人間に『教行信証』ができるはずがないのです。

比叡の山から、さんざん求道の問題に悩み、仏道をいかにして成就するかという問題を必死になって考えてきて、もちろんそれは大乗の仏道ですから、自分だけがたすかるのではありません。一切衆生が平等に本当にたすかるということなしに、自分がたすかるということはありません。そういうことを、どうして本当に自分自身が確信できるかということです。

そういう問いを法然上人にぶつけて、百日かかったのです。百日の内容にひょっとしたら、ここで考えている五念門の問題もあったかも知れないですけれど、なぜ、百日かかったかということについては、何も語られていませんからわかりません。

そういうことが、どうも今までの「親鸞伝」には抜けているのではないか。私は、親鸞聖人七百五十回御遠忌で、大谷大学が新しい親鸞像、「親鸞像の再構築」というようなテーマを掲げてくださっていますから、これをぜひ新しい親鸞像に入れて欲しいと強く思っているのです。

迷い深き親鸞というのは、親鸞の個人的なことだけではありません。人間は迷い深きものだということを、ご自分の身を通して歩みながら明らかにしてくださった。決して、ポン、ポン、ポンと三段跳びで、一番良いところに行ったというようなそんな人間ではないのです。そういうことと、こういう問いを深めて、それを何としてでも潜り抜けなければならないという執念のような求道者、そして、法然上人との出遇いの信頼関係の深さからして、決して法然が死んだから、もう自分勝手に、俺は独立者だと言って、勝手に新しい名前を名告るというような人間ではないということです。

私は、御影堂の親鸞聖人のお木像の前に座って、「あなたは法然上人から親鸞という名前をいただいたのでしょう」と、問いかけたことさえあるのです。

そういうようなわけで、これは本当に冗談ではないのです。絶対にそうなのです。そうに違いないのです。

初めのうちは、私も大谷大学で長い間教えをいただいて、「親鸞伝」について、伝承された見解の中で、みんな、先生方が同じことを言いますから、私もまったく疑う余地もなくそれを信じていました。つまり、法然上人から善信という名前をもらったのだと。流罪以後、法然上人が亡くなった、それを契機に自分は独立者として、「親鸞」と名告ったのだという親鸞像、これは何か変だなと。そうしたら、法然上人の和讃というのは、嘘なのか。うわべは親鸞は法然上人を讃えているけれど、本心は、俺は法然では満足せんぞというような、そういう親鸞像なのか。それもまた、面白いかなどと思っていたのですけれど、でも、それはやはり親鸞聖人に対して失礼です。親鸞聖人はそのような方ではありません。

どこまでも罪悪深重の凡夫であるという。それをご自分に引き当てて歩まれたには違いないけれど、だからといって師法然を立てながら、本当は違うのだということを言いたいために、浄土真宗ということを言っているのではありません。

その証拠には、法然上人の和讃に、

　智慧光のちからより　本師源空あらわれて
　　浄土真宗をひらきつつ　選択本願のべたまう（『高僧和讃』聖典四九八頁）

浄土真宗を開いたのは、法然上人の仕事だとおっしゃっているのです。これが、宗派としては都合が悪いのでしょう。本当は、その和讃は消したいのでしょう。だから親鸞聖人が、二重になって見えるようなことになっているわけです。誠実な親鸞聖人と、平気で嘘を言う親鸞聖人と、何かちょっと気持ち悪い見方です。これは間違っているのでしょう。本当に宗祖として仰ぐべき親鸞聖人は、法然上人から託された浄土真宗の思想を構築するという、そのために一生をかけられた。こういうのが、親鸞聖人の『教行信証』制作の意図です。決して、自分が宗派を立てて独立しようとした、そういう野心の書ではありません。こういうふうに私は思うのです。私は、そう確信しています。

それで、「選択」から「回向」へということが言われるのですが、この回向ということは、確かにそのことを法然上人が直接おっしゃっていません。

法然上人は、不回向の念仏とはおっしゃる。不回向の念仏とおっしゃったから、では天親菩薩がおっしゃる回向はどうなるのだと。そういう問題に対して、五念門というものによって念仏が成り立つというふうに考えるならば、回向がない念仏ということはおかしいと。不回向ということは、自分の、自力の回向は要らないという意味ではあるけれど、大悲の回向、「回向を首として大悲心を成就する」と書いてあるのですから、回向抜きに大悲心が成就するはずがありません。

そうしたら、その回向は何であるか。これはやはり『無量寿経』に返せば、法蔵菩薩の大悲回向だと。こう親鸞聖人が読んでいかざるを得ない必然性があるわけです。

如実修行の行とは

さて、それを行ずるということについて、如実に行ずるという問題があるのですけれど、天親菩薩は五念門の讃嘆門の釈に「如実修行相応」ということを出しています。天親菩薩は菩薩道をみずからも行じながら、たくさんの「論」を作っておられますから、「如実修行」ということは、大乗仏教において修行というけれど、単に自力意識で何かをするというのは、本当の修行ではないと。

如実に修行するということは、修行して修行していないと言いますか、修行して修行している意識がないと言いますか。そういうふうにならないと如実とは言えないという、非常に難しい問題があるわけです。

讃嘆門のところに、仏の名を讃嘆する。仏の名を讃嘆しながら、その仏の名と如実に修行して相応するということが、讃嘆門の行として言われているわけです。

だから、曇鸞大師が、そこで「しかるに称名憶念あれども、無明なお存して所願を満てざるはいかん」（『教行信証』聖典二一三頁）という問いを『浄土論註』に出すのは、如実修行相応と書いてあるけれど、修行相応しない人間はどうするのかという問題があるわけです。それを曇鸞大師が、ご自身のこととして誠実に出して論じておられます。

親鸞聖人は、それを非常に大事な問いとして、「信巻」の問題にされるわけです。しかし、元々は如実修行ということだから、行の問題です。行じて行ずる努力を超える、行じて行ずる心を超える。これは、すでに聖道門仏教でいつも問題になっていることなのです。

法然上人の孫弟子の弟子で一遍上人という方がおられます。融通念仏、今は時宗と言われて、神奈川県の藤沢市に遊行寺というお寺があります。箱根駅伝では、遊行寺の坂というのが出てきますけれど、あの遊行寺というのが時宗の本山なのです。京都の方には残っているのかどうか私は存じませんが、関東に本山があって、東京には、ぼつぼつ時宗の寺があるのです。

法然上人の念仏を受けて親鸞聖人が出られ、さらに一遍上人が出られました。柳宗悦（一八八九—一九六一）さんは、一遍上人が一番純粋だというふうに、『南無阿弥陀仏』（大法輪閣、一九五五年）では書いています。

それは、融通念仏、踊り念仏、踊躍歓喜して念仏にひとつになる。念仏しながら、念仏している意識すらなくなるということを、一遍上人は、自分の本当の念仏の内容としたわけです。

初めは、「称ふれば　仏も吾もなかりけり　南無阿弥陀仏の　声ばかりして」としましたが、まだ声を聞いているうちは駄目だというので、「称ふれば　仏も吾もなかりけり　南無阿弥陀仏　南無阿弥陀仏」と書いたと。そういうのが本当の念仏だと柳宗悦さんは理解をされました。それはわかりやすい。でも親鸞聖人は、無心の念仏というのは、聖道門の立場だと。自分の心を純粋にして、本当に純粋になることが救いだと考える。それは聖道門の立場です。

一遍上人も、念仏に帰しているのだけれど、自力聖道門の根性が抜けていないから、無心の念仏になろうと、一生懸命、そういうふうになっていきました。それを柳宗悦さんは、本当だと考えたわけです。

本願他力は、自力の根性に気づいてそれを翻していくものですから、意識がなくなるなどという、そういう状態になって人間がたすかるのではありません。罪悪深重の身であり、愚かな凡夫である、その愚かな凡夫のままにたすかる。それは大いなる大悲の用きがここに来る、大悲回向に値遇する、そのことによってたすかるのであって、自分の意識が消えるとか、「南無阿弥陀仏」を称えている意識すら消えてなくなるとか、そのようなことを求めるのではない。「南無阿弥陀仏」を称えて、それを意識しても何の差し障りもない。煩悩の心が起こっても何の差し障りもない。そのまま「南無阿弥陀仏」と、大悲に帰入する。だから、行の問題から、信の問題へと展開するのです。これは大事な問題です。そこで、ではそういう行とは何なのかという問題が残ります。

天親菩薩は、五念門の讃嘆門の釈に「如実修行相応」ということを出しています。行じて行ずる意識を離れる。行ずる努力を超える。曇鸞大師は、「不行にして行ずるを、如実修行」(『教行信証』聖典二八八頁)と言う。効能を意識することからの解放こそが、本当の行だと言うのです。この「如にして行ずる」ということは、如のままに行ずるということは、如来の位の行であって、凡夫の位からはできません。如のままに、つまり、一遍上人はもう人間の心がなくなって念仏が出ていると言うが、親鸞聖人は行の問題についてそういうふうに問題の解決をすることは本願の信心ではないのではないか、と気づいた。ここをどうするのかということがあって、そこに曇鸞大師が、名号が讃嘆門だということは、本願に返せばどこで応えてくださっているのか、という問題になったのでしょう。

そうすると、十七願に諸仏の称揚ということがあるし、成就文が「十方恒沙の諸仏如来、みな共に無量寿仏の威神功徳の不可思議なるを讃歎したまう」（『無量寿経』聖典四四頁）と書いてありますから、十七願と十七願成就文、これが、天親菩薩がご覧になった讃嘆門の意味だという見通しを立てられた。そして、名というものは、十七願成就の名だと。

こういう気づきを、いつごろ、どういう形で、そしてそれをどういうふうに確認したのかということは、まったくわからないけれども、たぶん親鸞聖人は、信頼できる友だちには言葉をかけ、こう考えていきたいのだがということは、おっしゃられたのだろうと思うのです。

行が「諸仏称名の願」だといっても、それがどういう意味なのか。人間の行為としての行ならば、どうしても人間の意識が付いてまわる。そうすると人間の意識は雑心であり、その雑心を消して、専心で称えようとすれば、その専心という努力意識が残る。だから、「化身土巻」で親鸞聖人は、その問題を大変ていねいに分析されます。

法然上人は、「専修念仏」だから、専修すればいいとおっしゃるけれど、もっぱら称えようとする中に、自力が残っている問題はどうしたら消えるか。こういう疑問が親鸞聖人にはありました。どうしたらという問題に対して法然上人は、一遍上人と同じように称え続けているうちに意識が消えると。つまり、三昧の念仏のようにお説きになる。

それでは、三昧の念仏が、救いなのでしょうか。どうも法然上人も三昧を大切にしているという余塵が残っています。法然上人も、三昧の念仏者になりたいという気分が残っています。日課何万遍というようなことで今の浄土宗は、木魚を叩きながら三昧に入って、それが立派な念仏者だ、三昧発得の行者だと言ってほめるわけです。あの人は、さすがに念仏者だ、三昧発得の行者だと。三昧発得ということは、雑念の意識がなくなるわけです。三昧の中で念仏をしています。

昔の農作業をしながら念仏を称えているおじいちゃん、おばあちゃんなどは、ほとんどそうかも知れません。もう、鍬《くわ》を振りながら、「ナンマンダブ、ナンマンダブ」と、意識しながらではないのかも知れません。でもそれは大変失礼な話ですけれど、三昧の念仏とは言わないのです。一向に「南無阿弥陀仏」とたのむという蓮如上人の教えを受けての念仏なのでしょうけれど、それはどこが違うのかよくわからなくなってしまう。

それで親鸞聖人は、どこまでも法蔵菩薩の願から起こってくる行として、「浄土真実の行」「選択本願の行」と言う。「選択本願」が行ずるのだという。浄土真実の行なのだ。その行は、凡夫が行為したから行だという意味の行とは質が変わるわけです。ここがわかりにくいところです。

普通は、行というと、単なる行為という意味ですが、それでは仏教の純粋な行にはなりません。行ずるということは、やはり目的を持って、そのために自分の意識を集中していって、仏陀に近づいていくため、あるいは、菩薩道という目的を実践するために行為します。単なる行為は、行とは言いません。もっとも大乗仏教が展開してくると、あらゆることが行だということを言わないわけではないけれど、普通は日常的なことをすることが行だとは言いません。禅宗などでは、一遍、仏陀の境地を潜って、衆生の地平に下りてくるのだという考え方をしますから、「喫茶喫飯これ仏道」とか、もう飲むも食べるも全部仏陀のなすところだとか、自分が仏になった気持ちですから、そのままやることなすこと、みんな仏の行だと言うのです。そうなっていなければ、本当の仏者ではないのだと。そう言われると、そういうものかなとは思いますけれど。

でも、親鸞聖人は、そういう立場を決して取られません。それはどういうことか。つまり、自分が行ずるという限りは、雑行である。凡夫が、雑行雑心、つまり雑じり気の心、煩悩の心というものを持ちながら生きているというところに、本当の行などはできません。行じても、それは雑行である。雑じり気の行であると気づいていく。

諸行は要らないという意味は、諸行をすれば全部、雑行になるからです。この点については、善導大師は厳しい。随縁という言葉、縁によって起こる行だと言う（「極楽無為涅槃界　随縁雑善恐難生」、『唯信鈔文意』聖典五五三頁）。人間が行為する限りは、縁があるからできるのであって、縁なしでできるということはない。人間が何かの行をするからには、行ずるための縁が与えられていなければできない。それを障げる縁が来ればできない。

聞法会に出るという場合でも、邪魔するものがたまたまなかったから来られた。もちろん行こうという意志なしには、来ないでしょうけれども。それを支えるものがいろいろとあったから、聞法が成り立っている。人間に起こる行為経験は、必ずそういう無数の縁によって支えられているわけです。それが、自分の意志する方向を障げることがなければできている。

だから、修行であっても、いくら修行したくても、腹痛が起こってしまったらできなくなります。高熱を発してしまったらできなくなります。縁があるからできるので、縁がなかったならできません。そういう行は、いくら意志があっても、縁がなかったらできないのです。そういうものを、随縁、縁によって成り立つ行だと。それは人間において、縁は因縁ですから、思ったように起こるとは限りません。障げることが来たらできない。そういう本質を持った行は、長続きしないし、くたびれるし、人間の行ですから、積んでみてもたかが知れているというのが、善導大師の押さえ方です。それで、「極楽無為涅槃界」には往けないのだと。そういうことが背景にあって、人間の行為が浄土に往けるのではないと。では、どうして往けるのでしょうか。

そういう行とは何であるかという問題についてその念仏の行の意味を、今でも、浄土真宗の学者でも、発音するのが行だと考える方があります。人間が発音するのが行だと。それであったら発音ができない情況が来たらどうするか。口がどうにかなったり、咽に癌ができたとか、そうしたらどうするのか。発音が行だと言ったら、縁がなかったら発音はできないわけです。だから、そういう人間の行為を条件にして救うということではないというのが、親鸞聖人の立場です。

親鸞聖人はそこを詰めていかれて、念仏が起こっているということは、十七願が成就していることだと言うのです。それは本願を信受する、信ずる人間がいて、そこに念仏が起こるのでしょうけれど、起こっている事実は、本願が成就しているのです。人間が成就させているのではなくて、人間という場において、本願が成就しているのだと言われるのです。人間という場において、信心が成就している。自分が信心を起こしたのではない。自分の心を突き破って、本願が成就した信心である。本願がここに成就した行である。そういう考え方を親鸞聖人はしていかれました。それを成り立たせる用きが回向なのです。回向成就の行信と、そういう形で、人間の行という条件をできるだけ外す。念仏が起こったら、もう諸仏の行である。人間を超えて、そこに願が成就しているのだ。こういう行信を明らかにしていかれたのです。

そうすると、凡夫であることは何の障げにもなりません。けれども、凡夫であって、念仏したら仏になるというけれど、念仏してみても一向に変わらない自分が残っているではないかと。現実は何も変わらない自分だと。発音はしてみたけれど、何も変わらない。そのような現実があるけれど、それは人間がどうにかなるのではない。人間の中に、如来が誕生する。誕生した如来が主人公になる。その場である人間は、愚かであり、罪悪であることは変わらないけれど、その身に新しい生活が始まるということを、親鸞聖人は往生という言葉で押さえようとされました。何も変わらないようだけれど、新しい時間が始まる。そういうことが起こる。本願成就の事実がここに立ち上がる。

どうしても普通に使う行という言葉は、practice、つまり訓練であり、実践です。修行の、修というのは、おさめるということですから、修めて少しずつ変わっていくということが、人間における行の意味です。そういう修行という意味の行ではない行、それが、如実修行ということなのか。そうであったら、凡夫ではできないという問題をどうやって乗り越えるのか。

そこに親鸞聖人は、「浄土真実の行」、これは「選択本願の行」であると。行というけれど本願自身の

「おこない」であり、大悲の作用であるような行。そういう考え方をしていかれたのです。

念仏が純粋にならない問題

「真仏土巻」の結びに、「仮の仏土の業因千差なれば、土もまた千差なるべし」（聖典三二四頁）という言葉がありますが、我々の行為は、人間が一人ひとり違うところに、一人ひとりの行為経験が起こります。だから行為は、それぞれ千差万別です。同じ行為をしているように見えても、思いはそれぞれ別であり、思いが形になった行為も、それぞれ少しずつは違います。同じということはありません。一回一回、一瞬一瞬、違う行為が起こります。同じようなことはあるけれど、まったく同じということは二度と無い。そういう行為を積み上げて、本願の生みだす世界に往くのではないのだと、親鸞聖人は押さえるわけです。

千差の業因が生みだす浄土とは何かというなら、それは化身土であると。千差の業因は駄目だとはおっしゃらない。千差の業因は、十九願位です。十九願は、「至心発願の願」とも「修諸功徳の願」とも言いますけれど、諸々の功徳、つまり、諸行を行ずる。いろいろな人間の行為を行じて、浄土に往こうとする。そういう場合は、それぞれの人間が、それぞれの思いで、それぞれの行為をして、その結果を受けるという考え方ですから、そうすると、受けた結果も皆違う。だから一人ひとり、みんな違う世界を生きているのだというのが化身土であります。

真実報土は、法蔵菩薩の兆載永劫の修行が報いた世界であり、法蔵菩薩の本願の世界に帰入すれば、みんな平等である。その平等の世界に入るためには、平等の因が必要である。それが、「同一念仏無別道故」（『教行信証』聖典三一四頁）、みんな同じく念仏していくのだと。その念仏するというときに何が条件かというと親鸞聖人は、「本願の信心」ということをおっしゃったわけです。

親鸞聖人は、念仏が純粋にならないという問題に苦しまれました。おそらく親鸞聖人ぐらいこのことに苦しまれた方はいません。念仏していれば純粋になれると誰でもが思って、法然上人に付いていくのです。法然上人ご自身も一生懸命念仏しているうちに、ひとりでに純粋になると、どうもお考えになったようです。

法然上人の臨終のお言葉、「一枚起請文」に、「三心四修と申す事の候うは、皆、決定して南無阿弥陀仏にて往生するぞと思う内に籠り候う也。（中略）只一こうに念仏すべし」（聖典九六二頁）、念仏していれば、ひとりでに、至誠心・深心・回向発願心が具わる。そういうように教えておられたし、どうもご自身は、何の矛盾もなく念仏しているうちに、『観経』が語る三心《さんじん》が具わったようです。

親鸞聖人は、それが問題であったわけです。いくら念仏をしていても至誠心になれない。念仏をしていても、真実になれない自分が残っているというような問題に苦しまれたところがすごいことです。たまに気づく人がいたとしても、それほど苦しむことはありません。仕方がないではないかと、念仏しておこう、というので誤魔化してしまいます。

ところが、念仏して自分が本当に念仏とひとつになれない。「万徳の所帰」（『選択集』真聖全一、九四三頁）だと言うけれども、万徳が具わってこない。落ちこぼれ人間としてどうにもならない。それが放っておけない。そういう問題に苦しまれたから、『観経』の三心は方便だと。凡夫に要求したら無理だ。それでは何かと。『観経』の三心は、顕の義は、努力目標である。隠の義では、できないという自覚を潜って本願に帰すると。大悲の本願に帰するしかないということに気づかせるための言葉だと。こういうふうにいただいていったわけです。

「自力の三心《さんじん》ひるがえし」（『浄土和讃』聖典四八六頁）、本願の三心に帰入する。本願の三心は、三心ともに回向の心である。真実が向こうから来る、そういう用きをこちらは信ずると。徹底的に、そういうふうに自分の側から何かをするとか、何かちょっとましになって行こうとかいうような発想の全部を、如来の大悲にまかせる方に振り向ける、翻される。そこを徹底したわけです。

これは、自分から気づけることではありません。人間の自力意識の深さは、自分で何とかしようという思いが、必ず頭を出します。だから、何ともすることができないのだといくら叩かれても、モグラ叩きみたいなもので、こっちを叩けば、あっちが出てくると。いくら叩き続けても、決しておさまらない。それは叩かなくていいのだ、そのまま放っておけと。そのまま大悲が摂め取るのだからと。こういう大転換です。

法の分限と機の分限

それで、衆生において行ぜられるものは、「如来の名」を称するという行為ですが、その意味が「一如」から動きだす如来の現行であることを明確にするために、「名」が本願の表現そのものであって、それが行ぜられていることは、「諸仏の讃嘆」の事実なのだと親鸞聖人は了解する。諸仏による讃嘆行だと。

そして、「如実修行相応」という問題は、「如実修行」という事実は、諸仏の仕事としか言えないのだろうが、それに相応することは、衆生の信心において成り立つのだと。だから、

決定の信をえざるゆえ　信心不淳とのべたまう
如実修行相応は　信心ひとつにさだめたり（『高僧和讃』聖典四九四頁）

と和讃される。

つまり、「相応」の問題は、信心の問題だと。これは曇鸞大師の教えを受けて、そういうふうに見抜いていって、それで称名念仏は、「諸仏称揚の願」の成就の事実であると。だから我々は、「選択本願」を信ずるということは、「選択本願」が選んだ念仏に帰して、念仏の用きに万徳の功徳を信じて、もう一切そちらにまかせる。それに帰する。その信心に立つと。行を行ずるところに立つのではなくて、信心に立つと。そうすると、その行は、「南無阿弥陀仏」として十七願成就の行として、我らの信心を常に呼び起こす。念仏なしに信心があるのではなくて、念仏の信心である。念仏の信心ですから、念仏抜きに信心が立ち上がるのではなくて、念仏する信心、信心の内容は念仏である。「南無阿弥陀仏」が信心であるのです。

善導大師は十八願の「至心信楽欲生我国」を読まないで、「若我成仏　十方衆生　称我名号　下至十声」と読んでいます。いわゆる加減の文で「称我名号　下至十声」というのだから、十七・十八願が根本本願として本来一体であった状態があったのだと。そう親鸞聖人は見ていたのだと、曽我量深先生は言うのですけれど、機のレベルは信心、法のレベルは名号、それが重なっている。如来の用きと、衆生の心とは重なっている。

衆生の心なのだけれども、いわゆる凡夫の心ではありません。凡夫の中に起こるけれども凡夫の質ではありません。そういうことを、回向の信心であるということで明らかにするわけです。だから、選択本願の行信においては、その成り立つ場所は、「煩悩成就の凡夫、生死罪濁の群萌」（『教行信証』聖典二八〇頁）の心身であるが、本願を信受して大悲の願心に摂取されることを感得するなら、罪業の身そのままで「諸仏とひとしい」位をいただく。「煩悩成就の凡夫、生死罪濁の群萌」、これは「証巻」の出だしの言葉です。「真実証」ということを語るについて、因である「真実信」をいただく位の言葉をもって、出発点にしているのです。親鸞聖人においては、行と信も一体なのだし、信と証も一体なのです。「煩悩成就の凡夫、生死罪濁の群萌」、罪業の身のままのところが、「諸仏称揚の願」の事実が発起する場になっていると。

一点も「自分が」というものがなくてよい。信の一点に立って、私は信ずるという。だから、機と法というふうに言うわけですけれど、親鸞聖人は、法の分限と機の分限を分けたのだという言い方をされます。

名号は法の分限である。法の分限に衆生が行ずるということを入れると混乱が生じる。だから、どこまでも、法の用きである。それを、存覚師は、「所行の法」という言い方をされたと、曽我先生は繰り返しておっしゃいました。行ぜられている法だと。能行はない。能行というなら、本願である。衆生が行ずるのではなくて、行ぜられている。そして、能信、信ずるというところに、衆生の全責任がかかるのだと。それを信ずると。全責任がかかるのだけれども、全責任がかかって信じたらその信はいただいたものであった。自分で信ずるのだけれど、その信ずること自身がいただいたものであったのだ。こういう自覚です。自分が信ずることなしに、信が与えられることを待っていても、来ないのです。自分が信ずる。それは自分の決断で信ずる。でも、信ずることができたことは、与えられることです。教えに与えられ、本願力に育まれて信ずることができた。ひとつも凡夫が自分の力や努力で信じたのではないのです。

こういう転換です。これが親鸞聖人の教えの難しいところです。そこを、一人ひとりがはっきりさせなければなりません。

本願力回向による真実行の功徳とは

行において、衆生の上に真実功徳が恵まれる。その恵まれることにおいて成り立つ意味を、親鸞聖人は生涯にわたって非常に強く顕示しようとされています。その標識が「現生正定聚」という言葉です。現生正定聚は、「信巻」の標挙に置かれた言葉です。信心において我々に恵まれる利益として出される「現生十種の益」のひとつにも、「入正定聚」ということが数えられています（『教行信証』聖典二四一頁）。正定聚という利益、これは元々の経典が語ろうとする意味としては、浄土の利益です。『無量寿経』の文章の意味は、浄土が一切衆生に平等に正定聚という利益を恵むと。仏弟子として、もう間違いなく成仏するという確信を持った存在になること、すなわち「正定の聚《ともがら》」となることが、浄土に生まれることの大きな意味であると『無量寿経』は語りかけています。

親鸞聖人は、その浄土において与えようという利益を、現生の苦悩の衆生のもとに届けたいというのが、本願の力用《りきゆう》であると。それが回向なのだと。回向を通すことにおいて、回向の信心をいただけば、浄土の利益を向こうに行ってからいただくのではなく、すでに現生でいただけるのだ。だから、「煩悩成就の凡夫、生死罪濁の群萌」という、まさに我々凡夫の身の上に、苦悩の事実、悩みの事実が少しも減少せずして、それがなくなってからではなくて、それがそのままの事実のところに正定聚という位が与えられるのだと読み抜かれたわけです。

普通ならば、これは成り立たないことです。自力の思いで、何とか少しでも立派な人間になって仏になっていこうという発想からすれば、迷い多き身、そしていつも自力の心が吹きだしてしまうような心、そこに正定聚があるなどということはあり得ません。

しかし、そういう人間が、本願の教えに値遇する、本願力に遇い、本願の誓いを確信するならば、もう、煩悩具足の身であるということと、何の矛盾もなく、ここに正定聚という位が与えられるということです。これは考えようとすると無理な話で、考えを超えて不可思議の事実として正定聚の位をいただくのだと、親鸞聖人は、繰り返し繰り返し言われるわけです。

真実の功徳を与える行とは何であるかということを、親鸞聖人は回向の行だと言われる。回向の行ということは、此土と彼土、今生と後生、煩悩の身と涅槃の身、有為と無為、こういうふうに分けられるような質の違いを突破させたいという願いが本願であって、その願いを事実化する用きが、回向する行であると。

普通は、こちらから向こうに渡っていくための行と考えますけれども、親鸞聖人は、その考えを摧破するために、如来の回向というお考えを取り入れられた。どうしても人間の側からでは、向こうに行くために、本願が誓ってくれた名号を使って、それを自分が称えて向こうに行こうという発想になってしまう。

そういうふうに行を考えていたのでは、決して相容れない有限と無限の断絶を突破する手だてがない。だから生きているうちは駄目で死んだら往けるのだというように、「死」という非合理性を入れて説明する。それであったら本願の教えの意味は消えてしまう。生きているうちは駄目で死んでからだというのでは、本願が建てられている意味がないではないか、と親鸞聖人は疑念を持たれたわけでしょう。そこに自力の思いを根底から翻して、本願が本当にここに現行する。そういう意味の行、だから、行の考え方がまったく意味を変えるわけです。

本願一乗海に成り立つ「絶対不二の教」・「絶対不二の機」

親鸞聖人は、「行巻」の終わりの方で、「絶対不二の教」ということについて、言葉を並べておられます。

しかるに教について、念仏・諸善、比校対論するに、難易対、頓漸対、横竪対、超渉対、順逆対、大小対、多少対、勝劣対、親疎対、近遠対、深浅対、強弱対、重軽対、広狭対、純雑対、径迂対、捷遅対、通別対、不退退対、直弁因明対、名号定散対、理尽非理尽対、勧無勧対、無間間対、断不断対、相続不続対、無上有上対、上上下対、思不思議対、因行果徳対、自説他説対、回不回向対、護不護対、証不証対、讃不讃対、付嘱不嘱対、了不了教対、機堪不堪対、選不選対、真仮対、仏滅不滅対、法滅利不利対、自力他力対、有願無願対、摂不摂対、入定聚不入対、報化対あり。この義かくのごとし。しかるに本願一乗海を案ずるに、円融、満足、極速、無碍、絶対不二の教なり。

また、機について対論するに、信疑対、善悪対、正邪対、是非対、実虚対、真偽対、浄穢対、利鈍対、奢促対、豪賤対、明闇対あり。この義かくのごとし。しかるに一乗海の機を案ずるに、金剛の信心は絶対不二の機なり。知るべし。（聖典一九九―二〇〇頁）

「しかるに教について、念仏・諸善、比校対論するに」というところから「報化対あり」まで、いろいろな概念の対応を並べられて、そして、「この義かくのごとし」と。

つまり、いろいろな対応があります。対応をするという範囲では、相対的な関係です。長い短いだとか、遠い近いだとか、とにかくいろいろな対応を全部並べてきて、「この義かくのごとし」と結ぶ。そして、「しかるに本願一乗海を案ずるに、円融、満足、極速、無碍、絶対不二の教なり」と。この「本願一乗海」という言葉は、「一乗海釈と言われる課題を受けていますす（『教行信証』聖典一九六―一九七頁参照）。

この本願一乗海について、「円融、満足、極速、無碍」（『教行信証』聖典二〇〇頁）と、四つの概念を出されますが、これを親鸞聖人は、非常に大切にされました。

中国の唐の時代から、いろいろな教義学が立てられて、華厳宗だとか、天台宗だとか、いろいろな宗が立てられておりますが、それぞれの教えの中で、これがあるから大乗仏教だとか、一乗だとか言って主張する大事な概念であるところの円融、満足、極速という言葉を並べ、そして最後に無碍と押さえて「絶対不二の教なり」と。

相対ではない、絶対なのだと。人間というのは、相対概念でものをいつも考えようとするわけですけれど、徹底的にここではそういう比較対照概念を出され、そして、本願の用きは絶対だと。対応関係を超えるのだと。不思議な論理だなと思うのです。

だから、念仏と諸善という形で念仏ということを出すのですけれど、念仏には一応相対的に、こういう対応があると。でも、「しかるに（中略）絶対不二の教」であると、こういうふうに結ぶ。

続けて、「また、機について対論するに」と言って、機の側の対応も出す。「信疑対、善悪対、正邪対、是非対、実虚対、真偽対、浄穢対、利鈍対、奢促対、豪賤対、明闇対あり」と、こういうふうに対応を出して、「この義かくのごとし」と。そして「しかるに」と。ここもやはり「しかるに」で受けて、今度は、「一乗海の機」という言葉を出してきます。「一乗海の機を案ずるに、金剛の信心は絶対不二の機なり。知るべし」と。

「行巻」の「絶対不二の教」を出すところに、「絶対不二の機」を語る。もし、行と信を分けて考えるのなら、この「絶対不二の機」の問題は、「信巻」に書いてもよいはずですけれど、それを「行巻」に書いている。それはどういう意味か。

親鸞聖人においては、行の問題を行として考えようとされる中に、常に信、真実信、金剛心という問題が重なっています。

それが、『愚禿鈔』では、

二教対　本願一乗海は、頓極・頓速・円融・円満の教なり。知るべし。

浄土の要門は、定散二善・方便仮門・三福九品の教なり。知るべしと。

難易対　横竪対　頓漸対　超渉対　真仮対　順逆対　純雑対　邪正対　勝劣対　親疎対　大小対

多少対　重軽対　通別対　径迂対　捷遅対　広狭対　近遠対　了不了教対　大利小利対　無上有上対　不回回向対　自説不説対　有願無願対　有誓無誓対　選不選対　讃不讃対　証不証対　護不護対　因明直弁対　理尽非理尽対　無間有間対　相続不続対　退不退対　断不断対　因行果徳対　法滅不滅対　自力他力対　摂取不摂対　入定聚不入対　思不思議対　報化二土対

已上四十二対

教法につく、知るべし。

真実浄信心は、内因なり。摂取不捨は、外縁なり。

本願を信受するは、前念命終なり。「すなわち正定聚の数に入る。」（論註）文　「即の時必定に入る」（十住論）文　「また必定の菩薩と名づくるなり」（十住論意）文

即得往生は、後念即生なり。

他力金剛心なり、知るべし。

すなわち弥勒菩薩に同じ。自力金剛心なり、知るべし。『大経』には「次如弥勒」と言えり。文

二機対　一乗円満の機は、他力なり。

漸頓回向の機は、自力なり。

信疑対　賢愚対　善悪対　正邪対　是非対　実虚対　真偽対　浄穢対　好醜対　妙麁対　利鈍対　奢促対　希常対　強弱対　上上下下対　勝劣対　直入回心対　明闇対

已上十八対、

二機につくと、知るべし。（聖典四二九―四三二頁）

本願一乗海と浄土の要門とを対応させて、その後に、「難易対　横竪対　頓漸対云々」と出して、「已上四十二対　教法につく、知るべし」と結んでおられます。「難易対」に始まって、「四十二対」、この対の数が、『教行信証』と違うのは、どうしてかはよくわかりませんが、ここでは「教法につく、知るべし」と言われています。

そして、間に「前念命終　後念即生」を挟んで、「二機対」とあって、「一乗円満の機は、他力なり。漸頓回向の機は、自力なり」と言って、ここに、「十八対」という対応が出ています。この数の問題も、なぜ親鸞聖人が、『教行信証』に至って変わってきたのかということもよくわかりませんけれど、一番わからないのは、その真ん中に、非常に大事な言葉、「真実浄信心は、内因なり。摂取不捨は、外縁なり。本願を信受するは、前念命終なり。即得往生は、後念即生なり。他力金剛心なり、知るべし」、その下に「すなわち正定聚の数に入る」「即の時必定に入る」「また必定の菩薩と名づくるなり」と、書かれていることです。

残念ながら親鸞聖人の直筆の『愚禿鈔』がありませんから、本当のところ、どういうふうに書いてあったのかがわかりません。この『愚禿鈔』については、高田の顕智上人書写本があります。顕智上人は、親鸞聖人の晩年に、京都に訪ねて行って、「自然法爾」についての言葉を聞き書きしておられる方です。面授の弟子です。

その方が、『愚禿鈔』を書写しておられますから、まず、親鸞聖人が書いておられたことは間違いないと思われます。けれども、書写のときに行数とか、書き方とか、文字とか、そういうことをどれだけ正確に書いているかということについては、本物がないからわかりません。しかしまあ、聖人の直筆がないものの中では信頼できるものではないかと、私は考えるのです。

ここに、『教行信証』で「念仏と諸善との対応」を通して「絶対不二の教」と押さえている対応と、「絶対不二の機」とお考えになる機の対応、その真ん中に、『愚禿鈔』では「前念命終　後念即生」という言葉が置かれています。この文は善導大師のお言葉ですが、親鸞聖人はこの文を、「信巻」に引用しておられます（聖典二四五頁）。

私にとっては、この「前念命終　後念即生」という言葉には、強い印象があります。今から四十九年前（一九六一年）、当時新しくできたばかりの京都会館で、金子大榮、曽我量深、鈴木大拙という三人の、明治初期のお生まれの大仏教者が、講演をなさった。そのときの曽我量深先生の講演が、「信に死し願に生きよ」というテーマでした。

これは本願成就文についての曽我量深先生の了解であると、私には後でわかってきたのですが。その「信に死し願に生きよ」というテーマを考えていくときの手がかりが、この「前念命終　後念即生」という言葉だったのです。願成就の文「願生彼国　即得往生」、願生と得生ということを、善導大師が、前念に命終し、後念に即生すると、こういう表現にしておられます。それを曽我先生が、そのときは七百回御遠忌の記念の講演ですから、おそらくそのために、相当思索を詰められて題を出され、そして講演なさったに違いありません。

千人も入る京都会館大ホールは満員でしたけれど、聴衆は水を打ったように静かに、一生懸命聴いておりました。けれども、さあ、その話の内容がわかったという人は、おそらく一人もいなかったのではないかと思うほどなのです。私などは、真宗を聞き始めたときであったものですから、漢字もわからない。曽我先生が「前念に命終するは」と言われても、どのような字を書くのだろうかと、全然わからないわけです。そういう調子で一時間お話しになっておられました。

大切な言葉であり、その言葉のもとが、この『愚禿鈔』にあるということは、すぐにわかったことなのですけれども、その書かれてある位置、機と教についての対応を論じている文の真ん中に挟んであるということについて、私は全然気がつかなかったのです。

ところが、『教行信証』では、その「前念命終　後念即生」という文を、この絶対不二の教と機の間から外して「信巻」（聖典二四四頁）の「断四流」釈に置いておられます。その辺に親鸞聖人の配慮があると思うのです。

「行巻」では、「絶対不二の機」ということを置いておられるということ。これは、教と機が本当は、重なっています。重なっているのを、「信巻」は行の問題から、あえて分けて、信心の問題を論ずる。行の中に本当は、信は重なっている。「行中摂信」という教学用語があって、「行巻」に、「おおよそ誓願について、真実の行信あり、また方便の行信あり」（聖典二〇三頁）と出ておりますから、行と信、これは本当は一体なのだと。だから、十七願、十八願も、本来一体なのだという考え方があるわけです。ところが親鸞聖人は問題を分けてきた。法と機、教法とそれに相応する人間の問題とを分けられた。

ここに、曇鸞大師の指示（如実修行相応）を受けて、親鸞聖人がその問題を分けられたということに、大事な意味があるということを思うのです。なぜ、そうされたのかというと、教えというものがきちっと聞き届けられない場合は、人間は放っておいたら必ず自力になるわけです。自分で何とかしよう、自分で利用しようとする。自分がどうにかしようと、必ず自力になっていくわけです。自力は本当は苦しむだけであって、真の成就はない。

自力という問題は、自力の中に必ず自力を壊すものが襲ってくる。それを魔と言うのですが、自力を行じて行けば必ず魔に襲われる。お釈迦さまの伝記では、それを降伏させることを降魔と言われていますけれど、降魔ということをいかにして成就するかということは、容易なことではない。魔の退治は自力ではできないのではないかと思います。

だから、天台大師でも自力で四種三昧を行ぜよと言いながら、自力には必ず魔の問題がくるから、「念仏せよ」と教えられるわけです。でも、その念仏せよと教えられるときの念仏は、自力の行をやれと言いながら、それを補助する形で念仏せよという。そういうところに、天台における念仏、比叡における念仏は、寓宗である。つまり、自力を手助けするための他力という位置づけになっていたところがあるわけです。それをそうではないのだと、念仏ひとつで自立できるのだというのが、法然上人の専修念仏です。

それで、親鸞聖人は、行ということによって、本願の教えは「絶対不二の教」と。それは本願海である。弘誓一乗海とも言われます。一乗という問題は、「法華一乗」ですから、一乗は天台大師のテーマなのですけれど、その天台教学が目指した一乗という主張に本当に応えようとするなら、一切衆生を平等に摂め取る大きな乗り物を本当に求めるのなら、海に浮かんだ船という概念よりも、船をも浮かべる海それ自身なのではないかと。海こそが一切衆生を浮かべている一乗である。海こそがあらゆるものを浮かべているのだと。そういう考え方です。一乗海、これは善導大師の言葉（「帰三宝偈」聖典一四七頁）なのです。善導大師から一乗海という言葉が出てきていて、それによって成り立つ教えだから絶対不二なのだと。こういうふうに親鸞聖人は、押さえられます。

話は横にそれますけれど、絶対という言葉は、絶待と表記してきました。現代日本語では、英語のabsoluteとか、ドイツ語の絶対的という意味を表すabsolutという言葉を翻訳した場合は、親鸞聖人が使っておられる「対」の字を書きます（現在の日本語ではこれが通行体になった）。けれど、一般に近代までの文献に、この字はほとんどありません。だから、「絶対」とは親鸞聖人が初めて使ったのではないかというふうにも言われて、私もちょっと調べてみましたけれども、親鸞聖人以前に使っている方は、どうも見当たらないのです。何か、よほど強い思い入れがあって、あえて相待に対する絶待という「待」の字以上の「絶対」と、対を絶するという意味を込めて、親鸞聖人は、「絶対不二の教」という言葉を置かれたのではないか。そしてそれに相応すると言いますか、それに値遇する人間に与えられる意味が、「絶対不二の機」であると。

それで、その後の「行巻」を結ぶところに「その機は、すなわち一切善悪大小凡愚なり」（聖典二〇三頁）とあります。「一切善悪大小凡愚」の、大小ということは仏教の上では、大乗、小乗というふうに解釈されるのですが、そういう解釈もあり得ますけれども、もっと広く相対概念としての大小ということは、いろいろとあると思うのです。とにかく、それを結んで凡愚と、こういうふうに親鸞聖人は押さえられる。選択本願の行信に対する「機」とは、この世の相対的意味にはいろいろ差があるけれど、要するに凡愚だと押さえるわけです。そういうふうに押さえられてきている。その凡愚が、実は、「絶対不二の機」という意味を与えられる。行が人間を翻して「絶対不二の機」にする、愚かな凡愚を「絶対不二の機」とする。「行巻」では、「絶対不二の教」から「絶対不二の機」への間に何の説明もない。これは行信は重なっているという考え方でしょう。

『愚禿鈔』で、親鸞聖人が、その「教」から「機」への間に、この「前念命終　後念即生」を置いたということは、非常に大事な意味があるのではないか。

私は、いつもこの文を、「信の一念」の問題として、あるいは曽我先生の指示を受けて本願の救済の問題として見ておりましたけれど、ここではこれは実は、「行」が「信」を生みだすということなのではないか。その生みだすためには、人間において自覚的転換が起こることが、絶対必要である。蓮如上人の言葉で言えば、「ただ、おうように念仏するはたすからざるなり」（『御文』聖典七九八頁、取意）と。念仏したからたすかるのではない。念仏の大いなる用きが真実行として私を転じ、正定聚の機とする。そのことが成り立つときに、「絶対不二の機」という位が我々に与えられる。

「行巻」では、機の転換の問題は「信巻」に譲るということがあるけれど、「行」は必ず「信」というものを生みだすのだということを押さえておくために、常に「真実の行信」「選択本願の行信」と、こう言って、「行巻」で「絶対不二の教」に対して、「絶対不二の機」ということを押さえられるのでしょう。

一方、『愚禿鈔』の「本願を信受するは、前念命終なり。即得往生は、後念即生なり」ということの文は、本願成就文の「聞其名号」ということを、「本願を信受する」と書き換えておられるわけです。名号を聞く。でも、「聞」は、名号の音声を聞くというのでなく、本願を聞くのだと。これは、「信巻」で、「「聞」と言うは、衆生、仏願の生起・本末を聞きて疑心あることなし」（聖典二四〇頁）と、書かれます。「聞」には、いろいろな「聞」がある。「如是我聞」の「聞」というのは、仏法の言葉を聞いてくるわけですから、いろいろな言葉を聞く。でも、本願成就文の「聞」は、何を聞くのかといったら、本願を聞くのだと。

普通、「聞其名号」は、名号を聞くとありますから、中には、人の発音をしているお念仏の声を聞くのだという解釈もあるのです。親鸞聖人は、そのような解釈はしておられない。本願成就文の「聞」は「「聞」と言うは、衆生、仏願の生起・本末を聞きて疑心あることなし」である。仏願がなぜ起こってくるのか。仏願がなぜ『無量寿経』という経を生みだして、お釈迦さまを光顔巍々とさせるのか。それが仏願の生起・本末を聞くということだと。そして本願について疑いがないことが、「聞」なのだと。こう言っておられるわけです。

だから、その「聞」について、親鸞聖人は、十八願の課題として、「信巻」で明らかにされます。「信巻」には、「別序」というものを置く。つまり信それ自体は、独立した意味を持っていますから、それは大変な問題です。

それはそうとして、『愚禿鈔』では「本願を信受するは、前念命終なり。即得往生は、後念即生なり」

と、こう押さえている。この押さえは、直接的には、『教行信証』には書いておられないのですが、この問題については、親鸞聖人は、本願成就の文を至心回向以下、「至心回向　願生彼国　即得往生　住不退転　唯除五逆　誹謗正法」、ここを欲生心成就の文と言われます。だから、「願生彼国　即得往生」に「前念命終　後念即生」の問題を摂めて、至心回向によって本願が衆生の上に成就するのだ、と親鸞聖人は確信されたと。だから、現生に浄土の利益たる正定聚を得ると主張できると思うのです。

『愚禿鈔』にあるこの文は、非常に大事な文です。曽我先生は、ここを七百回御遠忌の記念講演のテーマにされた。親鸞聖人の信心を本当にいただくということは、「信に死ぬ」ということだと明示されたのです。

「往生は心にあり」という言い方も曽我先生はなさいますけれど、信心において死ぬのだというこの理解、ここに、本当に「行」が大行として用くときには、愚かな凡愚が「絶対不二の機」になる。つまり、正定聚の機になるということは、浄土の利益をいただくのだということですから、この世に死ぬという意味を持つのだと。我々は、死んだ気にはなれません。やはり、相変わらず昨日も生きていて、今日も生きていて、明日も生きるだろうと。愚かな凡夫で、ずうっと凡夫なのだから、これは死ぬはずがないと思っています。でも、それでは信心の生活はないのと一緒です。本願を信受する生活、それは念仏の一念に立つ。どれだけ気になることがあったり、心配することがあったりしても、それは、この世のことである。

でも、この世の直中に本願の救いが来るのだ、それを生きることが回向の信心をいただくということですから、それが成り立たないなら、結局、救われていないということなのです。

「現生正定聚」と行の意味転換

親鸞聖人の救いは、苦悩がなくなることが救いでもないし、煩悩がなくなることが救いでもありません。煩悩があって、苦悩があって、不安があってどうにもならない。でも、それを包んで大悲が用いてきているのだということを信ずるときに、「かくのごときのわれらがためなりけりとしられて、いよいよたのもしくおぼゆるなり」（聖典六二九頁）と、『歎異抄』第九条で言われるような救い。これは源信僧都の『往生要集』の中に、同型の救いのあり方が語られています。その言葉を親鸞聖人は、「信巻」に引文（聖典二二二―二二三頁）され、和讃にも詠われています。

　　煩悩にまなこさえられて　摂取の光明みざれども
　　大悲ものうきことなくて　つねにわが身をてらすなり（『高僧和讃』聖典四九七―四九八頁）

煩悩にまなこさえられて見えないという事実、人間からすれば仏の世界は見えない。けれど、大悲の側からすれば、もう仏の手中にあるのだと。我々からは汚濁を出ることはできないのだけれど、向こうからはもう浄土の光に摂められているのだという存在理解。それにおいて、我々から解決できない問題は、解決しないままに、解決できる問題はできるだけ解決して、しかし、存在そのものの有限性と罪悪性と煩悩性とは、もう、そのままお預けをして、今、一瞬一瞬の命を感謝して生きて行こうと。それが親鸞聖人の回向の救いです。

だから、浄土に往ってからたすかるのではない。ここにいて浄土の利益を生きるのだと。だから信に死して、願に生きよと。願を生きるというのは、本願の大悲を信じて生きるということです。それが七百回御遠忌で曽我量深先生が我々に投げてくださった、大きな方向性だろうと思うのです。

親鸞聖人は、それまでの「行」という概念を完全に変えたといってもよい。人間において、行為するとか、人間が善を行ずるとか、そういう意味の「行」。我々が利用する「行」、つまり念仏を使って自分が偉くなるとか、念仏を自分が利用するという、やはり自分がどうにかなっていくという発想を手助けするものとして、人間の自力根性は、何でも使おうとする。念仏も使おうという根性が人間の心です。その意味の行を親鸞聖人は、二十願で押さえられました。

それに対して、人間がここからどこにも行かないで、ここにいてよいと。ここにいるままで死して生きるような事実が恵まれるという用きをもたらすのが「回向の行」だと。そういう「行」はちょっと考えられません。普通は本願の「行」をも、人間が行為することで「行」だと考えようとする。そういう立場からは、親鸞聖人の言う真実行は非常に考えにくいのです。

『愚禿鈔』では、「前念命終　後念即生」の前に「摂取不捨は、外縁なり」とあります。このことは「行巻」でも「光明名号の因縁」の段（『教行信証』聖典一九〇頁）で、内外の因縁を押さえて「光明と名号」の因縁のすべてをさらに外縁とし、内因は信心であると言っています。真の内因である真実信心に対して、行（名号）が外縁となり、摂取不捨の用きになるのだと押さえられている。つまり、このときの「行」は、信心にとっての外縁です。一般的ないわゆる行が、衆生の行為として行われて、その蓄積が行為者に残って善本・徳本となるという考え方が、ここでは完全に払拭され、行の意味が変革されています。

要するに、「絶対不二の教」というものに、値遇するところに、本願成就の信心を得ることにおいて、

「絶対不二の機」が成り立つ。凡夫が凡夫でありながら凡夫でなくなるという意味が生まれる。凡夫に死ぬという事実をもたらしてくださるものが「行」である。自分から死ぬわけではないのです。自分では死ねない。愚かな凡夫は執着が深い、死にたくない。死にたくないのを自力というのです。だから、自力は抜けないのです。抜けない自力を引き抜いて、新しい本願力の命を恵もうというのが、回向の「行」なのです。

そういう「行」に触れるということは、難中の難である。我々はなかなか自力無効とならない。そこに信心獲得の難しさがあります。それは「信巻」の問題です。「行」自身には、そういう利益があるのだということを徹底して親鸞聖人は、明らかにしようとされるのです。

そこに、「行巻」のわからなさ、「行巻」というのは、本当にわかりにくい。易行だと龍樹菩薩が言い、『選択集』が教えている意味ならわかるのです。易しい行だと。でも、易しい行の問題は、自力の思いが残る余地があるわけです。相対的に易しいけれども自分が行ずるのだと。その場合の「行」の概念は、やはり自分がどうにかなっていくための行為の蓄積として、易しい行は有り難いという考え方になってしまうから、自力を払拭できません。

だから、一遍上人のように、どれだけ易しい行為であっても、そこに行為していることすら意識しなくなるという必要があるというので、融通念仏で踊りだしてしまう。踊っているうちに我を忘れると言いますか、確かに人間には、そういうことは起こり得るのです。

サッカーの応援などに行って、我を忘れて応援する。ふと、我に返ってみたら、自分は何のためにやっているのか、こういうことを理性的に考えたら応援などできません。

だから一遍上人が踊っていたらみんながついて来たのです。それは一緒になって踊っていたら楽しいに違いありません。そういう無我というか、忘我というか、エクスタシー（ecstasy）というものは、人間が本当に翻る救いではないという見極めが、親鸞聖人にはあったのです。

人間は、ついそこに引き込まれます。そういう教えには魅力があるのです。人間は、本質的には自力根性だからです。親鸞聖人は、そういう誤魔化しには乗らない。それが浄土真実の難しさでもあるし、有り難さでもあると、私は思うのです。

第二節　名が行であるとは

言の教学

本書には「根本言の動態的了解」という副題を付けていますけれども、「根本言」という言葉は、安田理深先生の言葉です。今から五十年ほど前（一九六〇年）、アメリカで活躍しておられたキリスト教の哲学者でもあり、宗教学者でもあった、ティリッヒ（Paul Tillich　一八八六―一九六五）という方が、たまたま日本に来られました。安田先生は、ヨーロッパの文献も随分と読んでおられた方ですけれど、その中でもティリッヒの考え方に共感しておられたらしいのです。

私が、安田理深先生に初めて触れましたのは、昭和三十六（一九六一）年ですから、それまでの先生のことについては何も知らなかったのですけれど、先生は、やはり大変変わった方で、教団の中では異質な存在であったのではないかと思います。そのようなことについては、『安田理深選集』（全十五巻・別巻全四巻・補巻、文栄堂）が発行されており、その補巻に、先生についての様々なことが調べられ、書かれています。昭和三十五（一九六〇）年というのは、安田理深先生が還暦の年だったのです。安田理深先生は、明治三十三（一九〇〇）年のお生まれで、それで、安田先生に触れて、教えを受けていた弟子の方々が、ティリッヒと会えるように計らって、それで当時大谷専修学院の院長であった信国淳（一九〇四―一九八〇）先生を加え、安田理深・ポール・ティリッヒ・信国淳の三人で鼎談をするという場が設けられました。

安田理深先生は、「名は単に名にあらず」ということを、その鼎談で話されたらしいです。それをティリッヒ先生が、とても喜ばれて、短冊に書いてくださいました。英語とフランス語とドイツ語とギリシャ語の四か国語で、短冊四本にそれぞれこの言葉を書いてくださったのです。英語とドイツ語の短冊を安田先生がもらわれて、フランス語は、信国淳先生がもらわれたそうですけれど、もうひとつは誰がどこへ持って行ったかは知りません。安田先生はその短冊を大事にしておられました。ところが、残念ながらのちに火災が起こって、安田先生のお宅は丸焼けになってしまい、その短冊もどこへ行ったかわからなくなっていました。英語のものは、いつも先生の部屋に掛けられていたので焼けてしまったかも知れません。ドイツ語のものは、焼け残ったものを整理していて見つかったようです。

“A name but not a name alone”（名は単に名にあらず）ということを、安田先生は、ティリッヒとの鼎談を通して、まあ、それまでも、しばしば考えてはおられたのでしょうけれど、非常に大事な課題として受け止められ、それ以後、「言《ごん》の教学」というテーマで、あちらこちらで講義をされました。

「言」というのは、言うまでもなく「南無阿弥陀仏」なのですけれど、言葉一般は、たくさんあります。一般に使われる言葉もあれば経典の言葉もあります。しかし、ここで「言」というのは、名号です。名号を「言」という言葉で押さえて、それを考えていく。「言の教学」、これが親鸞聖人の教学だと、こういう考え方です。

それまでの「行信論」、いわゆる「行」とは何か、ということになると、どこかでやはり「行巻」に依りながらも、何かこっちから向こうに行く行為としての行です。人間が行為する、行為としての行というニュアンスを入れながら「行」を考えるから、「南無阿弥陀仏」が「行」だという意味が、何だか、よくわからなくなるのです。そしてその行は、発音されると行だけれど、発音される前の念仏は行ではないとか、行ではないから、「法体」だとか、そういう言葉で説明されてしまって、私には、親鸞聖人が、そのようなことは書いていないのに、どうしてそのようなことが言えるのかわからないままでいました。

安田先生は、「言」という言葉のもとに、親鸞聖人のお考えになっている「行巻」というものを、ご自分なりの言葉と思索で明らかにしようと大変苦労されました。その切り口は、それまでの「行信論」とまったく違うように、私には感じられましたし、難しいのですけれど、非常に大事な取りだし方だと思ったわけです。

そういうことが背景にあって、本書のサブテーマを、「根本言の動態的了解」としたわけです。

それで、名が「行」であるというのは、発音が行だということに対して親鸞聖人が言われるのは、もちろん称名という場合もありますけれど、称名と名号とは親鸞聖人にあってはひとつです。人間が行為するということを入れるから「行」なのではなくて、称名ということと、名号ということが、ひとつなのです。どうもそれを分けておられない。親鸞聖人の「行巻」の扱い方は、称名と名とは別だとは書いていないのです。称名が「行」だとも言われるし、名たる「南無阿弥陀仏」が「行」だとも言われる。それがどういうことなのかということが、何かよくわからないところです。

勝劣・難易

法然上人は、『選択集』「本願章」において、「聖意難測、不能輒解。雖然今試以二義解之、一者勝劣義、二者難易義。初勝劣者、念仏是勝、余行是劣。所以者何。名号者是万徳之所帰也」（真聖全一、九四三頁）と言われて、大悲の本願が「念仏」を選択したのは、「聖意難測」ではあるが、試みに二義をもって解してみようといって、「勝劣・難易」を出して、名号が「万徳の所帰」であるから「勝」であるとし、また、平等の慈悲に催されて一切の苦悩の衆生を摂せんがために、「易」である称名を選んだのだ、と語っています。

まずは、仏の名号が「万徳の所帰」であるから、あらゆる人間の勤める行の中で最も勝れているということを法然上人が言われる背景には、『無量寿経』の法蔵菩薩の物語があると思われます。「万徳」ということは、法蔵菩薩が世自在王仏のみもとで、あらゆる諸仏国土の善悪を観見して、その中から善を選び取った、五劫の思惟を通して選択摂取したという物語を通して、すべての功徳を満足した結果が南無阿弥陀仏という名号となっている、というのでしょう。

親鸞聖人は、五劫思惟という選択摂取の時間を、「五劫思惟之摂受　重誓名声聞十方」（『教行信証』聖典二〇四頁）と言われていて、智慧の念仏の背景として考えておられるようです。それに対して、法蔵菩薩の「兆載永劫」の修行は、

一切の群生海、無始よりこのかた乃至今日今時に至るまで、穢悪汚染にして清浄の心なし。虚仮諂偽にして真実の心なし。ここをもって如来、一切苦悩の衆生海を悲憫して、不可思議兆載永劫において、菩薩の行を行じたまいし時、三業の所修、一念・一刹那も清浄ならざることなし、真心ならざることなし。如来、清浄の真心をもって、円融無碍・不可思議・不可称・不可説の至徳を成就したまえり。如来の至心をもって、諸有の一切煩悩・悪業・邪智の群生海に回施したまえり。すなわちこれ利他の真心を彰す。かるがゆえに、疑蓋雑わることなし。この至心はすなわちこれ至徳の尊号をその体とせるなり。（聖典二二五頁）

と、書いておられますから、衆生の信心を成り立たせる背景として押さえられている。ともかく法然上人の万徳の所帰ということは、この五劫思惟の選択のもたらすところだということになろうと思われます。

易行ということ

そして、易行ということ。これは、元々龍樹菩薩の名で伝えられている『十住論』「易行品」に出てくるわけです。『十住論』は、『十地経』の註釈書ですから、菩薩道の修道の初地のところに、初歓喜地を得

るということが中心になっている文章があります。親鸞聖人はご引用になっていないのですが、『十住論』には「易行品」に先立って「阿惟越致品」というのがあります。

阿惟越致とは、不退転という意味です。初地に入った菩薩がそれを確保できるのか。因縁があって仏法に触れても、因縁のあり方によっては退転してしまう菩薩もあると。あるいは縁は強いようでも意志の弱い菩薩もある。軟弱の菩薩もあると。でも、それを捨ててしまうのでは、如来の大悲にならない。つまり、大乗とか、一乗とか、そういう大きな乗り物、大きな救いというものを明らかにする道にならないということから、菩薩十地の解釈としては異質なほどに、弱い根性の菩薩に対して、怯弱下劣という言葉を出して叱りつけ、それでもなお真に欲しいのならばと言って、易行を出す。そして易行を説くときに、たくさんの仏の名を出してとにかく仏名を称えてみなさいと。仏の名前を並べる中に、阿弥陀等の諸仏として、阿弥陀という名前も、たまたま出てくるような形にして、しかし阿弥陀の名を中心にして「弥陀章」を開いていく。龍樹菩薩の『十住論』（真聖全一、二五四頁以降）ではそういうふうに展開されているのです。

法然上人は『十住論』を、もちろん読んでおられたに違いないのですけれども、『十住論』という論の取り上げ方では、やはり本流は強い菩提心をもって歩む菩薩、弱い菩薩はやむを得ず救ってやろうという形ですから、片手間に浄土の教えが説かれていると。『選択集』には傍らに浄土を明かす教えの中に『十住論』を分類しておられます。

親鸞聖人は、その龍樹菩薩を浄土真宗第一祖として取り上げてこられます。それは、親鸞聖人には、見方の転換があるのだろうと思います。

易行ということについて、『選択集』には、「法照禅師五会法事讃云」と言って、「彼仏因中立弘誓、聞名念我、総迎来。不簡貧窮将富貴、不簡下智与高才、不簡多聞持浄戒、不簡破戒罪根深、但使廻心多念仏、能令瓦礫変成金」と、『五会法事讃』の言葉を引用されています（真聖全一、九四五頁）。

『五会法事讃』は、親鸞聖人も「行巻」に引用されますが、法照禅師は、善導大師の弟子で、善導大師の生まれ変わりと庶民が信じたというほど、非常に尊敬された念仏者なのです。この『五会法事讃』の言葉は、大変有名な言葉で、『唯信鈔文意』でも取り上げられています。

それで「彼仏因中立弘誓、聞名念我総迎来」という言葉を法然上人が引用して、そして「不簡貧窮将富貴、不簡下智与高才、不簡多聞持浄戒、不簡破戒罪根深」と、一切を簡ばない、一切衆生が平等にできる行を簡ぶという意味で、易行を取ったのだとおっしゃるのが、法然上人の説明の仕方です。

法然上人では、一切衆生を平等に摂せんがために、あえて誰でもできる行を取ったのだという説明です。これはある意味でよくわかります。

そこを親鸞聖人は、人間が歩もうとするときに、徹底的に人間の力は要らないのだ。完全に如来の用きなのだといただき直されたのです。

にもかかわらず、我々は易行ということを、「称名」は口業であるから、心身を苦励する身業に比べて安易な行であるという意味で考えてしまいます。私は特に、初め念仏というものを易しい行だと言われれば言われるほど、何か信ずる気になれなかったのは、いくら易しいと言われても、人間が行ずるというからには、真実の意味がないのではないかと。本当に意味がないのでは、確信を持って行ずる気になりません。それなのに、ただ易しいから有り難いと思え、と言われても、何だかすっきりとしない感じでした。念仏が、どうも、これが本当に大事な行だというふうに思えないというものが、私の中に長い間あったのです。

そうしたらやはり、坂東性純先生も、同じような問題を持っておられた。あの方は坂東報恩寺にお生まれになって、念仏の教えをいただきながら育たれたにもかかわらず、どうしても念仏が自分にとって有り難くないという問題に苦しまれました。そういう方は多いのではなかろうか。そして、自分もそうであったけれど、特に現代という時代の中にあって、素直に念仏は易行だから有り難いと、そのまま受け止めるということは、できないのではないかと。そんなふうにおっしゃっていました。

それは、どうしても相対的な易しさで説得するということは、相対的な悪情況だから、あなたたちは仕方がないからあきらめなさいというような説得の仕方です。何か本当に自分は愚鈍低下の身だと、このような身では、たすかることはできないというようなことで苦しんでおられる方は、素直に引き受けられるのかも知れませんけれど、現代という時代は、一億総中流などという言葉が流行った時代（昭和の終わりから平成の初めにかけて、すなわち二十世紀末）で、「一文不知の輩はどこにいるのか」などという問いが出てくる時代ですから、みんな文字を知っています。日本ほど識字率の高い国は世界中にないそうです。週刊誌を読めない人などほとんどいないでしょう。だから、そういう時代の中で、あなたたちは駄目な人間なのだから念仏しろという説得方法では、もう通じないのではないでしょうか。

その一文不知の意味が、文字を知っているとか知らないとかということではない、本当に無限なる大悲を知らない愚かさということを言い当てる言葉なのだと聞けば、ああ、その通りだと。一文不知とは私のことですと頷くこともできます。けれども、ただ、一文不知という言葉を、言葉通りに文字も読めないという軽蔑の言葉であると受け止められたら、大変な怒りをかってしまいます。そういう時代に易しいから信じろと言われても、それではもう説得することはできません。

そして、もうひとつの問題として、これは安田先生が言われていましたけれど、易行で説得すると、コンプレックスが残ると。つまり、自分は、駄目な人間なのだから念仏なのだと。どうもそういうふうに、私も感じたのです。布教使の話を聞いていても、我らは駄目な人間だ、愚かな人間だ、罪悪深重だ、だから念仏しかないと言われると、それがどうもコンプレックスに聞こえたのです。

人間の事実を言い当てる言葉であるはずなのに、どこか相対的で善い人間はいるけれど、自分たちは悪いと。そうすると先ほどの「一切善悪大小凡愚」ではなくなるわけです。善い人間もいるけれど、自分は駄目だ、駄目だから念仏だと。そういう相対的なコンプレックスで念仏を取ろうとすると、取った念仏も相対的で、絶対不二にはならないわけです。本当はもっと良い方法があるのだけれども、しようがないから、これでやっておこうとなってしまいます。ともかく易行という言葉は、そういう誤解を生ずる。

法然上人は、選択本願を勧めて浄土宗を立てました。でも、その仕事の意味は、三国伝来の本願念仏の教えを、片州濁世である日本のような島国で広めてくださった。日本で法然上人が広めたのであって、念仏の教えが初めてこの世に始まったのではありません。インド以来ずっと伝わって来ている本願の教えを、この片州濁世で、法然上人が広めてくださったのです。だから「粟散片州に誕生して」とか「片州濁世の

ともがらは」とか、この島国日本「片州」でのお仕事だということを、押さえられるのです。そして、

智慧光のちからより　本師源空あらわれて
浄土真宗をひらきつつ　選択本願のべたまう（『高僧和讃』聖典四九八頁）

と和讃されます。

親鸞聖人は「後序」において、「真宗興隆の大祖源空法師」（聖典三九八頁）と記されるのですから、その本願の教えを広めてくださったということが、真宗だと。この真宗とは宗派という意味ではありません。真実の教え、真実の宗という意味です。

そう宗をいただかれた親鸞聖人にとっては、インドではもうすでに龍樹菩薩が本願を信じてくださっていると。説き方は、何か頼りないような、弱いものを救うという、相対的な、コンプレックス絡みのような説き方をしているけれど、その本質の中には、執持して名号を称すべしと言われるし、その教え方の中には、本当にそれを依り処にすればたすかるということを、発信しておられるというふうに見て、「行巻」に引用するわけです。「行巻」の中の引用の仕方は、菩薩道の中に、易行が取り込まれているわけですけれど、その菩薩初地、初歓喜地の「歓喜」と、本願成就の信心歓喜の「歓喜」は同質だと。まあ、文脈は違います。菩薩道の中における菩薩の初地と、凡夫がいただく聞名としての救いとしての歓喜とは、もちろん文脈は違いますが、仏陀になることを求めて迷い苦しむ人間が、本当に出遇うことのできる喜びとして質は同じだと。それが正定聚の喜び、それは初地の不退転の菩薩の喜びと同じだという。そういうことを親鸞聖人は、言われるわけです。

名が「行」だとどうして言えるのか

それで安田先生のところに戻りますが、名号というものが、「根本言」であると。名というのは、ひとつの言葉なのです。インドの文法（因明）で、言葉による文章を名・句・文というふうに分析して押さえます。名・句・文というのは、全部言葉を分析する概念なのでしょう。名詞とか、短い言葉の連結とか、そして「文」というのは「あ」とかいう基本の音のことらしいのです。だから言葉そのものは、行ではありません。

唯識の位置づけでは、言葉は「不相応行法」という分野に入るのです。不相応行法というのは、相応しない用きです。何に相応しないかというと、意識に相応しない。唯識では、一切は意識の事実を表現したものです。意識の対象であるか、意識自身であるか、意識に付属する心理であるか、意識の本来性であるか、そういうふうにして全部意識の事実だというふうに考えていくのが唯識です。

そのときに不相応行法というのは、意識が作ることもできないし、意識でつかまえる対象ではないけれども、意識に関わる用きというのです。たとえば、生きているという事実は、意識が作ることはできません。むしろ意識に先だって生きていることがあって、それを意識は意識する。生きていることを意識は意識するわけです。寿命も意識で作ることはできない。体温も意識で作ることができない。生理的作用も意識と関係はするけれども、意識で作ることはできない。そういうように関係しながら、意識に起こる事実を引きだしてくるけれども、意識と直結しないものを不相応行法という。

その中に言葉というものを入れるのです。言葉は意識ではない。意識を引きだしてきます。我々は、言葉を聞くと感動したり、腹を立てたり、不愉快になったりします。だから意識作用を起こしてくるけれども、意識そのものではありません。同じ言葉で腹を立てる人もいれば、喜ぶ人もいるのだから、言葉自身が意識作用ではありません。でも、意識と関係します。そういう分野に「言」というものがあります。

行というのは、意識が動いて行為することを普通は行といいます。だから言葉は行ではない。発音すれば行為だけれども、発音が大行だと言っているわけではありません。そういうわけで、名号をもって「行」だと言われることの意味を、どういただいていくかというところに、安田先生が随分悪戦苦闘して考えてくださいました。

それで、阿弥陀の名が、「行」だということについて、善導大師の解釈、六字釈があります。「南無」は帰命だと。親鸞聖人は、「帰命尽十方無碍光如来」とか、「南無不可思議光如来」などの、六字名号、八字名号、九字名号、十字名号と言われている名号、それら全部を書いておられます。だから名が文字になったり発音されたりするときの形は、いろいろあり得ます。「不可思議光如来」とかは、意味を表現する言葉ですから、意味を表現する言葉が名ですけれど、名号はその名自身に「南無」を付けています。「帰命」ということが入っている名です。しかし、六字が一番発音しやすいというか、意味を包んでいるということで、六字が流布している。そこに六字名号というテーマがあるわけで、それで「大行論」とか、「行信論」のときは、六字釈というものが中心問題になるわけです。

今「大行」と言いましたが、親鸞聖人は、わざわざ「南無阿弥陀仏」は「大行」だとおっしゃいます。「大」という字を付ける。信心も「大信」だと。『無量寿経』にも「大」を付けます。なぜ、大と言えるか。

大というのは、真実という意味とか、あるいは、大悲と映り合うような意味があります。それに対して人間は有限であり小さいものであり、罪悪深重であるということから、人間に起こる意識の事実や、行為は小さいものである、あるいは浅いものであるというふうに、親鸞聖人は、もし相対するときには常にそういうふうに言われて、決して人間の行為が大であるとは言われません。

大と言えるからには、仏の用きであったり、大悲の用きであったり、法蔵願心の用きであったりします。そういうものについて、大という字を付けます。「行」に大を付けるということは、人間の発音であるはずがないのです。人間の発音が大だということを親鸞聖人は主張することはないのです。そういう言い方はしません。なぜ人間が発音しても大と言えるのか。それは単に人間の行為ではないからです。人間に起こっていても、本願の用きだからであると。そういう押さえ方です。

だから、そこに諸仏称名ということを願として取りだして、「行」の根拠とします。そのようなことが、どうしても大事な問題として取りだされるわけです。しかもそれは、回向の「行」だと。

「往相の回向について、真実の教行信証あり。それ、真実の教を顕さば、すなわち『大無量寿経』これなり」（『教行信証』聖典一五二頁）と。だから、回向の用きとしての「行」、回向の行信という押さえです。そしてさらに往相の回向について行信あり。真実の行信ありと、こう押さえられます。

そこで安田先生のお考えをいただきますと、安田先生は唯識の教学を、一生涯、勉強なさってお話をしてくださっていましたから、常に『唯識論』の言葉、『摂大乗論』の言葉、こういうものが思索の言葉として、出されていました。

それで「名号論」のときには、「名義互為客（名義互いに客となる）」（『摂大乗論』大正蔵三一・一二四・a）ということを言われていました。

言葉と意味とは、同一の言葉に多義を孕むし、多くの言葉が同一の意味を表すこともあります。名とその意味とは、不一不異なのです。

これに関係する親鸞聖人のご引用は、『涅槃経』からのもので、「真仏土巻」にあります。「一義の中において無量の名を説く、無量の義において無量の名を説く」（聖典三一〇頁）とあります。名は一つであっても意味はいろいろある、名も意味もいろいろあると。あるいは言葉がいくつもあっても、指向する意味は一つであるとか、何か、言葉にはそういう面倒な問題があります。化学記号のように、一つの記号が一つの意味を必ず指すというようにはいかないのが言葉です。言葉は使われているうちに、初めに使われた意味が転じて、いろいろな意味になります。たとえば良い例が、往生です。

往生という言葉は、一般には死んだら往生という意味になっていますけれど、困るという意味でも使われます。本当に満足したというような意味で、大往生というようにも使われます。大往生ということは、満足成就して死んだという意味になるわけでしょう。どこかに行ったという意味ではありません。ですから、全然意味が違ってくるわけです。往生という元々の意味は、ここから向こうに往くこと、往って生まれることでしょう。それが転じて、「ああ、今日は往生したよ」というときは、困ったということですから、意味が変わって使われるわけです。だから言葉が一つでも、意味がいろいろあるのです。辞書などを引くと、いくつもの意味が出てくるでしょう。文脈の中で言葉が出てきて、その文脈で意味がわかるわけです。使われている文化の中でその言葉の意味が了解できるようになるわけです。いくら単語を覚えても、駄目です。文脈が読めないと、どの意味で、ここで使われたのかということがわからないと、全然意味が飲み込めないわけです。だからそのように言葉というものは、大変難しい問題を孕んでいる。

しかし、あえてそういうものをもって大悲を衆生のものにしようという。そこに安田先生は、人間にとっての言葉、という発想をされたのです。唯識において言葉という問題は、「名言熏習」という言葉があり、人間存在は、無始以来言葉を使って来た熏習が浸み込んでいる。だから、人間の子として、赤ん坊として生まれると、人間の言葉を教えられれば、使えるようになっていくという可能性、これを種子と言います。本有種子を持って生まれて来て、それが熏習を受けて、言語を使用する存在になっていくわけです。

だから、人間存在というものは、言葉とともにある存在だと。言葉を抜きにするということは、人間になれないと。もちろん言葉は、普通には発音を主にして表現し、それを聞くということで、言葉が意味を持って伝えられ、意味を持った言葉を使えるようになって、社会生活ができるようになっていくわけですけれど、耳が不自由である場合でも、違う形の言語表現というものをもって伝えたりするわけです。ですから言葉というものなしでは、人間生活はできない。そういう意味で「言」というものが、人間存在の根本問題として、絶対に欠くことのできない大事なものである。そこに大悲は、「行」としての言葉を選んだのだと。そういう発想を、安田先生はされました。

これも私は、初めはなかなか頷けなかったのですけれど、人間にとって言葉がどれほど大事かということは、いろいろな形で後からわかってきました。それはたとえば、サラリーマンが海外転勤などをした場合に、単身赴任でもつらいのですけれど、家族を連れていった場合の難しさです。家族が、現地の人たちと生活を共にできないわけです。言葉が違うことによって、買い物ぐらいはできても、「これ」と指さして、"How much?"ぐらいのことは、何とか言えるわけでしょう。何語であってもそのくらいは何とかできます。だから、簡単な挨拶や値段を尋ねるくらいは、すぐに覚えられるけれど、もうちょっと何か話をしようとすると、その言語を使えるようになるためには大変な努力が必要になります。どれだけ努力しても、それでも外国人なのです。

日本に来ている外国人で、ものすごく日本語の上手な方があります。すごいことだと思うのですけれど、でも、やはりどこかおかしいでしょう。おかしいと言っては変だけれど。どうしても外国語を母国語のようには使えない。ちょっとしたニュアンスが違ってくるわけです。「その場合には、そうは言わないのですよ」と言わなければならない問題が必ず起こるわけです。

だから、外交官などでも、「辞書にそうは書いていない」と言っても駄目なわけです。そのくらい言葉というものは文化と、そして背景に宗教があって、そして使っている社会の事情があって、どんどん変わっていきます。みんな共通に了解しながら、言葉は変わりつつ伝わっていくという不思議なものです。

そして言葉の不思議さは、たとえば日本人がアメリカに行って、アメリカの日系の社会を作っていたりしますが、面白いなと思うのは、ハワイに行ったら、ハワイの新聞は、今でも旧仮名づかいです。伝わったときのまま、そのままで表現され、それから変わりません。日本はアメリカに戦争で敗けて、言語体系が変わりました。変わってみんなそれを使うようになって、新漢字、新仮名づかい、どんどん発音も変わっていきます。言葉の意味すら、どんどん変わっていきます。

ところが、外国に行ってその母国から切れて、閉ざされた文化圏、閉鎖された違う空間で言葉を使っていると、古い時間を缶詰にしたように、どんどん母国の動いている言葉から離れてしまいます。そういうのが生きた言葉です。

だから、言語の形を取るということは、生きた人間生活に、用きかけようという大悲の選びなのですけれど、ひとつ間違えれば消えていってしまう可能性すらあります。そういう中に、名号を選んで我々に与えてくださる。このことの持つ大きな意味を我々は、もう一度認識し直して、名号の大切さ、名号は言葉である、言葉が我々に大悲をもって与えられてあるのだということの大切さを認識しなければならないと思うのです。

それを易行という言い方をすると、どうしてもコンプレックス絡みになります。そうではありません。人間存在にとって、欠いてはならない「根本言」なのだと。ここからあらゆる言葉の作用も、人間の自覚内容も生みだされてくるのだと。そういう意味で「大行」という。「行」が本願の用きなのだと、本願というものがあるわけではなくて、本願として教えが語られた。『一念多念文意』で、親鸞聖人は、「一如宝海よりかたちをあらわして、法蔵菩薩となのりたまいて、無碍のちかいをおこしたまうをたねとして、阿弥陀仏と、なりたまう」（聖典五四三頁）とお書きくださる。あれは、そういう方法をとって、一実真如、あるいは無上大涅槃、涅槃の界、無限なる大悲の世界、そこから立ち上がる大悲が一切衆生を平等に摂め取って、平等に成仏させようという願心を表現する。荘厳する場所、それと、この有為の愚かな凡夫の世界とを、どうやって関係づけるか。そこに不相応行法としての言葉、これを選んで、向こうの側から、こちらにぶち込むのだと。そういう発想を親鸞聖人は、なさったわけです。

「行」がこっちから向こうに行く行ではなくて、向こうからこっちへ来る行だというわけです。無限が有限に用きかける「行」だと。このような「行」は普通、人間の概念にないわけです。

宗教概念としては、たとえば一神教だと、はじめに光あり、はじめに言葉ありという言い方もあるわけです。一番はじめに無限なるものが、有限なる人間に呼びかけようとするときに、ロゴス（logos）だと。つまり、ロゴスは、言葉でもあるし、力でもあるし、用きでもあるし、願いでもある、といろいろな意味を持っているらしいのです。元々のギリシャ語のロゴスという言葉を今の英語に翻訳しようとすると、いろいろな意味を持っているらしいのです。ドイツ語でもそうですけれども、ゲーテ（Johann Wolfgang von Goethe　一七四九―一八三二）が『ファウスト』（Faust）でやっているように、一語では言い切れません。

そういう意味が、親鸞聖人がいう「行」という意味ではないかと思います。それを安田先生も随分考えて、工夫して、言葉が「行」となるということは、普通はないのだ。本願が言葉を「行」としたのだ。こういただくのだと。名前が「大行」であると、それは本願だからだと。人間が作った行為ではないのだ。言うならば人間の言葉ではないのだ。如来の言葉だ、浄土の言葉だと。その言葉において我々は、一挙に浄土の功徳をいただくと。だから、浄土に往ってからいただく功徳が、今、ここに、正定聚として与えられるということを親鸞聖人が積極的に言われるのは、そういう「行」の意味転換があって言えるわけです。

その行の意味転換において、信において正定聚の機となるということを繰り返し言われるのは、それまでの仏教の発想を大転換したところがあるからなのです。

第三章　行じられている場——諸仏称名とは

第一節　諸仏称名の願

教・行・信・証と仏身仏土

この章から、「行巻」の本文に沿って、文意を尋ねていきます。

親鸞聖人は、第十七願、「諸仏称名の願」を根拠にして、真実行ということを明らかにしていかれました。そのために「行巻」を展開されたわけです。

「教巻」では、「謹んで浄土真宗を案ずるに、二種の回向あり。一つには往相、二つには還相なり。往相の回向について、真実の教行信証あり」（聖典一五二頁）と語りだされる。それを受けて、「行巻」は、「謹んで往相の回向を案ずるに、大行あり、大信あり」（聖典一五七頁）と始まります。

この「教巻」に、浄土真宗は二種の回向だといい、そして、その往相回向の内容は教・行・信・証だという、そこに、『教行信証』全体の構想について、どのように親鸞聖人が考えておられたのかということをいただくについて、わかりにくい問題がひとつあります。

『顕浄土真実教行証文類』は、「顕浄土真実教文類」「顕浄土真実行文類」「顕浄土真実信文類」「顕浄土真実証文類」「顕浄土真仏土文類」「顕浄土方便化身土文類」と一貫して「顕浄土」を六巻の頭に付けてあります。

「真仏土」「化身土」は、仏身仏土に関わった名前ですから、当然、「顕浄土」の課題であることはわかるのですが、なぜ、教・行・信・証だけを「教巻」冒頭で出すのか。

この、浄土真宗は二種の回向だ、その往相の回向の内容は教・行・信・証だ、ということに特別の意味があるならば、それはどのように考えたらよいのか。そのことを、鈴木大拙先生の英訳『教行信証』を手がかりにして考察してみようと思うのです。

鈴木大拙先生は、五十歳のころに大谷大学教授になられます。そのころは、現代のように窮屈でなく、まあ、のんきな時代ですから、定年などというものはない時代です。

おそらく西田幾多郎（一八七〇―一九四五）先生は大谷大学第三代学長の佐々木月樵先生と懇意だったものですから、西田先生から親友である鈴木大拙先生を大谷大学で採ってくれというような話が背景にはあったのだろうと思うのです。

大拙先生は、長い間アメリカにおられたことで、英語がよくできる。奥さまのビアトリス夫人（一八七八―一九三九）もアメリカ人であるということで、これも西田先生が自分の後に大拙先生をと頼んだのだろうと思うのですが、明治四十三（一九一〇）年、学習院大学に採用されます。とはいえ、大拙先生は、宗教研究をアメリカで十数年やってこられたのですが、学習院大学には仏教学科はありませんから、大学の単なる英語の教師として雇われます。

そういうことで、十年近く英語の教師として、しかも寮監などを兼ねてやっておられました。西田先生は、大拙先生の願いと、そしてそれまでの苦労とを何とか活かしてあげたいと思っておられたからでしょうけれど、大谷大学は仏教の大学だと、ここに大拙先生を雇ってあげて欲しいと佐々木月樵学長に頼んだのだろうと思うのです。そういう因縁で、大拙先生は大正十（一九二一）年に、大谷大学の教授になられました。

大谷大学に来られてからは、宗教学という学科を大拙先生の名前のもとに創設して、そのときに、大拙先生はＥＢＳ（The Eastern Buddhist Society　東方仏教徒協会）を立ち上げられて、奥さまと一緒に仕事を始められたということを聞いています。それから、三十年以上、ずっと大谷大学の教授をしながら、アメリカのコロンビア大学とか、インドの大学とか、あちらこちらに講義に行っておられました。

その大拙先生に、昭和三十一（一九五六）年、宗門が昭和三十六（一九六一）年の親鸞聖人七百回御遠忌に向けて、ぜひ『教行信証』を翻訳して欲しいと頼んだ。そのころ鈴木大拙先生は、もう八十代後半になっておられて、もう自分は高齢だし、若い者でやってくれということであったのだそうです。しかし数年経って、やはり、これは自分がやらなければどうにもなるまいと、もう一回思い直して立ち上がられました。

もう八十歳を過ぎられた先生にお願いをするというのは、そういう深い因縁があるのです。佐々木月樵先生は早くに亡くなられたけれど、大拙先生はずっと大谷大学の教授として宗教学を担当されて、たくさんの弟子を育てられました。それと、大拙先生というと禅者ですけれど、禅の研究だけをしたのではなくて、東京におられたころに、もう『歎異抄』の英訳を手伝ったり、佐々木月樵先生との付き合いがあって、真宗入門のようなことを英語で書いたり（『真宗要旨』）しておられるのです。そういうことで、御遠忌に英訳『教行信証』のドラフト（draft　草稿本）を宗門に出してくださったのです。

そのときに、大拙先生が、どのテキストを見て翻訳されたかということがわからなかったのですが、今回、親鸞仏教センターが、鈴木大拙英訳『教行信証』の再版事業をするにあたり、松ヶ岡文庫にお願いして調べていただきました。

そうしたら、西本願寺が刷った江戸時代の版があるのですけれど、その縮小版というものが、昭和二十年代、三十年代には、まだ出回っていて、古本屋で買うことができました。大拙先生は、それを早くに手に入れて、ずっと朱を入れて読んでおられました。ですから、大拙先生は翻訳を頼まれたときに、自分はそのようなものは読んだことがないから嫌だとおっしゃったのではなくて、どうか若い者がやって欲しいとおっしゃったのです。

大拙先生には、岡村美穂子さんという若い美人の秘書がいました。岡村さんは、大拙先生がコロンビア大学で講演をされたときに、ハンターカレッジ（Hunter College）の女子学生で、当時十六、七歳だったそうです。大拙先生の講演を聴いて大変な感動をして、そのまま付いて歩いて、それで秘書になってしまったというのです。そういう方が大谷大学での講演のときに、一緒に付いてきておられました。大拙先生は、九十歳を過ぎているのに、岡村さんは、大拙先生より六十五歳ほどの差がありましたから、まだ、二十代で美しい若い女性でした。

そういう大拙先生が、『教行信証』を引き受けられて提出したドラフトは、六巻のうちの四巻、教・行・信・証の四巻の翻訳なのです。

残る二巻は、若い者でやって欲しいとおっしゃったと聞いているのですけれど、その後大拙先生が残していかれた仕事を、いまだに誰も引き受けられない。

大拙先生の英訳『教行信証』を再版するにあたり、今回、親鸞仏教センターで、もう一度編集し直しました。前に出した版は、いろいろ不備があり、グロッサリー（glossary　語彙集）が使いにくいということから、グロッサリーをまったく新しく作り直しました。本文についても、大拙先生が、これをいきなり英語圏の人間が読んでも、何のことやらわからない。それで大体、なぜ親鸞がこういうことを考えるようになったかという歴史や、親鸞の思想の背景になる『無量寿経』の物語などを説明する、「序文」にあたるものを書いてくださっていたにもかかわらず、前の版のときには、どういう経緯かわかりませんけれど、それを本文に入れずに、ＥＢＳから出ている雑誌『The Eastern Buddhist』に載せて出した。それを、今回は本文に加えて、序文として入れたのです。

それで、新しく『教行信証』英訳本を出すについては、なぜ大拙先生は四巻なのか。大拙先生が、なぜ真仏土・化身土の二巻を外したのか。大拙先生が、全巻翻訳していないということは、どういうことなのか。その二巻の欠けたものを今ごろ、五十年も経って出版することの意味はあるのか。さらには、すでに西本願寺が全巻を翻訳して出しているのに、今ごろ、そういう言わば半端なものを出すというのは、どういうことなのか。こういう問題があるわけで、それをアメリカ人がわかるように短い解説を書けと、私に命が与えられまして、これには困りました。

大拙先生が、なぜ二巻を外したのか。これはちょっと難しいのですが、大谷大学に坂本弘（一九一三―二〇〇五）という先生がおられました。この方は、大拙先生の弟子であった方で、その方が初めの出版時の編集を手伝っておられるのです。その先生が松ヶ岡文庫の紀要に、鈴木大拙先生がなぜ四巻にしたか、ということについての論文を書いてくださっているのです。

それによると、坂本先生の理解では、大拙先生は、初めから四巻だったと。後のことは、時間がないから、自分は年を取っているから若い者でやって欲しいとおっしゃったけれど、大拙先生には初めから全巻を訳す気はなかったというふうに、どうも坂本先生は受け取っておられるのです。

それはどうしてか。それについての根拠というなら『教行信証』に、「往相の回向について、真実の教行信証あり」とある。真実の教行信証というところに、親鸞聖人の『教行信証』の趣意があると大拙先生は読まれたと。たぶん、私もそうであろうと思うのです。

それで、方便化身土はともかく、真仏土というものは、真実の巻ですから、なぜ外したか。「顕浄土」の課題から、浄土の問題を外したとも見られなくはないわけで、そのようなことをしていいのだろうかという問題があるわけです。

まあ、そのように『教行信証』は前四巻で、ある意味で完結したと考えていいのかということについては、金子大榮先生が晩年に、二部作『教行信証』ということをおっしゃっておられます。だからといって、大拙先生と何かお話し合いがあったとか、関係があったとかということではないと思うのですが。

金子先生は、『教行信証』を二部作と考えられて、第一部は、「教行信証」であると。第二部が「仏土」の巻であると、こういうふうにお考えになって論文も書いておられるし、大谷大学においてその題で集中講義をなさったこともあります。

ところが、その話が耳に入ってきたのか、曽我量深先生が、やはり、そのころ大谷大学の講義をしておられる中で、「金子先生はそうおっしゃるけれど、私は、そうは思いません」と、ご自身が昔に言っていたことを、もう一度確認し直しておられます。それは、親鸞聖人のお考えは、教行二巻で一旦課題がしめられる。「信巻」以降は、また別の課題である。だから、「行巻」が終わったところに「正信偈」を置くのだと。「正信偈」は、『教行信証』全体を偈文にまとめているようなものですから、普通の論の作り方であったら、そういう偈文は、巻頭に置きますと。

たとえば、善導大師の『観経疏』であったら、最初に、「勧衆偈」と言われていますが、「先ず大衆を勧む、願を発して三宝に帰し、道俗時衆等、おのおの無上心を発せども、生死甚だ厭いがたく、仏法また欣いがたし」（聖典一四六頁）と、大衆に勧めて、三宝に帰せしむとあります。だから、「帰三宝偈」とも言いますし、十四行の偈文であるから「十四行偈」とも言われますけれど、そこから「玄義分」の内容が始まっているわけです。

「玄義分」という題を置いた後に、その偈文が置いてあるのですけれど、明らかに『観経四帖疏』（「玄義分」「序分義」「定善義」「散善義」の四巻）の頭に偈文を置いているわけです。偈文の内容は全体を包むような内容です。親鸞聖人も、その偈文から大事な言葉をいくつか引きだしておられます。

そういうわけで、なぜ、親鸞聖人は、「行巻」の結びに「正信偈」を置かれたのかというのは、これは大問題です。もし、二部作というふうに見るのならば、なぜ「証巻」の結びに置かないのか。

そういうことで、曽我先生は、教行二巻は、「伝承」の巻であるとおっしゃいました。念仏を勧めてくださった諸先輩方の言葉を「行巻」に集められて、そして行の問題については、弘誓一乗海の問題を論じた後に、「正信偈」を置くと。このようにしておられます。

ですから、『教行信証』という構想を親鸞聖人がどういう思いで練られたか。そしてなぜ、「行巻」の結びに「正信偈」を置かれたのか。なぜ、「信巻」の初めに序文（「別序」）をもう一度置いたのか。

仏教の論書はたくさんあるといっても、このような本は、まずほかにはありません。親鸞聖人の独自の構想と言いますか、誰かを真似てこのようなものにしたという話ではないわけです。だから、考えるのが難しい。どうしてということを考えるとよくわからない。それこそ聖人が、もし言葉を発する世界におられるのなら、聞いてみたい。そういうわからなさがあるわけです。

疑を潜った信

「教巻」で「真実の教行信証あり」と、押さえたけれども、「行巻」を始めるについては、「往相の回向を案ずるに、大行あり、大信あり」と、この二つで押さえます。それは、「行」と「信」とは、本来一体である。少なくとも、法然上人にあっては、行と信とは分かれていない。十八願がそのまま「念仏往生の願」ですから、それは、行の願であると同時に信の願でもある。法然上人は、信の願という言い方はなさいませんけれど、「念仏を信ぜん人」（「一枚起請文」聖典九六二頁）という言葉はありますから、念仏することと、念仏する信心がひとつになっている。

その問題を親鸞聖人は「行」と「信」とに分けられました。それは、天親菩薩の『浄土論』が『無量寿経優婆提舎願生偈』と題されていますけれど、優婆提舎というのは、論議するということです。教えを引き受けるために、疑問をぶつけて明らかにしていくと。疑いというのは、人間の持っている煩悩ではありますけれども、人間の持っている抜き差しならない深い存在自身に根ざす作用ですから、疑いを抜きにして信ずるということはないのです。初めから信ずるということであったら、信ずることにならないわけです。

だから、禅宗では、大疑団と言い、疑いが大事だと言うのです。疑いのない人間が、さとりを開けるわけがありません。だから、疑惑を本当に晴らすべく、疑惑と闘う。これが聞法でもあるし、教学でもあるわけです。自分に疑いがない人間がやっても意味がない。何が疑いかということすらわからないのが普通ですから、疑いをはっきりさせていきます。

宗教的疑いというのは、理性でわからないから疑うという普通の疑いとは、質が違うのです。頭でわからないから、わからないのではない。存在が常識的に持っている考えでは、たすからないという問題にぶつかって、答えのない問いと言いますか、なぜ人間は生きているのだろう。なぜ自分は、こういう身なのだろう。なぜ、このように苦しまなければならないのだろう。こういう問いには、ある意味で答えはないのです。

そういう問いが、宗教的問いです。そういう問いが、大疑団と禅宗では言われるわけです。そういう疑いを晴らすためには、どうしても教えを聞いて、教えの道理に頷いていくしかないわけです。

だから初めから、「わかるようにして欲しい」という要求は、疑問がない人の要求なのです。わからないことがわからないのに、わからせて欲しいという。

わかるように話して欲しいというけれど、疑いのない人にわからせるのは、それは意味がないことです。人生に苦しみ、生きていることに苦しみ、これを何とかして欲しいという問いがあって初めて、それはどういうふうに考えて解決していくのでしょうかということで、そこから初めて話が始まるわけです。それなのに、何も問題がないのに、わかりやすく話して欲しいと。一体何がわかりたいのですかということです。

その辺が、何か問う方も間違っているし、答える方も間違っています。問いのない人に答えようというのが、職業としてお坊さんの発想だから、わからせよう、わからせようとするけれども、何をわからせようと思っているのかです。意味のないことをわからせても、宗教的には何の意味もないわけです。

そういう根本の問題のところが、一番大事だと思うのです。そういうことは浄土真宗はあまり失礼だから言わないけれど、禅宗などではそういうことは激しく、「何しに来たのか」「何が欲しくて来たのか」という問い返しがあるわけです。本当に欲しいのかどうか、考えて来いというわけです。

そういうことが、浄土真宗の説き方にはないのです。何でもわからせようとする。わからせようといくら言ってくれても、初めから問いのない人間にはわからないのです。どう言おうとわからないのです。

ともかく、「大行あり、大信あり」と親鸞聖人は、往相の回向には、二つの課題があるのだというふうに押さえておられます。

「行巻」を開くのだけれども、「大行あり、大信あり」と始めるということは、「大信」という問題は、「大行」と別の問題ではないということが、ここで含まれていると思うのです。

二種の回向と本願の教え

そういうことで、「教巻」に二種回向、「行巻」に往相回向と、親鸞聖人は言われますので、二種の回向という問題について、押さえておきたいと思います。

この二種の回向の内容については、誤解があります。大体、江戸時代の講録以来、現在の教義学に至るまで、二種の回向というのは、回向は如来の用きである、往相還相という相は衆生の相だ、相は衆生に属するという固定概念で教義学を構成し、そのように教えてきました。初めに、そのように教わってしまうと、もう、そういう頭でしかものが考えられなくなるのです。

親鸞聖人が、そのように書いているかというと、そうではないのです。聖人が書いていないのに、教義学がそう決めてしまって、そういう発想で考えてきたのです。

どうもそれはおかしいということに気がつかれたのが、おそらく曽我量深先生であり、その考えを何とか引き受けて明らかにしようとされたのが、安田理深先生であり、また、それを受けられたのが、寺川俊昭先生であると、私は思います。

でも、先生方のものを読んでも、それでわかるかというとよくわからない。まあ、少なくとも私は、どうも能力が劣るのか、いくら読んでもよくわかりません。それで、確認できるところまでを、ここで少し考えてみようと思うのです。

親鸞聖人の言葉は、親鸞聖人が勝手に作っているのではないことは、すでにご承知の通りです。親鸞聖人は、必ず教えの言葉を考えに考えて、そして自分の主体が本当にそれに頷くまで、掘り下げていかれて、こうであろうというふうにおっしゃるのであって、自分で思いついて、勝手にということは絶対になさらない。何かを言われるときには、必ずその根拠がきっちりと考えられてあるのです。

だから、他力回向であっても、突然思いついて、わかったという話ではないのです。どこからきているかというと、言うまでもなく、天親菩薩の『浄土論』です。

この二種の回向については、先（第一章第三節）に述べましたように、『浄土論』の「回向門」からきています。天親菩薩の『浄土論』の表現されてある限りの表の理解からすれば、天親菩薩が菩薩道として、「世尊我一心　帰命尽十方　無碍光如来　願生安楽国」するのですから、確かに、尽十方無碍光如来に帰命するということを抜きにして、浄土の内容が書かれてあるわけではありません。尽十方無碍光如来に帰命して、願生するという言葉のもとに、「観彼世界相」以下の浄土の荘厳功徳が出されてきます。言い換えると、浄土の荘厳功徳の前に、「帰命尽十方無碍光如来」が置かれていますから、確かに『無量寿経』

の論であるということは、わかるのです。

しかし、それが本願の教えとどういう関係になるのかというのは、読んでいてもなかなかわかりません。どうしても五念門がよくわからない。そういうところに、親鸞聖人は長い間引っかかっておられたのではないかと、私は推測するのです。

江戸時代の教義学は、この親鸞聖人の引っかかりを全然言わずに、もう親鸞聖人は、回向門を押さえたのだ、全部回向門で考えたのだというふうに言って、どうしてかという問いを認めないわけです。そういうものなのだ、聖人がおっしゃったのだから正しいのだ、と言うわけです。でも聖人は、そのように考えたわけではありません。いきなりそこをつかまえてきて、これを自分が立てたのだなどという、そのような考え方をされるはずがありません。おそらく、長い間、『涅槃経』もさんざん読まれたでしょうし、『華厳経』も読まれたでしょうし、そして『無量寿経』も読まれたでしょうし、異訳の経典も読まれたでしょう。

そういうものを読んだ上で、『浄土論』もさんざん読んでいるけれど、どこから見ても「専修念仏」とは言えないではないか、やはり五念門は修行の形ではないかと。五念門は菩薩道ではないか。善導大師も、五念門は菩薩道のように書いておられるし、源信僧都も菩薩道のように書いておられる。

それを法然上人はどう考えるのかというような問題が、五念門にはあると思うのです。五念門のところは、わかりにくいのです。読んでいると、これをどう考えたらいいのだろうというものが、繰り返し出てくるわけです。礼拝・讃嘆・作願・観察という前四念門、これを天親菩薩は、自利だと言い、回向門、これは利他だと言われる。自利利他を成就して無上菩提を獲得するのだと、こう言っていますから、自利利他成就とは、菩薩道です。しかも、解義分にくると、その主体は善男子・善女人です。

善男子・善女人

偈頌では、世尊我一心の「我」は、天親菩薩の我です。我一心に尽十方無碍光如来に帰命する、その我は、天親菩薩の自督の言葉だと曇鸞大師が註釈をしていますから、その我は、自分が論を作るについて、我と言っているのですから、天親菩薩の我です。

ところが、解義分にくると、善男子・善女人が、五念門を修して、阿弥陀仏を見たてまつり、安楽国に生まれると書いてあります。

善男子・善女人ですから、誰でもということです。善男子・善女人の「善」は、いわゆる倫理的善悪の善ではありません。仏教における善ということは、仏法に心を寄せることが善である。

『涅槃経』では、大乗仏教に心を寄せないのは、一闡提であるという課題があるのだということですけれど、仏法に心を寄せれば善である。仏法に心を寄せられないのが仏教からすれば悪である。世間的に善いことをしても、仏教に心を寄せないならそれは悪である。仏教に心を寄せれば善である。だから、お参りをする人間を善男子・善女人と言うのです。

私は、子どものころ、時代小説か何かを読んだときに、観音さまに善男子・善女人がお参りすると書いてありました。お参りする人間でも悪いことをする人もいるのに、何で善男子・善女人と言うのだろうと思ったものです。

なぜ、そういうふうに言えるのでしょうか。少なくとも仏さまや観音さまにお参りするのだから、仏教に志のない人間であるはずがありません。もっとも、このごろ外国人などが、観光でたくさん来日し神社仏閣を巡っていますけれど、ああいう場合、善男子・善女人と言えるのかどうか、ちょっとわかりませんが。まあ、仏さまのお心からすれば、十方衆生がみんな、善男子・善女人の素質があるのだから、善男子・善女人と言えるとは思うのです。でも、クリスチャンが、見物に来ているのを、善男子・善女人と言えるのか。まあ、そういうのは、屁理屈ですね。

ともかく、善男子・善女人というのは、少なくとも仏道に気づいて、単なる世俗の関心では自分は満ち足りないと。何かより深いもの、より意味のあるものが欲しいという心から、仏の教えを聞こうとする。そして、『無量寿経』に触れる。その場合は、善男子・善女人です。

その善男子・善女人が、五念門を修してと解義分に書いてあります。五念門行は、善男子・善女人から出発するのです。

ところが、途中からその行の主体が、菩薩になっているわけです。善男子・善女人が五念門を修して、どうして菩薩になるのだろうというふうに問うてみると、不思議な感じもするのですけれど、一応、菩薩道として考えれば、それは何も矛盾なく考えられます。

菩薩というのは、偉い人のことではなくて、とにかく菩提心を持ったら菩薩なのです。梵語でボーディサットバ（bodhisattva）と言い、菩薩は菩提薩埵の略語です。ボーディサットバというのは、菩提を志す心を持った人間です。だから、通俗的には偉い人というような意味になってしまったけれど、本当は仏に向かう心を持ったら、誰でも菩薩なのです。

言葉のもとの意味から言えば、聞法の場に来られている皆さんは、菩薩なのです。その言葉が曲がってしまって、今は龍樹菩薩、天親菩薩などと、偉い人だけが菩薩になってしまっていますけれども、とにかく菩提心を持った存在は、菩薩なのです。

その定義からすれば、親鸞聖人は、「南無阿弥陀仏」を信ずる、信心が菩提心だというのですから、本願を信ずるひとは弥勒菩薩と等しいと言っても何の矛盾もないのです。そういうふうに言葉というのは、動いていくし、解釈が変わっていきますから、無理やり元に戻したらいいというものでもないのですけれど。まあ、言葉というのは、そういうものなのです。そのように五念門を修して、仏道を成就すると『浄土論』に書いてあります。

解義分では、曇鸞大師の区分けによれば、第五番目に「善巧摂化章」という段があります。これは、曇鸞大師が名づけた章の名前です。天親菩薩自身は、章などに分けていないのですが、「善巧摂化章」、ここから回向門の展開として、繰り返し繰り返し、天親菩薩が手を替え、品を替えて問題を展開される。そこから善巧摂化と名づけられています。そこには、

かくのごとく菩薩、奢摩他・毘婆舎那を広略に修行して柔軟心を成就す。実のごとく広略の諸法を知る。かくのごとく巧方便回向を成就す。何ものか、菩薩の巧方便回向。菩薩の巧方便回向というは、いわく、説きつる礼拝等の五種の修行をして集むるところの一切の功徳善根をして、自身の住持の楽

を求めず、一切衆生の苦を抜かんと欲《おも》うがゆえに、一切衆生を摂取して共に同じくかの安楽仏国に生まれんと作願せり。これを菩薩の巧方便回向成就と名づく。（『浄土論』聖典一四三頁）

と。そこから主語が菩薩になっているのです。回向の主体が菩薩になってくるわけです。自利を成就して利他へ、一応次第からすれば、自利から利他へと。

音曲自然

でも、親鸞聖人は、「行巻」の結びの方に、「本願力より起こるをもってなり。たとえば阿修羅の琴の鼓する者なしといえども、音曲《いんぎょく》自然なるがごとし」（聖典一九三頁）を引用されます。「音曲」、普通は、これは「おんぎょく」と読むのですが、親鸞聖人はどういうわけか、ここは、「いんぎょく」と、ルビをふっておられます。

『論』（論註）に曰わく、「本願力」と言うは、大菩薩、法身の中にして常に三昧にましまして、種種の身・種種の神通・種種の説法を現じたまうことを示す。みな本願力より起こるをもってなり。たとえば阿修羅の琴の鼓する者なしといえども、音曲自然なるがごとし。これを教化地の第五の功徳相と名づく。乃至（同前）

たぶん、この喩えは、仏法の内容に取り込んできてはいるけれど、元々仏法以外の物語の内容であるものを、仏法の喩えとして取ってきています。そういうことがあって、阿修羅の琴ということについては、あえて、「おんぎょく」と読まずに「いんぎょく」と読んだのかなということを思うのですけれど、不思議な読み方をしておられるのです。これは、阿修羅の琴という有名な喩えです。鼓する者なくして音楽が鳴る。

音楽でも、名人と言われるようなすばらしい演奏家が、音楽と一体となって自我の意識をなくして、音だけになりきっているということが言われます。そういっても、どこかに自我が残っているに違いないのだけれど、まあ、喩えとしてそういうふうに言われます。今では、コンピューターによる自動演奏ピアノがありますけれど、あのようなことが、阿修羅の琴であったというわけです。もちろん物語ですけれど。

それを喩えにして、本願力というのは、そのようなものであると。つまり、本当に教化地が成り立つということは、教化する人と、教化される人とが、分かれて意識してということがないのだという。する人もなし、される人もない。任運自然に成り立っているのです。

このようなことは、人間の世界にはあり得ないでしょう。必ず二つに分かれて、ああだ、こうだとなるのが人間の世界です。

そういう喩えを出して、

「菩薩は四種の門に入りて、自利の行成就したまえりと、知るべし。」「成就」は、いわく自利満足せるなり。「応知」というは、いわく、自利に由るがゆえにすなわちよく利他す。これ自利にあたわずしてよく利他するにはあらざるなり、と知るべし。

「菩薩は第五門に出でて、回向利益他の行成就したまえりと、知るべし。」「成就」は、いわく回向の因をもって教化地の果を証す。もしは因、もしは果、一事として利他にあたわざることあることなき

> なり。「応知」は、いわく、利他に由るがゆえにすなわちよく自利す、これ利他にあたわずしてよく自利するにはあらざるなり、と知るべし。（同前）

と言われます。「菩薩は四種の門に入りて、自利の行成就したまえりと」、礼拝・讃嘆・作願・観察という初めの四念門というものが自利です。その自利の行が成就する。「「成就」は、いわく自利満足せるなり」と。

そして、「「応知」というは、いわく、自利に由るがゆえにすなわちよく利他す」、つまり、自利の四念門の成就を受けて、回向門が成就してくるのだと。だから、回向門の背景には、自利があるわけです。「これ自利にあたわずしてよく利他するにはあらざるなり、と知るべし」と、自利成就があって、利他成就があるのだと。自利成就のない利他はありません。自分が本当に大疑団を潜って、「ああ、わかった」ということなしに、人をわからせるなどということはあり得ません。これは、この世のことですけれど。それが、菩薩道の上でも、利他というものは、自利の成就の上に成り立つのだと言われるのです。

これは、清沢満之先生のお話で、皆さんもお聞きになったことがあると思いますが、学生が、自分の勉強よりも、早くに田舎に帰って、門徒教化をしなければならないということを言いだすと。清沢先生は、それに対して厳しく、「まずみずから求めよ」ということを言われたということを、聞いています。

それは、西本願寺の大学林（現、龍谷大学）で一八九三（明治二十六）年、関西仏教青年会が開かれたとき、清沢先生が講演をされた。そのときに、大学林教授の一二三《ひふみ》尽演《じんえん》（一八五六—一九〇九）という先生が、先に講演されて、学生に向かって、「君たちは、早くに利他の行、つまり、門徒教化に立ち上がっていかなければいけない」という趣旨のことを話されたと。

次に、講演に立たれた清沢先生が、「菩薩には、悲増の菩薩と智増の菩薩ということがある。ただ今の話は、悲増の菩薩の話かも知れないけれども、若い学生さんには、ぜひ、まず智増の菩薩たれと言いたい」と語られたといいます。せっかく学生として来ているのだから、「みずからしっかり学んで、身に付けて欲しい」と。何でもないことのようですけれど、自利を成就せずに、利他はないのです。自分の大疑団というものを本当に克服しないで、人にわからせようとする、それは何をわからせるのかということなのです。

自利利他をすすめる菩薩は法蔵菩薩

先ほどの『浄土論註』の引文に戻りますと、「「菩薩は第五門に出でて、回向利益他の行成就したまえりと、知るべし。」「成就」は、いわく回向の因をもって教化地の果を証す。もしは因、もしは果、一事として利他にあたわざることあることなきなり」と、回向の因と、教化地の果というふうに曇鸞大師が註釈しています。起観生信章の往相の回向と還相の回向という言葉を、この註釈に当てるように曇鸞自身が書いています。往相の回向と還相の回向ということを、回向の因と教化地の果と、因果に当てて、曇鸞大師は書いているのです。

だから、往相の回向は自利だと言うのは、根源的な間違いです。往相の回向というのは、回向の因、つまり大悲の利他のひとつの形です。自利は初めの四門が自利なのです。往相の回向が自利だなどというのは、初めから言葉の理解が間違っているわけです。

往相について、自分が浄土に往くのが往相だと、そのようなことはどこにも書いていません。一切苦悩の衆生と共に往生せんという回向を、往相回向だと言うのです。

こういう、きちんとした言葉の使い方があるのを、親鸞聖人が、無視されるはずがないのです。だから、教義学が勝手に捻じ曲げているわけです。そういう理解をする教義学者が今もいるとすれば、間違っていることを自覚して欲しいと思います。

「利他に由るがゆえにすなわちよく自利す」、逆に今度は、利他に由るがゆえに自利する。自利利他というものが、交互である。「利他にあたわずしてよく自利するにはあらざるなり」と。利他のない、自利などはあり得ないと。

こうなると、人間のできる話ではありません。そして、天親菩薩の「菩薩はかくのごとき五門の行を修して、自利利他して、速やかに阿耨多羅三藐三菩提を成就することを得たまえるがゆえに」という言葉を、曇鸞大師は註釈をしていかれるわけです（『教行信証』聖典一九四頁）。

親鸞聖人は、

天親菩薩のみことをも　鸞師ときのべたまわずは

他力広大威徳の　心行いかでかさとらまし（『高僧和讃』聖典四九二頁）

という和讃を書いておられます。これは、天親菩薩の『浄土論』を百万遍読んでも、意味がよくわからない。曇鸞大師の註釈を潜れば、自利利他成就をすすめる菩薩は、これは法蔵菩薩と読むべきだということこれも、読み取ったのは親鸞聖人であって、曇鸞大師がそう言われたのかどうかという証拠はないのですけれど、親鸞聖人はそう読んだのです。

それは、勝手に読み取ったのではない、自分には大悲の回向はできないという自覚があるから、自分ができることを教えているのではないと。いかにしてこのことを自分がいただけるか。そうしたら、それが『無量寿経』の教えなのだ、『無量寿経』に、あなたたち、努力してやりなさいなどと本願が願ってはいない。名を聞けと呼びかけている。それでは『無量寿経』の優婆提舎であるのだから、どう読むのか。こういう大変切実な問題意識と自覚とを持って、ここを解明されたのだと思うのです。

曇鸞大師では、やはり、表向きから読めば、菩薩道というふうに読めると思うのです。ただ、曇鸞大師は、やはり「信」ということを初めから出してきますし、そして、「他力」ということも言われるわけですから、暗示的にと言いますか、本当は自力ではできない。だから他力なのだということを出しているわけです。でも、その場合の他力が自力で勤めているのを横から助ける他力のようになっているわけです。

自力を助ける他力、自力が困ったときに助けてくれる他力、補助的他力。そうではない。本当に自分を成り立たせる他力、自力を翻す他力、そういう根源的な読み方の翻りというものをもって、親鸞聖人は、回向門を中心に据えられたのです。

五念門のどこを中心に理解するか

五念門の中で、五念門全体が一塊なのですけれど、五念門のどこを中心にして理解するかによって、五念門が変わるのだということを、安田先生は言われたことがあります。普通に読むと、観察門中心だと思うわけです。『浄土論』の構成は、観察門の内容が圧倒的に多いからです。すなわち、浄土の功徳の内容が、『浄土論』の文章のほとんどです。

『願生偈』の偈文では、「世尊我一心　帰命尽十方　無碍光如来　願生安楽国　我依修多羅　真実功徳相説願偈総持　与仏教相応」（聖典一三五頁）、そこまでは、序分のようなものです。

「観彼世界相　勝過三界道　究竟如虚空　広大無辺際　正道大慈悲　出世善根生　浄光明満足　如鏡日月輪」（同前）とあって、一番最後に、回向門の「我作論説偈　願見弥陀仏　普共諸衆生　往生安楽国」（聖典一三八頁）と続く。ほとんどが、浄土の観察で、量的にも、「観彼世界相」からの内容が『浄土論』だというふうに読んでしまいます。

ところが、親鸞聖人は、曇鸞大師が「尽十方無碍光如来はすなわちこれ讃嘆門なり」（『教行信証』聖典一六八頁）と言われている、その讃嘆門というところに、『無量寿経』の優婆提舎たる意味があると読まれました。

そして、その五念門全体を成り立たせる原理は、回向門にあると。回向門の背景は、もちろん、自利を包んで利他であり、利他の成就は自利であるという、今の押さえがありますから、自利を無視して利他ではないのですけれど、「回向を首として」、つまり、回向に力点があるのだというのが、『浄土論』の意図なのだ、と読まれて、「回向為首得成就大悲心故」、回向を首として大悲心を成就するというのは、善男子・善女人が自力でやることではない、回向を首として大悲心を成就するということは法蔵願心なのだ、と読むことにおいて、『浄土論』が『無量寿経』の優婆提舎たることを得ると、親鸞聖人は読んでいった。

これは、すごい読み方だと思うのです。いくらそう読もうと思っても、なかなか読めません。でも、そう読まざるを得ないのだと。

『無量寿経』の優婆提舎として、これをどういうふうに読むかという、大変面倒な議論です。解明する根拠を、自分の菩提心で読むのではない。そうすると、それは、本願の論として読むべきだと。こういうのが、親鸞聖人の姿勢だろうと思うのです。

それで、親鸞聖人は五念門、五功徳門の因果の意味を「広由本願力回向　為度群生彰一心」（『教行信証』聖典二〇六頁）と理解した。本願力の回向によると。

『浄土論』では、「以本願力回向故」（聖典一四五頁）とあるわけです。本願力回向をもってのゆえにと、「故」という字が下に付いてきているのを、「故」を「由」として上に持っていって、そして広いという字を加えました。「広由本願力回向」と。

広く、これは広大無碍という言葉がありますけれども、明らかに如来の仕事を表しているわけです。そして「由」と。この「由」という字も、これは、私は安田先生から教えていただいたのですけれども、善導大師の至誠心釈にあるのだというのです。その至誠心ということの中の、阿弥陀の願心を語るところに、

この雑毒の行を回して、かの仏の浄土に求生せんと欲するは、これ必ず不可なり。何をもってのゆえ

に、正しくかの阿弥陀仏、因中に菩薩の行を行じたまいし時、乃至一念一刹那も、三業の所修みなこれ真実心の中に作したまいしに由ってなり、と。おおよそ施したまうところ趣求をなす、またみな真実なり。（『教行信証』聖典二一五頁）

とあって、この「由」の字が使われています。親鸞聖人はそれに気がつかれたのだ、と安田先生は言われたのです。

それで、本願力回向は、衆生の力ではない。大悲の、法蔵菩薩の本願力だと、それに由ると。つまり、もうちょっとわかりやすい言葉で言えば、「後序」の「心を弘誓の仏地に樹て」（聖典四〇〇頁）、本願弘誓の上に我が心を樹てる、そういうことに由ってと。

由ってということは、依止、依り処、それに由るという。根拠としてそれに由るということがはっきりする。そうすることによって、我々に成り立つもの、それは「為度群生彰一心」の「一心」である。

一心を彰す

群生を度せんがために、浄土に往生せしめるとは書いていないのです。群生を度せんがために、一心を彰すと書いてあります。これは「証巻」の結びの言葉とも重なるわけです。「広大無碍の一心を宣布して、あまねく雑染堪忍の群萌を開化す」（聖典二九八頁）、本願の救いとは、我々に一心を与えることだと。つまり、「世尊我一心」の一心であると理解した。あの一心は、『浄土論』全体を包むのだと、『浄土論』全体が、一心に極まるのだと。

我々は、それからどうするのかと発想するわけです。一心、ああわかった、それからどうするのと。何でもそうです。念仏する。それからどうするの。それからどうするのではないのです。そこに帰するわけです。それによって立つ。それからどうするかは、人間の人生の生き様です。人間の生き様は、自分自身が決めていく話ですから、法蔵菩薩は決めてくれません。自分が、どうするかこうするかは、自分でやっていけばいいわけです。ただつまずいて、苦しんで、一体自分はどうなのだというときに、帰るべき依り処は一心である。一心をもって、涅槃に帰していくと普通は発想するでしょう。親鸞聖人は、逆なのです。大涅槃の課題が、本願力として我々に用いてきて、一心となるのだと。

これがわからないところです。「報土因果顕誓願」（『教行信証』聖典二〇六頁）、天親菩薩の『浄土論』の一句一句は誓願を顕す、本願なのだというわけです。天親菩薩の『浄土論』の荘厳功徳、あれは単に浄土を語っているのではなくて、その根源の本願を顕しているのだと。本願が浄土の因果なのだということです。

善導大師の言葉に「弥陀の本国四十八願」（『教行信証』聖典三二一頁）というのがありますが、四十八願が浄土そのものなのです。四十八願以外に浄土があるのではない。四十八願が浄土なのです。これも考えにくいのです。人間は、願いがあって、行為をして、結果を得たいという、そういう次第展開で考えていますから、法蔵菩薩の物語も、法蔵菩薩がご苦労して浄土を建てた。そこに私たちをこれから連れて行ってくださるという、何かこの世の荷物運びのような考えです。

そういうふうに展開して、物語で語るけれども、本当は一挙に本願の救いに与かることができる、と。

現在ここにおいて与かることができるという、そういう本願の救いをあの手この手で語ってくださっています。

そして、その一心という理解を押しすすめたのは曇鸞大師の「如実修行に相応す」という指示があったからなのでしょう。「如実修行相応は　信心ひとつにさだめたり」（『高僧和讃』聖典四九四頁）と和讃される、あの信心の問題です。

だから、我々の考えは、観察門中心だというような読み方、つまり、自分の意識の対象として浄土を拝み、その浄土に自分が生まれて往ってたすかるのだという考え方です。そういう考え方で『観経』が語る浄土をそのまま求めていくあり方は、定散二善だと。人間の自力の行だと。その自力の発想で、『浄土論』を読んでしまうと、それが観察門中心の見方になるわけです。

そうではない理解をして欲しいというのが、『観経』に対する善導大師の指示（隠顕）であるし、『無量寿経』の本願による救いというものは、法蔵願心の本願力回向に由るのだと。それが親鸞聖人の『教行信証』の構想を生みだす起点となるのです。

仏道の課題とこの世を生きる場の課題

曽我先生は、布教の「おたすけ」という言葉も使って、おたすけは値遇にあると。本願力回向との値遇におたすけがあるのだという言い方をしておられました。

そういう理解をすると、二種の回向というのは、阿弥陀如来の本願力の回向である。その二種の回向によって、一心をたまわるのだと。

往相還相の回向に　もうあわぬ身となりにせば

流転輪回もきわもなし　苦海の沈淪いかがせん（『正像末和讃』聖典五〇四頁）

という和讃がありますが、往相還相の回向に遇う。我々が往ったり還ったりするのではない。我々は、往相還相の回向に遇うという形で、浄土の功徳をいただくのだ。これが親鸞聖人の教えなのです。

二種の回向とは、完全に阿弥陀如来の本願力の回向なのです。それによって如来が「大悲心を成就する」ことを得るのであって、衆生の上には、「一心」を恵むのであるとされる。すなわち「信心を獲得する」ことによって、衆生は現生に正定聚の位を得るのです。そのことは、

無明長夜の燈炬なり　智眼くらしとかなしむな

生死大海の船筏なり　罪障おもしとなげかざれ（聖典五〇三頁）

と和讃されるように、無明・生死の直中に、大悲の明るみを生きることができるのが、真実信心の利益であるということを意味します。

このことを、親鸞聖人は、

大悲の願船に乗じて光明の広海に浮かびぬれば、至徳の風静かに衆禍の波転ず。すなわち無明の闇を破し、速やかに無量光明土に到りて大般涅槃を証す、普賢の徳に遵うなり。（『教行信証』聖典一九二頁）

と語られます。衆生が、自分で修行して自分の難点を減らすとか、より上の位に行こうとするとか、よりよき世界へ自分で行ったり、さらには自分で菩薩道を完成しようとしたりすることは、まったく不可能で

あるし、不要の沙汰だというのです。言うまでもありませんが、これは無上菩提の成就という仏道の課題に対する根本問題であって、当面はこの世の人間の生活上の相対的な態度を指示するものではありません。

現世を生きる心を覆う無明の闇を、この回向の信心によって晴らした上では、与えられてくるそれぞれの人生の責任を、できる限りにおいて果たし遂げていくことは当然のことです。清沢先生は「天命ニ安ンジテ人事ヲ尽ス」（『清沢満之全集』第二巻、一六一頁）と言われたのですが、如来の願力に託して、人生の人事百般を全力で生きていこう、ということでしょう。

この智見を自己に明白にしていくためには、生きている場においての有限性の自覚とか、自己の罪障性の認識とか、慚愧の心の深まりとか、大悲への報謝の思念が大切な契機となるのでしょう。そこに、この世を生きる場の課題との積極的な出遇いの意味があると思うのです。相対的な善悪は、ここに無視してはならない信心の生活を活性化する契機の意味を有することとなるのであり、決して無視してよいことではないのです。

こういう意味で、親鸞聖人の回向論は『浄土論』を受けつつも、独自の「本願力回向」論であると言えます。本願を自己の外側からの助力としてたのむのではなく、闇から光への転換を衆生に恵む用きとして、如来の回向を信受するなら、この回向に値遇するところに、即時に何ものをも障碍としない信力をたまわるのだということです。これを「広大無碍の一心」（『教行信証』聖典二九八頁）と言い、そして、この一心を開く増上縁が、大行の用きだということなのです。

こういうことを繰り返して言わざるを得ないのは、もう、二種の回向と言えば、必ず誤解されるし、言ってても理解していただけません。だから、私はうるさく何回も繰り返し言っているわけです。

南無阿弥陀仏と阿弥陀仏

さて「行巻」の本文が、「大行とは、すなわち無碍光如来の名を称するなり」（聖典一五七頁）と書きだされています。それは、なぜ「帰命尽十方無碍光如来」と書かずに、「無碍光如来」とあるのだろうか。それについて少し触れておきたいと思います。

その手がかりとして『一念多念文意』を開くと、

一如宝海よりかたちをあらわして、法蔵菩薩となのりたまいて、無碍のちかいをおこしたまうをたねとして、阿弥陀仏と、なりたまうがゆえに、報身如来ともうすなり。（聖典五四三頁）

と、一如真実から法蔵菩薩が立ち上がるということが出てきます。そして、

これを尽十方無碍光仏となづけたてまつれるなり。この如来を、南無不可思議光仏ともうすなり。（同前）

と書かれています。どうして突然「南無」が付いてしまったのか。これから見ても、親鸞聖人においては、「尽十方無碍光如来」と「南無不可思議光如来」と、「南無阿弥陀仏」、全部、それはひとつなのです。

阿弥陀如来は、実はもう「南無」を包んでいる名告《なの》りなのです。そういう意味だろうと思うのです。だから、固有名詞ではないのです。阿弥陀仏という固有名詞を立てるのではなくて、衆生に名号を思い起こして欲しい。我が名を通して、本願を憶念して欲しい。「設我得仏」の「我」は、衆生を救いたいという、

十方衆生を救いたいという願いが、「我」なのです。その願いを名として表したものが、阿弥陀如来とも言い、尽十方無碍光如来とも言い、不可思議光如来とも言うけれど、それを名として与えるときには、神さまみたいな用きとして、汝ら拝めよと言うのではなくて、「南無阿弥陀仏」となります。名の中に、帰命を包んだ名となっています。それに新たに帰命を加えるのではありません。我々は一心帰命と、帰命しますと信ずるのです。

地下鉄のホームに、「ホームから落ちた場合には、ホームの下に入れ」ということが英語で書かれてあって、refuge area という言葉がありました。refuge は避難所という意味の言葉ですので、避難所としてホームの下に入れということです。

それでふと思いだしたのですが、いつごろからか知りませんが、英語で、仏典を翻訳するときに、帰命という言葉は、"I take refuge in Buddha." というふうに訳すようです。それは元々、「ナモ」（namo）というインド語の持っている意味の中に、そういう避難所に帰るというか、避難所に身を寄せるというか、そういう意味があるのだそうです。そのことの善し悪しは別として、自分の身をそこに完全に預けて、安全を確保する意味があると。

私は山登りが好きなのですが、山に登るときに小屋がないときには、小さなテントを持って行ってかぶって寝るのですけれど、ものすごく寒かったり、雨などになったら、動きがとれませんから、本当にひどい目に遭います。小さなテントの中では、とにかくどうにもならないわけです。そういうときに小屋があると、もう小屋があっただけでたすかるのです。それは体験的な問題ですけれど。

だから、宗教的な事実というものが、我々に何を与えるかというときに、この人生の問題に疲れ果てたり、行き詰まったり、そういうときに、つまりホームから落ちたような状態のときに、そこに逃げ込めという。その逃げ込み方は、単なる逃避ではなくて、それに由るしかないと。そういう意味で、帰命ということをtake refuge inというふうに翻訳したのかなと思うのです。

だから、「南無」ということは、一心に仏に命を預ける。どうかお願いしますと、そういう心になって称えるのですけれども、その心を改めて、自分がどれだけ真実かとか、どれだけ深く願いをかけるかというような、そういう条件は問わない。とにかく、「南無阿弥陀仏」というところに、十分に命を預けるという態度が出る。「南無阿弥陀仏」のほかに、もうひとつ真剣になって、本当に心からなどと、そういうことをいちいち言わない。阿弥陀仏を拝めと言って、お前の拝み方はまだ足らんぞとか、そういうことは言わないのです。

「南無阿弥陀仏」の中に、もう十分に全部包まれるのだというのが、「「南無」と言うは、すなわちこれ帰命」（『教行信証』聖典一七六頁）ということです。善導大師は南無に発願回向の義があると言いますが、それを親鸞聖人が、「如来すでに発願して、衆生の行を回施したまうの心なり」（聖典一七七―一七八頁）と註釈されます。

「南無」は、もう、「南無」の用きとして、それは我々に如来の側から用いてきているのだという意味を込めるわけです。だから、「南無」がないから固有名詞だという理解をしてはいけないと思うのです。略してあるのであって、阿弥陀仏と書いてあるから、南無がないではないか、というのではないと思うのです。

この問題と、真仏・真土が、十二願、十三願成就として明らかにされるときに、「真仏土を案ずれば、仏はすなわちこれ不可思議光如来なり、土はまたこれ無量光明土なり」（聖典三〇〇頁）とおっしゃる。あそこに帰命があるのかないのかというやっかいなことになりますけれど、一応は、もし、そういうふうに言うなら、真仏土は、回向の外側に立てたと言えます。それに対して「往相の回向について、真実の教行信証あり」（聖典一五二頁）と押さえた。そういう意味で言えば、行は、そういう真仏土の功徳を「南無」とともに往相回向して衆生の方へきてくださった。往相回向として、如来の大悲が衆生の側へ現れでた。回向は表現だと曽我先生はおっしゃるのですが、如来の大悲の表現として、「南無阿弥陀仏」になったと。「南無阿弥陀仏」になったときには、一切の功徳を孕んできているのだと。そのときには、一応外に立てた無量寿・無量光の功徳が仏の名である。その仏の用きも、仏土の功徳であるような一切の用きも、その全部が名号として回向される。

こういう意味で言えば、真仏土には、「南無」が一応はなくともよいというふうにも言えるかと思うのです。けれど本当は、阿弥陀になったというときに、もう「南無阿弥陀仏」になったのだということだと思うのです。

親鸞聖人ご自身の真仏土の釈の中にも、真仏土の釈として『讃阿弥陀仏偈』を引用されます。曇鸞大師の『讃阿弥陀仏偈』は、「讃阿弥陀仏偈和讃」になって、我々に親しく称えられるわけですけれども、あれは、単に仏をほめているのではない、「南無阿弥陀仏」なのです。阿弥陀仏をほめているのですけれど、阿弥陀仏をほめることが、「南無阿弥陀仏」ですから。「南無阿弥陀仏」のほかに、阿弥陀仏をほめているのではないのです。

これが、名号論の大事なところで、固有名詞ではない。「行」といっても何か実体化された、法体などというものではなくて、我々を具体的に動かして、我々の、このドロドロの生活を清浄な世界へと一挙に転ずるような用きが、「南無阿弥陀仏」として我々に与えられてあるのだと。そういう意味で、名が行であるという意味で考えれば、「無碍光如来」と、「帰命尽十方無碍光如来」とは一体であると、分ける必要はないと私は思うのです。

大行とは、だから、無碍光如来の名《みな》を称するということは、「帰命尽十方無碍光如来」、つまり、天親菩薩の「帰命尽十方無碍光如来」が、明らかに憶念されているわけです。阿弥陀如来の名を称するなりと書かない。なぜかわかりませんけれど。でも「無碍光如来」と書くということは、「帰命尽十方無碍光如来」が略されていると言ってもいいわけです。そのようなことを思うのです。

称えられるところに阿弥陀如来が立ち上がる

そして、「大行とは、すなわち無碍光如来の名を称するなり」の「称名」という問題、これもやっかいな問題です。大行は称名であると。こういう言い方で親鸞聖人は出されてきます。称名、つまり名は明らかに言葉ですから、言葉は、人間が使うものです。人間が意味を表現するために言葉を発声したり書いたりするわけです。人間を通して、人間が表現するという形を取るわけです。

けれども、そうすると、縁によっていろいろと動く存在である人間が行ずるということになったら、行の内容に上下差別やら、質の差別やら、いろいろなことが付いてしまいます。

法然上人の念仏は有り難いけれど、親鸞、お前の念仏は価値がないとか。今日は真面目に念仏した。でも、昨日はちょっと不真面目な念仏だった。昨日はちょっとお願いの念仏だったけれど、今日はただ帰命の念仏だったとか。念仏にそういう質が出るのかと。そういう問題が入り込んできます。

それでは、どういうことなのか。法蔵願心が十方衆生に平等に善悪を問わず、位の上下を問わず、職業の差別を問わず、男女の差を問わず、あらゆる条件を問わないで平等に行ずるとは、どういうことか。平等に行ずるのは大悲の行だからであり、本願の行だからだと。それでは人間が行ずるのになぜ本願の行なのかと。そういう面倒な問題が生じます。

人間が行ずるといっても、その「人間」に、条件がいろいろと入るということが生ずるから、だから、「称えられる」のだと。所行の法だと存覚上人が言われるのは、行ずる主体を問わない。行ぜられる法なのだ、こういうふうに言うのです。受身形の用きなのだと。

そうすると、教義学は、それでは能行はどうなるのかとか、所行だけで能行がないのはおかしいとか何とか言いだす。ああいうものを読んでいると、本当に頭が混乱します。だから清沢先生は、能行とか、所行とかいうとわかることがわからなくなるから、私は、それは止めておきますと書いておられます。でも、止めてもらっても困るのです。

つまり、所行というのは、どうやったら所行になるのだろうという問いが起こるわけです。私が行ずるのだから、能行だろうと。どうやったら所行になるのだ。名号は称えられる。しかし、称える人がいるだろうと、こうなるわけです。

だから、親鸞聖人は、行は「選択本願」の行である、法蔵願心がそこに用きでる行であると、こういうふうに押さえる。我々がそれをいただく。そうすると、能行の効能が入らない。人が称名していても、それを動かす地下の原理とでも言うべき用きが、本願力なのです。それを自覚せよ、ということなのでしょう。

「南無阿弥陀仏」と憶念せられても、「南無阿弥陀仏」自身は、仏が用きでているのだ。凡夫が仏に南無するのではない。凡夫は、本願を信ずる。信じて、「南無阿弥陀仏」と称える。称える発音は口から出ていても、それを動かす力は本願力なのだと。こういう理解です。

阿弥陀仏は、十七願を立てて、これを私の願とすると。阿弥陀仏は、諸仏がほめてくれなければ、自分は仏にならないと誓われている。だから、ほめるところに阿弥陀仏がおられる。では、名を称えることが「ほめる」ことであるとどうして言えるのか。それは本願だからだというのです。本願が名を思いだして欲しいと。それは、阿弥陀仏の願をほめる意味を持つのだ、我が願に賛同する意味を持つのだと。つまり、ほめてもらわなければ、阿弥陀仏はいないというわけです。

曽我先生が、アメリカに行かれたときに、ロサンゼルスの別院の輪番をされていた伊東抱龍（一九一一―一九八五）という方の奥さま、坊守さま（籌子《かずこ》　一九一九―二〇一〇）が、「私は何も知らないので教えてください」と言って、曽我先生に「仏さまはどこにおられるのですか」と聞かれたときに（一九五六年一月）、曽我先生は、「あなたが「南無阿弥陀仏」と念ずるところにおられます」と言われたそうです。「南無阿弥陀仏」と念ずる人がいなければ、阿弥陀如来はいないのです。

我々からすると、「ねてもさめてもへだてなく　南無阿弥陀仏をとなうべし」（『正像末和讃』聖典五〇五頁）と呼びかけてくださっている用きが、阿弥陀如来なのです。「南無阿弥陀仏」と思い立ったところが、「南無阿弥陀仏」なのです。そのほかに、どこかにいるわけではありません。

本願もどこかにあるわけではありません。「ああ、これが本願の用きか」と気がついたところに、本願があるわけです。

誰によって行ぜられようと、どこで行ぜられようと、いつ行ぜられようと、何回行ぜられようと、そういう人間の行為の形を問題にしません。どこであろうと、いつであろうと、何回であろうと、称えられるところが、阿弥陀如来が立ち上がったところなのです。それが、阿弥陀仏をほめることになるのだと。だから、称えると書くと、どうしても、発音するというふうに、人間の能行、人間が行をするのだと理解してしまいますから、法然上人は、易しい行為だから誰でもできるように大悲が選んだのだ、と言ってくださるのだけれども、それでもまだ人間が行ずるということが残るのです。

確かに発音を聞くことは易しいけれども、我々はそれを信じて行ずるのが容易ではありません。みんな、そこにつまずくのです。むしろ、名は発音されるというよりもほめられる、阿弥陀仏の願に賛同する、阿弥陀仏の願が尊いという思いが起こることが、「南無阿弥陀仏」であると。

「憶念弥陀仏本願」（『教行信証』聖典二〇五頁）と、憶念が声になろうが、なるまいが、大きな声で発音せよと、大念は大仏を見るとかいって、大きな声の方が偉い仏さんだという、そういうのは、『観経』的な仏さまでしょう。人間の位に下がった仏さまで、それも、諸仏おのおのいろいろな相《かたち》で現れますから、方便化身という相も、大事な面もあるのですけれど、我々が、仰ぐべきは、「尽十方無碍光如来」、光となった阿弥陀如来、それは、我々の闇を照らす用きのところにましますのです。

我々の心のすがたが、「南無阿弥陀仏」とともに、行き詰まっていても行き詰まりは人間の行き詰まりであって、仏さまに行き詰まりはない、と依り処が変わることにおいて心機一転します。そういうところに、讃嘆門という意味があるのです。

だから称名という言葉を使う。「称」という字には、ほめる、はかる、となえる、かなう。いろいろな意味があります。称量、量をはかるという意味もあるし、称名、名を称えるという意味もあるし、称揚、ほめたたえるという意味があります。だから、そういう字を名号には使うのです。

日蓮上人は、これを使うのを嫌って、「唱」だけにされました。唱題、発音をしないと駄目だと言うわけでしょう。だから、やたら大きな声で、うるさいほどに発音します。

称名は、それは、うるさくやっても差し支えないけれど、別に、うるさくやる必要もありません。称名憶念ですから、「南無阿弥陀仏」と、本当に憶念する心がもよおされて、「南無阿弥陀仏」と念ずる。憶念のない発音に意味があるわけではありません。そういうことが、大事なところではないかと思うのです。

聞法生活と現実の問題

次に、

　この行は、すなわちこれもろもろの善法を摂し、もろもろの徳本を具せり。極速円満す、真如一実の功徳宝海なり。かるがゆえに大行と名づく。（『教行信証』聖典一五七頁）

とあります。この文は、『浄土論』の言葉を根拠にされています。『浄土論』の功徳、言うなら、『浄土論』の功徳全部といってもよいのですけれど、その功徳の一番中心である「不虚作住持功徳」、これは器世間荘厳と衆生世間荘厳の全体を総合して、そして仏功徳の第八番目ということですから、そこから菩薩功徳が生まれてくるような場所、その仏功徳の第八番目にある「不虚作住持功徳」、この功徳を、浄土全体を総合する功徳として、親鸞聖人はいただいて、それで「能令速満足　功徳大宝海」（聖典一三七頁）という『浄土論』の言葉を根拠にして「行巻」を始められるのです。

　本願力にあいぬれば　むなしくすぐるひとぞなき
　功徳の宝海みちみちて　煩悩の濁水へだてなし（『高僧和讃』聖典四九〇頁）

という天親菩薩のご和讃のもとになっている言葉は、仏功徳の第八・不虚作住持功徳です。ですから不虚作住持功徳が、回向を通せば名号の内容となるのだ、という意味が「真如一実の功徳宝海なり」ということでしょう。

「極速円満す」もそうです。「極速円満」とは、それ自体で時間の蓄積を待たずに、一切の存在を完成させる力を具足しているということですが、「能令速満足」、ここに「速」という字があります。この「速」

ですが解義分の結びで善男子・善女人が五念門を修して、五念門を成就すれば「速得成就阿耨多羅三藐三菩提」と言われます。これを親鸞聖人は「行巻」の行の引文が終わった後、他力釈に取り上げられます（聖典一九四頁）。

続いて「善法」「徳本」ですが、この善と徳との一切の本、その本を摂していると。「南無阿弥陀仏」を根本として、善とか徳とかいうときには、先にも言いましたように仏法の上での善と徳です。

これが、なかなか面倒なのですけれど、この世の、有限の世界の中にある人間の善と徳と、仏法の無限なる功徳としての善と徳とは、質が違います。質が違うけれども、無関係かというと、無関係ではないのでしょう。我々はすぐ誤解して、仏法の功徳の方を忘れて、念仏しているのになぜ現実の問題が解決されないのかと、この世の功徳で考えようとします。

「現世利益和讃」という和讃がありますけれども、あの「現世利益和讃」は、「南無阿弥陀仏」がすぐこの世の功徳だというのではないのです。あそこに、やはり質の変換が一度あるのです。信仰生活において、現世をいただき直すということなしに、現世がそのまま満たされるというわけではありません。

現世の問題は、大事です。現世の問題に悩んだり苦しんだりすることなしに、「南無阿弥陀仏」の功徳に出遇うことはありません。しかし、現世の問題が「南無阿弥陀仏」でそのまま解決するのでもありません。現世の問題は、現世の問題として悲しくとも、つらくとも、引き受けざるを得ないのです。「南無阿弥陀仏」は、この世の解決のために本願が誓ったのではありません。十方衆生を救いたいということは、どんな情況であろうと、どんな苦悩であろうと、どんな問題であろうと、それを翻して救うということです。もし、現実の問題に直接回答するのだといったら、回答できる場合とできない場合があるから、できない場合は、神も仏もないということになってしまうわけです。

だから、そこはやはり翻りと言いますか、聞法生活と言いますか、その根本問題を一回潜るということを抜きにしていると、いざ、現実の矛盾にぶつかったときにたじろいでしまうわけです。我々の信仰では、そういうことがたびたび起こります。

韋提希の問題が、それなのです。韋提希はお釈迦さまのお言葉を聞いていた。聞法していたにもかかわらず、息子が亭主を殺したと。だから、私はもうこういうところにはいたくないと言って、もう仏法を聞いていたことがそっちのけになってしまうわけです。でも思い直して、お釈迦さまのもとに、どうか救って欲しいと身を投げます。

ここから、初めて本当に仏法を聞くことになるのです。だから、この世のことは大きな縁です。逆縁の場合が多いけれど、順縁も逆縁も、ともに仏法を聞く縁です。

「出於大悲願」の行

次に、

しかるにこの行は、大悲の願より出でたり。すなわちこれ諸仏称揚の願と名づけ、また諸仏称名の願と名づく、また諸仏咨嗟の願と名づく。また往相回向の願と名づくべし、また選択称名の願と名づくべきなり。（『教行信証』聖典一五七頁）

とあります。「しかるにこの行は、大悲の願より出でたり」は、「出於大悲願」と書かれています。「信巻」では「出於念仏往生之願」（聖典二一二頁）、「証巻」では「出於必至滅度之願」（聖典二八〇頁）とあって、「願より出でたり」という書き方が一貫しています。「真仏土巻」では「既而有願（すでにして願います）」（聖典三〇〇頁）とあり、「化身土巻」では「既而有悲願（すでにして悲願います）」（聖典三二六頁）とあって、明らかな違いがあります。「回向」の巻（「教巻」―「証巻」）では「出」るという字が使われています。『入出二門偈』という偈文があって、これも難しいことで、ここでは触れにくいのですが、安田理深先生が『入出二門偈』の講義を岐阜でずっとなさって、その講義録を大谷大学の真宗学科の機関紙である『親鸞教学』で掲載してくださっています。

『入出二門偈』について、『真宗聖典』に、その出典が記されています（聖典九七〇頁）。『入出二門偈』と書名があって、底本、対校本のところに、法雲寺蔵本、西本願寺蔵蓮如写本、聖徳寺蔵本とあります。法雲寺は元々高田派の何代かのときに、兄弟別れをして、高田派のお聖教をいくつか分けて持って出て、のちに大谷派に入られました。ですから法雲寺蔵本は、高田蔵版と、判が押してあります。法雲寺にはあるけれど、高田専修寺に元々あったものなのです。大谷派の大きなお寺として越前でやってこられたのですけれど、不幸にして近年廃寺と言いますか、お寺が成り立たなくなってしまいました。お聞きするところでは、『入出二門偈』は、今は高田に戻っているそうです。

その偈文の元になった入出二門というのは、天親菩薩の『浄土論』にある言葉ですが、『浄土論』自身が自利の四門を入の門だと、利他の第五門は出の門だと言っています。親鸞聖人は、明らかに回向門は出の門だとご存知の上で、「大悲の願より出でたり」と言われます。この「出」という字は回向だという意味を孕んでいるに違いないわけです。そういうように非常に細かいところまで、親鸞聖人の神経が行き届いているのです。我々はつい粗末に読んでしまいますけれども、一字一字に非常に厳密に思索された親鸞聖人の背景があって、文字が使われているということを知らされます。

それに対して仏身仏土は、真仏土にしろ、化身土にしろ、「すでに願がまします」のだという。仏の領域は、衆生を超えて言わば超越的に存在するが、そこにとどまらず、衆生に具体的事実を開示して一如の世界に悟入せしめようとする用きが、「回向」なのだということなのでしょう。

さて、念仏の行は、大悲の選択によって取りだされた行であると言われ、それを受けて「即是名」「復名」と続きます。そこに出される名が「諸仏称揚之願」「諸仏称名之願」「諸仏咨嗟之願」で、「亦可名往相回向之願、亦可名選択称名之願」とあります。

親鸞聖人はその名を「諸仏称名」で代表して、本願の文を引用されます。「称揚」も「咨嗟」も「ほめる」という意味ですから、「称名」というのは、「称」の「ほめる」の意味を補強して表しているのだ、ということでしょう。「復」に換えて「亦」の字を置くのは、自分が名づけたいということを強調する場合だと言われています。ですからこの願に「往相回向」の中心があるのだ、ということなのでしょう。『無量寿経』の体が「名号」であるとされることと合わせて、注意しておきたいところです。

称名が諸仏称名の願から出てきているのだ、ということを少し考えましょう。行為の主体というなら、たとえ仏名であっても、称えているのは「凡夫」ではないか、と思うのが普通です。しかし、親鸞聖人はその行を成り立たせている本願が「諸仏称名の願」なのだ、と了解されました。阿弥陀如来が、諸仏にほめられることを自己成立の条件としたのがこの願なのでしょうが、「称名」が現に行ぜられていることには、「本願」の成就が現前しているのだ、という認識があるのでしょう。「諸仏の護念証誠は　悲願成就のゆえなれば」（『浄土和讃』聖典四八六頁）と和讃でも表されていますが、称名の事実に悲願成就の証明を読み取るなら、主語なくして現行のみがあるというよりも、諸仏の護念証誠という事実が「称名」の事象なのだ、といただくべきなのでしょう。そのとき、どのように愚かで罪深い存在において称名が起こっていても、事実それ自身は平等の大悲による存在成就が成り立っているということなのでしょう。凡夫が無心になるとか、まして仏陀になるということではないのですが、凡夫に阿弥陀への真実の心を開かせて、無限大悲との応答によって、無明の黒闇を晴らしていく事実が、称名として現れるということなのではないでしょうか。それは、願心が荘厳する報土の風光に語られている「不虚作住持功徳」が、信心の行人にもたらされることだというのが、行を増上縁として信心の人に「真実功徳」を恵むと親鸞聖人が表される意味なのではないかと思います。

では「称名」の事象が「往相回向」としてとらえられるとは、どういうことなのか。親鸞聖人による「如来の回向」の独自の意味について考察を進めてきましたが、如来の往相回向について、「教・行・信・証」という形であると、親鸞聖人は押さえられました。

形のない法身が衆生への大悲をもって、この四法へと形を限定する。これが如来の往相の回向である、と言われるのです。そうすると、大涅槃の具体的現実が、方便法身を現出すること（一如宝海より形をあらわして、名号となる）、それを信ぜしめること、そしてそれによって「証果」をも恵むこと、このすべてが往相の回向であるということは、如来の大悲が自利利他を円満した内実を衆生の有限の存在の中に「回転趣向」して利他することが「往相回向」だ、というのではないでしょうか。穢土から浄土へ衆生が「往相」するのではなく、法身が有相の衆生界へ形あるもの（名号・その信心など）として自己表現することが、「往相回向」だということなのではないかと思います。

還相回向については、五念門行を文字通り読むと、行者が、五念門を行じて回向を自分でやって、そして阿弥陀如来の国土に往ったら、阿弥陀如来のお力を借りて、自分が還相回向できるようになると、書いてあるから、それで今までの教義学は、自分で往ったり還ったりはできないけれど、阿弥陀如来のお力を借りれば、往ったり還ったりできると解釈してきました。

往ったり還ったりして、結局、自分が何か他人を助ける力を獲得し、自分が自利利他の用きをするという我執の思いが、そういう理解をしているわけです。

完全に阿弥陀如来にまかせたら、往くも還るもないのです。やることは、全部、阿弥陀如来の仕事ですから。本願力にまかせるという、それだけが我々の仕事です。往ったり還ったりする必要はありません。往ったり還ったりする意味は、本願力がやってくださるのです。

南無阿弥陀仏の回向の　恩徳広大不思議にて
往相回向の利益には　還相回向に回入せり（『正像末和讃』聖典五〇四頁）

という和讃があります。往相回向も還相回向も「南無阿弥陀仏」の内なる功徳の用きです。もう一首和讃をご覧ください。

弥陀の回向成就して　往相還相ふたつなり

これらの回向によりてこそ　心行ともにえしむなれ（『高僧和讃』聖典四九二頁）

我々が行信の心をいただくということは、如来の往還二回向によるのです。こういうふうに親鸞聖人が、いろいろな形で語ってくださっていて、凡夫が往ったり還ったりするなどとは、どこにも言っていないのです。だから、今までの教義学は根本から間違っているのです。私は、そういうふうに言いたい。

十方世界の無量の諸仏

本文に入って引文が出されますが、親鸞聖人ご自身が書いておられる文を自釈、ご自分で釈するというので自釈、それに我々からすると尊い自釈だから御をつけて「御自釈」と言います。親鸞聖人の意図からすると『教行信証』は文類ですから、文類された経論釈の文をしっかり読んで欲しいということでしょうけれど、その経論釈の文を自分はこのようにいただいている、自分でこの部分はこういう問題だということで押さえている、ということを示されるのが、御自釈と言われる部分かと思うのです。具体的には内容を読めと。こういうことでしょう。

それで、「行巻」の出だしの御自釈で諸仏称名の願名を立てられます。これは寺川俊昭先生がおっしゃっていたことですが、親鸞聖人は一貫して、『教行信証』でも仮名聖教でも願について願文を番号で語ることはない、必ず願名、ご自分でこの願はこう読むのだという意味をつけた願名で出されると。なるほどと思いました。教学の上では十八願とか十九願とか番号で言いますが、親鸞聖人は願の番号を使われないと。そういうことは気がつかないことなのですけれど。そういうことを寺川先生の言葉で気づかされたことがありました。

しかし、お話をしたり、考えたりしているときにいちいち名前を出すというのは面倒なものだから、ついつい記号で我々は書いたり考えたりしてしまっているのですが、それは粗末にしていることなのかなと。そんなふうにも思い直すことであります。

「行巻」の出だしの御自釈には、

しかるにこの行は、大悲の願より出でたり。すなわちこれ諸仏称揚の願と名づけ、また諸仏称名の願と名づく、また諸仏咨嗟の願と名づく。また往相回向の願と名づくべし、また選択称名の願と名づくべきなり。（聖典一五七頁）

と「諸仏称名の願」、これは「諸仏称揚の願」「諸仏称名の願」、また「諸仏咨嗟の願」と並べられています。それらが「諸仏称名の願」に代表され引文が始まる。

諸仏称名の願、

『大経』に言わく、設い我仏を得たらんに、十方世界の無量の諸仏、ことごとく咨嗟して我が名を称せずは、正覚を取らじ、と。（同前）

と言葉の上では「十方世界の無量の諸仏」、あらゆる十方恒沙の無量の世界があって、そこにおのおの諸仏がおられる、とあります。一仏一世界という考え方が仏法にはあり、仏さまが一人おられればそこに一つの世界がある。『無量寿経』に「仏仏相念」（聖典七頁）とありますが、一仏に一仏土があって、仏の世界と仏の世界が映し合うという考え方があります。

イメージ的ですけれども、ガラスの面をたくさん貼った球のようなものがあって、それは中にも反射するものがあって、そうすると何か一つあると、それが全面に同じ像が映るイメージができるでしょう。

インド人が考えた世界観は、我々が生きている閻浮提《えんぶだい》、それはインド大陸だったのだということがあるようで、そのほかは蛮族が住むところ、北欝単越《ほくうつたんおつ》、西瞿陀尼《さいくだに》、東弗婆提《とうほつばだい》とか、そういうところは皆異民族です。そういうところに対して、インド民族は自分たちがすぐれた民族だというイメージもあるのでしょうが、そこにお釈迦さまが生まれてくださって、仏国土となった、それは南閻浮提《なんえんぶだい》である。そういう世界観です。

そういう世界観の中に、どうして十方仏国というのが出てきたのかというのは、私はわかりませんが、大乗仏教では、一切の国土に、必ず仏になるべき衆生が生きる場所といえば、必ず仏さまがおられるのだと言われます。小乗仏教ではお釈迦さま一人が仏陀であり、お釈迦さまのみが仏教を説いたという考え方ですけれども、大乗仏教にくると、『華厳経』にしろ、非常に豊かな世界観、無数の世界と映り合います。『無量寿経』でいえば、「東方偈」というのがあります。偈前に、東方恒沙の仏国の無量無数の諸々の菩薩衆が、皆ことごとく無量寿仏の所に往詣するという言葉がありますが（聖典四六頁）、閉鎖的な自分の国だけではない、どんな国とも交流し合いながら、皆人間が本当に歩んで行くというか、本当に人間の存在の本来性を顕現していくような方向というものが願われ、そういう形で教えが展開されている。だから、十方の無量の諸仏という非常に豊かなイメージの中から、そういう仏さま方が、それぞれ皆、阿弥陀の本願はいいなと。それに賛同するよと言っていただいたら自分は仏になる、阿弥陀仏国が成り立つのだという。成り立った阿弥陀仏国は他の仏国を征服するとか、他の仏国をなくしてしまうとかではなくて、諸仏が皆ほめるという形で成り立っているような仏国であって、阿弥陀仏国は広大無辺際ですから、皆統合して征服してという発想ではなく、阿弥陀仏国は阿弥陀仏国でありながら、あらゆる仏国土を全部映し合っていると言いますか、そういうイメージではないかと思うのです。閉鎖的なことしかわからない人間の頭では、考えにくいのです。領域がないと国とは言わないではないか、無限大の国なんてどこにあるのだろうとか、諸仏の国とぶつかってしまうのではないかとか。でも全然関係ないのです。仏仏相念、仏と仏とは違う国にいながら念じあえる。不思議なことに、仏と仏がいても、別に国境はないのです。この世にあるような境い目がないのです。重なりあっていて一向に関係ないのです。そういうところがわかりにくいというか、人間からはわかりません。人間は我執があって、領有権を主張するような愚かな存在ですから、仏と仏の世界というものはわからないのです。そういうことがあります。

第二節　大衆の中にして師子吼せん

名声十方に超えん

次の段は、

また言わく、我仏道を成るに至りて名声十方に超えん。究竟して聞こゆるところなくは、誓う、正覚を成らじ、と。衆のために宝蔵を開きて広く功徳の宝を施せん。常に大衆の中にして説法師子吼せん、と。(『教行信証』聖典一五七頁)

と、これは『無量寿経』の「重誓偈」とか「三誓偈」とか言われている偈文です。本願が終わった後で、もう一度まとめ直したような形で三つの誓いが出されています。そこから親鸞聖人がご引用になっている言葉です。

阿弥陀如来が仏道を成るということは、名声が十方に超えることである、名と声というふうになっています。名は声である。声と言っても声なき声と言いましょうか。文字通り大声で怒鳴りつけてという意味の声ではなくて、言うまでもなく本願が声となるということですから、声なき声が人間の根源、魂の根源に響くと、そういう意味の声です。名が声の用きをもって、十方仏国、あらゆる仏国土に響いていきたいのだと。そうすると、あらゆる仏国土はそれに応えて阿弥陀の名をほめてくださる。こういう呼応関係です。

「究竟して聞こゆるところなくは、誓う、正覚を成らじ、と」これは十七願の願意、諸仏称名の願をここでもう一度語り直しているというのが、親鸞聖人の押さえであろうと思います。

「正信偈」では、「重誓名声聞十方」とまとめられています。重ねて誓うというのは、本願で誓ったことをもう一度誓っている。こういう意味で重ねて誓う。重なるという字を親鸞聖人は、仮名聖教で、非常に大事にされます。

「直為弥陀弘誓重」というは、「直」は、ただしきなり、如来の直説というなり。諸仏のよにいでたまう本意ともうすを、直説というなり。「為」は、なすという、もちいるという、さだまるという、かれという、これという、あうという。あうというは、かたちということろなり。「重」は、かさなるという、おもしという、あつしという。誓願の名号、これを、もちい、さだめなしたまうこと、かさなれりと、おもうべきことをしらせんとなり。(『一念多念文意』聖典五四二頁)

重ねるということが重いことであること。それが仏の本懐であるというような、大変重い理解をしていかれます。

歴史的事実と宗教的真理

「諸仏とは何であるか」ということがいつも議論になっています。諸仏ということを、まともに考えようとすると、なかなか面倒なことです。それは、釈尊がこの世に生まれてさとりを開いて、転法輪、説法をしてくださって、入涅槃された。そういう一人の人間としての釈尊が仏陀である、そこから仏法が始まったのだという仏教理解だと、この世には一人の仏陀しかいなかったことになります。つまり、お釈迦さまが説いたものだけが仏教のはずなのに、大乗仏教は勝手なことを説いているのだから仏教ではない。諸仏とは何ごとだと、歴史的事実のみが真実だと考える偏狭な学者がいるわけです。

「大乗仏教とは何であるか」。大乗は仏教ではないと大乗仏教が興起した初めから言われてきたわけです。大乗非仏説論というのは大乗が出たときから、小乗仏教が仏教だという立場と激論を交わしながら、おそそらく殴り合いやら、殺し合いすらしながらでも、大乗仏教は仏教だと言い続けてきているわけです。

大乗仏教非仏説論は、江戸時代の富永仲基（一七一五―一七四六）が有名ですが、明治時代になってもう一回日本で盛り上がっているのですけれど、そのようなものは日本で起こった話ではありません。もうずっとインド以来やっているわけです。でも、そういう非難を潜りながらも、やはり釈尊の本当の願いは、単に個人の意見を述べたのではなく人類救済の法を明らかにした。その明らかにした法をいただいて「如是我聞」してくるなら、時代の違いやら人類の情況の違いやらを受けて、それでも仏法はこういただくのだということを明確にしていこうとし、思想が掘り下げられていく。そういうことが当然起こってくるわけで、大乗仏教というものが経典を生みだし、これこそ仏説だと信ずる人びとを生みだしてきたわけです。

ですから、諸仏ということも、そういう大乗仏教の人間観、仏教の真理のいただき方から、当然人間は仏になるべき存在であるという人間理解の中から、仏陀は一人ではないと。仏は仏に映り合って、諸仏がおられるのだという世界観、大乗仏教を支える世界観から構想されたのではないかと。

歴史上にただ一人、イエス・キリストだけが神さまの子として生まれたのだ、それは何年何月何日に生まれたのだ。幸か不幸か、そういう記事が本当であるという立場で、ヨーロッパ発祥のキリスト教が、世界を牛耳っています。しかし、キリスト教自身の原典研究だとか文献研究の発達の中から、いわゆるイエスと言われる人物が、本当にいたかどうかすらもわからないと。新約聖書というのは、後で誰かが作ったのだというようなことが文献学的には明らかになってきて、そういうことが明らかにされると、キリスト教は無いのかといったら、そんなことはないのです。そういうことを明らかにするのは、実は神父さんだったり、牧師さんだったりするのです（トム・ハーパー　Tom Harpur　一九二九—　“The Pagan Christ”参照）。別にそれによってバイブルの真理が消えるものでも、減るものでもありません。だから、歴史的事実のみが真実だという立場は、人間の精神界の闇と、闇を明らかにすべき宗教的精神の問題を深めるということがわからない人間が言うのではないかと思うのです。歴史的事実というのは、嘘八百が多いですから。たとえば二〇〇〇年の旧石器捏造事件で、これは何千年前の土器だとか言ったものが、実は自分で埋めたものであったように。

鈴木大拙先生が大谷大学の講堂に来たとき、そういった話をしていたことがありました。私は何を言っているのだろうと思いました。「わしゃ、こう思うんじゃ」と。あの先生は金沢生まれの方だから、「わしゃ、こうやって大谷大学に来て講演しとるけれども、そんなものは日記には書かん」と。「そうするとのちの人間が「鈴木大拙は何年のころに大谷大学に行ったという記録を探してもどこにも書いていないから、行っていない」と言うのは真理だと思うかね」という投げかけをしたのです。それは、大拙先生も今から五十年前に、大乗仏教とか、『無量寿経』の真実とかをヨーロッパの人たちに語ろうとしました。向こうの論理はイエスは何年何月何日に生まれたのだ、それは歴史上の真理だということが平然と語られていた時代ですから、仏教は歴史の事実ではないではないか、となるわけです。歴史の真実を言わないで、勝手なことを言っているだけではないか、という非難が多かったわけです。そういう問題に対して、大拙先生は宗教的真理というものを、宗教的な用語で語らなければならない世界があるのだということを、おっしゃりたかったのかなと思うのです。

皆さんも考えていただきたいのですけれども、諸仏などどこにもいないではないか、お釈迦さまが歴史的事実ではないかと言うけれど、お釈迦さまの事実をどこにあるかと尋ねていくと、無いのです。古い文献といってもお釈迦さまは書いていないのですから。「如是我聞」なのです。聞いた人間にとってのお釈迦さましかいないわけです。

明治時代に親鸞不在説が出たのをご存じでしょうけれど、親鸞という人について語っているのは浄土真宗の中だけだと。外にはそれを証明する文献がありません。平安末期当時の貴族の日記にも官僚の書いた記述にも、親鸞という名前はどこにも残っていません。だから親鸞はいなかったのだという議論が明治になって近代史学の発想が入ってきたときに、日本の学者から出たことがありました。それに対して、もう一度親鸞という人が書いたものは、どれだろうということから、筆跡鑑定とかが始まりました。でも、証明するのはなかなか難しいわけです。

曽我先生は、「『教行信証』という思想があるということは、勝手に誰かが書いたものではない。『教行信証』の思想を生みだした人が親鸞である」とおっしゃいました。そういうふうに、文献というのはなかなか難しい。もちろん、文献無視はできません。文献というものの根拠を押さえて、できるだけ我々はしっかりと考えていかなければならないということはもちろんです。しかし、人間が尋ねるときには、視点と言いますか、我らは人間が本当に宗教的に救済されるということを明らかにするために、その言葉をいただくのであって、歴史的事実を真理としたいからいただくわけではありません。そういうことがあると思うのです。

ただそうは言っても、親鸞聖人ご自身が書いた非常にはっきりした御直筆のものが残っているなどということは歴史的事実以上に、本当に有り難いことで、今はそれを根拠にして直接に我々はいただくことができます。これは近代以降のことなのです。明治以前は親鸞聖人の直筆を見るということは誰にもできませんでした。

親鸞聖人七百回御遠忌のときに、御遠忌を期して親鸞聖人のテキストを作ろうということを発願された在家の方があって、今法藏館版になっている『定本親鸞聖人全集』、あの版の元の版を出そうとした方がありました。この方は、お父上が発願されて一生をかけて『真宗大系』をお作りくださいました。その息子の方が、不思議な因縁とでも言うべきか、七百回御遠忌に向けて親鸞聖人のお書きになったものをテキストにする仕事をしたいと発願されて、自分の人生と私財をなげうって、資料を集めて作ろうとしたのです。その時に真宗十派という、日本における真宗の宗派が集まってそれをバックアップして、『定本親鸞聖人全集』ができていったわけです。本当に涙ぐましい努力、ご苦労というものを私は伝え聞いたのです。そういうご苦労があったことによって、今では当たり前のように、我々は見ることができるわけですが、それまでは、親鸞聖人のものは木版で印刷されたものしかありませんでした。木版で印刷されたものは間違いだらけですけれど、照らす根拠がないから間違いだとは言えないわけです。

明治以前はそういうテキストしかないから、教義学がそれで成り立っていたわけです。おかしな話です。今ごろのテキストと照らすととんでもない間違いが随分あるのですけれど、その間違いということがわかりませんから、そのままもっともらしい解釈をしているわけです。江戸時代の人はそういう勉強をしてきました。必死で勉強したのですけれど、テキストの正しさということがわからなかったのです。あまりにも権威主義的で、親鸞聖人の御直筆のものは蔵にしまいこまれて、誰も見ることができませんでした。あるときに何人かが許されて、文字化することが許され、本願寺が作ったりしたものが、表に出て町版になって流通したのでしょうけれども、それでも間違いがあるわけです。

それこそ鈴木大拙先生が依用した西本願寺蔵版の和綴じの『教行信証』も、随分と間違いがあります。大拙先生はそういう間違いを、非常にていねいに朱で直しておられます。何によって直されたのかは、よくわかりませんが、いろいろなものをご覧になりながら、文字の間違いを直して、翻訳にかかっておられます。まだそのころは、坂東本がそう簡単には手に入らない時代です。

とにかく現代では、テキストを簡単にいただくことができるということは大変有り難いことであるということです。しかしそのテキストについての厳密な考証が、残念ながら未完成です。キリスト教では歴史的に長い時間をかけて、徹底的にテキスト批判がされてきています。元々ユダヤの民族が伝えていた伝説や神話が、ギリシャ語になったり、ラテン語になったり、そして長い間ラテン語で整理統合されていたものがドイツ語になったり、フランス語になったりしたわけですから、そういう過程での翻訳の違いだとか、その場合の原典の研究などが、徹底的になされているわけです。残念ながら、親鸞聖人の教学においては、そういう意味のテキストについての吟味がまだ不足の面が多いのです。それはまあ今後の問題です。

本願が呼びかけようとする人びと

それで話を戻しますと、「大衆の中にして説法師子吼せん」（『教行信証』聖典一五七頁）という文が、本願文と本願成就文の間に挟まっています。これもどうしてなのかと考えると、よくわからないところもあります。本願を再説して「重ねて誓う」のですから、本願と同列だということなのでしょうか。普通は本願文の次が本願成就文です。

本願文の「十方世界の無量の諸仏」という言葉にこだわるとわかりにくいのですけれど、その言葉を引き受けている言葉が「常於大衆中　説法師子吼」（同前）と。衆というのは後ろに出てくる大衆のことで、功徳の宝というのは「衆のために宝蔵を開きて広く功徳の宝を施せん」だと思うのです。そのためには、名号だということが前の御自釈でわかりますから、法蔵願心というものを十方衆生に開いて、名号を与えていこう、という意味になるわけです。そして「常に大衆の中にして説法師子吼せん」と。そういうことをここに挟んでいますから、やはり親鸞聖人がいただかれた意味があると思うのです。

この「重誓偈」の言葉は、もちろん法蔵願心を再説しているわけですけれど、名声十方に超えんということの意味は、十方諸仏が称名するということがあるからなのでしょうが、その具体的事実は「常に大衆の中にして説法師子吼せん」ではないかと。

私は「常於大衆中」という言葉が、これも大乗仏教という課題と何か深い関係があるのだろうと思うのです。お釈迦さまのサンガであれば比丘、比丘尼ですし、四衆というときには在家衆の優婆塞、優婆夷を包んできますけれど、どうも諸仏の国土まで響きあって、そこに本当に聞いて欲しいというときに、本願は十方衆生と呼びかける、十方仏国の衆生です。その十方衆生と呼びかけることを、ここでは大衆と言っているのではないかと。

大衆、これはルビも難しいのですが、衆生と読みますから「衆」の呉音は「しゅ」です。「しゅう」と読むのは漢音です。だから、仏教読みするときには衆生と読むのに合わせれば、「だいしゅ」と読みます。現代語の「たいしゅう」と読む場合とは、ニュアンスがどうも違います。「だいしゅ」とは、仏法の会座に集まる大勢の人びとですから、一般の国民大衆、英語でピープル（people）と言うのかも知れませんが、そういう人間の見方と異なり、差しあたって「だいしゅ」は無方向の人びとということではないでしょう。

しかし、名号が呼びかけようとする人びとは、現代にあってはまさに一般大衆なのではないかと思うのです。出家した求道者というのでもなく、また出家生活のように、ことさら宗教的な生活が可能な人というのでもなく、日常生活に引きずり回されている一般の生活者にこそ、法蔵菩薩はいつでもどこでも憶念称名できる方法となって「破闇満願」（『教行信証』聖典一六一頁参照）の功徳を与えようとするのですから。

その、十方衆生に諸仏称名の願が聞き届けられるのは、それは前節で述べたように、「諸仏称名の願」が「悲願成就」の事実として、「諸仏讃嘆」が興起しているときなのです。ですから、諸仏というのは特別な存在ではなく、『無量寿経』に「仏仏相念」という語がありますけれども、阿弥陀の願を受け止めこの願に同心することができる存在を、「諸仏」として敬愛するのだと思います。

『無量寿経』では願心を信受したものを「善親友」（聖典五一頁）とも呼びかけられていますが、行の証明者に、「諸仏」の意味があることを呼びかけているのではないでしょうか。大衆が諸仏称名の願を証誠することで「諸仏」の意味を与えられるのだと。本願を証明する事実には、凡夫であるままに、諸仏の意味をたまわるのだ、と言えましょうか。親鸞聖人は、「与諸如来等」という『華厳経』の文によって「信心の人は如来とひとし」と言われます。我ら凡夫は凡夫であることを離れずに、本願を信受するとき本願の用く場所となることにおいて、諸仏如来の意味を与えられるのです。

この意味で「常於大衆中　説法師子吼」というのは、大衆の一人ひとりを仏道に立ち上がらせるような願心の用きを示すのでしょう。諸仏という特別の存在があるのではなくとも、諸仏と呼ばれる用きがある。それは凡夫しかこの世にいないことと矛盾しません。仏法を証明する事実が起こることによって、その事実の内面を「諸仏称讃」と本願が言い当てている、と思うのです。本願弘誓がここに、大衆の中に説法してくる事実になっているのだと、そういうふうにいただいていくことができようかと思います。

ただ難しいのは、あまり言い過ぎると念仏したらもう俺は仏だという、そういう増上慢が出ることもある。でもそれは「自分が」と言うべきではないのです。

本願はどうか諸仏に賛同して欲しいと誓っていて、一仏一世界ということは、一人の仏が誕生したら、そこは一つの仏国土なのです。教室にたくさん聴衆がいれば、たくさん世界があるわけです。一人ひとりが称名するところに、諸仏称名の願が成就していたら、無数の、十方諸仏の国土がここに生まれてきたというような意味を持つわけです。それはイメージです。自分が仏になるというわけではありません。

阿弥陀如来は十方諸仏の国土を拝みながら、十方諸仏の国に呼びかけています。現実には、生きているのは凡夫です。凡夫は仏ではないではないか、ということもあるけれども、『華厳経』では、凡夫と仏とは、位の違いであって、どちらも大涅槃に支えられています。「心仏及衆生是三無差別」（大正蔵九・四六五・c）と言われています。大涅槃の用きに包まれれば、自分の思いを超えて、みんな諸仏であるとも言えなくはない。

凡夫の立場から自分が仏だ、というとそれは増上慢です。そこが言葉を使うことと、自覚を表現することとが、難しいところだと思います。親鸞聖人は決して自分が仏陀だとはおっしゃいません。そこは位の違いということはありながら、位は自覚内容でもありますけれども、位は決して縦型にあるのではありません。仮に名づけられた位ですから。それは常に大悲の願心においては、平等であると言ってもいいわけです。

さて、「常於大衆中」について、もうひとつ思うことがあります。それは親鸞聖人が門徒を「御同朋・御同行」と呼ばれていた、ということについてです。世間の地位や男女老少・貧富貴賤等を問うことなく、信心の行者を仏法の「同行」であると尊敬を込めて見るということは、「一般大衆」という現代語が、どこか知識人とか権力者と異なる位置の存在を意味し、単なる群衆を構成する単位としての個の集まりというような没個性的なニュアンスがあるのに対して、「御同朋」には温かな同感のまなざしがあると思います。

これは「同一念仏無別道故」（『教行信証』聖典一九〇頁）と言われている曇鸞大師の言葉が背景にあるのでしょう。この世のいのちは別業の所感として、無数の差異において成り立っているけれども、如来の本願が荘厳する平等の大悲の場所たる報土を念ずるとき、その報土の生存に相応し得る行として「念仏」を同じく信受するものは、その信念において、職業も地位も性差をも超えて、「御同行」と仰がれてくると言われます。これは、見る視線が上位から下位を見下ろして、同じように見るということでなく、同じ地平に立って尊い願心を証明していく存在になった喜びを共にすることができるということです。いわゆる目的を同じくする「同志」や「連帯」とも感覚が違うのは、この世の相対的目的にはそれを同じくしないものへの敵視や反感が反映されてきますが、それが無いことではないかと思うのです。

本願文と本願成就文

「三誓偈」の引文に続いて、願成就の文が出されます。『無量寿経』には願成就文が出ていますが、願成就の文というものは『無量寿経』以外には見たことがありません。確かに原理として願を立てているということは、それは『般若経』でも『華厳経』でも菩薩が願を立てる、四弘誓願もそうですけれども、菩薩が願を立てるということはいくらでもあります。現実に衆生を救いたいという願を立てて、本当に救いとれるということは、どこで成り立つかということになると、成就を語ることは必要ないというか、普通ですと、願を語るだけで説得力があるということなのだろうと思うのです。

ところが『無量寿経』は、初めから本願と本願成就をもって経典が成り立っています。願成就がなければ浄土もないし、阿弥陀仏もない。これも考えようとすると難しいというか、わけのわからない話になるのです。物語として願と願成就という間を、法蔵菩薩の思惟と修行をもってつないでいて、呼びかけているわけですけれど、本来は本願と本願成就は一体です。普通の願と成就の間は、時間と努力が必要であったり、条件が必要であったりして、願が立てられたからといって、成就ということになれば、三大阿僧祇劫の修行があっても成就するとは限らないということになります。ところが、『無量寿経』は確かに修行は兆載永劫というのですけれど、仏は十劫の昔に成就しています。これをこの世の時間の論理で考えたら矛盾です。全然納得いかない話でしょう。けれども物語という形を取って、我々に法蔵願心が、呼びかけ続けようと。だから曇鸞大師は願力成就ということをおっしゃっていて、「願もって力を成ず、力もって願に就く。願徒然ならず、力虚設ならず。力・願あい府《かの》うて畢竟じて差《たが》わず」（『教行信証』聖典三一六頁）と言われるわけです。力と願、つまり願と成就した力とは、交互に用き合いながら、畢竟じて食い違わないと。そこに差は無いのだとおっしゃるのです。

衆生がたすかっていないのに、何で先に仏さまになってしまったのかという疑問があります。私がたすかっていないのに、阿弥陀さまは何で先に阿弥陀さまになってしまったのか、おかしいではないか。置いてきぼりにするな、と思うのです。そこを理解しようとするものだから法然上人の弟子の中にも、もうすでに阿弥陀さまが成就しているということは、十方衆生はすでに往生してしまっているのだと、あなたたちはもう往生しているのだ、と主張する教義も出てくるわけです。

そういうふうに物語を了解するところに、大変面倒な問題がいろいろあるのです。親鸞聖人はそこを徹底して、愚かな凡夫であるという事実を忘れずに、しかも大悲の本願が、必ず救い遂げずんば止まんと誓ってくださることを信ずるということを、明らかにしていかれます。南無阿弥陀仏において、願心が私どもに事実になってくるのだという。そういうことを明らかにされるのですが、これがわかりにくいのです。

私は『浄土論註』を読んでいて、『浄土論註』の一つひとつの譬喩をどう理解するのかということがよくわからない。わからないというのは、今のような意味でのわからなさです。阿弥陀如来が先に仏になっているということがわからない。『浄土論註』も何で阿弥陀さまが先に仏になってしまったかということを比喩で言うのです。

たとえば薪を積んで火種を持ってきて、火をつけるようなものだという喩えを出す。それで全部燃え尽きないうちに、先に火種が消えたようなものだと。全部燃え尽きさせて、はじめて火種の仕事が終わったというのが普通なのに、まだ火種が尽きていないのに、先に火が消えてしまうのだと。何を喩えているのか。そういうことは焚き火ではよく起こります。今はあまり火種とか薪とか、そういうことも生活の中で、わからないかも知れませんが、昔は一生懸命苦労して火をつけて燃やしていて、うっかりして消えてしまう。まだ薪がいっぱい残っているのに、火が消えてしまうということはよくあることで、それを譬喩にしているわけです。それが、つまり衆生がまだたすかっていなくても、阿弥陀さまが先に仏になったという譬喩として出されるので、「えっ」というようなものです。

現実は、後から後から苦悩の衆生が、たすからない衆生が生きていて、しかし阿弥陀さんは願を立てて、一切衆生を救わなければ自分は仏にならないと誓って、法蔵願心は兆載永劫に修行するのだと。こう言っているのに、すでに阿弥陀仏となって成就している。成就したことをもって経典の大事な教えの意味にしています。

親鸞聖人は本願文と本願成就文とを対応して『教行信証』では引用していかれます。そこに願と願成就をもって、それを成り立たせるものが名号である、「南無阿弥陀仏」である。「南無阿弥陀仏」の信心において、本願と本願成就というものを受け止めていく。そういういただき方なのだろうと思うのです。だから蓮如上人は、浄土教の中のほかの考え方は、先にたすかってしまっているのだとか、人間はもうたすかっていることを気づけばいいのだとか、そういう教え方をするのに対して、一心帰命、この一念に「南無阿弥陀仏」と念ずると。蓮如上人の場合は、たすけたまえと念ずる。こちらの気づきなしにたすかっているということはないのだ。ああそうか、この苦悩のいのちをたすけずんば止まんと誓ってくださっている大悲があるのだなあと気づいて、それにおまかせしようという。そのおまかせしようという気持ちがないのに、たすかっているということはあり得ないのだ。こういうのが蓮如上人です。だから一念帰命ということを大事な契機として、「南無阿弥陀仏」の救いをいただくのだということを、徹底しておっしゃるわけです(『御文』聖典八〇一頁参照)。

そうしないと、教えの言葉が成就していることを、もうすでにこれでいいのだという全面肯定の言葉として聞いてしまって、自分の決断というか、自分の信心というものをそこにかけることを抜きにしてしまいます。そのような教義学が成り立ち得るわけです。本願成就しているということにおいて。そういうことが、なかなか難しい問題です。

『無量寿経』の教えは、阿弥陀仏がすでに成就しています。成就しているけれども、法蔵菩薩の本願が消えたわけではありません。法蔵菩薩の本願と本願成就の名号とが常に、我々においては凡夫であることと、それを救い遂げる用きとして、因果が呼応しつつ用いてきます。そこを私たちは本当に聞思していくのです。本願の謂われを聞いていくということの難しさです。聞き違いがしょっちゅう生ずるわけです。それを親鸞聖人は、非常にていねいに聞き違いしないように、押さえてくださっているのだろうと思うのです。

第三節　行のなかに信の功徳を包んで――行中摂信

行信証全体を包むような課題を、行の問題として押さえる

続いてその次の段に入っていきたいと思います。「東方偈」の言葉が出されます。「また言わく、その仏の本願力、名《みな》を聞きて往生せんと欲えば、みなことごとくかの国に到りて自ずから不退転に致る、と」(『教行信証』聖典一五八頁)、この文を親鸞聖人は非常に大事な文として、『尊号真像銘文』にも取り上げておられますし、前半部分を「信巻」にも引用されます。

この文について面白い話があります。ある男が一代悪事を尽くして、地獄に堕ちなければならないことになって、釜茹での刑という決定が出て、ぐらぐら煮えている釜の前に縛られて連れだされました。地獄の鬼に突き落とされる寸前に、お前何か言うことがあるかと地獄の鬼が聞きました。ぐらぐら煮えている釜の前で、落ちたら茹で上がる、そういう情況で、この男はふとこの言葉を思いだした。「其仏本願力　聞名欲往生　皆悉到彼国　自致不退転」と言ったら、ぐらぐら煮えている釜がぱっと二つに割れたというのです。それで「破地獄の文」「釜割りの文」と言われているのです。そういうすごい功徳を持った文と

して伝えられています。

「其仏本願力　聞名欲往生　皆悉到彼国　自致不退転」、「其仏本願力」とありますから、仏の本願力、阿弥陀仏の本願力において、「聞名欲往生」、聞名ですから、文字通りから言えば、これは「信巻」の問題です。当然「信巻」にも「聞名欲往生」という言葉を引用されます（聖典二三九頁）。ところが「行巻」では、「皆悉到彼国　自致不退転」まで引用されます。これはどうしてでしょうか。

不退転というのは、ご承知のように、親鸞聖人においては、正定聚と同義語です。第十一願の願成就の文において、「生彼国者　皆悉住於正定之聚」という成就の文があり、彼の国に生まれて正定聚に住すとありますから、本願成就の文の、彼の国に往生して、不退転に住すということと同義、同じ意味です。仮名聖教でも繰り返して、阿毘抜致・阿惟越致というのは、不退転であり、不退転とは正定聚だと書いておられます（『一念多念文意』聖典五三六頁）。それは『無量寿経』に依るわけです。浄土の功徳は正定聚であると。『十住論』では、聞名不退転ということを繰り返して言われていまして、菩薩の不退転、初地不退ということと、正定聚ということとが同じ課題の成就だと、こう親鸞聖人はいただいておられます。仏教の教義学では、言葉も違うし、意味も違うし、いろんな位置づけがあって、どこで不退転を得るのか、どこで正定聚に住するのかというのは、教義学によっていろいろな違いがあるのだろうと思うのです。けれども、そういうことを全部ひとつの課題に絞っていただくべきだというのが、親鸞聖人の理解だろうと思います。

存覚上人は、処不退とか心不退とか行不退とか、書いていますけれども（『浄土真要鈔』聖典七〇七—七〇八頁）、親鸞聖人はそういうことは一切おっしゃいません。不退転といえば、もう信心における正定聚、信心における不退転だとおっしゃるわけです。その不退転の功徳は言うまでもなく、信の利益です。現生正定聚というのは、「信巻」の「標挙の文」に出てくる功徳ですから、なぜ「行巻」に引用しておられるのか。しかし今は、「本願力」によって名の功徳が衆生にその内容を与えるものであることを語ろうとして、「行巻」に引用されてくるのだと思うのです。

「信巻」で論じられるべき課題を「行巻」に引用する、ここに親鸞聖人の行の理解というものの大事な特徴があります。行信一体と言いますか、本当は信を具してこそ行は行たり得る。信心の欠けた行ということはあり得ないというか、成り立たないというか、意味がないというか。そういうことが、親鸞聖人においては、繰り返し押さえられるべきことなのではないかと思います。

「本願力」ということをいただくについて、「他力と言うは、如来の本願力なり」（『教行信証』聖典一九三頁）という問題がありますが、今回のこの「行巻」の論究では、そこまでは入っていくことができませんから、あまり深めることはできないのですけれど、行の問題を結んだ後に親鸞聖人は、改めて、他力について論じられます。これを教義学上では重釈要義と言います。行の問題が終わった後で、もう一度他力一乗海という形で問題を論じられます。そこに出てくる言葉ですが、そこに「かの浄土に生まるると、およびかの菩薩・人・天の所起の諸行は、みな阿弥陀如来の本願力に縁るがゆえに」（聖典一九四―一九五頁）と。そういう意味で本願力という言葉を、曇鸞大師が使っています。その一連の引文の中に親鸞聖人は、「三願的証の文」も引用してこられます。十八願を中心にして、十一願、二十二願という、そういう三願があって本願他力において無上仏道が成就するのだと。阿耨多羅三藐三菩提が成就するのだという註釈を、曇鸞大師がしておられます。

そういう全体を、親鸞聖人は「行巻」の内容として論じておられます。つまり『教行信証』全体を包むような課題、行信証全体を包むような課題を、行の問題として押さえておられるということです。そういうことと、十七願、十八願ということが本来一体だったのではないかという曽我先生のお言葉などを考えてみると、親鸞聖人は「其仏本願力」の文を行の意味として、「其仏本願力　聞名欲往生」をここに引かれるのでしょう。聞名という言葉なのですけれど、本願力において不退転を与えるということの全体を行の用きとして見ておられる。そのようにいただけるのかなと思います。

名を縁として信心を開く

「聞名欲往生」というのは信の問題ですから、「信巻」に引用される事柄を、行の問題としてここに出すことの意味を考えているわけですが、ここで「行中摂信」ということを改めて考察してみたいと思います。先（第二章第一節）に述べましたように、鎌倉時代以来の念仏の理解、法然上人門下における、様々な理解の違い、そういうものに対して行ということを親鸞聖人がどうお考えになろうとしたのかということが、この文の引文から少しくいただけるのではないかと思うのです。

ご承知のように、名号の内容にこういう意味があるということを解釈する善導大師以来の六字釈がありますが、ああいう釈をしなければならなかった必然性があります。それはいわゆる摂論家と言われる、

『摂大乗論』を中心にした学派からの非難です。念仏は軽い行だと。念仏という行で、現在においてたすかるはずがないと。念仏は軽いけれども、たくさん積めば、念仏というのはお金で言えば一銭みたいなものだから、一銭でもたくさん積めば少しは価値が出てきます。だから念仏することと、それが成就することとの間には、長い時間があるのだ。そういう非難、これを「別時意説」と言います。それこそ、『安楽集』以前の論難です。六世紀から七世紀ごろの中国では、『摂大乗論』が入ってきて、摂論による学問が盛んになっていたようですけれど、その流れの中から浄土教に対する非難として、念仏ではたすからない。たすかるにしてもとにかく時間がかかって、ずっと後の方でたすかるのだという非難です。それに対して、『安楽集』で道綽禅師は、念仏ということには背景があるのだと。念仏の教えに出遇うということには、念仏は軽く見えても、その出遇う背景があるのだという形で、念仏は決して軽くないのだと言われました。出遇いということを考えれば、ずっと歩みがあって、初めて念仏に出遇うのだという実感を込めた道綽禅師のお答えがあるわけです。

「行巻」のこれから後の引文でそのことにも触れたいと思いますけれど、我々がたまたま念仏をいただけるようになるということを考えてみても、私一人がこうして気づくということに、どれだけの方の教えがあり、どれだけの人のご苦労があるかということは計り知れません。一人ひとりの上に、たとえば両親、祖父母、親族、門徒仲間など、そういう方々ももちろんですけれども、その方々がさらに聞いてきたその背景、どれだけの念仏者の背景があって、今私のところに念仏が届けられているかということを考えただけでも、遠い背景があることがわかります。それをさらに、三恒河沙の、つまり流転輪回のいのちのとにかく遠い昔から育てられてきたからこそ、今念仏に出遇えるのだと。こういうふうに道綽禅師は言われるわけです。

善導大師は道綽禅師の弟子ですから、それをもう少し積極的に、念仏の中に願行具足するのだ、念仏の中に本願もあるし、行もあるというふうに言って、願と行とが具足していて決して軽いものではない。もう念仏のところに成就があるのだ、そういう答え方をされました。

このことによって、確かに念仏に対する自覚と言いますか、念仏の重さに対する理解というものが、進む面もあるけれども、それによって逆に、先ほど言いましたように、念仏にもう往生は成就していると。十八願が成就したから、念仏になっているのだし、十八願成就の文があるのだから、みんな往生してしまっているのだとか、名が「法体」であって、それ自体で満足して衆生の救済はすでに完成しているとか、そういう教義学において新しい苦悩なんて必要ないのだ、あなたたち間違っているから悩んでいるのであって、もうたすかっているのだという言い方が出てきます。これも仏教の中の危ないところと言いますか、現実にある苦悩を問わないで、もうたすかっているのだという論理に持っていく傾向がなきにしもあらずなのです。

人間は悩みと苦しみを生きる存在であるにもかかわらず、もう全部たすかっているのだよ、凡夫ではないよ、あなたはもう成仏しているのだよとか、もう何か全部解決がついているのだという論理が、立てられ得るわけです。それは現実の苦悩の事実、そして迷いながら救いを探している人間の愚かな事実というものを忘れた教義学であって、現実は凡夫です。いくら阿弥陀如来がたすけてあげると言っても、たすからない自分を苦しんでいるという事実があるのが我ら愚かな凡夫です。それなのに、あなたたちは何にも悩む必要はないという教義学が流布する面があるわけです。法然上人ご自身はそういうことはないと思いますけれども、その流れを受けた人にそういう傾向があります。

一遍上人の融通念仏は、そうだとは言いませんけれども、踊っている中で何かたすかってしまうような、現実とは離れるわけです。現実と離れて踊っていればいいという情況になってしまう。そういう教義学とか、態度とか、了解というのが、いつでも生まれてくるわけです。

それに対して親鸞聖人は、そういうことをどこで歯止めするか。念仏は無上功徳であり、本願の用きは無上の大悲であるということが事実であるかも知れないけれども、それから落ちこぼれている事実も、また我ら凡夫の事実であると。十劫正覚だから、もう我らは十劫の昔にたすかってしまっているのだなんて、そんな教理に持っていってしまえば、それは単なる教理であって現実は取り残された苦悩のいのちだと。それだと何の救いにもならないという話になるわけで、そこを親鸞聖人は、いつも忘れません。自分の凡夫の事実というものを離れない。つまり言うなら、地獄の釜の前の自分を離れず、しかし本願の用きをここに聞くと。こういう本願力のいただき方です。それが行の問題と信の問題とを分けさせる課題にもなります。

曇鸞大師が出した問い、曇鸞大師の讃嘆門釈に出してある註釈というのは教義学的な関心からすると不思議な問いと言ってもいいような問いなのです。天親菩薩は五念門行の讃嘆門でたすかると言っているのに、「称名憶念あれども、無明なお存して所願を満てざるはいかん」（『教行信証』聖典二一三頁）という問いを曇鸞大師がわざわざ出す。曇鸞という人は見方によっては、なんて曇鸞は駄目な人間だというふうにも見えるのですけれども、親鸞聖人は、そういう曇鸞大師の問いが、自分を本当に本願の教えに導いてくださったと。だから曇鸞大師を非常に大切にされるわけです。曇鸞大師の問いがなければ、自分は天親菩薩の『浄土論』はわからなかったと。そのわからなさというものが、誠実な問いです。愚かな自分、たすからない自分、不安な自分を誤魔化さない。もう自分はわかったから死んでもいいとか、もう自分は仏と同じだとか、そのようには決してなりません。その愚かさを離れないのが曇鸞大師の問いを受けた親鸞聖人の姿勢ではないかと思うのです。

ですから親鸞聖人は、信心を具足することなしに「法体」が成就するというような「観念成就」の事柄として念仏を解釈するのではなく、本願の大悲を信受するところにその内実を開示するものが名号なのだ、むしろ信心を鍵として開門される法蔵のような意味が名号だ、といただいていかれたのではないでしょうか。

鍵が閉ざされている蔵は、外からいかに宝を推定してみても、生きている生活者に何の用きももたらしません。そういう意味で言うなら、「名号は必ずしも願力の信心を具せざるなり」（聖典二三六頁）という押さえを抜きにして、念仏の法体としての功徳を論じても無意味です。そうすると、親鸞聖人が言われる「功徳の宝を具足して　一念大利無上なり」（『浄土和讃』聖典四八一頁）という讃嘆は、必ず真実信心が具せられている場合のことである、と言うべきでしょう。そうしてみると、単に「行中摂信」というよりは、大行を論ずる場合は、必ず「真実信心必具名号（真実の信心は必ず名号を具す）」（『教行信証』聖典二三六頁）という意味の、鍵が開門された法蔵としての行を論じているのである、と見るべきであると言えると思います。

その法蔵が開門されている状態の名号の功徳を「聞名欲往生　皆悉到彼国　自致不退転」と言うと。それはつまり、名号によって（名を縁として）信心を開くとき、願力が荘厳する報土の功徳をこの身にいただく。報土の功徳として表される「不退転」または「正定聚」の位に住することを、現生に得るのです。

この「欲往生」は如来から衆生への呼びかけの言葉であり、第十八願には「欲生」として出されている言葉です。これを親鸞聖人は「如来招喚の勅命」（聖典二三二頁参照）と言われます。人間に存在の本来性として荷負されている信による自己回復をうながす存在の意味転換への意欲とでも言うべきものでしょう。

選択の願心から回向の願心へ

このように親鸞聖人は、選択の願心から回向の願心というふうに考えている、と見ることができるわけですが、選択の願心から回向の願心を開いてこざるを得ない課題とは、法蔵願心のいただきに関わるものだったのではないでしょうか。念仏を申すところに「三心《さんじん》」おのずから具わるという師法然の教えによって、自己自身が満たされないのはなぜか、師は念仏と三心の間に隙間の空《あ》かない生活を実践しておられます。しかし愚なる自己には見過ごすことのできない隙間があり、念仏と信心との落差に、埋めることのできない悲しみを見たのではないでしょうか。それを判然と明るみに持ちだすためには、「三心」（『観経』の三心）に付帯する自力の心をいかにして超えられるか、という問題をもって、『無量寿経』と対面せざるを得なかったのでしょう。

念仏が選択された大悲の行であるというだけでなく、自己に起こる信心も大悲の用きたる本願の心なのだ、それを明らかにするものが『浄土論』の五念門行の意味なのだ、と見ていかざるを得なかった。そして、回向の願心を自己にいただくものが、名号の信心であるとの確信を持って、師法然の信心も親鸞自身の信心も平等であるに相違ないと決定して、その根拠は本願成就の信心が五念門成就の一心であり、それが「大悲の回向」だからだと源空上人の前に提出して、師法然もそれをその通りだと認めてくださったことから、『教行信証』「後序」の「綽空の字を改めて、（中略）名の字を書」（聖典四〇〇頁）いてくださったのでしょう。この出遇いを一生の課題として撰述したものが、この『教行信証』だったのではなかろうかと思うのです。

それは法然上人の教えに欠陥があるという意味ではなくて、法然上人の教えで十分なのだろうけれども、自分にはその教えが本当に事実にならないということを親鸞聖人は正直に見つめられた。これがすごいことだと思うのです。みんな教理をいじっているうちに、教義学の中に埋没してしまいます。ミイラ取りがミイラになるということがありますけれど、教義学をやっているうちに、主体が抜けてしまいます。自分の問いなんかどうせ問うてもしようがないのだから、教義学の中に埋没するという、そういう傾向が仏教学の学者に多いのです。なかなか自分の問いを失わずに、教義学を続けるということは容易ではないと思います。しかし親鸞聖人は、比叡の山からずっと一貫して、亡くなるまでその問いを失わずして歩み続けられました。それがすごいことだなと思うのです。たいがいほかの浄土教徒の学者方は、法然門下に親鸞聖人より先に入っておられて、さっさと念仏でたすかってしまっています。もうたすかった教義学を構築しているわけです。そこが親鸞聖人のすごいところで、たすからない自分というものを、とことん失わずして、たすかった自分を語っておられるのです。

それが『歎異抄』第九条のあの語り方です。「親鸞もこの不審ありつるに、唯円房おなじこころにてありけり」（聖典六二九頁）、あれは単なる過去のことを語っているのではなくて、自分もかねがねずっとそうなんだ。あなたもそうであったかと。そして自分の信念を語るときには、「仏かねてしろしめして、煩悩具足の凡夫とおおせられたることなれば、他力の悲願は、かくのごときのわれらがためなりけり」（同前）、煩悩具足の凡夫、あれは『涅槃経』を親鸞聖人が引用している「信巻」に出てくるのです（聖典二五九頁参照）。あなたもそう、私もそう。そういう存在をたすけんがための悲願なのだと。悲願に触れたらそういう存在ではなくなるのではなくて、そういう存在であるままにおまかせするのだと。「いよいよたのもしくおぼゆるなり」（聖典六二九頁）、いよいよたのもしいと信じていくのだと。自分がもう不安が無くなるとか、いよいよ強く願生するのだとか、そのようなことはないのだと。あそこには親鸞聖人の欲生心理解というものが入っていると私は思います。自分で欲生するのではありません。自分を立ち上がらせて、信じさせていく大きな用きにまかせていくのです。

だから、機の三願、十九願、二十願、十八願と貫いていく欲生心は、自分で思い立つ欲生心ではありません。人間が不安の中に、あるいは煩悩の苦悩の中に、ナンマンダブといただいていけばよいと。そこに歩みといっても、だんだん進歩していく歩みではなくて、そのときそのときが歩みを孕んだ一念である。

こういうことが親鸞聖人の信心の内実です。我々は信心を持ったらとか、念仏を行じたらどうにかなるという発想が抜けません。そのどうにかなるという発想が自力なのです。

どうにもならないと。ならないけれどもおまかせする。そういうところに常に「南無阿弥陀仏」とともにこの愚かな身を喜んでいける、こういう眼の翻りが与えられるのではないかと思うのです。

面倒なことを論じて、皆さま方も問題がよくわからないということがあるかも知れませんけれども、面倒なことが問題なのではありません。具体的なことが問題なのです。ただそれを教えを通して、少しくほどいてみたいと思って、私が愚かな頭を使いだすと、こういう面倒な話になるのです。

この講義は、私が長い間考えた中でいただいた内容を論じているので、かなり濃密になっている部分もあるとは思います。ですからかなりほどいて脱線したり、余計なことを言ったりしますけれど、濃密な部分はさあっと聞いてわかるというわけにはいきません。でも、じっくり考えてくださったら決して無駄なことを言っていないと私は思っておりますので、どうぞ我慢して、じっくりとこの言葉の中に自分の空間を挟むような形で聞いていただけたらと。私としてはそう願っております。

所行の法

行信について所行能信と言われていますが、能所というのは、これは中国語の文字で、能動態か受動態かということを表す言葉です。能というのは能動形、所というのは受動形です。能動と受動ということは、ひとつのことの裏表と言いますか、能動するものがあれば、受け止める側があるわけです。我々がものを考えるときに、普通は自分が何々するという能動形で考えます。しかし、親鸞聖人のお考えは、受動形で考えるという考え方がいつもついています。それについては金子大榮先生が、「所照の自覚」ということをおっしゃっています。『観経』に「光明、徧照十方世界。念仏衆生、摂取不捨」（聖典一〇五頁）とありますけれども、光明に照らされた上で自分を自覚すると。だから信心は所照の自覚であると言われました。

曽我量深先生が、行信ということについて、「行」は「所行の法」とおっしゃいました。これは『六要鈔』からとられた言葉です。『六要鈔』は『教行信証』を初めてていねいに註釈された書物で、著者は存覚上人です。聖道門で出家され、聖道門の学問が根にあって『教行信証』を解釈していますから、いささか不審な解釈もあります。ですから、存覚師のものについては、必ずしも全面的にそれを依り処にして教学を立てることはできません。

江戸時代は『教行信証』を直接読むことは、ご講師（真宗大谷派の学僧の最高位）であっても許されませんでした。それだけ権威づけられていて、見ることもできないし、読むこともできません。読むことが許されるのは、『六要鈔』の解釈を通してのみでした。だから『六要鈔会本』というものが流通しており、『教行信証』に『六要鈔』を挟みながら読んでいった（『六要鈔』には『教行信証』の本文は書かれていない）。『六要鈔』を通さずして、読むことは許されない。そういう権威主義的な学問系譜があって、学者方は苦労しながら、存覚師の自力的な解釈がある場合には、何とか会通しながら、通じるように論理をつけながら『教行信証』を読むという、何か屈折した学問だったのです。

今、我々は直接『教行信証』を拝読できます。もったいないことなのですが、とにかくわからなくても

『教行信証』を直接読むことが許されるようになりました。これは近年のことなのです。私が約五十年前（一九六一年）に、大谷大学に来たときにも、大学院の講義であっても赤い表紙の『六要鈔会本』で読んでいました。一八六八年に明治時代に入って、それから百年近く経っているのに、まだ封建時代のテキストと考え方が色濃く影響している中で、真宗学が営まれていたのです。

そういう時代に曽我先生は存覚師のものの中から、「所行の法」「能信の機」だけを取り上げられました。「行」についてはどこまでも所行の法と、こういうふうに言われました。覚如上人には、「本願や名号、名号や本願」（『執持鈔』聖典六四六頁）という言葉があって、本願と名号は別ではないという言い方はあるのですけれど、存覚上人は、行はどこまでも所行の法だ、こういうふうに言われています。これについて江戸時代の講録は、所行があるなら、能行があるだろう。能行というのはどういうことかというようなことで、信ずる前の行は能行だとか、能信があるなら所信もあるだろうとか言いだすから、何が何やらわからなくなる。だから、清沢先生が言われるように、能所というようなことを言うと、わかることがわからなくなるという面が確かにあるのです。

曽我先生は、本願念仏に能行はない、とはっきり言われました。行は所行の法であると。つまり、我々は、行はどこまでも受身形で考えるべきものである。能動形で考えると、自力になる。だから自力の行の妄念を払拭するために、どこまでも所行だと。しかし行が所行だと言われると、「ああそうか」と思う面と同時に、「行為する」のに、受身形とはどういうことなのかというわからなさが出てくる。称えるというけれど、称えるのではない、称えられるのだと考えよと。これをどういうふうに我々はいただいたらいいのかという問題があります。

では人間には「能動」はないのかというと、「能信」と存覚師は言っています。だから法そのものは、人間からするとどこまでも、所受（受け止められるもの）である。ということは受身形で考えるべきものである。そして、法に対する機の方は、人間の責任において明らかにすべきものであると。

しかし、どれだけ人間の責任において、一人ひとりが明らかにしなければならない問題が信心ではあっても、信心が我らに獲得されたなら、実は我らは他力の中にあったと。本願力のもよおしの中にあったといただく。そこに「回向の信」ということがあるわけです。初めから回向の信だから、くるまで待っていようと、口を開けていても絶対にきません。

自分で尋ねて、求めて、信心を獲得するまで歩む。歩んでみたら、歩ましめられてあったし、気づくようにさせられたのだと自覚する。どこまでも実は他力であったと気づくと。そういう意味で能所を包んで、如来の回向だと。

それで、光明について考えようとすると能照、つまり、照らす用きは、大悲にある。我々はどこまでも「所被の機」、その光に照らされる存在である。我々が考えにくくなるのは、如来乃至、本願の側から考えるのか、人間の側から考えるのか混乱するのです。自分の立場を受身形で考えていて、いつの間にか能動的に考えることが入り込んできます。比喩的にいえば、うなぎを捕まえようとすると、うなぎが逃げてするすると違う穴に入って行ってしまうというように。どうもそういうところで、考えがわからなくなる。だから、能所ということでわかったような気になっているうちに、何かわからなくなるのです。

二回向ともに如来の用き

親鸞聖人は回向を基準とし、これを根本概念として『教行信証』六巻を作られました。回向という言葉自身は、本願力回向ですから、本願の側からの用きです。我々はその回向を受ける側、受動の立場です。回向の教えを、我々が聞く。つまり「聞」という立場で、回向をいただくということは、徹底的に受動形で考えよと。考え方として、常に受動形で考えよということが、回向ということのご指示だろうと思うのです。それをいつの間にか回向を受けたら、自分が能動形で考えだすという癖が人間にはあります。とにかく自分の存在はたいしたことはないと思いながらも、ちょっとぐらいできる、こう思いたいわけです。だからいつの間にか、回向を受けながら、自分が往ったり来たりする、そういう発想になります。

如来の回向について、往相還相ありという言葉も、徹底的に如来の本願の側からの言葉なのに、往相、還相は自分が行ずるのだという受け取り方になってきてしまいます。

どうしてそうなるかということについて考えられるのは、元々の教え自身（五念門行）は、菩薩道です。自利の四門、利他の一門、総合して成仏道という構想の中で、自分が行ずるのだという能動形で考えています。回向の因も果も、菩提心の展開として、自分が行ずるのだと。『願生偈』は「普共諸衆生　往生安楽国」と偈が結ばれる、その天親菩薩の言葉を、曇鸞大師は往相の回向と名づけたわけです。往相の回向とは、偈に返せば、諸々の衆生と共に安楽国に往生しようという、天親菩薩の菩提心の表現になるのです。

それを親鸞聖人は、天親菩薩個人の心ではなくて、解義分の意図を『無量寿経』に照らせば、法蔵菩薩のお心だと。だから往相の回向というのは、法蔵菩薩が一切の衆生を安楽国に往生せしめようというお心の表現だと。このように徹底的に受動形で、凡夫はそれをいただくべき身として、聞くのだというように押さえているわけです。それを自分が行ずるのだと考えだすことは、元の自力の菩提心の願いを自分ができないにもかかわらず、法蔵菩薩がたすけてくれれば、自分ができるのだという発想にしてしまって、しかも「普共諸衆生」という課題を自分が一人で往生するのだと、だから自利だと考えてしまうのは根本的な間違いであると思います。そこをしっかり考えて欲しいのです。今までの誤解は解かなければいけません。

それで、如来の願の方からすれば徹底的に衆生を救いたいという用きであり、光明と名号をもって、たすけたいという本願の用きが、回向として来るのだと。我々からすれば、かたじけなくもそれに出遇うことができれば、大いなる用きをいただいて、私はここに安住できると。自分が往ったり来たりするのではなくて、もうこの身のところに、大菩提心の展開として、なすべき課題の全部を法蔵菩薩が総合して、万徳を包んだ功徳を回向せんとする、それに値遇するのだと。そういうのが回向の願心であると。

わからなくなるのは、では還相の回向はどうなのかという問題です。これも親鸞聖人は往還二回向に値遇して行信を得るとおっしゃいます。「弥陀の回向成就して　往相還相ふたつなり　これらの回向によりてこそ　心行ともにえしむなれ」（『高僧和讃』聖典四九二頁）、つまり、我々に成り立つ行信というものは、二種の回向によるのだと。それはつまり、所被の機として、自分の立場は照らされる身であると自覚せよと。そうすればすべては如来の用きなのだ、往還ともに如来の用きなのだという了解を徹底して聞いて欲しいという、聞の仏教となります。聞の仏教ということは、用きをどこまでも受身形で聞いていくという姿勢を崩してはならないぞ、ということだと思うのです。

では自分で行ずるのはどうするのでしょうか。自分が行ずるという発想は自力です。自力で行ずるという発想は、人間は必ず自力で行じようとするけれど、自力で行ずることは、叶いがたいと。それが『歎異抄』第四条の言葉になっているのです。「聖道の慈悲というは、ものをあわれみ、かなしみ、はぐくむなり。しかれども、おもうがごとくたすけとぐること、きわめてありがたし」（聖典六二八頁）と。やってはいけないと言っているわけではありません。やりたければ、やればいいのでしょうけれど、それを自力の発想で成就することは難しいと。何でもそうですけれど、思いは動く。動いても成就することは極めて有り難し。できるできないを超えて、動かされて行ずる、それも如来の用きなのでしょうけれど、そのことを自分でちゃんと自覚する。こういうことの大切さが教えられているわけです。そういう点で、往還二回向ともに如来の用きであるといただくべきなのです。

存覚上人が解釈をしたことから始まって、ずっと江戸教学以来、現代に至るまで、相は衆生に属するという固定概念が東西本願寺ともに、もう絶対そこを動きません。それは偽コンクリート建てみたいなものですから、それなりに硬いから壊れません。現代は、親鸞聖人のお書きくださったものを直接拝見できる時代なのですから、親鸞聖人の教えをしっかり聞かなければいけないのではないか。どれだけ長い時間があったからといって、千年の闇があっても光が射せば明るくなる。真実の光の前には、虚偽の時間などというものは吹き飛んでしまう。そう考えれば、江戸時代三百年も続いたのだから、真実だなんてことはないのです。親鸞聖人の教えは、どこまでも受け止めていく主体は、所被の機である、所照の自覚である。こういうことがはっきりすれば、二回向ともに如来の用きであると、我らはいただくべき身です。こういう基本をずらしてはいけないと言っているのです。

本願成就の救い——欲生心成就の文をどう読むか

先（本節のはじめ）に、不退転ということをお話ししました。親鸞聖人は「即得往生　住不退転」（十八願成就の文）と「生彼国者　皆悉住於正定之聚」（十一願成就の文）とを照らし合わせて、「不退転」と「正定聚」とは同義語であるとしています。このいずれも、文面上は明らかに浄土に生まれたものに恵まれる功徳です。それを『一念多念文意』において、「生彼国者」を「かのくににうまれんとするものは」（聖典五三六頁）と読んで、願生（現生）の位に取ってきています。

坂東本の「証巻」所引の文に「生まるれば」と送りがながふってありますから、この『聖典』でそのように送りがなをふりましたら（聖典二八一頁）、大変問題になりまして、大谷派の宗議会で質問が出たということを聞いています。間違っているのではないかという質問が出たと。しかし、これは間違っているのではなくて、親鸞聖人が「証巻」ではそう読んでおられるのです。とにかく、聖人がそう読んでいるということがありますから、聖人の読み方を我々はいただくという立場であれば、間違っているとか、正しいとかいうのではありません。そう書いておられるのだから、そう読むのです。

その上で、ではそれはどういただくのかということについて、それは親鸞聖人の本願成就文の了解を通すべきだと、私はいただくのです。親鸞聖人は本願成就文を、「聞其名号　信心歓喜　乃至一念」、「至心

回向　願生彼国　即得往生　住不退転　唯除五逆　誹謗正法」と二つに切られました。「聞其名号　信心歓喜　乃至一念」、そこまでが「本願信心の願成就の文」だと。「至心回向」から下、「唯除五逆　誹謗正法」までは、「本願の欲生心成就の文」として、欲生心釈のところに、親鸞聖人は引用されています。このことが、どうも今までの教学できちんと尋ねられていませんでした。そこを曽我量深先生が徹底してお考えくださったのです。曽我先生の論集の中で難しいのは、欲生心の問題です。欲生心成就の文と親鸞聖人が読んでおられるのですから、欲生心成就とは何であるかということです。

私どものいただき方としては、教主世尊が自分の上に本願が成就したということを記録してあるのだというふうに、本願成就の文をいただいてきました。つまり人間の上に本願が成就した事実を本願成就文として記述したのだ、そういう理解です。だから浄土宗は本願に立つと。浄土真宗は本願成就に立つというような言い方もされてきました。

本願成就に立つということは、信心のところに本願が成就したのだ、本願成就の救いをいただいたのだと。まだたすかっていないけれど、今念仏しておいて、死んだら浄土に往ってたすかるのだという考え方は、これは化身土の救いです。真実報土の往生は、求めずして与えられる。これは曽我先生のテーゼです。求めて与えられないものは、化身土の功徳である。求めずして与えられるものが真実報土の功徳である（『本願の仏地』〈『曽我量深選集』第五巻、所収〉）。これはわかるわからないを超えて、こういう大切な教えの指示を我々は、聞思していかなければいけません。こういうことを「問い」というのです。我々が問題にしようとして、問題になるのではなくて、救いはあるのだと教えられていても、我々は救われていない。どうしてか。これが宗教的な問いなのです。これを聞いていくわけです。聞思していくのです。

　それで、欲生心釈というものがわかりにくいのです。私は何回かそのことについてあちらこちらで触れているのですが、欲生というのは、自分が生まれんとおもうことだと誰でも思いますから、「我が国に生まれんと欲え」という本願文を聞いて、「彼の国に生まれんと願います」と。願生彼国というのが衆生の分際、欲生我国は如来の分際、こういうふうにも言うのですが、願生彼国が我々の分際だというと、浄土に生まれたいと願わない人間がたすかるはずはないということになります。そうすると、「願生づのり」という問題が出て、どれだけ願生する心を持ったらたすかるのですかという話になるわけです。そうすると願生の心は、人間が自分でこれだけ願っていますという思いを持つことですから、当然自力です。いや他力で願生するのだと。では他力で願生するとはどういうことなのか。自分の中に起こって浄土を願うとおもうことだ、おもえない人間はたすからないのか。それならば『歎異抄』第九条のあの問いはどうなるのかという問題が残ります。自分はどうも、浄土へ往きたいとは思えない、穢土の執着の方が強いと。念仏してもあまり有り難くないと。ではたすからないのか。いやそうではないのだと親鸞聖人がおっしゃっている。それはどういうことなのかと。

　だから、江戸時代三百年を通じて、願生づのりの異義というものが、東西本願寺を揺るがして、決定できませんでした。教権としては願生づのりは間違いだと言おうとするのだけれど、願生を否定したら浄土教は成り立たないではないか、願生浄土の教えではないのか。この問いは叩き伏せられませんでしょう。それでも、いや願生なんてしないでいいのだ、信心だけでいいのだ、ナンマンダブ、有り難い、有り難いと思えばいいのだ。そこで止めておけと。願生を言いだしたら邪見になるから止めておけというわけです。いまだに、西本願寺ではその問題は出せません。出すだけでも間違いだと言われてしまいます。

曽我先生は、それを欲生心とは何であるかということに真っ向から取り組んで、お考えを進められました。もうそれだけで、封建教学からするなら異安心です。東本願寺もそうでしょう。欲生心の問題に触れると異安心になると。曽我先生は結局、異安心のレッテルは貼られなかったけれども、常に江戸教学、封建教学の側からは、あいつは異安心だと見られていました。異安心の棟梁と見られていたらしいのです。でも曽我量深先生の文章はあまりに難しすぎて、その下にいた金子大榮先生が、異安心で追放されたけれども、曽我先生はとうとう異安心のレッテルを貼られませんでした。貼りに行く人間がいなかったのです。そういうことを聞いています。

「如来表現の範疇としての三心観」を手がかりに

それでその問題を考えるについて、曽我量深先生の「如来表現の範疇としての三心観」(『曽我量深選集』第五巻、所収)を手がかりにしてみたいと思います。私は何回か大谷大学の大学院集中講義でお話ししたことがあるのですけれど、「如来表現の範疇としての三心観」は曽我先生の講義集の中でも非常にすぐれた、講義の代表と言えるような名講義です。

大正十四(一九二五)年、今から八十数年前ですが、そのころに曽我量深先生は、東洋大学の仏教学の教授から、佐々木月樵先生の願いを受けて、大谷大学の教授になられました。金子大榮先生の「真宗学序説」という講義を受けて、大谷大学が文部省令による大学になった直後です。曽我先生を大谷大学に戻そうという運動が起こって、京都に来ていただいた。ところが、そのしばらく後、昭和三（一九二八）年に、金子先生は「浄土の観念」という講義をして、その講義録が出たことで異安心視されて、追放されたのです。僧籍を剝奪されて、大谷大学教授を免職させられました。その前後、大正末期に、西本願寺では『浄土教批判』という本を書かれた野々村直太郎（一八七〇―一九四六）先生が、龍谷大学から追放になったという事件がありました。

曽我先生はどういうテーマで呼ばれたのかはわかりませんけれど、西本願寺の研究会に呼ばれて、講義をなさったのが「如来表現の範疇としての三心観」です。曽我先生は徹底的に浄土の問題を主体の意欲の問題、信心の問題として考え抜いておられます。つまり欲生心の問題として考えておられます。天親菩薩で言えば、願生安楽国というのが作願門だと。安楽国ということは願生の内容ですから、安楽国というものがあるのではなくて、安楽国は願生の対象というか、願生心の内容です。願生心とは何であるかということをしっかりと考えていくことと、浄土とは何かということは、ひとつのことです。金子先生は浄土の側から問題を考えられました。ところが、曽我先生は欲生の側から問題を考えられました。

この「如来表現の範疇としての三心観」は、三心とは「至心信楽　欲生我国」ですから、至心と信楽と欲生と三つの問題について論じているのですが、その後の曽我先生の問題意識というものが、欲生という問題にずっと動いていきますから、明らかに、この問題はその時代の、つまり「浄土とは何であるか」という議論を、浄土という対象を論ずるのではないと。浄土は天親菩薩が「願心荘厳」とおっしゃっています。その願心荘厳の願心というのは、曇鸞大師が釈されますように、法蔵菩薩の願心なのですが、その法蔵菩薩の願心の中で、浄土を生みだす願は、実は機の三願の中の欲生我国にあると。我が国に生まれんと欲えという、その我国とは何であるかということから浄土が生みだされてくる。そういう視点です。欲生と別に浄土があるのではない。欲生心を明らかにする。こういう曽我先生の視点だろうと思うのです。自分の主体を離れて対象を考えるのではありません。自分が本当に何を求めるのか。曽我先生の姿勢はそういう姿勢です。

この講義（「如来表現の範疇としての三心観」）を始めるときに、曽我先生は「自分の愚な点は自分に一番よく解つて居るのだからして、此の愚な自分が、なる程それに間違ひない、お前のいふ言葉に誤魔化しが無いので、成る程それに間違ひない、詰り愚な自分が首肯くまで自分に話して聞かせて、さうして愚な自分が成る程と受取つて呉れる迄話をしたいと思ふのであります」（『曽我量深選集』第五巻、一五五頁）と言われるのです。自分でわかるところを語るのだという、その内容なのですけれど、この論文が難しいのです。本当に何回読んでもわかったような、わからないようなものがあります。でも何回も何回も読んでいるうちに、曽我先生が何を問題にして、何を考えようとしているかということの流れが少し見えてくる、ということがあります。

曽我先生はご承知のように、中学生時代に、『成唯識論』を熟読したというくらい、唯識が好きで、唯識論というものを徹底して読んでおられます。完全に自分のものにし、そこでものを考えておられます。曽我先生の思索の難しさは、さんざん考えておられる結果から出てくるのです。

これは大谷大学大学院でお話しされたこともあるのですが、曽我先生は仏教の論理というのは、まずテーマから出てくると。テーマ（宗）が出て、その理由（因）が出て、譬喩（喩）が出るのだそうです。そういう展開が、インドのものの考え方だということらしいのですが、我々には自分が言いたいことを因から果へと言いますか、だんだん積み上げて、だからこうだと持っていくのが普通の論理です。ところが仏教の論理はそうではないと。仏陀はさとりから出ていると。さとりから出て、何でそういうふうになっているかということを解明していく。だから結果から出るのだと。曽我先生はそういうことをおっしゃっていたことがあります。

我々は書いてある表現の因が見えませんから、因がつかめていませんから、果から出たら全然わからないわけです。曽我先生の文章は、まるで雲をつかむようなものだと言う人が多いのはそれなのです。それでもやはり、一遍や二遍ではとても太刀打ちできなくとも、固い飴でも嘗めていれば、少し溶けてくるように、曽我先生の文章というのは味があります。ずっと嘗め続けていれば、少し溶けてきます。

そういうわけで、この三心観という問題は、「信心とは何であるか」ということを、親鸞聖人が本願にある「至心信楽　欲生我国」という言葉を手がかりにして、徹底的に分析されています。その至心と信楽と欲生というのは、同じことを三つ言っているのではありません。至心は名号を体とすることから、信心の果相であり、欲生は信楽を体とする信心の因相であると、曽我先生は述べています。

そういう展開の仕方は、唯識論が、阿頼耶識という識を見出して、その識に、果相と因相という相を見出したということと対応しています。人間存在を明らかにするについて、人間は時間を生きていますから、因から果へ、過去の経験の結果を今ここに引き受けて未来にどういういのちを生きるかという、過去と未来を孕んだ現在というものを、我々は主体として生きています。そういう事実を言い当てようとする唯識論の意識の根本主体である阿頼耶という名前と、本願をいただいて生きる主体である信心とは、何か深い呼応関係があるに違いない。曽我先生はそういう視点から論究されます。

このことについては、曽我先生が初めてではなくて、江戸時代でもそういう問題に触れている方はあるのです。でも曽我先生の触れ方は、そういう人が言ったからという話ではなくて、まったく自分独自の考え方で、徹底的に掘り下げていく。こんなに考えた方は、古今東西いないと思われるほどです。親鸞聖人以来、いないと言ってもいいくらいです。

そのヒントは金子先生だったと言われています。唯識論でいう自相・果相・因相は、阿頼耶の三相という言い方もするし、一体二相という言い方もするのですが、金子先生がある講話で、そういう阿頼耶の三相と信心の三心とは関係があるのではないかと言われました。それで至心、つまり本当に真実であれという心を名号にいただく、それが信心の成り立つ因だと。そして成り立ったら欲生せよと。信心をいただいて「聞其名号　信心歓喜　乃至一念　至心回向　願生彼国」とあるから、信心を得て願生するのだと。こういうふうに考えても当然なわけです。金子先生は、至心は因相である、欲生は果相である。つまり信心から出てくるものが欲生であり、信心を成り立たせるものが因相としての至心である、というふうに考えられました。

それに刺激を受けて曽我先生は思索を始められて、金子君は間違っていると。私はそう考えない、と言いだされました。それがこの「如来表現の範疇としての三心観」の背景なのです。

「本願の欲生心成就の文」(『教行信証』聖典二三三頁)という言葉があります。「至心回向したまえり。かの国に生まれんと願ずれば、すなわち往生を得、不退転に住せんと。唯五逆と誹謗正法とを除く、と。已上」とあるのですが、この成就の文の回向という言葉を、親鸞聖人は、「回向したまえり」、あるいは「回向せしめたまえり」(聖典二一二頁)というふうに送りがなをふられました。この場合の「回向せしめ」の助動詞「しむ」は使役ではなくて、尊敬の助動詞です。「回向したまえり」、あるいは「回向せしめたまえり」と読まれるわけですが、これは如来の回向という、本願の側からの用きを表す尊敬語です。

本当は、「聞其名号　信心歓喜」を受けているわけですから、ここで急に「回向したまえり」と送りがなをふるのは文法的には間違いでしょう。けれども親鸞聖人は、文法通り読んだのでは、本願成就にならないと。つまり至心回向を自力での回向と読むのなら、本願成就の信心は成り立たないという問題を、いつの時点で気づかれたのか。五念門の問題から気づかれたのか、いつの時点で如来の回向であると気づかれたのかはわかりません。回向ということが、本願力回向から気づかれたのか、どこからどういうふうになったのかはわかりませんけれども、ともかく菩薩道を自分で成就するのではないと。法蔵菩薩の物語は、いわゆる菩薩道というよりも、一切の衆生を平等に救いとる。これこそ本当の大菩提心の成就です。ですから法蔵菩薩の菩薩道ですけれど、真の大乗、一乗と言いますか、究極的な一切衆生を救いとろうとする願心、その願心の用きとして回向ということをいただくなら、至心回向は、至心も回向もこれは如来の用きだと。そうすると文法を超えて、『無量寿経』の本願成就の文としていただくのならば、ここは本願力の回向として読まなければならないから、「至心回向したまえり」とあえて読むわけです。そして、それ以下は欲生心の成就だと読まれます。

ご承知のように親鸞聖人は、至心の体は名号だとおっしゃっています（『教行信証』聖典二二五頁）。そして信楽釈で信心の成就は「聞其名号　信心歓喜　乃至一念」とおっしゃるわけで（聖典二二八頁）、乃至一念というところで切ると。

「乃至一念」で切るというのは何のためかと言ったら、弥勒付属の文が「乃至一念せん」で切れているからだと説明する場合もあるのですけれど、親鸞聖人がそう考えたかどうかはわかりません。けれども、至心回向という用きは、本願の用きです。そこに親鸞聖人は、欲生心の成就という意味を読まれます。本願文の欲生が、至心回向として成就するのだと。

ですから、欲生心釈で、

如来、一切苦悩の群生海を矜哀して、菩薩の行を行じたまいし時、三業の所修、乃至一念一刹那も、回向心を首として、大悲心を成就することを得たまえるがゆえに。利他真実の欲生心をもって諸有海に回施したまえり。（聖典二三二―二三三頁）

と、如来の大悲心の回向が欲生心だと、こう読むわけです。これも、言葉としてはああそうかというようなものですけれど、ではどういうことなのかということを考えようとするとよくわかりません。

今までの考え方だと、それは我々が願生として受け止めるのだと。如来から生まれんとおもえ、と言われて、「はいわかりました、生まれたいとおもいます」というふうに考えてきました。それだと金子先生がおっしゃるように、信心の果相ということになるのでしょう。

ところが欲生心成就で、親鸞聖人はどういうことを言われようとするかというと、「かの国に生まれんと願ずれば、すなわち往生を得、不退転に住せんと。唯《ただ》五逆と誹謗正法とを除く、と」（聖典二三三頁）とこう書いておられて、「願生彼国　即得往生」、これは前（第二章第一節）に触れました、「絶対不二の教」と「絶対不二の機」の間に、『愚禿鈔』で挟んであった文の理解と重なる問題です（聖典四三〇頁参照）。あの理解と、ここが重なるわけです。

もし、「願生彼国　即得往生　住不退転」を自分に引き当てて読もうとすると、生まれたいと願うけれども、今は穢土だと。即ち往生を得と書いてあるけれど、即ちとはいつのことか。善導大師は「前念命終後念即生」というのだから、命終のときだ、死ぬときだと。だから、今は駄目だと。では今駄目なのにどうして親鸞聖人は欲生心成就と言われるのか。今、成就していないのなら、欲生心成就ではないではないかということになります。欲生心成就としてこれを読むということはどういうことか。それは「本願を信受するは、前念命終なり」とあったあの言葉と響きあわせて読まなければ、親鸞聖人の意図は読めないのではないか。不退転に住するというのは、往生を得て、不退転に住する。文字通りに言うなら、浄土に往ったなら不退転に住することができる、ということでしょう。「生彼国者　皆悉住於正定之聚」（十一願成就の文）も同じことです。彼の国に生まれたならば、正定聚である。彼の国に生まれたならば不退転だと書いてあるけれど、親鸞聖人はそれを、「至心回向したまえり」ということにおいて欲生心が成就すると。至心回向に値遇する、つまり大悲回向にもうあうならば、人間が願っても得られない願生即得生という事実は、回向によってたまわる存在の意味転換なのだ。だから、今ここに、不退転に住するのだ。浄土の功徳を今にとってこられるというのはそういうことでしょう。欲生心成就ということが、信念の利益として与えられてある、ということなのです。

あまり今まで、欲生心成就の文と現生正定聚の文（十一願成就の文）とをぶつけて考えるという教えに出会ったことはありません。ここは意外と抜け落ちていた面です。つまり欲生について発言すると自力になる。それはどうしてかというと、如来が欲生せよというのを、我らが受け止めるなら、自分で願生することだと思うからです。親鸞聖人の願生理解は、即得往生とつながっている。それが、欲生心成就です。

受動形として受け止められるような欲生心

これは自分の体験として願生したら往生したとか、得生したということを言っているのではありません。「願生彼国　即得往生」という大いなる宗教心の展開は、至心回向という用きの中に包まれて、願力が我々に用いたときに、我々は回向に値遇すれば、不退転に住するという利益を得るということなのです。

自分は往生した記憶がないのだけどというなら、それは当たり前です。欲生した記憶というのはないのでしょう。浄土に往きたいなどと真剣に思わない人間が、どうして浄土に生まれられますか。でもそういう用きを本願が包んで至心回向する。至心に回向したまえり。それに値遇することに、「願生彼国　即得往生」という意味が与えられるのだと親鸞聖人はおっしゃっているのです。

これが、わからないのです。我々は体験として往生を得たいなんて本気で願わないのに、浄土の往生のことを考えているからです。だから曽我先生がおっしゃるように、求めて得られないのは化身土だと。求めずして与えられるのは真実報土である。真実報土の利益は大涅槃ですけれど、それを必然とする位が正定聚・不退転なのです。

案外、我々は教えの言葉を聞きながら、ちゃんといただこうとしないのです。通り抜けてしまいます。欲生心成就の文は他人の話ではありません。私の上に如来の回向としていただくものだ、と親鸞聖人は押さえてくださいました。欲生心成就とは、すごい言葉です。

けれども、これを自分の願生の意欲と受け止めたら、もう必ず人によって願生の程度に違いが生じます。唯円房が言うように、自分はどうも願生したくありませんと（『歎異抄』聖典六二九頁）。むしろ願生に後ろを向いて、この穢土に縛りつけてもらってでもここにいたいのだと。浄土に往きたいなんて嘘でも言えませんと。これが凡夫の本心ではないでしょうか。

念仏してどこにどうありたいのですかということです。浄土などに往きたくもない人間が何の利益を得るのですかという問いです。親鸞聖人の答えは、それでいいのだと、そんなことは凡夫であるから当たり前なのだ、迷いの穢土なのだけれども、苦悩の旧里はすてがたいと。面白いものです。人間とは迷わされていても、それに執着します。

私は、アルコール中毒にはならない程度にお酒を飲んでいるのですけれども、中毒になる人は、好きだから飲みすぎます。でも飲みすぎてはいけないと知っているのです。もう止めておこうと思うのです。でも、飲み始めると止まらない。それが依存症と言われてしまうのですが、病気なわけです。本当はいけないのだと。止めておこうとわかっているのです。でも止められません。

私は学生時代に、毎晩のように飲みに行っていたことがありまして、そうすると夕方になってくると、赤提灯がちらつきだすのです。勅命です、呼んでいる。そうするとそわそわして、行かない方がいいのだ、勉強しろ、といくら思っても、赤提灯の勅命に従ってしまう。だから心当たりがあるのです。浄土を願生するなんて、まあほとんど嘘なのです。願生するとすれば、韋提希のような願生。つまり自分はこの穢土があまり辛すぎるから、もうちょっといいところに往きたいという願生です。こんな苦悩の穢土は嫌だと。もう親殺しするような息子と一緒に生活するのは嫌だと。もうちょっといいところが欲しいというような願生。それは逃避心です。人間に起こる願生は逃避心でしょう。つまり「厭離穢土　欣求浄土」、穢土は嫌だから、いいところへ往きたいと。親鸞聖人は、それを自力だと『愚禿鈔』では押さえています。願生といっても自力なのだ。他力のように見えても自力なのだと。では、どうやって我々は浄土の教えをいただくのでしょうか。

先ほど言ったように、我々は能動形で願生を考えるわけです。それが間違いだと。それなら受動形で願生を考えるというのはどういうことなのか。これが考えにくいのです。欲生心の問題を考えだすと、曽我先生の話が何だかさっぱりわからない。つまり如来の欲生心というものを自分はいただくものとして考えようとすると、何を考えているやらさっぱりわからないというのは、そのことなのです。

安田先生も大谷大学で、「願生論」の講義をずっと続けられていました。願生という言葉で言われている浄土教の菩提心、浄土教の宗教心という問題を、毎年、もうこれでもかというほど、大谷大学の講義を、ずっと続けてくださいました。その講義ノートを今、加来雄之（一九五五―）さんが原稿化して、出版できるところまで、ご苦労してくださっているのです。けれど、それを読んでも、とてもちょっとやそっとでわかるような代物ではないのですが、何かすごい情熱をもって、浄土教の願生という問題を明らかにすべく考えてくださいました。

それは深い意味の能動なのですけれど、我々の自力の能動ではありません。それはどういうことか。結局我々がこうして曲り形《なり》にも教えを聞こうと思い、わからないなと思って聞法するという、その聞法を支えている大いなる用き、それが如来の欲生心です。我々が意欲するというよりも、もっと根源的に、人間存在全体に、いつでも用きかけて、歩ませようとするような深い意欲を教えとして、欲生心として見出してきたと。これに触れると、結局、自分で思い立っていくというよりも、深い用き、これが如来の用きなのだと。つまり、我々はどこまでも受身形で、その用きの用く場所となって、用きを受りて我々は立ち上がっていく。立ち上がっていくといっても、能動形に立ち上がっていくのではなく、立ち上がらされると言いますか。そういうように、我々においては受動形として受け止めるような欲生心。これはわかりにくいです。まあ謎です。

このことを皆さん方も、どういうことかということを、聞法思惟していただきたいと思うのです。

それで、因相・自相・果相という問題、つまり因相としての欲生心と曽我先生は押さえました。信心の深い因、信心から出てくる果相ではなくて、いつも信心を成り立たせていくような根本原因、我々は信心を得ると言うけれど、我々に信心を得るようにさせるような内面的な深い用き、そういうものを欲生心として、親鸞聖人は仰いでいかれたと。

もうちょっとわかりやすい話にすると、機の三願を通じて、欲生心が歩んで行く。十九願は自力だと言うけれど、そこにもすでに欲生心が用いている。至心発願欲生というけれど、発願は自力だけれど、至心と欲生は如来の用きである。人間に真実は無い。だから、真実を恵まんとする用きのもとに、発願が起こる。自力の発願が起こるけれど、それは成就しないのだと。でも欲生心は用いている。これは自力の欲生心ではない、如来の欲生心である。如来の欲生心が、十九願、二十願、十八願と人間を歩ませる。歩まずにおれないような本質を、人間が与えられている。それを如来の欲生心と『無量寿経』の教えが語っているのだと親鸞聖人はご覧になったのではないでしょうか。

だから、機の三願のどの位置に自分がいるのかとかそんな話ではないのです。私どもは、いつもいつも自力の思いの中で、たすからないということを感じ、本願他力に帰ろうと思いながら、また自力に戻っている。でもその全体を動かして、歩ましめずんば止まんとして用いてくださっているものが、法蔵願心です。法蔵願心の欲生心を信ずれば、自分がこの辺だとかあの辺だとか、本当の他力に入ったとか、入らないとか、そんな問題ではないのです。そんなことは自力の発想なのです。能動的発想なのです。常に自分は受動形、用きを受ける存在であると。いつも煩悩で動き、自力で動いたりしても、いつもそれをみそなわして、光明偏照十方世界、無限なる光明の照らしている中に自分は歩まされてあるのだ、ということが親鸞聖人の安心、つまりそこに安んずるような心だろうと思うのです。

そういうことで、この辺の問題は私の話をひとつのヒントとして、皆さまが自分なりに了解をすすめていただきたいと思います。

第四節　異訳無量寿経

親鸞聖人の比叡山での学び

次に「行巻」は異訳の「無量寿経」を引かれます。「無量寿経」は五存七欠と言われますけれど、このごろは、大蔵経の中に、五つの「無量寿経」が残っているだけではなくて、破本としていろいろな「無量寿経」が見つかっているということで、藤田宏達先生は五存七欠と言うけれど確かに十二回ぐらいは翻訳されていることを、文献学的に立証できるのではないか、というようなことまでおっしゃっています。破本がいろいろ見つかって、それは今まである経典と違う部分で、どうも違う翻訳があったに相違ないと。でも、古い文献目録の間違いもあるわけです。それから、内容が無いのを聞き伝えで書いているような場合もありますから、本当のところはどうなのかよくわからないところがあります。でも五つは確かに現存します。

それで「無量寿経」の異訳を親鸞聖人が『教行信証』に取り上げられるということについて、どうしてそういうふうに取り上げてくるのか。当たり前だという形でしか、考えていなかったのではないか。私はどうして異訳の経典を引くのかという疑問を持ちましたので考えてみると、この『無量寿経』を正依の経と位置づけたのは、親鸞聖人です。確かに大勢の方がこの魏訳『無量寿経』を中心にして、教えをいただいておられることは間違いないのですけれど、これが真実の経だと、特別な経だというふうに位置づけたのは親鸞聖人のお仕事です。

それに対してほかの「無量寿経」というものは、どうなのかというと、ほかの「無量寿経」は、『無量寿経』の意味を、違う言葉で、違う表現で表しているということで、そして、またよりよい言葉で表現している場合もあり、そういうものを『教行信証』で並べて引かれます。並べて引かれる理由は、比叡の山で、そういう学びをしておられたからであろうと、私は思うのです。

今までの親鸞聖人の人間像は、比叡の山でたいして学んでいないと。法然上人に出遇ってから、勉強を始められたのであろう、そういう人間像が強かった。私もそのようなイメージで親鸞聖人という方は晩学で、二十九歳以降に猛烈に勉強した人だというイメージで親鸞聖人という方を考えようとしていました。それがどうもおかしい、そうではないのではないかと。二十九歳まで肉体労働をしていて、二十九歳から勉強を始めて『教行信証』を作るなどということは、ちょっと考えられません。こういう面倒な議論はおそらく若い時代に、さんざんやった経験が積み上がっているのです。

私は、親鸞聖人は比叡の山で『観経』も『阿弥陀経』も、もちろん『無量寿経』、異訳の「無量寿経」などもさんざん読んでおられたに相違ない、と思うようになりました。今の時代と違うのです。現代は、小学校では平仮名と適当な漢字ぐらいを教え、中学校になったら英語だとか、高校になったら微分積分とか言っていますけれど、親鸞聖人の時代は何にも要らないのです。ただもう九歳から仏教文献のみです。これだけを問題として一生懸命勉強するのですから、今と全然違うのです。たとえば真宗門徒にとっての

「正信偈」だって、小さいころから読んでいたらみんな暗記していますでしょう。まあ毎日、朝晩読んでいたら、「正信偈」なんてとうの昔に、頭に、頭というか体に入っています。「正信偈」とか、「嘆仏偈」とか「三誓偈」だとかみんな覚えてしまっています。朝夕称えていたら、覚えるものが経典なのです。『阿弥陀経』だってほとんど覚えているでしょう。

ただ、本を見ているというと覚えないのです。一緒に発音していると覚えてしまう。歌でもそうでしょう。歌詞を見ていると覚えない。文字がないと覚えるのです。何でもそうです。文字がないと一生懸命、体が覚える。でも文字があると覚えない。書いてあるともう覚えない。頁をめくれば出てくると思うと覚えない。これはもう人間の体がそうなっているのです。目の不自由な人は楽譜でも何でもみんな覚えるわけです。目の不自由な人は覚えざるを得ないわけです。目が開いている人間は、それに頼ることができるから覚えない。でも本当にやる人は、ピアノでも全部覚えてしまう。不思議です。「正信偈」を途中から言えというと難しいけれど、始めから言ったらすっと出てきます。それはそういうふうになっているのです。だから親鸞聖人はおそらく、『涅槃経』など全部覚えたとは言いませんけれど、大事なところは読誦しているうちに、皆覚えておられたのでしょう。もう歩きながら、水運びしながらでも、いつも経典のことを思っていますから。比叡山では、『涅槃経』が「大経」と言われて、学びの中心なのです。

そういうふうにして、たくさんのものを身に付けて学んできて、最後にそういうものは要らないのだ、何にも要らないのだ、念仏ひとつでいいのだという法然上人に出遇うということは、自力が要らないというよりも、それまでの学びは全部捨てなさいという、「雑行を棄てて本願に帰す」（『教行信証』聖典三九九頁）ということは、人間が変われというようなものです。それは大変なことだと思うのです。だから恵信尼公が書き留めているように、源空上人のもとに百日通って入門された、というのは嘘ではないと思うのです。そんな簡単に自力が間違っていたから他力になりなさい、はいわかりましたと言って入門したなどという、そういう親鸞像は間違っていると思います。

覚如上人の『御伝鈔』には、百日の参籠も、百日の通いも書いてありません。親鸞聖人は、ふと「隠遁のこころざし」（聖典七二四頁）を起こして、法然上人を尋ねて、「たちどころに他力摂生の旨趣を受得」（同前）したと。そんな親鸞像は面白くないなと思うのです。やはり七百五十回忌法要で、親鸞像を改めなければいけないという思いがあるのです。

私どもの宗祖親鸞と言われる方は、本当に凡夫として歩み抜いた方です。徹底的に悩み抜いた方です。自力が捨てられない。自力ということは、過去の蓄積も捨てられない。だから夢の中に出てきてしまうわけでしょう。捨てたつもりなのに、夢の中に『無量寿経』の文字が「きららかに、つぶさに見ゆる也」（『恵信尼消息』聖典六一九頁）。『無量寿経』の文字がちゃんと出てくるなどということは、若い時代にさんざん読んでいるからです。覚えているからです。『無量寿経』が頭に入っているということです。我々は、本願文すら全部頭に入りませんけれど、それは生活が違います。朝から晩まで読誦しているような生活をしていれば、『無量寿経』だって入ってしまうのです。そういうことが、今は考えられないのです。ほかのいろんな忙しいことが一杯あって、そして頁を開けば出てくるのだから覚える必要がないからです。

そういうわけで、親鸞聖人という方はどういう方かというときに、理解の仕方の転換が必要なのではないかと思うのです。

「行巻」における『無量寿如来会』の引文

異訳の「無量寿経」の問題ですけれど、『無量寿如来会』（以下『如来会』）、『大阿弥陀経』『平等覚経』そして、『悲華経』と引文が続きます。

唐訳『如来会』は、唐の時代に『大宝積経』として編纂・翻訳された経典類の中にある「無量寿経」部分です。親鸞聖人はこの『如来会』の言葉を、晩年の『正像末和讃』で好んでお使いになっておられます。「有情」「等正覚」などがその代表的なものです。

今ここでは、本願文そのものではなく、発願の段の言葉と正依でいえば「三誓偈」に当たる部分の言葉を引いています。「発弘誓」と「当証無上菩提因」という語に注意されたのでしょう。続く言葉は正依の引文（成就文）とほぼ重なります。

『如来会』からの引文は、「行巻」では数行ですが、「信巻」では長文を引かれます。その引き方からも、単に『無量寿経』の補助に引くというのではなく、その「経」の言葉に大事な独自の意味をいただいていると思われます。

ここに引かれた「弘誓」という語も、「正信偈」では「超発希有大弘誓」（聖典二〇四頁）と言われ、「総序」には「難思の弘誓は難度海を度する大船」（聖典一四九頁）と言われています。

如来の往相の回向が「大行」となって「広く貧窮を済」いたいという願を具体化してくるという意味を

この「弘誓」に託しているのであると思うのです。そして、この行を「無上菩提の因」（名号を業因とも言い、信心に対するときには外縁と言われるが、信心を正因とするときに、その体は名号なので「菩提の因」であるという）としようということも、ここの言葉を手がかりにして明らかにしていかれたのでしょう。

二十四願経

『如来会』に続いて、『仏説諸仏阿弥陀三耶三仏薩楼仏檀過度人道経』という長い名前の異訳を引かれます。この経は、略称は『大阿弥陀経』と言われ、魏呉蜀の三国並立時代の呉における翻訳とされます。その次に引用される『平等覚経』は、後漢の時代の訳とされますからさらに古い翻訳です。この二訳はいずれも、願の数が二十四であるので、二十四願経と言われています。しかし、願の順序は大幅に変化しています。伝承してきた僧伽ごとの違いなのか、翻訳三蔵の所依の流伝の異なりなのか、または翻訳に際しての編集意図が異なったのか、よくはわからないのですが、願自身が歩んできたのだとも言うことができるかと思います。

この二経の法蔵菩薩の発願の段に「選択」という語があり、源空上人はこれらの旧い「無量寿経」の言葉によって、阿弥陀如来の本願の意図に「選択」ということがあることに着目して、「選択本願」ということを、専修念仏の根拠としたと考えられます。

今ここは「諸仏称名の願」の意味を明らかにするための「行巻」の引文なのですが、親鸞聖人はこの選択の語のある場所を引用することはありません。「信巻」の本願（至心信楽の願）のところにも、それについてことさらに触れることはありません。

『大阿弥陀経』の文には大衆の中に、「諸天・人民《にんみん》・蜎飛《けんぴ》・蠕動《ねんどう》の類、我が名字を聞きて慈心せざるはなけん」（『教行信証』聖典一五八頁）とあります。文字通り、一切の生きとし生けるものに聞かせたいという心が感じられるところです。ちなみに『平等覚経』では「諸天・人民・蠕動の類」（聖典一五九頁）となっていますが、「事、蛇蝎《じゃかつ》に同じ」（聖典二一五頁）と言われた善導大師の生命共同体への感覚と同じようなまなざしが感じられるところです。

この『平等覚経』の引文に、阿闍世の名前が出されます。その阿闍世が、「無量清浄仏の二十四願を聞きて」というふうになっています。そして、

仏の言わく、「この阿闍世王太子・五百の長者子、菩薩の道を作してこのかた無央数劫に、みなおのおの四百億仏を供養し已りて、今また来りて我を供養せり。この阿闍世王太子および五百人等、みな前世に迦葉仏の時、我がために弟子と作れりき。今みなまた会して、これ共にあい値えるなり。」

（『教行信証』聖典一五九頁）

という文章を、親鸞聖人が行の大事な内容として引用しておられます。「また会して、これ共にあい値えるなり」という、すでにもう無央数劫に歩んできて、前の世に一旦出遇っているということと、道綽禅師が、念仏に遇うということは、今回初めて出遇ったのではないのだと言われることとが重なって、安田理深先生は「再会」というテーマのもとで講義をされたことが思いだされます。本願の教えに感動するのは、初めて出遇ったからではなく、前世にすでに出会っていたからなのだ、という存在の深みを前世という言

葉で表現しながら、本願の教えの意味を表そうとしておられます。

皆さん方も、課題に興味がおありでしたら、ぜひ安田先生のお話になった文章を、『安田理深選集』（補巻、一五一頁）にも入っていますので、見ていただきたいと思うことです。

続いて『平等覚経』の偈文が引かれます。これは『無量寿経』で「東方偈」と言われている偈文とほとんど内容は重なるのですけれども、親鸞聖人は正依の『無量寿経』からご引用にならずに、『平等覚経』からご引用になられている。何かそこには意味があるのだろうと思うのです。「我、前世に本願あり」（『教行信証』聖典一六〇頁、以下同）というような言葉があったり、そして、「宿世の時、仏を見たてまつれる者、楽《この》んで世尊の教を聴聞せん」という言葉があったり、何かその出遇いの背景を暗示するような言葉が『平等覚経』にあるということが引文される意図なのかと思います。

「速やかに疾く超えて、すなわち、安楽国の世界に到るべし」、こういう言葉、あるいは「無量光明土に至りて、無数の仏を供養せん」という問題ならば、『無量寿経』の「東方偈」で十分言える内容だと思うのです。

「東方偈」という偈文も、十七願の成就と二十願（あるいは二十二願）の成就の部分があるのだというようなことが言われます。十七願の成就ということは、結局「行巻」に引かれる内容なのでしょうが、十七願の諸仏称名の願の背景というところに、単に我々が自分で今、仏になるという話ではなく、仏道に触れる、仏法に触れるとは、無数の仏を供養してきたというような、これは神話的表現を取っている存在の深みの呼びかけだと思うのです。我々が反省したとか、我々が気づいたとかいう話ではなくて、本願からの呼びかけとして、我が名を念じて欲しいということに出遇うところには、諸仏の伝承をいただいてきた歴史があり、そういう意味がおのおののところに恵まれるのだというような意味もあるのではないでしょうか。ですから、煩悩具足の凡夫という現実、これは曠劫以来流転してきた宿業因縁の現実ということですけれども、それと重なって、存在の背景に仏道を歩んできたという存在の深みが持っている意味があるのでしょう。自分はずっと求道してきたと記憶しているとか、そういう浅いレベルの記憶とか自覚を言っているのではない。もう人間として生まれる身に備わっている、無始以来迷ってきた命とともに、ずうっと歩み続けてきた背景が与えられているのだと。

この「迦葉仏《かしょうぶつ》の時」（聖典一五九頁）という神話的な表現、無央数劫に歩んできたという表現ですが、安田先生があるとき、流転しているということは、単に迷うということではないのだと。仏になるという課題があるから、迷うということが言えるのだ。もしそういう課題とか、方向とか、そういうものがないなら、迷うことすら起こらないということを言われたことがありました。我々が迷ったり苦しんだりするということは、もう菩提心の中にあるのだと。我々はちょっと気がつかないわけです。人間がもがいて生きているということは、もがいて生きているだけだと思うけれども、もがいて生きていることが、菩提心の表れなのだと、安田先生が言われていました。

親鸞聖人が行の背景を押さえるについて、何で異訳の経典である『平等覚経』を引用するのだろうと思っても、よくわかりません。正依の経典にはこういう説き方はされていませんが、『悲華経』の文を引用することと重なって、存在の持っている深みの呼びかけということが本願の教えになってきているのだと。

本願の教えがはじめからあるというよりも、無始以来、苦悩の命を生きてきたこと、あるいはもがくように生きたものの中に、本願として出されるような意味があると言いますか。そういうことが引文の仕方になっているのかと思うのです。文字通り、我々が前世の時にそれこそ蛙だったとか、おたまじゃくしだったとか言っているのではないのです。文字通りの意味ではない。神話的に語られていることが、本当は人間の深みの問題だと。人間の深みと言いますか、教えに出遇うということが持っている存在の深みの問題なのだと親鸞聖人は明らかにされたのではないでしょうか。そのようなことを思うことです。

『悲華経』の引文

続いて『悲華経』の引文ですが、『悲華経』というのは、古い本願文の元になるような内容が説かれている経典です。親鸞聖人が初めて気づいて引用したのではありません。『悲華経』というものを引いている方が先輩にいます。それは中国では『楽邦文類』とか、それから新羅の憬興師とか、そういう方が『無量寿経』の解釈の中に、『悲華経』を引用しています。そして、源信僧都が『悲華経』を引用されます。

親鸞聖人は、本願を説いてある経典として、「無量寿経」異訳の経典に並べて『悲華経』というものを出されています。比叡山での学びの深さなしに、関東でこういう経典を引用するはずがありません。『教行信証』は関東で作ったかも知れないし、京都へ戻って整理し直して作り上げたかも知れませんけれど、晩年になって改めてそういう経典を読んで、ああここにも書いてあったと引用したのではありません。若いころに勉強して、そういうことを知っていたから、編集するときに、あれも引こう、これも引こうという形で引用されているに違いないのです。その根拠は、比叡の山での浄土教の学びでしょう。近くは源信が『往生要集』に所々で異訳の教言を取り上げています。そのほかの祖師方も折に触れて異訳の経文からと考えられる言葉を使っていますので、その本文を学ばずにはおられなかったのでしょう。

ここで注意されるのは親鸞聖人の『悲華経』の引き方です。親鸞聖人の引文が、新羅の憬興師の文に引かれている『悲華経』に影響されているのではないか、と思われる節があります。源信僧都も憬興師を取り上げていますから、比叡の学びにおいては異訳の経典を参照するということは、当然なことなのかも知れません。

私が何でこれだけ比叡山時代ということを思うようになったかというと、例の「名の字」について、法然上人から「親鸞」という名をいただいたのだという話を、大谷大学の先生方の前でお話ししたのです。大谷大学では、私が昔、教えを承けたときもそうでしたが、「名の字」は善信であると信じてきていますから、まさに敵陣に乗り込むような思いで話したのです。案の定、誰も賛成してくれません。そういう中で、諸先生方がどうして「名の字」が「親鸞」であると考えられないのかというひとつの理由として、親鸞聖人の若い時代に学んだという証拠がないと。特に『観無量寿経集註』『阿弥陀経集註』というのが若い時代のものだと言われるけれど、その中で『浄土論』『浄土論註』にほとんど触れられていない。だから親鸞はまだ学んでいなかったのだという考え方を示されました。確かに若い時代の親鸞聖人の著作はないし、比叡山時代に書いたと言えるものも、はっきりとそうだと言えるものもありません。晩年のものですら、なくなっているものが多いのですから（たとえば、書写された『選択集』がない）、若い時代のものはないのです。

でもないことをもって学んでいないというのは、ちょっとおかしいと思います。では、どういうふうにそれをひっくり返せるか。これを考えていったときに、『教行信証』をよくよく見ると、どうもこの学びの深さと広さというものは、ちょっとやそっとなものではない。しかも関東には、論敵と言われるような存在があったわけでもない。一緒に輪読するとか、一緒に『一切経』を読むとか、そういう時間のゆとりも一緒に議論できる友達も学問沙汰をしていられる条件もほとんどないでしょう。それなのに、どうしてこんなものを制作できるか。もうさんざん若い時代にやってきているから、一人でいても論敵が見えるというか、一人でいても、あのときにあいう問題があったということが思い起こされるというか。そういうことがなければ、『教行信証』などできるはずがない。突然思いついて、あれも書こう、これも書こうなどという発想は、どこかおかしいと思うのです。『教行信証』のような思想的著作を一人で作り上げるという、それは若い時代にさんざん蓄積してきた学びの歴史と、論争してきた背景と、そしてそのことを自分がどこまでも考え抜いてきた思索の歴史とがあって初めて考えられることです。

憬興師の『述文賛』は、『無量寿経』の一字一句の註釈書ですから、そのようなものを関東で読んでいる暇などないはずです。何で改めて『無量寿経』の註釈を読むのですか。念仏ひとつになっている人が、捨てろと言われたはずの学問を、また経論釈を引っ張り出して読みだす。そんなことはないはずです。全部頭に入っているのです。捨てろと言われたって、捨てられない。自力は翻してみても、記憶は翻せない。親鸞聖人というお方は、そういう意味では、刻印されたものを忘れられない人だと思うのです。だから、この憬興師の学びも、ましてや善導大師のものを読めば、善導には『浄土論』がしばしば引用されています。源信僧都も『十住論』や『浄土論』を引用しています。源信僧都を学べば、どうしたって善導に行く。善導を勉強すれば、龍樹も引用されている、天親も引用されている。そういうものを勉強しなかったはずがない。これは書いていないからないという話ではないのです。親鸞聖人という方が二十九歳から勉強しはじめて、『浄土論』『浄土論註』は流罪以後、勉強したのだ、そんな人間像はおかしいと思うのです。

そういうことが背景にあって、比叡山時代の勉強ということを憶念するのです。比叡山時代に勉強したということとは覚如上人も書いています。覚如上人は親鸞聖人が比叡山時代にさんざん勉強した人だということは認めているわけです。まあそういうことをもう少し、皆さん方も考え直して欲しいと思ってお話しするのです。

さて、『悲華経』の文について、「「大施品」の二巻に言わく、曇無讖三蔵訳」（『教行信証』聖典一六一頁）とあって、何でここに訳者の名前が書いてあるのか。普通、訳者の名前は引用の時には書かれません。けれども、『悲華経』については、親鸞聖人は訳者を書かれています。曇無讖という人について、親鸞聖人はほかで触れることはないと思います。けれども比叡の山で『涅槃経』をさんざん学んでおられた親鸞聖人としては、何らかの形で曇無讖という人に対しての思い入れがあったのではないかと思います。曇無讖という方は、大乗仏教を本当に広めんがために『涅槃経』の翻訳に命をかけておられ、最後は暗殺されました。親鸞聖人は『悲華経』もやはり、曇無讖三蔵が訳したのだと、特に注意を促そうとされたのではなかったかと感ずるのです。

これはまったく推測で本当のことはわからないのですけれど、書かれてあってみると、親鸞聖人の曇無讖を三蔵法師としてここに書いておきたい、ということがおありだったのかと思われます。

「大施品」の文を見るとわかりますように、「我が名を聞かん者」「善本を修して」とあって、「捨命の後、必定して生を得しめん」という言葉と、「五逆と、聖人を誹謗せんと、正法を廃壊せんとを除かん」（聖典一六二頁）とありますから、正依の『無量寿経』で言えば、十八願と二十願の問題を孕んでいます。そして、それを親鸞聖人は「無量無辺阿僧祇の余仏の世界の所有の衆生」（同前）という言葉を引かれて、十七願として読まれます。ですから、十八願と二十願の問題として読むのでしょうけれど、これを行の引文として、ここに置かれたのです。不思議な扱いだと思います。

その後に「我が名を聞かん者」とありますから、称名と聞名とは重なると。『十住論』では聞名不退と言われています。親鸞聖人からすれば、信の問題なのでしょうけれど、信の問題は実は行の問題でもあると言えます。そういう重なっている課題というものを踏まえて、『悲華経』の文を行の証文として引いておられるのでしょう。

ところで、『悲華経』の文は、その出所が「大施品」（聖典一六一頁）とありますが、この部分は現行の『悲華経』では、「大施品」の次の「諸菩薩本授記品」の文に入っています。後に引かれる新羅の憬興師の『述文賛』においては「諸菩薩本授記品」（聖典一八二頁）の名が出されていますので、どうしたわけかと不審が残ります。

この『悲華経』は『大正蔵』では「本縁部」に編入されています。「本縁部」は、本生譚とか前生譚と言われる釈尊の前生を語る形の経説が編入されている部です。『五会法事讃』には、『仏本行経』の経名と讃文があります。そこに「真宗」の語もあるのです（聖典一七九頁参照）。「本縁部」に入っている経典を本願の経典として引用してきているということは大切な見方ではないでしょうか。法蔵菩薩の物語が、大乗における本生譚であるという安田理深先生の見方も、『悲華経』を通すとき、頷かれることでありましょう。

第四章　称名は正念なり

第一節　称名の具体的把握

破闇満願は衆生の気づきのところに起こる

次は、『悲華経』の引文を受けての御自釈です。

しかれば名《みな》を称するに、能く衆生の一切の無明を破し、能く衆生の一切の志願を満てたまう。称名はすなわちこれ最勝真妙の正業なり。正業はすなわちこれ念仏なり。念仏はすなわちこれ南無阿弥陀仏なり。南無阿弥陀仏はすなわちこれ正念なりと、知るべしと。（『教行信証』聖典一六一頁）

この御自釈を挟んで、引文は経典から論へと移ります。そこにいろいろな問題が考えられます。称名という行が十七願として誓われ、それが衆生に受け止められる。本願を事実として受け止めるのは人間です。人間が受け止めなければ、本願の意味はないのです。人間が受け止めるところに、本願が用いている。本願はどこにあるかと言ったら、受け止めた人間にあると言ってもいいわけです。本願というのは、本願に頷いた人が、感じているものが本願ですから、本願を出してくれと言われても出せないのです。
禅の話（盤珪禅師の話）に、ある僧が「腹が立ってしようがない、この根性をなおして欲しい」と盤珪和尚のところに相談に行った。和尚は「よしなおしてやる、その悪い根性をここに出せ」と。出せと言われても、出せない。和尚はさらに「腹が立ってしようがないというその腹立ちを出してみろ」と。それも出せない。因縁で起こるものですから、因縁で起こるものは取りだすことができないわけです。それを取りだして、なおすこともちろんできません。盤珪禅師はそんなことはわかった上で、そういうふうに言うわけです。

本願も用くものであって、実体としてあるものではありません。人間に教えの言葉として呼びかけて、その言葉を通して気づかせ、人間が自分の考え方を翻す。人間の思いが破られるということにおいて、本願ここにあり、と言えるわけです。それ以外にどこかにあるわけではありません。それこそインドに行ったらあるわけでもないし、中国に行ってもあるわけではありません。あるのは触れた人のところにあるのです。そして、その触れたときには、どういう事実が起こるかというと、「能く衆生の一切の無明を破し、能く衆生の一切の志願を満てたまう」（聖典一六一頁）、「破闇満願」と言われていて、闇を破って志願を満たすと。

この言葉は、天親菩薩の『浄土論』では、破闇は光明功徳に「除世痴闇冥」（聖典一三六頁）として語られています。満願は一切所求満足功徳に「衆生所願楽　一切能満足」（同前）と言われています。これを受けた曇鸞大師の『浄土論註』下巻の讃嘆門釈には、「かの無碍光如来の名号よく衆生の一切の無明を破す、よく衆生の一切の志願を満てたまう」（『教行信証』聖典二一三頁）と言われます。それを親鸞聖人は、ここで称名という行の起こった時の用きとして押さえておられます。

『浄土論註』讃嘆門釈では、名を称えてみても、自分の闇が晴れないのはどうしてかという問いを起こされます。名自身がこういう用きをするものだと押さえながら、にもかかわらず自分においては無明が晴れないという問題を出して、それは信の問題だと。人間自身の心が翻らない。心が暗い。つまり本願に出遇えない。本願に出遇っていないならば、本願が名を称えよと言ったからといって、形式だけを真似してみても用いてくる願に出遇わないならば、事実は起こらない。だから、出遇うということは人間の問題です。名を誓っている願の方の問題ではなく、それに出遇うか出遇わないかは、人間の問題なのだということを、曇鸞大師は讃嘆門釈で出されるわけです。

親鸞聖人も称名が起こるなら、「能く衆生の一切の無明を破し、能く衆生の一切の志願を満てたまう」と、本願の用きとしてはそういう願いを成就するために、名を誓い、我が名を念じて欲しいと呼びかけてきているのだと言われます。我々が称名するときに、そういう願いが用いてきている名だと聞いて、念仏するということが大事なのです。そういう事実が起こっていないということは、信の問題です。信不具足の問題ですから、そこに信心を明らかにしていかなければならないという、人間に課せられた責任があるわけです。そこが大事な問題なのです。それを見逃してしまうと、歩みが止まると言いますか、教えとの出遇いが薄らいでしまいます。

本願成就の事実が称名である

ここに称名とあって、「名を称するに」とあります。名を称するということが出ていて、返り点までふっておられます。

先（第三章第三節）には、称名の事実は「所行の法」だということを存覚師の言葉を出してお話ししましたけれど、親鸞聖人は所行とは言われません。親鸞聖人は称名と言われます。けれども、そこに主語は書かれないのです。

「信巻」では「我一心」というふうに「我」を残されます。清沢満之先生も「われ、他力の救済を念ずるときは、我か処するところに光明輝き、われ、他力の救済を忘る丶ときは、我か処するところに黒闇覆ふ」と「我」ということを繰り返して、主体的事実であると、今自分に起こる事実であるということを言われます（『清沢満之全集』第六巻、一五九頁）。これは信の事実を語っているわけです。

その信の事実を引き起こす基に「憶念弥陀仏本願」（『教行信証』聖典二〇五頁）、つまり阿弥陀の本願を憶念せよという勅命を聞いて、そこに名を称するという事実が起こる。称名憶念という事実はもちろん衆生に起こる。衆生に起こるけれども、「衆生が」とは言われない。

これはなかなか面倒な問題です。日本語では主語なしの文章が十分に意味を持って通じますけれど、ヨーロッパ語では主語のない文章というものはありません。もっとも、略された動詞の中に一人称単数が主語なしで出されることがないわけではありません。たとえば「コギト・エルゴ・スム（cogito,ergo sum　われ思う、ゆえにわれあり）」、デカルトの有名な言葉ですが、コギト、これはラテン語で、一人称単数の動詞です。語尾変化のある言葉ですから、語尾変化で一人称か二人称かということがわかりますから、一人称が略されることがないわけではありません。しかし、英語にはそういうことはありません。英語は必ず主語が付く。一人称単数の動詞が主語なしで置いてあったら、ミスということになります。

そういうように、普通の言語ならば、行とか、用きがあれば、必ず主語があります。主語がないことには我々はわかりません。ですから、誰が称名するのかという問いが、必ず起こるわけです。誰がということを、親鸞聖人はお書きになっていません。これは非常に意味があると思います。本願成就の事実が称名である、それを起こしてくる力は本願である。本願を信ずる、それは我が信ずる。我が信ずるというところに、本願が用きでていれば称名である。称名の主語というものはない。あるとすれば本願である。法蔵菩薩である。でも「法蔵菩薩が」と言うと、法蔵菩薩は、実在の人格ではありません。物語として説かれている本願の主体です。人間精神が抱えている自己閉鎖性、釈尊が無明と押さえた苦悩を引き起こしてくる根源の闇、自己を自我の執着で覆っていく抜きがたい覆弊・伏蓋の傾向性、これを破っていけとささやきかける存在の根源からの自己回復力とでも言うべきものが、法蔵願心の物語として呼びかけられているのです。別にこの世にまします人格ではありません。普遍の法である本願を衆生に呼びかけるための物語の主人公であって、主語となって我らの中にどんどん入って何かをする主体というわけではありません。そういう意味で言えば、法蔵菩薩という主語が何かすると考えるのは、法蔵菩薩の用きを実体化するわけですから、間違いだろうと思います。

どこにあって称えられていても、それは称名である。称名という事実があるのであって、主語があってなされる行為ではない、という意味なのではないかと思うのです。それが起こるところに、「能く衆生の一切の無明を破し、能く衆生の一切の志願を満てたまう」と、名号の功徳を、氷塊の中に閉ざされたようなスタティックな能力に留めない。衆生に用きかけて精神的な闇を開放された明るみへと翻転していく、信心の生活を生みだす積極的原理として、法蔵願心の能動的な意味を持つ功徳であることを顕そうとされるのでしょう。

正定業と正定聚との混乱に注意

「称名はすなわちこれ最勝真妙の正業なり」と。これもなかなか面倒な問題があります。善導大師は、五正行の第四番目に、「称名正定業」ということを書いておられます。これは前（第一章第一節）にもお話ししたように、定散二善が『観経』の表の相であり、念仏、称名は仏の密意、仏の密かに衆生に呼びかけたいお心であると。称名ということに触れて欲しいというのが、釈尊の韋提希を通して語りかける深い意図であるということに善導大師は気づかれました。それは一切衆生を、本願が荘厳する浄土に生まれさせるためであるという教えの形に沿いながら、善導大師は願生のおもいというものを持って称名すると。そうすれば他の行は要らないと。読誦・観察・礼拝・称名・讃嘆供養という五正行、これは五念門と似ているような言葉（礼拝とか観察）もありますけれど、五念門と五正行とは意味が違います。五念門は念仏の背景あるいは内容として、法蔵願心の菩薩行を天親菩薩が語っているといういただき方をしていくのですが、五正行はどこまでも人間の行です。人間の行為として行じられるものですから、五正行のうち前三後一という言い方をするのですけれど、初めの三つと後の一つは助業であると言います。助ける行為であると。それに対して「助《すけ》をささぬ念仏」、助けを加えて念仏するのではないのだ、というふうに法然上人はおっしゃるのです（真聖全四、六八二頁参照）。それは称名、名を称えるという行は、これは正定業、まさしく定まった業であるからだと（『教行信証』聖典二一七頁参照）。そして「順彼仏願故」と続きます。この「彼の仏願に順ずるが故に」という言葉に、法然上人は出遇ったのです。仏の本願はこのことひとつ、仏の本願に順《したが》うということが称名の意味なのだと。仏の名を念ずるということは、称えるということが、仏の願いなのだということに出遇われた。そういう意味の正定業、まさしく定まったというのは、浄土への行為として、仏がまさしく定めた業という意味をそこでは持っているのだろうと思います。

その正定業という意味の場合の正定と、正定聚の正定とが、同じ文字なものですから、江戸教学以来混乱して、何かわけがわからなくなっているのです。親鸞聖人は「本願名号正定業」と「正信偈」でおっしゃるときは、正定聚の業と言っているわけではないのです。これは第四番目の称名こそ、本願が選んだ正定業、まさしく仏が定められた業だと。如来が定めた行為だ、こういう意味です。

正定聚というのは必ず仏になる、まさしく、間違いなく仏になるという位を表しています。そういう位が正定聚です。これは本願の側の、つまり如来から見て、我々凡夫は凡夫のままで仏の願に値遇して、仏の願をいただくなら、もうそのままで仏に必ずしてあげようという誓いの位です。

法名に授記の義がある

授記というのは、仏陀在世のときなら、釈尊が弟子に成仏を確定したという証明を授けることです。釈尊の時代からの伝承として、求道者は師匠から「よしそれでいい、大丈夫だ」と言われないと、なかなか立つ瀬がありません。それは、どういう教えの立場でも、師について学んで、師から許されるということが言われます。仏道も、先に仏道を求めて、師匠から許されて、仏弟子として必ず仏になるという確信を持った人間が、また後から来る人を教育して、お前は確かに仏になると証明を授けてきた歴史があるわけです。

一般に仏教の流れとして、教団に入門するときに、出家ということがあります。そのときに、新しい名前、法名とか戒名をもらうことは、仏弟子として生きるための、新しい人生を成り立たせる名前という意味があるわけです。それは自分勝手に迷っている立場から、「俺が仏になるのだ」と言って、自分で名告《なの》る名前ではないのです。先に仏法に触れて、「よしお前は確かに仏弟子だ」と言われてきた伝承を受けた人間が、新しく入ってくる人間に新しい仏弟子の名を付けてくださる。もっと言えば、サンガ、教団が、一人の新参者を一緒に歩む人間と認め、新しい名をくださるわけです。そういうものが法名という意味だと思います。自分勝手にこれが好きだから、こう付けようというのは、雅号とか俳号とかでしょうか。いや雅号や俳号も、俳句の道などでも先生がいれば、先生からもらうのが筋でしょう。もちろん自分が欲しいから、「こういう名でいいでしょうか」と相談することはあるかも知れません。もし自分で開いた自分のやり方の道ならば、それは自分で名告ったらいいでしょうけれど、流れを受けて道をいただこうという立場なら、必ず名もいただくわけです。そういうものが、私は仏法の歴史であると思います。迷っている人間が仏になろうと発心するということは、先に道に触れた師について歩むことでしょう。聖道門仏教では、名は言うまでもなく師からもらうものです。こういう意味で授記ということが言われてきているのです。

不退転とか正定聚というのはそれと同じような意味を持った位です。つまり、先にさとりを開いておられる方から、お前も必ずさとりを開くだろうと呼びかけられて、認められる位が正定聚です。こういうことが仏教の伝承としてあり、そういう位を一切衆生に与えたいというところに、法蔵願心が一切衆生を浄土に生まれさせて正定聚にしようと誓う意味があるわけです。そういう背景があります。

ですから、法名とは、自分勝手に名告っていいというものではないのです。自分で思っても駄目なのです。それはやはり、仏法の伝承が認めてくれて初めて成り立つのです。求道者は大体そういうものでしょう。道元禅師も中国に入られて、師匠に出遇い、師匠から免許皆伝と言われ帰ってくるわけです。そういうものであって、念仏の教えであっても教えをいただいて、教えに帰して、そして法名をもらうのです。浄土真宗が在家の仏教であるなら、在俗の名前のほかに新しい法名など要らないではないかとも考えられるけれど、やはり仏弟子として生きるときに、法名をいただく伝承が残っているわけです。これは親鸞聖人の生き方でも、大切なところだと思うのです。新しく自分で「禿」の字を姓として名告ると同時に、法名をいただくと。こういうことから、源空上人から名の字をいただいたということが非常に大事な意味を持ちます。源空上人が亡くなられたからといって、自分勝手に法名を名告るはずがないというのはそこなのです。

正業の用きかけをいただく

さて、「正業」ですが、「業」と言われることは、これも面倒な問題を孕んできます。先（第三章第三節）に、阿頼耶識のことが出ましたけれど、阿頼耶識というのは一切の経験を蓄積して生きているような用きに名づけます。根源的な主体の用きです。名づけるというと、阿頼耶識というものがあると考えるけれど、ものがあるわけではありません。我々が生きているということは不思議なことに、今まで生きてきた経験がどこかに貯まっている。だんだん貯まっていくから、良いことも悪いことも起こるわけです。少しずつ飲んでいた酒が、小便に出ているはずなのに、いつの間にか蓄積して肝臓を壊したり、というようなことが起こってくるわけです。過去のことはもう自分に関係がないと、新しい自分だといくら頑張ってみても蓄積されている経験があるわけです。生活経験も勉強してきた成果でも全部そうです。特に仏法は、教えを聞いてきた経験が蓄積するということを、「聞熏習」として特別の経験として大切にするのです。

人間の上に経験されるということについて、業という言葉があるわけです。元々カルマン（karman）と言います。行為経験は、単に行為したら終わりではありません。蓄積されていくという不思議な用きを持っているのです。人間の行為経験は、前の行為経験がいつの間にか必ずついている。これは嫌だと言って切り捨てられません。「惑・業・苦」と言われますけれど、業の経験が苦を引いてくるというのが、我々の宿業因縁の業なのです。そういう宿業因縁の業をいくら洗い流そうとしても、きれいにはならないという悲しみが、浄土教を聞いてきた祖師方にはあるわけです。

お釈迦さまの教えには、八聖道、「正見、正思惟、正語、正業、正命、正精進、正念、正定」ということがある。正しい生活をしなさい、正しい行為をしなさい、正しい言葉を発しなさい、などと教えられるけれども、大乗仏教にくると、そして浄土教にまでくると、「そうは言われても、なかなか人間存在というものは、きれいにならない」「論理としては、とうに仏になっているはずなのに、仏になれない」と。

道綽禅師は『涅槃経』から出発しています。「涅槃の広業さしおきて」（『高僧和讃』聖典四九四頁）と和讃にもありますように、『涅槃経』の大家でもあった道綽禅師が、『涅槃経』を捨てて浄土の教えに帰した。これは「一切衆生悉有仏性」と仏陀は言ってくださるけれど、いつまで経っても自分には仏性が開けない。これ以上は待っていられない、何とかして欲しいと。そして時代を見れば、とても努力してさとりを開くなどということを言っていられる時代ではない、ひどい時代だと。そういう時代情況と、末法濁世という問題とを重ね合わせて、道綽禅師は称名念仏ということを、「浄土の一門ありて通入すべき路なり」（『教行信証』聖典三三八頁）と言われるわけです。これはつまり、人間より深く、人間を翻すような用きを持った本願の用きが生みだした浄土、その浄土に生まれるしかないと。この穢土でそのままさとりを開くことはできないのだという確かめのもとに、聖道門に対して浄土門を立てて、聖浄二門判を立てて、浄土の一門を取る決判をされたのが道綽禅師です。

その道綽禅師の教えというのは、時代が末法濁世だと自覚するとともに、浄土に往くという方向性しかないのだと。そこに称名という方法を取っておられます。称名を行為として取っておられるのです。その場合のほかの行為は、自己を本当に立ち直らせるような力を持たないと。

　何かそこに私は人間の側からは、念仏が本当の行為だとするのは、難しいというか、信じがたいというか、そういうことがあると思うのです。「人間が」ということになると、人間の宿業因縁を引き受けてきた業報の身としての一人ひとりの差異とそして抜きがたい自力の執心、自我の思いというものがあって行為が汚れる。汚れると正業にはなりません。

　そこに称名は、仏の行であると言いますか、本願の行である、本願成就の行であると。本願が先に成就して仏陀になって、それを我々に与えてくださるという形で名になっています。その名は人間の行為経験のレベルとは質の違う行為なのだという信頼です。これが正業という意味なのではないかと思うのです。つまり、人間の行為の中のひとつとして正しい行為という意味ではなくて、人間がいかに行為しても、それこそ雑行雑修、あるいは雑染の雑業、雑り気というものを払拭することはできないのだと。

　これは教えをいただいて、そういうことをつくづく感ずるのです。人間は、人間として純粋な行為をしてみたいなどと思うことがないわけではありません。少しは人を助けてあげたい、そういうことがないわけではありませんけれど、『歎異抄』第四条にあるように、本当にそれが相手にとって、相手を人間として尊厳性を与え、本当にその人間が立ち直っていくような力を与え、一生それでたすかると言えるような根拠になるかというと、人間のやることというのは願いのようにはいきません。たとえば貧しい国にお米をあげるとか、お金を補助するとか、そういうようなことをすると、行為した側は助けてあげたのだという思いが残ります。仏教からすれば、その思いが残ることは不純粋でしかないのです。立つ鳥跡を濁さずというごとく、なしてなさずということが仏陀の仕事だと。してあげたとか、これだけやったとか、人間は必ず業績主義、功績とか業績とかに執着します。そして、その功績を自分が思ったごとくに評価されないと、今度は恨みとか、腹立ちとかを起こします。煩悩の濁りを脱出できないのです。善いことをしたと誇りに思い、善いことをしたのに何で認めてくれないのかと腹立ちを起こします。何のために善いことをしたのかわからなくなるのです。そして、受けた側はどうかというと、一応は感謝します、「ありがとう」と。でも、「もう一回やってください、足りないです」となるわけです。そうすると自立どころか、依頼心を増長し、卑屈な心を増長して、結局それは助けたと言えないようなことになる。というのが人間の行為に付いてくる問題です。

ですから、仏陀が与えようとする救いというものは、人間のレベルで考えてはいけないことなのです。人間は人間のレベルでしかわからないものだから、念仏してもあまり役に立たないから、少しは善いことになって欲しいなどと、何かそういう相対的なレベルに引き込んでしまうのです。少しは善いことはしてもいいけれど、少しぐらいの善いことは、逆に悪いことにもなるという眼が、仏さまの眼なのです。人間は弱いですから、少しは善人になりたいですから、そういうのに弱いのです。でも本気でやるなら、蓮如上人が言われるように、一人をたすけようと思ったら「身を捨てよ」と（『蓮如上人御一代記聞書』聖典八七六頁）。川に溺れているものを救いたかったら自分も溺れよ、それでも助けられるかどうかわからない。そのぐらいの問題が本当に救うということです。これは、本当は人間にはできないのです。試みることは大事でしょう。試みるしかないけれど、トライ&エラー、試みては失敗し、試みては失敗してきたのが、人間の歴史ではないかと思います。

ですから、本当に正業と言えるものは、如来の純粋な用きである、これを信頼するしかないと。「念仏のみぞまことにておわします」（聖典六四一頁）と『歎異抄』にはありますけれど、「南無阿弥陀仏」のみが正業だ、と信ずると。人間の行為は雑染の業です。この見極めも人間には辛いことです。人間は自力心が抜けませんから、「そうは言っても」というふうになるのです。そうすると、正業が怪しくなるわけです。本当に正業なのだと、ここに如来の純粋清浄なる願心が用きでてくださる。その具体的な形が「南無阿弥陀仏」である。「南無阿弥陀仏」以外の行為はすべて人間の煩悩がらみの雑行であると、善導大師は言われます（『教行信証』聖典三三五頁参照）。親鸞聖人は「最勝真妙の正業」と。正業であっても正定業であっても、如来が本当に正しい行為だと言ってくださる行為である。自分で人間が正当化して、これが正業だと言うのではないのです。これは重い意味があると私は思います。ですから人間のレベルでの価値判断が混ざれば、念仏しても雑行になるわけです。その問題が二十願です。信心の成就において行ぜられれば正業である。これを本願が認めてくださる。あるいは大悲が認めてくださるということなのでしょう。

先ほど言いました、正定業と正定聚について、いろいろな方の話を聞いていたり、講録を読んだりすると、混乱していることが多い。それこそ文脈が違うところの意味を、同じ字だから同じだというふうにくっつけて解釈してしまうと、筋がずれてしまうのです。この二つは全然無関係ではありません。無関係ではないのですけれど、「正定業」とは、浄土に生まれるために、まさしく正しい業だという解釈が多いのです。確かに五正行の中での正定業は、往生経の行の中から「仏の本願」が選んだ「かの仏願に順ずる」

（聖典三三五頁）行為という意味でしょう。

親鸞聖人は、正定業に「浄土に生まれるため」という意味をつけていないのです。「本願名号は正定業」である、と「正信偈」で言われます。「行巻」の場合も、もう業自身が「最勝真妙の正業」なのだと。目的があってその達成のために正しい行であるということを言っているのではないのです。むしろ称えるところに、「破闇満願」が起こるのだとおっしゃっているわけです。

「破闇満願」の事実は、本来は浄土の功徳です。これまでに何回も言ったように、浄土に往生していただける功徳が、称名として来るのだというのが回向の行という意味です。その回向の事実に値遇するのだと。これは善いとか悪いとか、愚かだからとか賢いからとか、そういう話ではありません。「南無阿弥陀仏」が浄土の功徳を衆生に与えたいという誓いを持った名なのです。それを素直に有り難うございますといただきなさいということなのです。有り難うございますといただけば、闇が晴れるのだ。闇を晴らしたいという願いが、「南無阿弥陀仏」なのだということです。自分でさとりを開くということは、とてもできませんから、「そんな「南無阿弥陀仏」は要りません」などと遠慮することではありません。「南無阿弥陀仏」ということはそういう用きがくるのだということです。そういう意味で親鸞聖人は「名を称するに、能く衆生の一切の無明を破し、能く衆生の一切の志願を満てたまう」（聖典一六一頁）と言われ、それが法蔵菩薩の本願の行だということです。それが「最勝真妙の正業」だと。人生の一切の無明の営みと言いますか、何をやっても人間は罪業深重です。その罪業深重でしかない人間の雑業の中に、ひとつ正業を与えようと。そこにもう真実の清浄なる願心が現行するという事実を与えようと。これが正業です。

埋没する生活の直中に正業が与えられる

業であるならば熏習するはずです。ところが親鸞聖人はそうはおっしゃらない。「念々称名常懺悔」（『般舟讃』真聖全一、七〇七頁）という言葉が善導大師にはあり、念々に無明の闇を翻すという事実がここに起こると。ですから、清沢先生は「他力の救済」において、「われ、他力の救済を念するときは、我か世に処するの道開け、われ、他力の救済を忘る、ときは、我か世に処するの道閉つ」（『清沢満之全集』第六巻、一五九頁）とおっしゃった。ここに「我か」と書いてあります。今我々は「わが」と読んでしまっているのですけれど、松原祐善（一九〇六—一九九二）先生が、「「我《われ》が」と呼んで欲しいと曽我量深先生がおっしゃった」と、「我《われ》が、我《われ》が」とおっしゃっていました。「われ、他力の救済を念するときは、我《われ》か処するところに光明輝き、われ、他力の救済を忘る、ときは、我《われ》か処するところに黒闇覆ふ」、こういうふうに、事実は忘れることが起こるということを、認めたことがすごいことだと思うのです。信心に立ったらもう忘れないというのではなくて、現実の我らは忘れながら、あるいは「煩悩にまなこさえられて　摂取の光明みざれども　大悲ものうきことなくて　つねにわが身をてらすなり」（『高僧和讃』聖典四九七—四九八頁）、所照でありながら、忘れてしまう。所照と気づくこともあるけれど、たいがいは忘れてしまう。そういうのが我々凡夫の生活であり、日常です。

日常性に埋没するのだ、と安田理深先生は言われていました。日常生活をしていることが、我々の人生ですけれども、それは仏法に出遇うということからすると、埋没性です。闇に埋没する。埋没する生活の直中に正業が与えられる。そこが念仏生活の尊さでもあります。仏法に背き、願心に背きして、忘れていくような我々の存在に用きかけて、呼びかけてくださるものが称名です。ですから称名ということは非常に実践的な具体的な行為の形を取って、我々の迷妄の生活の直中に入ってきてくださるという意味が、大切なのではないかと思うのです。

そういうふうに、私はこの行ということを正業と押さえられたことの大切さを思うことです。この正業ということの大切さを、皆さんもよく押さえ直していただきたいと思うのです。何でもないようなことですけれど、これは大変なことなのです。

臨終正念を超えた正念

続いて「正業はすなわちこれ念仏なり。念仏はすなわちこれ南無阿弥陀仏なり」と確認され、「南無阿弥陀仏はすなわちこれ正念なりと、知るべし」（『教行信証』聖典一六一頁）と、親鸞聖人は押さえられています。

正業や正念ということは、先ほど言いましたように、古い仏説の大切な言葉、八聖道に出てくる言葉ですけれど、普通、浄土教で正念と言うと臨終正念です。

ご承知のように、親鸞聖人は臨終正念という問題を突破されたと言ってもいい。どうしても人間が行為するという念仏であれば、仏の願心によって浄土に生まれると信じて行為していても、突然、脳溢血で意識がなくなって念仏できなくなるとか、突然横から自動車でぶつけられて吹っ飛んで死んでしまうとか、親鸞聖人が亡くなられたときのように、臨終に「念仏の息たえましましおわりぬ」（『御伝鈔』聖典七三六頁）

と、念仏しながら最後の呼吸のところでナンマンダブと言い終わって呼吸がきれた、というように死ねるとは限りません。

臨終という問題を人間の行為の果てに考えていったら、現在の不安を止めることができないだけではなくて、不安を切るために念仏するということの連続になっていきます。ですから臨終正念を祈る行者、これは法然上人門下の大問題だったわけです。真面目に念仏しているけれども、真面目にさせるものが、臨終のおそれだと。おそれということが人間を歩ませる、「化身土巻」にはそういう問題も出ていますけれど、おそれを吹聴して、人間をひきずっていくという教え方も宗教にはよくあります。

親鸞聖人は、摂取不捨という大悲の光明の中にある自覚のもとに、煩悩がたとえ起こっていてもおそれない。煩悩があっても別に邪魔されない。人間を妨げる様々な心理やら事件やら情況やらというものがいくらあっても、摂取の光明を憶念すれば、光明の用きの中にあるということを思い起こせば、そこに安住できる。そういういただき方だと思うのです。名号、「南無阿弥陀仏」が正念だと押さえられるということは、そこにもう、まさしく住することができると。そういう意味で念仏が正念であると押さえられているのではないかと思うのです。

すでに言ってきたように、親鸞聖人における「信の一念」というものは、「信の一念」においてもう浄土教のテーマである往生というような問題が、念仏の回向において成就している。苦悩の娑婆から彼岸の浄土へ、自分から往かなければならないという課題が、向こうからこっちへきてくださっている。「本願を信受するは、前念命終なり」「即得往生は、後念即生なり」（『愚禿鈔』聖典四三〇頁）と表してくださったように、念々にここに、前念が後念に展開する、闇が光によって明るみに転ずる。破闇満願の徳をいただいて、この現実の苦悩のいのちを喜んで生きていけるようになる。現実そのものは喜べない。現実は苦悩の娑婆です。でも苦悩の娑婆を場として、破闇満願の事実に遇う。これからたすかっていくのではなく、「他力の救済を念するとき」という、その「とき」において、名号の功徳をいただく。そういうことが親鸞聖人の正念という意味ではないかと思うのです。ですから、臨終にどうなるかなどという心配が突破されるのです。

法然上人の教えには、臨終正念の行者ということが残っているところがあります。臨終正念になるように、普段もしっかり念仏しておきなさいと。普段疎かにしたら臨終はどうなるかわからないというようなおそろしさがあって、一生懸命やっておこうとしていると言いますか。法然上人がそうだと言うわけではないのですけれど、そういうものが残るということです。弟子たちの中にあった、臨終のことが心配になるという問題を、親鸞聖人は本願力に帰するということにおいて、善導大師が言われたように、「摂取して捨てざるがゆえに、阿弥陀と名づく」（『教行信証』聖典一七四頁）のだと。それが念仏の用きだと信じて、もうそこに臨終を潜ったような意味すらあるとまでおっしゃって、臨終正念の問題を超えられたから念仏が正念だと言えるのではないかと思うのです。

第二節　易行による不退――龍樹の大乗の志願を一切衆生に開く

七祖の選び

その次に『十住論』が引かれます。御自釈を潜って親鸞聖人のご引用は、祖師方の伝承に入ります。『十住論』については、「行巻」の祖師方のご引用の一番初めに引かれ、龍樹大師を第一祖とされて、七祖の一番初めに仰がれます。これは『十住論』の意味というものを、いただき直したと言えましょう。親鸞聖人が、『十住論』を仰がれる一番のもとは、たぶん、曇鸞大師が「龍樹菩薩の『十住毘婆沙』を案ずるに」（聖典一六七頁）という言葉から『浄土論註』を始められているからかと思います。

この七祖の選び方も、親鸞聖人が頭から決めていったというのではないでしょう。法然上人の教えを聞いてみると、法然上人は源信僧都の言葉を大切にされます。『選択集』は「選択本願念仏集」という題が表紙に書かれ、扉に「南無阿弥陀仏　往生之業　念仏為本」（『教行信証』聖典一八九頁）と出されます。この「往生之業　念仏為本」という言葉は、『往生要集』にあります。源信僧都の『往生要集』の教えを手がかりにして、法然上人は浄土の教えを学ばれました。

その源信僧都を、法然上人は飛び越えて、「偏依善導一師」と言われます。偏《ひとえ》に善導大師に依ると『選択集』の結びに書いておられて（真聖全一、九九〇頁）、浄土の教えの中から善導大師の教えを根拠にすることを得て、専修念仏という教えを立てられました。『選択集』の引用の仕方も、善導大師中心です。ですから、善導浄土教の影響が非常に濃い教えが、法然上人を通して、今の浄土宗の教えに残っているわけです。教えもそうですし、作法もそうです。善導大師のものを読誦するということが、今でも残っています。

さて、源信僧都のものを読んでいると、いろいろなものが引用されています。源信僧都ご自身が、『往生要集』の出だしから「予がごとき頑魯のもの」(真聖全一、七二九頁)とおっしゃり、むすびにも、自分はこれだけしか言えないけれども、どうか後からくる者は、自分の引用したものは引用に留まらず、元を尋ねるようにと書かれます(真聖全一、九二三—九二四頁参照)。おそらく親鸞聖人は、源信僧都のおられた横川で、勉強されたのでしょうから、源信僧都の引用しているものの原典を、全部読むぐらいのことはなさったに違いないと思います。ですから憬興師のものなども引用されてくるわけです。

源信僧都が引用しているものは、善導大師もあれば、道綽禅師もあり、そのほかたくさんあるわけですが、もうそこに『浄土論』『浄土論註』(「『浄土論』云」といって、『浄土論註』の文を引用している。例、真聖全一、七八二頁)も、『十住論』も、みんな引いてきているわけです。そういうものを尋ねて勉強しておられた親鸞という人間像が大事なのではないか。覚如上人は、「南岳天台の玄風をとぶらいて、ひろく三観仏乗の理を達し、とこしなえに楞厳横河の余流をたたえて、ふかく四教円融の義に明らかなり」(『御伝鈔』聖典七二四頁)と、書いておられるのですけれど、現在ではいつの間にかあまり叡山時代に勉強しなかった親鸞像になってしまっているのは、間違いないのです。

『十住論』を引用する系譜

話は横へそれましたが、『十住論』を引用する系譜は、曇鸞、道綽、源信です。法然上人は専修念仏の教えを立てるについて、難易二道はとられますが、『十住論』を「傍明往生浄土の教」（真聖全一、九三二頁）と言って、傍らに除けられた。それはなぜかと言えば、直接、『無量寿経』を論ずるものではなく、『華厳経』の註釈書だからでしょう。『華厳経』は基本的に、仏になるまでに五十二位と言われ、階段を上がっていくようなイメージの経典です。十信、十住、十行、十回向、十地と上がっていくように書かれています。十地というのは、段階からすると、四十段上がった後の十段ですから、かなり高いところです。その十段上がった一番上は、菩薩第十地、法雲地と言い、そこまで行ったら終わりかというと、もう一つ上があって等正覚だと。さらに等正覚よりもう一つ上があって正覚だと。これで五十二段です。その五十二段を超える。それで、『無量寿経』の五十三仏なのだという話を聞いたことがあります。それは本当かどうかわかりませんけれど、『無量寿経』の五十三仏というのは、『華厳経』が背景にあって、そうなったのではないかと言われると、そうかとも思います。ともかく『華厳経』というのは、そういうふうに段階をおって少しずつ人間を深めて、そして本当の人間のあり方に帰っていく、という教え方です。

人間が仏になるということは、人間の本来性を回復するというふうに言ってもいいと思います。人間が人間でありながら、本当の人間になれない。本当の人間の尊さを自覚できない。だから本当の人間を回復したいと。どなたかが、「自分が自分を、認められる」というか、「自分が自分を、これで良しと言える」、そういう言い方をされていましたが、そういうふうに言うとわかりやすいのですが、本当に良しと言えるということは、我執の自分を良しと言ったのでは駄目なのです。邪見憍慢の自分が自分を良しと言ったのでは駄目なのです。邪見憍慢が破れて、そして如来から良しと言われる。真如実相から良しと言われる。そのようになることが本来の自己という言葉なのです。そうなるについて、五十二段の段階まで設けたということは、いかに人間が難しい存在かということです。

菩薩道が難しいというよりも、人間の執念の深さ、迷いの深さというものが、一筋縄ではいかないということです。いくら剝いても剝いても、後から後から出てくるたまねぎの皮みたいなもので、なかなか芯にいきません。芯まで剝いてみたら何もなかったというような話です。だから人間が難しいのです。「わしゃ単純なはずだ」などと思っているけれど、現実にぶつかってみるとなかなか単純にはいきません。あれもしてみる、これもしてみるというようなわけで、何か人間存在というのは本当にすっきりしない。そういう人間が、本当にすっきりする存在に帰れというのが、仏になれということだろう思うのです。しかし仏になれないのです。

私は学生のころに、『華厳経』を少し読ませていただいたのですけれど、何でこんなに同じことを繰り返し巻き返し、言わなくてはならないのだろうと思うぐらい、本当にいつまで経っても一歩も進めません。よくこういったものが出てきたものだと思いますし、よく読む人がいるものだと思うのですが、『華厳経』にはそういうところがあるわけです。しかし、人間が本当に人間に帰っていこうということを問題にしだすと、それくらい、どれほど歩んでも終点に行かないということです。輪の中にコマネズミを走らせる玩具がありますが、いかに早く走っても、輪が回るだけで、必死になって走っても前に行かない。ちょうどそれと同じように、人間がいくらもがいて走っても、ちっとも冴えた人間になれないというか、愚かな人間のままであるというのが、求道する人間の深い悩みだと思うのです。

ですから『十地経』は、『華厳経』の中でも非常に大きな影響を与えている経典です。天親菩薩も菩薩道として、『十地経論』というものを書いておられます。天親菩薩は『華厳経』の学びが深いのです。

そういうことがあって、『十住論』については、いろいろなことが言われているようです。私は詳しくは知りませんけれど、「どうして十地の解釈の初めの二地しかないのか」、などと言われるのですが、「何で阿弥陀の本願が出てくるのか」ということも言われます。菩薩道としては、グルグル回るのが仕事ですから、念仏が出てきて、横から不退転の位を取って行ってしまうような話は邪道ではないかと。そういうふうにも言われるわけです。

けれども、曇鸞大師が深く浄土教に帰して、天親菩薩の『浄土論』を註釈するについて、『十住論』を根拠にされた。このことの重さを親鸞聖人は、非常に大事にされたのではないかと思うのです。ですから逆に、法然上人から源信僧都へ、源信僧都から善導大師へ、善導大師から道綽禅師へ。道綽禅師が帰依された曇鸞大師へ。曇鸞大師が大切にされた天親菩薩、そして龍樹菩薩へ。こういうふうに、流れを遡っていって選びだされてきたのが、七祖ではないでしょうか。私はそういうふうに感じます。何でまず龍樹菩薩を選んだのかということは、たぶんそういうことではないでしょうか。

本願の文脈

親鸞聖人という方は非常に伝承を大切にされ、いただいた教えを大切にされると同時に本願の文脈と言いますか、本願が我々に語りかける文脈ということに沿って大事にものを考えようとされます。仏道の一般的考え方というのは、人間が努力して本当の人間に帰れるというものです。要するに八万四千の教えの成り立ちの方向性と言いますか、人間から向こうへ自分から往くという発想で、教えが成り立っています。

その教えを実践しようとして挫折した親鸞聖人が出遇ったのが本願です。本願は一切の衆生を救うべく、大悲をもって一如宝海から立ち上がって、一如の功徳を一切衆生に恵もうという、そういう用きを本願として教えます。ですから、先（第三章第三節）にも触れましたように、人間の側からすれば出遇いであり、「所被」である。つまり用きを受ける側として、教えを聞いていく。この姿勢を自分から往くという方向で発想してしまう傾向が、どうしても出てしまいます。一般仏教の言葉が全部そうです。たとえ浄土教になっても親鸞聖人以前の教えは、そこが揺らぐわけです。善導大師でも揺らいでいるところがあるのです。

親鸞聖人は本願の文脈によって、これは本当に本願のお心を語ろうとしているということを引きだされます。すぐ隣の言葉であっても、こちらから向こうに往こうというニュアンスで出ている言葉は「乃至」します。あるいは「化身土巻」に引かれます。そういう文脈の整理というのは、すごいことだと思います。並んでいる言葉のうちから、この言葉は真実の巻に引く、隣の言葉は「化身土巻」に引く、すぐ隣は引かないと。そういうことをどうやってできたのだろうと思うのですが、自分が本願になってということは、絶対おっしゃらないのですけれども、あたかも本願になって本願の言葉を見出してくるごとくに引かれます。本願になってということは、逆に常に照らされる位置をずらさずして教えをいただいていくということです。

これがいつの間にかずれて、たとえば往相正業とあったら、自分が浄土に往くための正しい行為だ、念仏して自分がまさしく浄土に往くのだと考える。それは間違いなのです。如来が往相してくる、本願が往相してくるのが教・行・信・証だと親鸞聖人はおっしゃっているのですから、往相とは如来の大悲が衆生に向かって、自分を表現してくることが往相回向であると親鸞聖人は使っておられるに違いありません。それだから、如来の用きが衆生に現れて、正業という意味を持つのです。

何回も言うように、天親菩薩の五念門では、自分で菩薩道を行じて、「普共諸衆生　往生安楽国」（『浄土論』聖典一三八頁）、普く諸々の衆生を摂して自分は往きますというのが回向門です。一切衆生と共に安楽国に往生せん、という。しかし、そのようなことが自力の根性でできますか。一切衆生を課題にする、それはできません。どうしたらいいか。如来の大悲が一切衆生を摂して、一切衆生を安楽国に往生せんと呼びかけてくださるのだと。天親菩薩の回向門は天親菩薩の願心です。菩薩としての、天親菩薩としての願心です。でもそれを親鸞聖人がいただくときには、法蔵菩薩の願心だと。一切衆生と共に安楽国に往くという願心を呼びかけるのが法蔵菩薩の往相だと。ですから「往相の回向」は自利ではなくて、利他なのです。そのために教・行・信・証という形になりましょうという。往相の回向が教・行・信・証だということは、如来の往相回向が教・行・信・証という形を取って我々に与えられるということです。どこまでも、我々がその教えの用きをいただくということになれば、教も行も信も証もいただくものであると。だから信心を得るなら、大涅槃をもいただけるのです。

信心のみは衆生の責任

ただその中で、信のみはいただくのだけれども、いただくということには自分自身が、自分自身の迷いの意識を翻す必要があります。そこに能信と言われる責任がかかります。信心ということひとつは、自分自身が、翻るまでは歩まなければなりません。他力なのだから何にもしないで、全部いただけるはずだといっていくら待っていてもきません。人間の迷いを翻すというための努力は、人間に要求されています。

そこが、私は、安田先生や曽我先生の教えの大事なところだと思うのです。曽我先生は信心のみは衆生の責任だとおっしゃいました。信心ということまで他力にしたら、何にも自分の方に責任がないということになります。それでは本願が衆生を翻して用くということすらできないのではないかと。自分が本当にそれに気づくまでは自分で歩くしかないのだ、ということをご苦労くださった歩みが、浄土教の祖師方の歩みだと思うのです。皆自力の苦労をされて翻っています。親鸞聖人もそうです。「念仏してもさっぱり埒があかない」とか、「ちっとも念仏が有り難くない」とか、そういう不平不満があるのは、破れて気づくということなしに、初めから他力だという教義学になっているからではないでしょうか。それでは本当にいのちある念仏になりません。

私は清沢先生に始まる近代教学が有り難いと思うのは、やはりそれまでの封建教学の中で、他力が正しい、他力でいいのだ、自力は要らないのだという教義学によって、全部お他力だというわけで、何か人間がだらしなくなった。人間の責任の所在がどこにもなくなった。そうすると、有限な人間としては立つ瀬がない。元気もなくなります。ただ自堕落になるのみです。それでは、自分も立つ瀬がないし、誰もそれを認めません。それを清沢先生は心配されて、本願他力の教えは真実であると頷いて、本当にそうなのだけれども、それを引き受けるべき僧侶がだらしがないと。何とかそれを気づいて欲しいというので、頑張りすぎて結核になってしまったのです。それはお気の毒というしかないのですけれど、でもその頑張りを通して自力に破れていった、破れざるを得ないのが人間の自力なのだということを、身をもって示してくださった。身をもって涅槃に入ったというお釈迦さまではないですが、身をもって示してくださることが、教えになって我々も本当に求めなければいけないのだということに気づかされます。人間が求めても、求めたから出遇えるわけではありません。けれど、人間が求めることを縁として、自力に破れて、本願力の用きに出遇うということです。出遇うのは求めて出遇う。出遇ってみたら、求めたから得たのではない、実は求めさせてくださったのだという意味の大きな本願力の用き、これが親鸞聖人の明らかにされる本願力だろうと思うのです。

菩薩初地の課題

『十住論』の引文ですが、先（本節冒頭）に言ったように、「行巻」は、ここから本願を信受した仏弟子の残した証文の引用に入ります。真宗という選択本願による仏道を名告り上げるについて、親鸞聖人はインド・中国・日本の三国にわたって、七人の祖師方を選びだされます。そのことは、「正信偈」や『高僧和讃』で判然としていて疑うべくもないのですが、「行巻」の引文では、龍樹・天親・曇鸞・道綽・善導のインド・中国の五祖を連引したところで、一旦御自釈を置き、そこから法照・慈愍・憬興らの方々の文を引かれます。

龍樹菩薩による『十住論』は、直接、『無量寿経』を論ずるものではありません。『十地経』または『華厳経』「十地品」の註釈という形を取っていて、その初地の菩薩の、不退転の獲得という課題が述べられるところに、「聞名不退」ということが出てきます。『十住論』は龍樹菩薩の名前で伝えられるのですが、その『十住論』の菩薩道の初歓喜地というのは、初めて本当に間違いのない道に出遇ったということとともに、この道が必ず成仏するという確信を得る喜びがあるという。ですから、初地の課題とは成仏道、まあ菩薩道と言ってもいいのですが、道が必ず自分の願っている結果に至るのだということを確信するところにあり、歓喜地の名はそれを確信した喜びによって名づけられています。菩薩の初地の課題が、まずそこで確保されるのです。

そして、十地の段階で展開されるのは、だんだん段階を上がっていくという意味ではありません。菩提心自身が磨かれると言った方がよいのでしょう。宗教的要求自身の中に潜む問題、たとえば布施というような行為ひとつにしても、布施したことにとらわれたり、布施した相手を傷つけたりするような布施は、本当の布施とはなりません。布施行ということを成り立たせようとすれば、布施をして、布施したというこだわりがお互いになくなることです。布施する側も受けた側もそのことによって重荷を感じたり、負担を感じたりしません。布施した方が相手に対して、返してくれないといって恨みを感じたりするようでは、しない方がましだと。そういうことで、菩薩道を行ずることは大変なことなのです。だから、初地不退ということは、そういう課題がいろいろあるけれども、これで必ず間違いがないという意味、真如に触れたという意味を持ちます。

見道という言葉も、どこで見道を得るかということを議論しだすとなかなかやっかいですが、ある意味で、初地というところに確かにこの道は間違いない、つまり必ず究極点に行けるのだという確信を自分自身に持つことができることが、初地の課題なわけです。

ですから、それを得た喜びは歓喜だという。その歓喜とは、もう獲得したという喜びではなくて、確定したという歓喜です。必ず仏になることができるのだという喜びです。それは、もし仏陀がおられた時代ならば、お前は必ず仏になるという授記、ああそうか自分はこれで間違いなく仏になるのだというふうに確保された喜び、これは道を求めないものにとっては何のことかわかりませんけれど、道を求めるという要求に立って生きようとするときに、その道が本当に必ず達成できるのかどうかということが、ひょっとしたら間違った道ではないかという悩みになったら歩めません。

比喩的に言えば、山道が細くなってきて、あまり人が歩いていない道を、ああこっちかなと思って入って行くと、途中で道が消えてしまうということが起こります。それは、獣道に入ってしまった場合に、それが道だと思って入って行くと、獣はぽんと飛んだりしますから、道がなくなってしまうのです。あれっと言うようなものです。そのときに「えい行ってしまえ」と行ったら遭難してしまいます。ああ間違ったと気づいて戻らなければなりません。戻って、どこで間違ったのだろうという確認をして、こちらが正しいのだということがわかったときには喜びがあります。でも、それが本当に最後まで行けるかどうかということは、そういう細い道ではまだまだわからない。けれどもたくさんの人が歩いているような大道に出遇ったとすると、ああこれで間違いないという喜びがあるわけです。比喩的に言えばそういうことです。

阿闍世が迷ったように、いろいろなことを教えて、これが正しいと言う人はいっぱいいますから、どれが正しいのかということがわからず、もがいて求めているときの人間の苦悩というものは深いものがあります。それが、これで間違いないということに出遇うのが菩薩の初地です。初地だけれども、初地に出遇う喜びの持つ大きな意味を、出発点の入口に立ったら、もう結果を得たようなものだと『華厳経』では言っている。だから、「初発心時便成正覚」、初発心、本当に成仏道というような大事な課題について、人間が本当に間違いのない、いのちの意味を回復するような課題を求めはじめる出発点に立てたら、もうさとったのと同じだと。これはちょっと極端かも知れませんけれど、それぐらい大事な道に立てたことの喜びを明らかにしようとするのが、菩薩初地の課題です。

それからだんだん上がって行くというよりも、二地三地と出遇ったことの中に、問題が発見されてきます。たとえば親鸞聖人で言えば、念仏に出遇ってみたら、その念仏を自分が行じて自分で功徳にしようとするということが起きます。手段として使い、自分で何とかしようとすると。受身形で受け取ったはずが、いつの間にか自分が前向きに自分でやるのだという能動的発想に転じてしまいます。自分で往ったり来たりするという発想に崩れてしまいます。そういうことがいつも起こります。念仏をいただいたのに、それを使って自分で往ったり来たりするという発想になってしまいます。それは人間の癖と言いましょうか。だから、二十願というものが、名を聞くのだけれど、聞名なのに問題があると親鸞聖人は見抜かれました。法然上人は二十願の問題を指摘されませんし、黒谷の教団には、二十願と十八願とを分けて考えるというような議論はなかったと思います。全然なかったかどうかわかりませんけれども、念仏に出遇いながらも、念仏が本当に自分にとって、これで本願の教えに順じたと言えるか、従ったことにならないのではないかという問題を考えたのが、親鸞聖人です。それが親鸞聖人の「化身土巻」の非常に大切な問題です。そういう問題は、菩薩道が自分の菩提心の中にまた問題を見出していくということと、何か問題の展開としては同じような課題を孕んでいるところがあると私は感じます。

それで龍樹菩薩は、菩薩道において必ず阿惟越致を得るのだと、阿惟越致というのは不退転と訳されます。親鸞聖人は引用されませんが、『十住論』には「阿惟越致品」というのがあります。「阿惟越致」はインドの言葉を漢字で当てた言葉です。親鸞聖人のご引用の意図は、自分で求めて阿惟越致を得るという課題ではありません。凡夫の自覚において、本願力を信受することによって、阿惟越致という位を与えてくださるという考えですから、阿惟越致を課題として求めるということが問題になる『十住論』「阿惟越致品」は取り上げません。しかし、展開としては阿惟越致の課題というものを『十住論』は置いています。

そもそも『十地経』の初地の課題のところに直接、阿惟越致ということが出ているわけではありません。しかし、『十住論』は「阿惟越致品」を開いて、初地の問題は阿惟越致にあるのだということを論ずるわけです。つまり、歓喜地の大事な問題として阿惟越致があるのだと。それはよくわかります。菩薩として間違いない確信を得るという課題ですから。それは不退転の課題だと言われればその通りだと。不退転という言葉自身の問題、あるいは正定聚という言葉自身の問題は、教義学とか仏道の理解とかの立場によって、どこでそれを得るかということは議論百出です。存覚上人が取り上げるように、信不退か行不退か処不退かと言いだすと何が何やらわからない。ただ『十住論』では初地不退ということをはっきり問題にするわけです。

菩薩道全体としては、どこで本当に不退転を確保できるかということは、読み方によって違ってきてしまうのかと思います。初地ではない六地だとか、いや八地だとか。そんなことを言いだすと何が何やらわからなくなります。そういうことがいろいろあると思うのですけれども、その菩薩が初地を得る歓喜と信心歓喜とは、人間が本当に間違いのない道に辿り着いたと言いますか、間違いのない信念を得たと言いますか、そういうことにおいては同質だというのが親鸞聖人の見方です。だから、菩薩の初歓喜地と信心歓喜の歓喜とは同じだということが「行巻」に出てくるわけです。これは『華厳経』の内面に、本願の仏道との共通課題を見たからではないでしょうか。

般舟三昧について

『十住論』では一番初めに、「序品」というのがあるのですが、そこは直接には引用されません。親鸞聖人のご引用は「入初地品」第二から始まります。ただ龍樹和讃の「生死の苦海ほとりなし　ひさしくしずめるわれらをば」(『高僧和讃』聖典四九〇頁)という、あの和讃は「序品」の内容を取っていると見ることができます。だから、親鸞聖人は深く『十住論』を読んでおられるということは感じます。「入初地品」は第二品です。『十住論』は、「入初地品」第二・「地相品」第三・「浄地品」第四と引用されています。飛んで「易行品」は第九です。だから、五、六、七、八品は省略して、九品に飛んでいる。どこが大事で、どれは省略するという眼は、元々は菩薩道の展開の論ではあるけれど、背景に大菩提心と言いますか、衆生の願心の背景に歩んでいる法蔵願心というものを親鸞聖人は読み取っていかれますから、そういう文脈の切り替えにおいて引用がなされていく。そういうことがあるのだと思います。

「入初地品」の主題は、実は親鸞聖人が引文している部分よりも前の部分で現されていますが、「必定の聚に入れば、すなわち（則）如来の家に生まれてもろもろの過咎あることなし。すなわち（即）世間道を転じて出世上道に入る。これをもって初地を得。この地を歓喜と名づく」（大正蔵二六・二三・a―b）とあります。この課題を註釈していく文章の途中から「行巻」の引用が始まっています。そして、初地に入るということは、「世間道」を転じて「出世上道」に入ることが歓喜地だということを表し、それを成り立たせる「諸仏の家」のことを語る「般舟三昧と大悲」等のところから引用が始まるのです。

どうしてここから切り取りはじめられたのかなということを考えるとよくわからないところもあります。ともかく、般舟三昧というところから引文を始められます。『般舟三昧経』という経典もありますが、般舟三昧ということは、善導大師に『般舟讃』があるように、念仏三昧と深いつながりがあると考えられてきました。般舟三昧は諸仏現前三昧とも言われますが、この諸仏現前三昧は『観経』の終わりの方にある「得益分」と言われる段に出てくる言葉です（聖典一二一頁）。この般舟三昧と大悲あるいは無生法忍等の諸忍は清浄の法だからこれらを父母とする家は「家清浄」であり、この清浄の家から一切の如来が生ずるのである、と言います。

ちなみに般舟三昧について、善導大師の『般舟讃』には、「梵語には般舟と名づく。此れには翻じて常行道と名づく、あるいは七日・九・十日、身行無間なるを総じて三業無間と名づく、故に般舟と名づくるなり」（真聖全一、六八六頁）とあります。続いて「三業無間によって、心至りて感ずるところ、すなわち仏境現前す。正境現ずる時、すなわち身心内悦す。（中略）立常見諸仏と名づく」（同前）とあって、表現の上では精神統一の三昧（定）の楽を語るのですが、親鸞聖人はその中から、信心を表すと見られる言葉をいくつか取りだして「信巻」に引用しています。称名念仏におのずから具わる功徳として、善導大師の般舟三昧の楽を語る文を読み解かれます。それは善導大師が、般舟三昧の楽を詠い上げる偈文の一句ごとに、「願往生」と「無量楽」という言葉を挟んでおり、中に「実にこれ弥陀願力の恩なり」（真聖全一、七二〇頁）という偈の言葉もあるので、親鸞聖人は善導大師の表現の背景に阿弥陀の本願力の信心を読み取っておられるのでしょう。

この『般舟讃』というのは、善導大師にとってどういう位置なのか。親鸞聖人はどう読んでおられたのかなどということも、なかなか難しいこともあろうかと思うのです。般舟三昧を詠っている偈文とか、そのほか『往生礼讃』でもそうですが、浄土の本願の信心の喜びを詠っている部分と、やはり善導大師は行者ですから、行者として『観経』の顕の義の生き様と言いますか、自力の求道心と言いますか、そういうものを詠っているものが混ざっているわけです。

善導大師は教えとしては「隠顕」の二義というものを開いておられるけれど、善導大師自身が詩（偈）を詠っていくときにはその二義が混ざって出てきています。その中から親鸞聖人は、明らかに本願を讃えていると見られる言葉だけを引用されます。こういうのが善導大師の不思議なところです。混ざったまま引き継いでいる面が、法然上人の浄土教の表現にもあります。親鸞聖人はそこを混ざっていると混乱するから、分けられました。つまり、十九願位と十八願位が混ざっているようなものですから、それを分けた。分けたときに真実を表す部分は、人間が真実を求めて得るというよりも、たまわるものだというふうにはっきりさせた。人間が求めるとなると、善導大師の表現ですら混ざっているようにも見えます。求めて出遇うけれども、本願の喜びとも出遇うという、そこが分けられないようなところが、善導大師ご自身にもあるように見えるわけです。

我々は読んでいて、そこにむしろ魅力を感ずるわけです。その方に魅力があるという言い方は変ですが、善導大師がどうしてそんなに我々の心を打つかというと、求めていて出遇う喜びがあるからです。それと、求めてそむいていくような悲しみ、そういうものと本願の喜びを語るということが混ざっています。善導大師のものを喜んで明恵上人も読んでいた。明恵上人も読んでいた、だからこそ、善導大師は専修念仏とは言っていないではないか、という非難をせざるを得ないのです。しかし法然上人は、そういう中から善導大師の本心を取りだそうとされました。専修念仏が善導の本心なのだと。けれども念仏は取ったけれども、求めていく心の、隠顕と言いますか、求めていく心自身が自分から求めるのか、自分は願力をたまわるのかという分限の、混乱といっては失礼だけれども、そこをはっきりと見分けることが法然上人ですら、どうも、もうひとつはっきりしていないところがあるように、私は思うのです。本願をいただくと言いながら、何遍でも念仏していこうとする。そういうところに、法然上人の言っていることに矛盾があるのではないかというような非難を、あっちこっちからされる。そういうことが残っていたのではないかと思うのです。それを、親鸞聖人は徹底して凡夫である立場でいただいていくのだと。「一心金剛の戒師」と法然上人は讃えられるけれど、自分は「無戒名字の比丘」である。自分はそれまでの仏法の常識であった自力の求道心の立場と違う立場を、選択本願によっていただいたのだと。そういうふうにしてはっきりさせた。それによって、凡夫の仏道と言いますか、罪悪深重の凡夫の救済ということがはっきりしてきたわけです。

そういう意味で言うと、親鸞聖人の眼を通さないと、『十住論』はどうしても法然上人がおっしゃるように、本願の教えを傍らに説いているという見方になるのだろうと思うのです。

世間道は人間の休息

引文についての問題を少しずつお話ししていますが、「入初地品」では、凡夫所行の道は、休息だと書いてあります（『教行信証』聖典一六二頁）。

この言葉は、皆さんどう考えるかわかりませんが、凡夫として一生懸命やっている、凡夫として一生懸命自分の仕事をやり、人助けもやり、一生懸命やっているというけれども、それは休息しているのだと言う。日本人は働き蜂と言われて、休むことなく働いてきて、そして右肩上がりの経済を支えてきたというのですけれど、私の同世代の人間は、本当にもう、会社人間というか、働くことが病気みたいになって、アルコール中毒ではなくて、働き中毒、ワーカホリック（workaholic）と言いますか、働いていないと不安であると。休日も出勤したい、そういう種族が多かったのです。そういう種族のことを見ていると、本当に一生懸命、働きづめに働いて、病気になるほど働いた人ほど、定年退職した途端にがくっと衰えて、ばたばた死んでいくのです。私の同級生も下級生もどんどん死んでいます。定年退職をすると、やることがなくなるのですから。もう人生終わったようなものです。病気になるほど働いたのですから、会社生活が終わったら、アルコール中毒からアルコールを取られたようなものですから、生きているのは意味がないということになってしまう。それは意識がそうだというよりも、身体がそうなっているのです。

それこそ時代や社会というものに巻き込まれて、我々は流転輪回しています。我々は情況存在であるということをつくづく思うのです。私が若いころに、安田先生がお話の中で、「世間で真面目であることは、仏法で不真面目であることだ」とおっしゃいました。世間で働いているということは、仏法を休んでいることだと。この言葉（凡夫所行の道は、休息）と同じことなのです。何もしていないことなのだと。あんなに一生懸命働いていることが、何の意味もないのかなあと思ったのですけれど、それは世間と仏法とは質が違うからなのです。

世間道というものは、世間の論理です。世間道と出世間道、出世間道とは仏道あるいは仏法が、教えようとする人間の方向性、人間が存在することの真の価値を見出す方向に帰ることです。人間に何か業績をつけたり、行動をしたりして付け加えていくことで、人間を価値あるものにしていこうとする発想を捨てよということですから、世間道をやればやるほど休息になるわけです。これはなかなか頷けません。こういう方向でものを見ることはなかなかできないのです。

やはり現代は宗教侮蔑の時代なのかも知れません。戦前は、近代日本のイデオロギーの国家神道を、古来の日本の習俗だから国家神道は宗教ではないという論理で、教育にまで教育勅語をかぶせて、それが日本人の常識だということにしてきました。それで作られた人間は、それが人間を正しくしたのだと思い込んでいますから、教育勅語がなかったら、人間は駄目になるという発想を今でもしている老人がいます。それぐらい宗教そのものと虚偽の宗教とがまぜこぜになったものだから、戦争に負けた途端に、宗教は駄目だということになって、理性教育と言いますか、科学教育と言いますか、それだけが人間の正しい道だということになりました。宗教なんかやると人間が道を間違えるというような、間違った科学信仰と言いますか、物質主義の方が正しい、宗教などは妄念だというような感じの論調、社会的情況、教育的情況というものが、戦後日本、一九四五年以降の日本を今まで引っ張ってきてしまっているように私は思うのです。

よく言われますように、それは戦後に始まったのではありません。実は明治維新の時から始まっていました。明治維新の指導方針が、神道国家を作るためにそれ以外の宗教を排除しようとしました。それで、それまでの仏教を全面否定しようとして、廃仏毀釈から出発したわけです。ところがそれができなかったから、妥協してそれを天皇教に引き込んだのです。その間違いが今に響いているわけです。私はそう思います。別に天皇制を批判するつもりはないのですが、天皇を神さまにして引きずってきた虚偽の宗教政策が、日本人の宗教観を捻じ曲げてしまった。つまり、世間道だけでいいという発想にしてしまったわけです。けれども、世間道は人間の休息なのだと。本当はどれだけ働いても、人間の本来に帰る方向にならない。人間の存在の意味を回復するなどということはできないのだ、と言うのです。

だから哀れなのです。働いているときの名刺には、いっぱい肩書きが載るでしょう。ところが、定年になったらそれが一挙になくなるわけです。肩書きのない人間になれるということは、本来の無一物に帰るのだから喜ぶべきことなのだけれど、肩書きが人間だという価値観がこの娑婆を牛耳っていますから、肩書きのない名刺なんか出されたら、何だこれはというようなものです。そういう価値観が今の社会の価値観です。だから、何にもないことに耐え切れないのです。何か付けたい。肩書きを書かざるを得ないのです。それぐらい仏法の尊さというものが見えにくくなっています。

アミタクラシー（Amita-cracy）

ですから、世間の価値観と違って、本当に尊いものの見方があるのだということを、これから本当に訴えていかなければいけません。そのために、業績主義で積み上げ行動することによって人間が立派になっていくという発想、それが、世間的な考えです。そういう世間道に対して、そうでない存在の本来の尊さがある、人間の本来を回復する方向こそ、本当に尊い意味があるのだということを訴えていくために、何かいろんな論理、いろんな発想の転換をもよおすような言葉、そういうものが大事だと思うのです。

そういう言葉のひとつとして、世間道に対する、何か違う視野からの、問題意識を投げかける言葉のひとつとして、広島におられる松田正典（一九三九―）先生は、メリトクラシー（Meritocracy）に対する、アミタクラシー（Amita-cracy）ということを言われます。メリトクラシーというのは、メリットを積み上げていくことが人間の価値だという、この世の思考法です。松田先生は科学者です。理論物理学とか、量子力学とか、そういうところをやってこられた学者です。その立場からも、この現実の社会のメリットを求める発想、人間が少しでも人間に役立つような技術やら何かを開発して、そしてより便利に、より楽しく生きる、そういうふうになっていくことを否定することはできないと言われます。

今から元の原始社会に戻るという発想は人間には絶対できません。それで今、エネルギーが問題となっています。とにかく炭素エネルギーと言いますか、長い年月かかって地球が蓄え、地中に埋もれている資源、石油や石炭や天然ガス、そういうものを掘りだして燃やすことをエネルギー源として、今の文明社会が成り立っています。ところが、それはいずれ尽きるのが見えています。だからといって、原子力とか、そういうのをやってみても、原子力の裏表、原子力だって資源として限界があります。だから、このまま豊かさを謳歌していくという発想、そしてメリットを積み上げていくという発想は、無限ではなく、有限です。行き詰まりが必ずくるということを、科学者は指摘しているわけです。

そのひとつの兆候は、地球上の気温がだんだん上がっていっているということです。近年の夏の暑さも異常です。人間の体温より高い温度が、しばしば、あっちでもこっちでも起こっているというのですから。気温が人間の体温より高いという状態が常時起こったら、やはり身体が変になります。そして、南方の熱帯の生き物が、日本でも生きられるようになってきます。そうすると日本人は、今までそういうものに対抗する遺伝子がないわけですから、たちまちやられてしまいます。南方の、たとえばマラリヤ蚊が来たら、マラリヤ熱の抵抗力を持っている日本人はほとんどいませんから、ばたばた倒れてしまうというようなことになります。それはひとつの例ですけれど、このまま炭素をどんどん燃やしていけば、エネルギー資源としても足りなくなるし、自然環境を破壊してきます。だから、いろんな意味で人間がこのまま豊かさを謳歌していくというのは間違いだということは、科学者が指摘する通りなのです。それはもう限界があるということは、現実からも突きつけられているのです。人間の発想として、メリトクラシーだけが価値観だということは、間違いであると言わなければなりません。メリトクラシーというのは、有限なる人間の少しでもよりよくする方向への積み重ねですから、それに対してアミタクラシーと松田先生がおっしゃるのは、無限なるものの用きです。無限なるものの用きに立って有限をいただくという発想こそ、大事な宗教の持つ意味だと。

宗教を抜きにすれば、有限の積み重ねだけが、人間の意味になります。蓄積した功徳がある方が勝ちだと言いますか。それがこの社会を動かす原理であり、それでみんな巻き込まれて悪戦苦闘しています。しかし限界が見えてきたから、若い人は変だと感じていて、やる気がありません。

いっぽう、親は前の論理のままで子どもを育てようとします。そういう価値観でなければ人間ではないように思っています。だからこのごろ、尊属殺人事件が多いのは、親の世代、祖父母の世代と、子や孫の世代との感覚がまったく合わなくなっているから、殺すほどに憎しみあうような関係になってしまうのです。価値観を押し付けようとすると、反発する。ぶつかると、相手が許せなくなる。これは事件として起こっているだけの問題ではない、世代の価値観のぶつかりあいが広範囲で起こっているのだと思うのです。

やはり、エネルギー源の資源の限界ということは、上の世代はそうは言っても大丈夫だと思っています。本当は、どういうふうに考えたらよいかということが、まだ人間社会として、文明社会として本気で問われていないところがあります。資源などの限界を隠して、少しでもまた右肩上がりにしようという発想があります。でもそれは駄目なのだと。間違いなのだということが突きつけられているのだと思うのです。そういう時代になってみると、世間道は休息だということも大事な指摘です。単に休息しているにすぎないのだと。ではどうなるのかというときに、仏法というものが本気で呼びかけられてくるのでしょう。世間道の価値観の中に仏法を入れようとすると、どうしても、たじたじとするしかありません。説得力がありません。それで、いずれあんた死ぬよというような言い方しかできないわけです。諸行無常だよ、と。

諸行無常という説得では、まだ駄目だと思います。たとえば、存在には秘密義があるのだと、それを手に入れようというように言わなければなりません。欲しいものがあるように説得してきたのが浄土教ですけれども、今の人間にとっては、死んでお浄土に往ってからいいことがあるよという論理では説得できない時代になってしまいました。どういうふうに表現したらいいか。そのひとつとして、現実に生きている立場が、本当はあなたの立場は休息だと。こういう語りかけは、かなりショックではないですか。一生懸命働いているのに、あなたは休息しているのだと。そう言える立場が仏道だと。これは面白いと思うのです。

睡眠し懶堕なれども二十九有に至らず

こういうことは、非常に大事な言葉だと思うのです。我々が「えっ何で休息」と思う。本当は休息しているのだと。それなら、休息状態から出られるのか。親鸞聖人は「睡眠《すいめん》し懶堕《らだ》なれども二十九有に至らず」（『教行信証』聖典一六二頁）と言われています。こういう言葉が出てくるのは、立場がひっくり返るからなのです。四六時中しっかり働いていると思っていることが、実は睡眠しているにすぎないのです。その睡眠、懶堕かも知れないけれども、そこを突破してもう迷いの命ではなくなるのだと。

つまり、仏法に触れるということは、本来に帰るということ。これは、在ること自身に落ち着くということですから、要するに睡眠し、懶堕であってもいいということなのです。本当は働きづめに働いて積み上げているように見えても、本当は睡眠し懶堕なのだと。何にも別に増えても減ってもいないのです。赤ん坊として生まれて、成長して老衰して死んでいきます。その過程で一生懸命働いて積み上げたと思っているものは、ゼロになります。では死ぬことは人生の失敗ということか。死ぬのが失敗ではないはずです。生まれるのが成功で、死ぬのが失敗だったら差し引きゼロではないですか。それでは生きるとは何なのかと。

出世間道とは「この道に因って三界を出ずることを得る」（同前）から出世間道であり、まさしく道を行じて初地に入る、それを「歓喜地」というと。これは普通に生きて何らかの価値を作ろうとするような人生観から脱出した喜び、そういう根本問題を発見した喜びだろうと思うのです。そういうことが、仏法の大切な課題だということがあるのではないでしょうか。

こういう言葉を読むときに、何か自分がひっかかったら、そのことが疑問になるということが大事なことなのです。この世のことで通り抜けてしまわずに、引っかかるということが大事なわけです。そうしないと、仏法の大切さというのは、この世で見ている大切さと矛盾しているのですから、必ず変だと思うのです。わからないと言われる。わかる方がおかしいのです。わかるように話してくれというのは、世間の論理にして話してくれということでしょう。仏法の領域を休息の側に入れてくれというわけです。本当はわからないのだ。あなたが考えている立場と違うのだと。だからといって、わからなければいいというものではない。だから、立場の違いというものを我々はどこかで覚悟して、仏法の立場を踏まえなければいけない、ということがあると思うのです。

「入初地品」では、初地を「歓喜」という所以を、「究竟して涅槃に至ることを得るがごとし」(同前)と押さえ、今言いました「たとい睡眠し懶堕なれども二十九有に至らず」、そして「初地を得已るを「如来の家に生まる」と名づく」(同前)など、親鸞聖人が大切にする言葉が引かれてきます。清浄なる家に住するなら、その家で育てられ、その家風に染まって成人するがごとく、諸仏の法によってはぐくまれ如来として出生していくのだという。

「究竟して涅槃に至る」とは、まさに「必至滅度」の文意と呼応しています。これは『無量寿経』の願成就文に「現生正定聚」を読み取る親鸞聖人の見方と、『十住論』の初地不退の文意とが同じ求道の要求に応答しているのです。「聞名不退」という『十住論』の主張によって、本願成就の文の「至心回向」以下を「欲生心成就文」としていただくべきだということを、こういう論文の流れから感得されたのであろうと思われるのです。

諸仏は一仏に代表される

「入初地品」の引文に続いて、「地相品」が引かれます。地の相《すがた》です。初地に入れば、「心多歓喜」（『教行信証』聖典一六三頁）である。その「多歓喜」について経に「常に諸仏および諸仏の大法を念ずれば、必定して希有の行なり。このゆえに歓喜多し」（同前）と言われています。

それについて、『十住論』は、諸仏を念ずるとは三世諸仏（然灯らの過去の諸仏、阿弥陀らの現在の諸仏、弥勒らの将来の諸仏）を念ずるから歓喜が多いのだと註釈しています。諸仏と諸仏の法といって、弥陀一仏に限定してはいません。しかし、「釈願品」第五において、「過去未来現在の諸仏の法は、皆これ一体一相なり。このゆえに、もし一仏の法を守護すれば則ち三世諸仏の法を守護するになるなり」（大正蔵二六・三〇・b—c）と言っています。善導大師もこの意を受けて「一仏の所化はすなわちこれ一切仏の化なり、一切仏の化はすなわちこれ一仏の所化なり」という言葉を書いておられます。これは親鸞聖人も引用されます（『教行信証』聖典二一七頁）。和讃でも、一仏に帰するのは、諸仏に帰するなりということが詠われてきますから（『浄土和讃』聖典四八二頁、「弥陀の浄土に帰しぬれば　すなわち諸仏に帰するなり　一心をもちて一仏を　ほむるは無碍人をほむるなり」）、一仏と諸仏とは、諸仏を一人ひとり全部念じていくとか、たくさんの三世の諸仏のすべてを念ずるとか、ということを言っているのではないのです。諸仏というのは、一仏を念ずるところに諸仏が包まれると言いますか、諸仏は一仏に代表されるとも言えるのです。

曽我量深先生は、群生というのは、我だとおっしゃいました。諸々の生、群生、衆生といっても私だと、私が衆生だと。こういうような言い方をなさったこともありました。これは、唯識の考え方もそういうところがあるわけですけれども、よくよく考えると、衆生と言っているけれど要するに、自分に映っている人間存在、それは結局自分であると。極端な話は、親鸞聖人とは誰であるかといったら、一人ひとり、私はこういただきます、私はこう思いますという一人ひとりの親鸞なのです。

たとえば親鸞聖人について、たくさんの著書が出ていますけれど、みんな親鸞像が少しずつ違うのです。共通ということはあっても、まったく同じではないのです。我々が同じ本を読んでも、一人ひとりのいただいたところが違ったり、感じたところが違ったり、それであなたの思っている親鸞さんを語ってみなさいと言ったら、みんな一人ひとり、少しずつ違うわけです。面白いものだと思います。つまり自分を語っているわけです。

諸仏といってみても、結局一仏であると。一仏が諸仏である。こういう考え方というのは、対象的に科学的に考えたら、よく説明できません。でも現代の科学になると、かえって仏教と非常に近いようなことを言っていることもあるのです。ともかく、実体がないのだということが、科学的にわかってきましたから。たとえば、光は波である、けれども量子でもある。どちらかであるのでなく、両方の性格を表している。だから、不一不異と言うわけです。そういうことがいろいろなところで、いろいろな場面で言われてきて、仏教が元々言っていたことと、言葉としては同じことを科学でもこのごろは言うようになっています。実体で考えているのは、我々が目に見えたとか、肌で感じたとかいうことを言っているのですが、それは人間の能力に感じ取られる内容であって、やはり人間の実体感があるわけです。何か名づけたら実体があると。実体のもとで人間はものを考えたり、感じたりしている。そういうことを仏教は根本から覆すわけです。

そういうことからすれば、一仏と諸仏とは何の矛盾もないのです。阿弥陀如来を念ずるということは、実は諸仏を念ずることと同じなのだ、諸仏の法界は平等である。そういうことをここで言われる。不思議な言葉だと私は思っていました。なぜこのようなことを言うのだろうと思っていました。

けれども、経典の名前でも、『大阿弥陀経』と言われる経典の名前を、親鸞聖人は、「諸仏阿弥陀」というふうに引いてこられます。これは阿弥陀が、「諸仏称揚の願」において阿弥陀になるということと、深い関係があるかとも思うのです。諸仏といっても、複数形ですけれど、複数形と単数形が矛盾しないと言いますか。「証巻」にも、阿弥陀如来は「報・応・化種種の身を示し現わしたまうなり」（聖典二八〇頁）とあります。無数の報・応・化種種の身を現して全部阿弥陀であるという。ああいうわかったような、わからないような言葉というものも、仏教の存在感覚と言いますか、そういうものが背景にあるのではないかと思うのです。決してあれは『観経』の真身観に出てくるような、阿弥陀が無数の光の中に、無数の仏を現してくるというようなことをおっしゃっているわけではないと思うのです。そういうことが、背景にはあるかも知れませんけれど、真実証、つまり大涅槃が生みだしてくる、無数の仏の世界と阿弥陀とが別のことではないと言いますか。そのようなことが、いただかれてくるのではないかと思います。

南無阿弥陀仏による無生忍

ここに「念必定の菩薩」ということが出ています（『教行信証』聖典一六三頁）。それは「もし菩薩、阿耨多羅三藐三菩提の記を得つれば、法位に入り無生忍を得る」（同前）からであると。初地に入ることは、「必定」の確信を得ることであり、それは「無上菩提の記を得る」ことだというのです。授記とは、仏陀在世のときなら、釈尊が弟子に成仏を確定したという証明を授けることであったのですが、時代が経ってその確信を求める要求に、菩薩の初地が応えてくるのだということになったのでしょう。その記を受ける位を「無生忍」と言っています。無生の法とは、滅度とか涅槃とか無為法と言われるものであり、大菩提の智恵の内容であるとされています。だから、「無上菩提の記」を得るなら、涅槃を確定し、必ず成仏するという信念を獲得するのだ、ということが、「無生法忍（無生忍）」とされているのでしょう。

これは、『歎異抄』に、何で唯円房がそういう理解をしたのかなと思うことがあるのです。『歎異抄』はとても尊い聖教ですから、私は特別批判したいと思うわけではないのです。けれども、寺川俊昭先生が、『歎異抄の思想的解明』（法藏館、一九七八年）で、『歎異抄』と親鸞聖人の晩年の「仮名聖教」との差異ということを出してくださいました。確かに、「仮名聖教」と『歎異抄』には落差があると思います。『歎異抄』第十四条では、無生忍が、命終すれば、「もろもろの煩悩悪障を転じて、無生忍をさとらしめたまうなり」（聖典六三五頁）とあって、どういう解釈をするかによっては、親鸞聖人と矛盾しないように、いわゆる会通と言いますか、そういう解釈ができないわけではないでしょうけれども、文字通りに読んだら、どうもやはり定聚の位と無生忍とは位が違うという文章表現です。

ところが、親鸞聖人では現生正定聚という理解と、真の仏弟子の内容としての聞名得忍、すなわち御名を聞いて無生法忍を得るということとは、別のことではありません。善導大師は、韋提希の得忍、無生法忍を得るということは、第七華座観というところに見るわけです。第七華座観のところに「法蔵比丘の願力の所成なり」という言葉が出てきます（『観経』聖典一〇二頁）。しかし無生法忍という言葉は、『観経』の文からすると、第七華座観には出てこないのです（聖典一〇六頁）。けれど、善導大師は第七華座観で「住立空中」の無量寿仏を見るところに「見仏得忍」すると言っている（『観経疏』真聖全一、四六一頁）。

韋提希は凡夫だと『観経』の初めに押さえられています。そして、善導大師は、さらに韋提希は「実業の凡夫」というようにわざわざ言うのです。「実業の」というのは、現実に業の果報を生きている迷える存在だということです。善導以前の解釈だと、韋提希は大権の聖者だという。つまり本当は勝鬘夫人のように立派な大師なのだと。大師がたまたま凡夫の形を取って現れているだけで、本当は凡夫ではないのだという解釈が善導以前の解釈です。善導大師は、そうではないと。本当に愚かな凡夫なのだ。凡夫の女性として教えを聞いてくださったのだと、こういうふうにわざわざ言うわけです。我々はもう当たり前みたいに韋提希は凡夫だと思っていますけれど解釈によっては、あれは本当は我々を教えるために形を取ったけれども、元々は大権の聖者なのだという理解もあるわけです。でも実業の凡夫だと。実業の凡夫だけれども、第七華座観で、つまり仏陀の教えを得て、本願に触れるところに、得忍するというのが『観経』の教えだといって、無生法忍というのを喜悟信の三忍ということで、喜びと悟りと信の三忍だと善導大師は解釈していること（『教行信証』聖典二四八頁）を、「与韋提等獲三忍」（聖典二〇七頁）と親鸞聖人は「正信偈」で言われるのです。韋提と等しく我々も三忍を獲るのだと。明らかに親鸞聖人は無生法忍を我々は獲るのだと言っておられます。

それなのになぜ命終することを条件に入れて、つまり死んでから後で獲るのだということを言うのかなと思うのですが、どうしても人間にはこう考える傾向があるのです。浄土教に触れた途端に何でも向こうに持っていってしまう。世間の発想と同じ発想をしているわけです。何か積み上げてどこかへ往くという。どれだけ聞いてもそういう分別の根が抜けないと言いますか。根本のところに気がつかないという問題が人間には残ると思うのです。いわゆる堕落態の浄土教にしてしまう。自分は愚かだから何にもできない。死んでから後と、みんな未来に持っていってしまう。

親鸞聖人は、そうは読まない。我々が本願を信受すれば、真の仏弟子なのだということを言われるわけでしょう。だから釈を名告っていいのだと。凡夫の位に矛盾せずに、正定聚が与えられる。だから「聞名得忍の願」をわざわざ引いて、真の仏弟子の利益だということを押さえておられるわけです（聖典二四五頁）。こういうことは、何でもないようですけれども、非常に大事なことではないかと思うのです。

今までの解釈ですと、『歎異抄』があるものだから、ずるずるっと無生法忍を我々は現生で獲るのではないのだと言うのでしょうけれど、無生法というのは、曽我先生は無生無滅の法だと。我々は有為ですから生滅のいのちしか生きていないではないかという遠慮もあるけれど、無生法というのは「南無阿弥陀仏」なのだ、だから名号の信心があれば無生法忍なのだと。無生忍というのは、だから大行に触れる信心は無生法忍なのだという理解です。

なかなか「南無阿弥陀仏」が無生法と言われてもよくわからないのですけれど、でも、「南無阿弥陀仏」は言葉になった如来だと。そのまま一如宝海から形を表したのだと。形を表しても真実功徳であって、大涅槃を具しているような用きだというわけです。それに触れれば無生法忍をいただくのだという。自分で獲ようとして取るものだと思うから死後だというふうになるけれど、たまわるものだと。我々の事実は、本願を信ずる、「南無阿弥陀仏」をいただくということだけれども、そのことの意味には無生法忍をいただくという意味があるのだと。こういうことを親鸞聖人は押さえられるわけです。

続いて「希有の行を念ず」という語が出されます。必定の菩薩の第一希有の行を念ずるのであると。「諸仏および諸仏の大法を念ず」ることが、希有の行だと言ってきたから、それを第一希有の行であると言う。その行を念ずることで、心に歓喜を得るのであると（聖典一六三頁）。

次に短いが大事な言葉が出されています。それは、凡夫人でも、諸仏の大法等を念ずれば歓喜が多い、それと初地の菩薩の歓喜とは何が違うのかという問いに対し、その差に転輪王の王子の喩えが使われます。必定の菩薩が諸仏を念ずるときには、「無量の功徳」がある。それは「初地を得、必定の中に」あるからだ、そうでないものには、この心はない。「我（中略）必ず当に作仏すべしと」（聖典一六四頁）と言って、転輪王の王子が転輪王の家に生まれたなら、転輪王の相を持っているから、転輪王の功徳尊貴を念じて、自分もきっとこの功徳尊貴を得るだろうと思って、心大きに歓喜するだろうと。この確信が不動の喜びなのだと。自己の信念の内容が「必定」としてどのような情況にも不変であり確固不動であることの喩えとして、転輪王の王子が転輪王になることを信ずる場合を出しています。

信力転増上

それから次は「浄地品」です。これは「十地品」のテーマとして、初地の行だけではなくて、浄地ということは、その地ごとに二地も三地も四地も、地を得たら地に住して、地を浄める。浄地するということが菩薩行として必ず論じられるわけです。

ここの「浄地品」は、「浄治初地」（初地を浄め治む）、初地の浄地の行が出されるところです。引用はその最初の部分です。

そこに出てくる言葉として、信の力が増上するということが出ていて、「信力転増上　深行大悲心」（大正蔵二六・二八・c）という経の言葉を解釈する。そのときに、「聞見するところありて、必受して疑いなければ「増上」と名づく」（『教行信証』聖典一六四頁）と。聞と見と。聞見というのは、親鸞聖人は『涅槃経』の言葉としては「真仏土巻」に引用されますけれど、聞くということは、耳で聞くだけではない、言葉を聞いて、お心を聞くと言いますか。「信巻」で言えば、仏願の生起本末を聞くと書いておられます。本願がなぜ立ち上がってきたのか、本願がなぜ我々に呼びかけるのかを、自分で頷いていくことが聞くということだと。見るとは何か。見仏ということが言われるのです。見仏は、菩薩道や修行僧にとっては目的なのです。

見仏、仏を見ようというのは、肉眼でこの世の意識で見るのではありません。だから目は半眼にして、坐禅して、あるいは半眼にして遊行して、歩き続けて、歩き続けている中で仏を見るということは、三昧の中に入って仏に出遇うという意味を持ってくるわけです。見仏ということが、行者にとっては非常に大事な目的なわけです。

　仏さまに出遇うという、そのことを『浄土論』「解義分」の初めでも、観・見・願生と言っています。浄土を観察していくうちに、仏を見るのだと。そして、いよいよ願生するのだと。その場合の願生というのは、曇鸞大師は、何で大乗の仏教に帰した天親菩薩が生と言うのかと。だいたい大乗仏教では生は不生であると。生は、生まれないことが生なのだと、生即無生だと、何だかわけのわからないことを言いだすわけです。それなのに、何で願生と言うのかと。迷いではないかと。こういう問いを自分から出して、生と言わざるを得ないのだということを曇鸞大師は言うわけです（聖典一六九頁）。大乗仏教の議論というものを押さえた上で、本願の教えというものを依り処として、願生ということを言われます。でも願生というのは、「得生の者《ひと》の情《こころ》」（『浄土論註』真聖全一、三二七頁）だと言うのです。生まれたことのない者は願生なんかできないのだ。この世では、まだ生まれたことのないところでも願うということがあるのです。行きたいなと。行ったことがないから願うわけです。もっとも、行ったことがあっても、また行きたいなというのもありますけれど、でも本当は行ったことがあるから、行きたいのです。全然行ったことがないところというのは、わからないから、願いがまだ単なる妄念というか観念でしょう。行ったことがあるから、また行きたいという場合は、比喩的に言うなら勅命です。呼んでいるから行きたいというわけです。

　浄土の場合は、得生者の情だと。生まれたことがあるから願うのだと。願生と言うけれども、もう生まれているのだと。これは一般的な議論としては、よくわからない話です。生まれているのに、何で願生するのかと。でも宗教的要求と言いますか、本願が願生と呼びかけるのは、そういうことなのだと。つまり本来に帰れということなのだけれど、本来というのは、今あることと別ではない。本当はすでにあるのだけれども、今は見失っている。それを智恵を通して回復する。凡夫は単なる凡夫ではない、本来仏だったみたいな話になると、何が何やらわからなくなります。でもそういうところがあるのです。大乗仏教として願生するというときには、単なるわからない世界へ往くのではありません。本当は本来そこに生まれている世界を回復するのだと言いますか。だから善導大師は故郷だと言うわけです。「帰去来《いざいなん》、魔郷には停まるべからず」（『教行信証』聖典二八四頁）、帰りたいと。帰去来というのは、詩人が詠う故郷への思いです。そういうことが、大事なのです。人間は、本当はどこに行くのかわかりません。しかし、何か本当の場所に帰りたいという要求を、教えを通して呼びかける。本来だとか、自己の本来の面目とか言われても、何のことやらわからない。禅では、本来の面目と言ってわかるようですけれど。父母未生以前の自己と言って、母親・父親から生まれる以前の自分、そういう自分に帰れと言うわけです。我々凡夫は本来と言われても、凡夫から生まれてきているから、凡夫に帰ってもしようがないのです。でも本当は凡夫がどこか本当に帰りたいという世界は、凡夫の世界ではない世界なのです。それを教えとして呼びかけているわけです。凡夫の世界に傷つき破れて、もう凡夫の世界はたくさんだと思えと。でも、凡夫には世間を本当にいやだとは思えないのです。凡夫はやっぱり凡夫の世界はいいと思っているわけです。傷つこうと、破れようと、悩もうと、苦しもうと、凡夫の世界はいいと思っている。でもそれだけでは本当は満ち足りないのだぞと。休息の話と同じで、そういうふうに呼びかける。そのために願生せよと。

それはそういうことなのですが、「「信力増上」はいかん。聞見するところありて、必受して疑いなければ「増上」と名づく」（聖典一六四頁）。「「信力増上」はいかん」というのは、「信力転増上　深行大悲心」（大正蔵二六・二八・c）という経の言葉の釈論です。その「信力転増上」について、「（信力増上とは、）聞見するところありて、必受して疑いなければ「増上」と名づく」（『教行信証』聖典一六四頁）と言い、だんだん聞いて見られるようになってくる。これは修行して得ていくという立場で言えば、聞いて見るということを繰り返し求めて修行して、少しずつ少しずつ見えてくるような言葉なのでしょうけれども、親鸞聖人は、それはそういう言葉の背景に、本願力が向こうから現れてくることをいただいていこうとされるのではないかと思うのです。

その増上に「多と勝」と註釈され、その信力が転増するから、その信力で「諸仏の功徳無量深妙なるを籌量して、よく信受す。このゆえにこの心また多なり、また勝なり」（同前）とあるのを引用して、初地の歓喜が信心によってますます磨きだされることを述べられるのです。

深行大悲心

その後に、「深行大悲心」という経言の語を引いてきます。この語も一応は菩薩道の行の内容の言葉なのですが、親鸞聖人はこの語によって、現生十種の利益に「常行大悲の益」を数えています。常行大悲とあるから、自分で大悲を行ずるのだと、そういう展開なのかなと思ってしまいがちなのですが、もちろん菩薩道としての常行大悲は、そういう呼びかけなのでしょう。でもいただく側として読む。常に如来の大悲が行じてきている。大悲の用きが我々に呼びかけてきている。それを行ずるというのは、名号を称するという、名号をいただくことにおいて、大悲に照らされる身であることをいただくという、そのことが、その信心がもう常行大悲なのだと。自分から大悲を行じに行くのではなくて、自分が大悲の行ずることをいただくと。信心の利益として常行大悲の利益があると。どうしても、人間は自分から何かをするという発想が抜けないのです。もうすでにここにたまわりてあるという発想においていただくのだ、と親鸞聖人がいくら言ってくださっていても、いただいて自分から能行するというふうに発想してしまうのです。

この場合は、大悲を求道者が起こしてそれを行ずるというのではありません。『浄土論』が性功徳で「正道大慈悲　出世善根生」というのを、曇鸞大師が註釈して「慈悲に三縁あり」（『教行信証』聖典三一五頁）として、大悲は無縁であって仏の心なのだ、とされています。我ら凡夫は「小慈小悲」すらおぼつかないという愚者の自覚に立つとき、大悲は如来が衆生を愍念《みんねん》する心を現すのだと受け取ることができましょう。その眼でここの言葉を見れば、「深く」というのは、凡夫の心ではありません。「深く」は如来の「骨体に徹入」するような痛みの心だと感ずるのでしょう。行の内容は、先に押さえられていたように「諸仏および諸仏の大法を念ずる」ことであり、弥陀の本願に照らせば、「諸仏称名の願」こそが、諸仏共通の大法であり、そこに大悲が顕現しているのだから、大悲を御名に信受することが、「大悲を行ずる」ことになると知らされるのです。

さらに、個人に現れてくる意欲には、深く大悲が用いていて、その深層にもよおす願心に気づけば個人の努力意識ではなく、仏の御名の用きが「衆生を愍念すること骨体に徹入する」（聖典一六四頁）ような深みの大悲の現れとして、個人の愚かさをますます教えてくるのではないでしょうか。「一切衆生のために仏道を求」（聖典一六五頁）めることは、法蔵願心の深みです。この願心に突き動かされて生きることに、常行大悲の意味を与えられてもくるのかといただかれることです。

他利利他の深義

繰り返し繰り返し、親鸞聖人は利他というのは如来の大悲だと言われます。人間の分際でするのではない、利他は如来の用きであると。でもその利他という言葉を聞いた途端に、ああ利他なら、自分が何かを他人にしてあげるのだと思ってしまう。それが人間の自力の癖です。自利利他の行は菩薩道として、皆菩提心を持って立ち上がれという呼びかけですから、元々は自分がさとろうとするとともに、他の衆生をたすけなさいという呼びかけです。自利利他円満せよと、そういう菩薩道の課題を求めてもできない。そういう愚かな身でどうするのか。もう自分には仏法は成就しないのだ、仏法ではたすからない、地獄行きだと思ったときに、そういうお前をちゃんと本来に帰してあげようという本願の呼びかけを聞く、そういう用きをいただいて、それを信ずる。信じてその本願の用き自身がもう自利利他円満の大行をくださると。自利利他円満の用きの中にお前は包まれてあるのだと。むしろその本願の用きを、お前は証明する場になればいい。こういうふうに親鸞聖人は聞いて、そのことを語っておられます。だから常行大悲の用く場が凡夫である、凡夫として本願を信受することが、もう常行大悲の利益なのです。こういう言葉が出ると、必ず自分からする発想で言葉を理解し直して解釈してしまう。これは人間の癖です。その言葉を親鸞聖人は常に自分が利他を受ける、自分がいただく、衆生からすれば他利だと。衆生からすると衆生が利せられるということはあると。

他利利他も誤解があるのです。「他利利他の深義」（『教行信証』聖典二九八頁）についての、根本的な間違いの理解が、流布していることがあるのです。「自利利他」は菩薩道の課題であり、これを成就して成仏するとされるのですが、曇鸞大師はことさらに「衆生より言うのであれば他利（他すなわち衆生が利せられる）」と言うべきであり、「利他」（他を利益する）と言い得るのは如来の力のみなのだ、と釈しています（『浄土論註』真聖全一、三四七頁）。

他利というのは、これは鈴木大拙訳『教行信証』も註釈書を読んで、そこを間違えて翻訳しているので、困っているのです。山辺習学・赤沼智善の『教行信證講義』（第一書房、一九一三年）が初め間違っていたのです。誰かに指摘されたものだから、現行の版では両説あるみたいに書いているのですが、両説ではありません。間違いは直さなければいけないのです。自分で決められないものだから、両説にしているのですけれど、他利利他というのは、曇鸞大師が「自利利他して、速やかに阿耨多羅三藐三菩提（無上菩提）を成就する」という天親菩薩の言葉を、「自利利他して、速やかに」とあるけれど、利他ということについて、「他利と利他と談ずるに左右あり」と言って、衆生からすれば他利だと。仏よりしていえば利他だとこう言っている（『浄土論註』真聖全一、三四六―三四七頁）。その衆生からすれば他利だというのを、衆生からすれば如来が利してくださるのだ、だから他は如来だと、こういう註釈をしてしまっているのです。これは根本的な間違いです。

他利も利他も他は衆生なのです。如来からすれば利他であって、他を利するということであって、衆生からすれば他が利せられる。他利です。中国語で、上に名詞があって下に動詞があった場合は、日本語にした場合は受身形で読むという文法があるのです。他が利するという中国語はありません。他が利するなら目的語が絶対必要なわけです。誰を利するのかという。

ところが、日本人が読んだ場合は、他が利する、その他は如来が利するのだ。もしそう読むと、目的語がないのです。一人で如来が利するとは、どうやって利するのですか。自利は自分が利せられる。他利は他が利せられる。もし「如来が利する」と読む読み方をするのならば、自利は自が利する、ということになります。

そうではありません、自が何かを利するというわけではありません。目的語がないのですから。自がみずから利を得るわけでしょう。だから自は利せられる。他利とは、他が利せられる。だから「自利他利」という翻訳もあるのです。菩薩道は自利他利だという翻訳です。世親菩薩の著作で、翻訳されたものの言葉にもそういう翻訳があって、他利も利他も元々は同じ意味なのです。でも曇鸞大師はそれを取り上げて、他利と利他とは違うのだとあえて言って、他が利を得るということと、他を利するということとは違うのだと押さえて、他を利するというのは如来の仕事だと。如来からすれば利他と言い得ると。しかし、衆生からすれば他利なのだ、他が利せられるということなのだと。こういうふうに曇鸞大師が言われたことを、親鸞聖人は「他利利他の深義」と押さえたのです。

そうでなかったら、利他は衆生を利益するのが如来の仕事だと。他利は如来が（衆生を）利益するのだ、と言うのだったら何にも深義がない。同じことを二度言っているだけです。他利と利他と同じことになってしまいます。他利を如来が利すると読むのなら、何が、左右なのか。他利と利他とはまったく相違しているのだと。意味が違うのだということを、わざわざ曇鸞大師が註していることを親鸞聖人は、ここに深い意味があると。我々は徹底して利他をいただく立場に立つ。利他というのは如来が我々を利益してくださる。この立場をいただけというのが曇鸞大師の指示なのだと。だから他利利他の深義とおっしゃるわけです。これは、間違って理解している学者もいることですから、そこをよく考えてください。

これは私が言いだしているわけではなくて、大谷大学第二代学長の南条文雄（一八四九―一九二七）先生のお父上、と言っても南条文雄先生はご養子ですから、義理のお父さんが言っておられるのです。越前の南条という里がありますが、この南条という里のお寺のご住職をしておられた南条神興（一八一四―一八八七）師はご講師でした。その方がここの註釈を『浄土論註』の講義でも『教行信証』の講義でも今までの理解は間違っている、ということをきちっと押さえて、そう言っています。

疑問に思ったらそういう講録（『広文類論草』『往生論註講判』）を引きだして読んでみてください。非常にていねいにここのところを押さえておられます。それは松原祐善先生がそのことをおっしゃっておられました。

大拙師は山辺・赤沼に依ったものですから、山辺・赤沼は『教行信証講義』を法藏館で再版（一九五一年）するときに、指摘を受けて両説並記にしているのです。でも間違いは消さなければいけないのです。読む人間が誤解するのです。山辺・赤沼を正しいと思い込む。間違いを指摘されているのにそれが無視されている。そういうこともあります。

横超の菩提心

『十住論』では「易行品」に先立って、「釈願品」第五、「発菩提心品」第六、「調伏心品」第七、「阿惟越致品」第八と次第して、初地の課題を菩提心の歩みとして展開しています。阿惟越致（不退転）の利益を、すでに「無上菩提の記」を受けるのが初地に入った菩薩の功徳であるから、それを確保できるのかどうかと、その功徳を本当に自覚的に不動の信念にする歩みが語られ、その展望の中から「易行品」が導きだされてきているのです。もし興味のある方は、『十住論』を本文に沿って、読んでいただけるといいと思うのです。

そして、その「易行品」の初めに、「諸の難行を行ずること、久しくしてすなわち得べし。あるいは声聞、辟支仏地に堕す。もししからばこれ大衰患なり」（真聖全一、二五三頁）と出されています。ここで声聞、辟支仏地という二乗の問題を、龍樹菩薩は早くにさとりを開きたい、究極点に早く行ってしまいたいという利己的な要求として押さえているわけですが、それは菩薩道としては大衰患であると。こういうふうに言って、結局行者が行じていこうとすると、困難な行道と長い時間とに耐え切れなくなる。人間は時間存在ですから、時間の中で、菩提心を明らかにしようとすると、時間の中で疲れてしまう。あるいはどれだけ激しい菩提心であっても、自分自身を疑いだす。時間の中で、結果が得られないということから疑いだす。いわゆる「諸・久・堕」という二乗への退転の危機です。そういう問題が菩提心の根本問題なのです。諸というのは、諸行。いろいろ行法があって、それに迷います。久とは、時間が久しくかかること。ここに、疲労とか倦怠ということが起こります。堕とは堕落、誘惑に負けるということです。

二乗地に堕するは、菩薩の死であるということが言われ、「二乗地に堕せば、すなわち大怖畏とす」(『十住論』真聖全一、二五三頁)とも言われています。ですから、疾く阿惟越致地に至る方便があるなら、教えて欲しいという要求が出され、それを「儜弱怯劣」だと叱咤して、「発願して仏道を求むるは、三千大千世界を挙ぐるよりも重し」(真聖全一、二五四頁)ということなのだから、手っ取り早い道を探すというのは、「怯弱下劣」であると叱りつける。その上で、それでも聞きたいというのならと、易行を説きだす。そこから、親鸞聖人は引用を始められます。

したがって易行の問いは、菩薩道の問いの中からやむにやまれぬ要求として出されてはきますが、その答え方は言わば菩薩道の落第者にやむを得ず応答するかのような扱いです。ですから、法然上人は『十住論』を「傍明往生浄土之教」に位置づけられました。ところが、それこそが大悲の願心が凡夫に大行を呼びかける深意だと見られたのが、親鸞聖人だったのではないでしょうか。法然上人は、「三輩章」において、『無量寿経』の三輩に通じて「一向専念無量寿仏」とあることが、専修念仏の証文であるから、そこに説かれている「発菩提心」も他の諸行同様に「廃捨」することが仏の意図だと見られました。しかし、菩提心がないなら、仏になる可能性がないことになるから(菩提心が菩提になることが仏陀なのだから)、明恵上人が激しく非難するのも無理はありません。それを親鸞聖人は、自力の菩提心は雑行の因であるから、真実報土には不要であるけれども、真実信心は他力横超の菩提心であるのだから、報土の真因たり得るのである、という新しい根源的な求道の論理を打ちだしたのです。

横超とは、如来の願力を表すのですが、菩提心ということは菩提心が歩む菩薩道を何らかの意味で展望していることに相違ありません。曇鸞大師も『無量寿経』三輩段の理解を通して、願生心は菩提心であることを言っています。単なる「為楽願生」は菩提心ではないから、浄土に生まれることはできない、とまで言われています（『浄土論註』真聖全一、三三九頁）。親鸞聖人は他力の信心は横超の菩提心であると言い、

浄土の大菩提心は　願作仏心をすすめしむ
すなわち願作仏心を　度衆生心となづけたり
度衆生心ということは　弥陀智願の回向なり
回向の信楽うるひとは　大般涅槃をさとるなり
如来の回向に帰入して　願作仏心をうるひとは
自力の回向をすてはてて　利益有情はきわもなし（『正像末和讃』聖典五〇二頁）

と詠嘆されていますが、願作仏心・度衆生心を成就して大涅槃をさとるという仏道の課題を、一切衆生に成就させずにはおかないという願心が、法蔵菩薩に兆載永劫の修行を呼び起こす。この大菩提心の功徳が、念々の称名憶念に内具する光明の作用となる。「自力の回向をすてはてて」とは、自力の菩提心の進展を全廃して、本願力に帰入せしめるところに、永劫の修行のご苦労が実ってくるのだ、ということでしょう。

先に『悲華経』が引文されていましたが、この経の語る菩提心の終わることなき歩みを、法蔵菩薩が根底において担っているのだという信頼と、その法蔵願心が担った菩提心の永劫の修行が、信心の果相としての「至心」に回向されて、それに値遇するところに私たちが自力の回向を初めて捨てることができるのだ、というのであろうかと思います。ともかく、自力の執念は深く我ら凡愚に巣くっているから、それを

自力で捨てることなどはとてもあり得ません。しかし、その立場の菩提心は人間の一生などではとても成就できません。「三千大千世界を挙ぐるよりも重」いような課題を、一念に成就して我らに与えられるなどとは、とても信じられません。だからその深い疑いを突破するために、やむことのない願心の用きが、大悲をもって歩み続け、自力の執心に気づかせて一念の信心に入らしめようというのでしょう。そこに、兆載永劫の修行がかかっているのだ、ということであると思います。

有限の身を自覚せよ

「易行品」の本文に入りますと、

仏法に無量の門あり。世間の道に難あり、易あり。陸道の歩行はすなわち苦しく、水道の乗船はすなわち楽しきがごとし。菩薩の道もまたかくのごとし。あるいは勤行精進のものあり、あるいは信方便の易行をもって疾く阿惟越致に至る者あり。(『教行信証』聖典一六五頁)

易行を語りはじめるに当たって、世間の道に難・易があるように、菩薩の道にも易しい道があって、「信方便の易行」がそれである、と言われます。そして、

もし人疾く不退転地に至らんと欲わば、恭敬心をもって執持して名号を称すべし。もし菩薩この身において阿惟越致地に至ることを得、阿耨多羅三藐三菩提を成らんと欲わば、当にこの十方諸仏を念ずべし。(同前)

と続きます。称名の易行が「この身」において不退転地を得るという要求に応えるものであることを押さ

えています。自力で不退転地を求めるなら、永劫の時間に耐える願心が必要であり、今生に成就するなどということは保証されません。つまり、こういう展開をして、「この身」での成就を求めよ、有限の身を自覚せよ、ということが裏の意図なのではないかと思われます。

そして「疾く不退転地に至」る方法として、称名または聞名が言われ、その中に「阿弥陀仏の本願」が出され、「もし人、我を念じ名を称して自ずから帰すれば、すなわち必定に入りて阿耨多羅三藐三菩提を得、このゆえに常に憶念すべし」（『教行信証』聖典一六六頁）と。「即時入必定」ということが言われ、「このゆえに我、かの仏の本願力を帰命す」（同前）と、聞名一般から、阿弥陀の本願力への信念に自然に入っていくように説かれています。

第五章　『浄土論』『浄土論註』の引文

第一節　『浄土論』成上起下の文

往還二種の回向をどう考えるのか

往相回向の行としての、真実行ということを明らかにしてみたいということで、親鸞聖人の『教行信証』「行巻」を、読み解く縁をいただきお話をすすめてきました。前（第三章第一節）にも言いましたように、「教巻」に「謹んで浄土真宗を案ずるに、二種の回向あり」（聖典一五二頁）とあります。浄土真宗ということをよくよく考えてみると二種の回向があると。ですから、親鸞聖人は二種の回向ということによって、法然上人が「南無阿弥陀仏　往生之業　念仏為本」（聖典一八九頁）と押さえられた課題を明らかにしようとされたと言ってもいいかと思うのです。

二種の回向と言いますと、これまでの通途の理解として、回向は如来の用きで、その力をつかって衆生が浄土と穢土とを往ったり来たりするのだ、という理解で何百年と来てしまっています。それが正しいことのように教えられていますし、それで考えようとしてきています。曽我量深先生、金子大榮先生のような方でも、往ったり来たりするという発想で考えようとされる。そうすると、往相回向というのは浄土に往く相《すがた》、還相回向というのは還ってくる相という理解になります。けれども、我々凡夫が自分で還ってきて、何かをするというのはおかしいと。

ではどう考えるかということで、曽我先生は「往還の対面」とおっしゃいました。自分たちは往くのだけれども、還相の相は向こうから来ると。ぶつかるところに信心を生ずるとお考えになりました。金子先生は、自分が還相するということを凡夫が言ってはいけないと。ですから、自分は往相するのだけれども、その後ろ姿をほかの人間が見るから、還相の用きもあるのだとお考えになられました。こういう考えは、わかりやすいといえばわかりやすい。そう考えておられる人が多いと思います。

けれども、それではおかしいのではないかと曽我先生は気がつかれて、「自己の還相廻向と聖教」（『曽我量深選集』第三巻、所収）という論文をお書きになりました。つまり、法蔵菩薩の還相と考えるべきではないかと。

法蔵菩薩の還相とは何だろうかと考えていくと、普通は混乱してしまうのです。けれども、還相の回向が聖教となってある、だから「教巻」は願が立てられないのだと。願を立てるならば、二十二願が立てられ得るのではないか。そういう考え方も一部にはあるのでしょうけれども、曽我先生はそのことを取り上げて、還相回向の聖教と言われた。聖教、教えというものは還相回向であると考えられました。

曽我先生の「自己の還相廻向と聖教」を手がかりにして、ご承知のように寺川俊昭先生が、「二種の回向あり」というのは、回向に二種の相があって、回向は如来の用きであり、その相は衆生の相だという話ではないのだと言われました。如来の回向に二種ありとは、往相回向と還相回向の、二つの回向があるのだ、と親鸞聖人が押さえておられます。このことを、まず考えなければいけないというのが、寺川先生が徹底してお考えになった立場です。今回の私の講義も、寺川先生のその教えを基本に押さえながら、もう一回考え直そうと問題提起をしているわけです。

そのことをいくら言っても、やはり衆生の相だということを直そうとされない方が、多いようですから、もう一回そのことについて、私なりに述べているわけです。

まず整理いたしますと、親鸞聖人は「往相の回向について、真実の教行信証あり」（『教行信証』聖典一五二頁）とおっしゃいました。教・行・信・証という形で往相の回向があると。親鸞聖人は「回向為首得成就大悲心故（回向を首として大悲心を成就することを得たまえるがゆえに）」（『浄土論』聖典一三九頁）という天親菩薩の回向門についての「解義分」の言葉をもって、これは自分が回向するのではない、大悲の回向だと受け止められました。ともかく五念門というものが背景にあって、その第五回向門について、親鸞聖人の回向のご了解が始まっているわけです。その回向という用きが、往相の回向として、「大行」ということを成り立たせる、こういう発想です。

大行というけれど、それはどこかへ行く発想ではありません。我々はどうしても「行」というと、行くという発想をします。行くのでなければ、行かしめる何かがあるから、それを使って自分が行けるようになる、という発想で「行」を考えます。ですから、念仏して浄土に往くと考えるわけです。親鸞聖人はそのようにおっしゃっているのでしょうか。

親鸞聖人は十七願を、「往相回向の願」と押さえられる。ですから、行というところに、如来の大悲が往相回向として、衆生に用きたいということなのでしょう。

『無量寿経』下巻は、十一願、十七願、十八願の成就という形で展開されています。これは、お釈迦さまがご自分の上に成り立った本願成就を語っているのだ、と理解されています。この行・信・証が往相の回向の内容であると、こういうふうにご了解になっています。そして、その往相の回向の願である必至滅度の願は、異訳の経典によって、「証大涅槃の願」という意味があると押さえられます。そして、真実証とは大涅槃であって、その中に還相回向が展開すると示されています。

二種回向の立体的、円環的関係

往還ということをどう考えるのかについて、安田理深先生も一代お考えになられました。「荘厳と回向」というテーマで、何回も講義をしてくださいました。私もその会座に何回も座ったのですけれども、一体何を言っているやらさっぱりわかりませんでした。何て言いますか、ぐるぐる回るので、お話の意味が理解できませんでした。そのお話の中に、往還というのはひとつには立体的であると。そして、円環的でもあると、言われたことがありました。

「往相回向の利益には　還相回向に回入せり」（『正像末和讃』聖典五〇四頁）という和讃があります。ですから往相から還相へという展開がある。運動的と言いますか、動的です。

そういうときに、これは天親菩薩の『浄土論』の展開では、五念門の因に対して五功徳門の果という、因果で語られています。こういうことを天親菩薩は語り、親鸞聖人は「自利利他成就の文」を「行巻」で引文してきます（聖典一六七頁）。

それから、「証巻」の途中から、『浄土論註』の文を還相回向の内容として引かれます。還相回向は曇鸞大師の『浄土論註』に譲ると言って、二十二願の引文すら、『浄土論註』に譲っているわけです。全部『浄土論註』をもって語らしめる。その最後に、阿修羅の琴の喩え、「阿修羅の琴の鼓する者なしといえども、音曲自然なるがごとし」（聖典二九八頁）という言葉を引用して結ばれます。それが「証巻」の還相回向の文です。その最後のところは「行巻」にも引かれます（聖典一九三頁）。ですから、行は往相回向だと言いながら、往相回向が真実証というものを生みだしてくる。その真実証の後半の還相回向の証文の中から、また行に還っていくような文章が引用されています。

法蔵願心が行として用き、衆生に真実信を呼びかけ、真実信を得れば、必ず真実証を得ると。大涅槃を得るのだと呼びかけて、その大涅槃の中には、還相回向の用きを孕む。そうすると、往相の回向というけれど、往相の中にもう還相の用きがあると。ですから立体的なのです。往相と還相が立体的である。同時にそれが全体として円環的である。立体的、円環的である。こういうふうに安田先生がおっしゃったことがありました。

称名信楽の願成就の文

ですから、まずは行を回向する。その行が衆生に響くところに、信が発起される。その信を得れば、証はもう必然である。必然であるということは、人間の努力とか条件とかが整ったら得るという話ではありません。信があればもう証だというのは、喩えるなら、自分で太陽に行くのではなくて、鏡を持てば太陽が映る。自分が鏡の心になれば、向こうはそのまま映るように、自分が証にいくのではないけれども、信を得ればもう証を映していくと言いますか。親鸞聖人の論理はそういう形になっています。

親鸞聖人がお書きになっている『浄土三経往生文類』（以下『三経往生文類』）には、一番初めに、「念仏往生の願因によりて、必至滅度の願果をうるなり」（聖典四六八頁）とあります。その場合の願因は行信です。そこに『三経往生文類』から称名信楽の二願という形で成就の文を引用しています。『称名信楽二願希決』という大変有名な講録もあるのですけれど、称名信楽の願という形で、行の願と信の願の真ん中に成就の文を挟んでいるのです。ですから不思議な引用の仕方です。行の成就、信の成就というふうに引用するのではなくて、行の願、行信二願の成就の文、そして信の願を引かれます。そういうところに行信というものは一体だというお考えがよくわかるわけです。「念仏往生の願因によりて、必至滅度の願果をうる」と、その因果を往相回向という形で、『三経往生文類』では押さえられています。そういう親鸞聖人の押さえ方を基本にして、考えなければいけないのではないかということです。

二種の回向に値遇する

そして、和讃では、

往相還相の回向に　もうあわぬ身となりにせば
流転輪回もきわもなし　苦海の沈淪いかがせん（『正像末和讃』聖典五〇四頁）

とおっしゃいますから、二種の回向にもうあうと。二種の回向、これに我々、凡夫は値遇するという形で、二種回向をいただくという発想が徹底しているわけです。

ひとつ親鸞聖人のお言葉を押さえておきたいと思うのですが、たとえば『三経往生文類』ですと『聖典』四七一頁五行目の言葉は、非常に大事な言葉だと思うのです。「如来の二種の回向によりて、真実の信楽をうる人は、かならず正定聚のくらいに住する」とあります。如来二種の回向によって、信楽を得るということは、二種回向によって正定聚の位に住することをいただくのだということです。

往還二回向に値遇する利益は、正定聚の位に住するという利益なのです。どこまでも、二種の回向は如来の回向だと。自分が往相したり還相の用きをするのではないのです。自分は二種の回向の用きをいただいて信を得る。信を得るのが利益なのです。またさらに真実信心の利益ということが「信巻」の中で明らかにされますけれども、正定聚に住するという利益が一番の中心です（聖典二四一頁）。正定聚に住する内容が、「冥衆護持」や、「諸仏護念」などいろいろな利益になるわけです。原点は正定聚に住すること。これが『三経往生文類』で押さえられています。

残念ながら真蹟はありませんが、『如来二種回向文』というのがあります。『如来二種回向文』という写本と『往相回向還相回向文類』という名前の写本があって、内容はほぼ同じですけれども、違うところもある。これは親鸞聖人が書いたものがないのは非常に残念なのですけれども、内容からすると非常によく押さえられています。

その『如来二種回向文』を例に出して考えると、「如来の回向に二種あり」とあります（聖典四七六頁）。これは『浄土論』の「いかんが回向する。一切苦悩の衆生を捨てずして、心に常に作願す、回向を首として大悲心を成就することを得たまえるがゆえに」（聖典一三九頁）という言葉を根拠として、如来の回向に二種ありと言われるのです。我々はそれに値遇する、この発想を崩してはいけないのです。

回向はいただいた、自分は往ったり来たりするのだというのは、何回も言っていますように、元の菩薩道としての課題は、往ったり来たりと表現されています。回向の因として往く。一切衆生と共に往く（利他）のです。自分一人で往く（自利）のではないのです。一切の衆生と共に往くということが回向門の理解です。そのために菩薩道では、一切苦悩の衆生に回向するのです。

おそらく親鸞聖人は、さんざん考えられ、法然上人に対して、「菩薩道として、もし『浄土論』を読むのならば、『無量寿経』の（信心の）論にならないではないですか。どうして、『浄土論』を正依の三経に並べて、「三経一論これなり」とおっしゃるのですか」という問いを出されたのではないでしょうか。

法然上人は、善導大師の「三心・四修」を、『選択集』に引用しておられます。この「三心・四修」についでは、念仏するなかにおのずから具せられるように考えていたようで、「一枚起請文」に「三心四修と申す事の候うは、皆、決定して南無阿弥陀仏にて往生するぞと思う内に籠り候う也」（聖典九六二頁）と述べられています。「南無阿弥陀仏」のほかに何かをするのではなくて、「南無阿弥陀仏」の中に三心も具わると。四修というのは、恭敬修・無余修・無間修・長時修です。真面目にやれということが言われているわけです。それも、おのずから具わるのだと法然上人はおっしゃる。不思議なことに、五念門について、善導大師は『往生礼讃』で引用されますが、法然上人はおっしゃっていません。けれども、「三経一論これなり」とおっしゃる。

たぶん、親鸞聖人は『選択集』付属を受けて、「どうしても自分には納得できない疑問があるのです」と、ぶつけられたのではないでしょうか。本願の救いをいただいて、念仏ひとつで往くというのならば、念仏の信心の中に五念門があると考えるべきではないかと。「南無阿弥陀仏」のほかに五念門を行じていくのならば、『観経』の定散二善のような自力の行になりはしないかと。念仏ひとつということと五念門とはどう関わるのかという問いは、親鸞聖人にとっては、抜き差しならない問いです。それを法然上人にぶつけて、「自分はこれを法蔵菩薩の行といただくべきだと思う」と言われたのではないか。どの時点で言われたかはわからないのですけれども、そういうことがあって、おそらく法然上人から新しい名前、天親、曇鸞から一字ずつ取った「親鸞」という名をいただいたのではないか、というのが私の『教行信証』の「後序」のいただき方なのです。

ともかく回向ということについて、往相回向、還相回向どちらも如来の回向だと。往相の回向について、『如来二種回向文』には行業と信心と証果とがある（聖典四七六頁）と、はっきりそういう押さえ方をしています。やはり同じように、「この悲願は、すなわち、真実信楽をえたる人は決定して等正覚にならしめんとちかいたまえりとなり。等正覚は、すなわち正定聚のくらいなり」（聖典四七七頁）云々とあって、「これらの大誓願を、往相の回向ともうすとみえたり」（同前）と結んできます。それから「還相回向というは」という内容は、『浄土論』の「以本願力回向故、是名出第五門」という言葉を引かれます。この言葉は、「証巻」の還相回向のところにも、「還相の回向と言うは」というところにも引いてきます（聖典二八四頁）。そして二十二願を引いて、「これは如来の還相回向の御ちかいなり。これは他力の還相の回向なれば、自利・利他ともに行者の願楽にあらず」（『如来二種回向文』聖典四七七頁）、こういうことを繰り返し押さえられるわけです。行者の願楽ではないのだと。凡夫の願楽ではないのだと。「「他力には義なきをもって義とす」と、大師聖人はおおせごとありき。よくよくこの選択悲願をこころえたまうべし」（同前）と、我らは聞く立場に立ちなさい、自分が往ったり来たりする話ではないのだということを、親鸞聖人は繰り返しおっしゃるわけです。

親鸞聖人自身の教えを本当にいただき直す

教義学がいつからそうなったかは詳しいことはわかりませんが、存覚師という方は、先（第三章第三節）にも言いましたように、聖道門の学問を修めています。覚如上人（親鸞聖人と恵信尼公の娘である覚信尼公の孫）が自分の父親ですから、親鸞聖人は自分にとっては高祖父に当たります。ですから、曽祖父の父である親鸞聖人の書いた『教行信証』を註釈されます。ところが、往相還相というのを、菩薩（菩薩となった衆生）が往還するというイメージを抜けでることができずに解釈されています。それが、その後の教義学を決定してしまったのではないか、と考えられます。親鸞聖人の言葉を、本当にいただくのではなくて、昭和の時代に入っても、戦争に負けた後でも、存覚上人の『六要鈔』を手がかりにしなければ、『教行信証』を読んではいけないという教義学だったのですから、どうしても往ったり来たりするということで説明しないと、教義学として許されません。親鸞聖人がおっしゃってはいないけれども、その発想でものを考えなさいというふうになっているわけです。

私は、親鸞聖人自身の教えを本当にいただき直すということを、七百五十回忌の大事な機縁としたいと思いますから、封建時代を貫いてきたような長い蓄積というものは、曽我先生の『歎異抄聴記』の喩えで言えば、山の岩峰の上にたくさんチリがたまったようなものだと。比喩ですけれど、たまった状態が今の状態なのです。我々はたまったゴミを本当だと思っていただいてしまっています。けれども、親鸞聖人がおっしゃった真意、つまり比喩的には岩峰を掘りださなければいけません。そういうことが可能になったのは、現代だからです。長い間、絶対にそれはやってはいけなかった。私は別にこれまでのご苦労を無にするつもりはありません。存覚師の後の蓮如上人のお仕事も大切なお仕事です。その時代には、その時代の大事なお仕事があります。

そもそも、覚如上人と存覚師とは大分違います。覚如上人が言っていることと、存覚師の言っていることとは随分違うから、親子でケンカしているわけです。それで、存覚師は本願寺の歴代からはずされたのです。けれども、『教行信証』の理解については、これを基本とせよと。ここにそもそも本願寺の教学のひび割れのようなものがあるわけです。

存覚師はともかく、覚如上人は往生については、「不体失往生」（『口伝鈔』聖典六六五頁）というような言葉まで出して、かなり親鸞聖人に肉薄しようとしておられます。けれども、どうかなと思う点もいくつかあります。そういう方を権威づけて絶対正しい、そういうふうにいただかなければ駄目だというふうにしてきたのです。教えの根本をしっかり尋ね直す必要があります。

そういうことは、昭和三十年代（一九五〇年代）まではまだ駄目でした。曽我先生はそれと闘って、異安心視される中で発言されていましたから、往還という言葉の往ったり来たりするというニュアンスを否定できないままに考えようとされました。ですから、言っていることが揺れるし、我々も読んでいてもよくわかりません。私がそのことを言いましたら、寺川俊昭先生は、それはやむを得ないと。やはりそういう教学の中で、悪戦苦闘してこられたのが曽我先生であり、金子先生であると。でも今我らは如来の二種回向としていただくべきであると寺川先生はおっしゃいました。私もそれに勇気をいただいて、あえて親鸞聖人のお言葉をしっかりいただきたいと思うのです。

ですから、これは、仮名聖教でも一貫していますけれども、我々に如来の本願が呼びかけるという意味は、往相回向なのだと。我々が往ったり来たりするのではないのです。我々はそれをいただくのだ。だから我々は本願の用きを受けたら、正定聚の利益を得るというところに立てばよい。選択本願からすればもう全部与えると。凡夫には大涅槃はわかりません。けれども大涅槃の利益を与えるのだと。

私たちは因果で考えます。原因をいただいて、結果はいつ来るだろうかと考えます。しかし、我々の眼が暗いものだから、本当は与えられていても見えないわけです。見えないからいつ来るだろうと。そうしたら目が閉じるとき、死ぬときには見えるだろうという話です。死ぬときに大涅槃が見えてくるだろうと。因果は如来の本願の因果ですから、我々の因果ではないのです。本願の因果だと繰り返しておっしゃるのです。それを我々の因果にしようと人間は考えます。原因をくれた、結果は自分で得るのだろうと考えます。原因も結果も如来の選択の本願です。「義なきを義とすと信知」（『正像末和讃』聖典五〇五頁）せよというわけです。そういうふうに教えてくださっていて、我々は回向と値遇するのだと。二回向との値遇ということです。

欲生心について

それから、もうひとつの難問は、先（第三章第三節）に触れました欲生心についてです。「信巻」の欲生心釈、欲生心成就の文をご覧ください。

至心回向したまえり。かの国に生まれんと願ずれば、すなわち往生を得、不退転に住せんと。唯五逆と誹謗正法とを除く、と。（聖典二三三頁）

つまり如来の回向をいただいて、「願生彼国　即得往生　住不退転　唯除五逆　誹謗正法」ということが、衆生に成就するのだと。そして、その次に『浄土論』（論註）に曰わく」といって『浄土論註』を引かれます。「云何が回向したまえる」という『浄土論』の言葉を引き、往相還相という言葉を出されます。

往相は、己が功徳をもって一切衆生に回施したまいて、作願して共にかの阿弥陀如来の安楽浄土に往生せしめたまうなり。（同前）

と。これが往相だと。往相というのは利他回向の用きです。決して自利ではありません。つまり法蔵願心の用きとして往相の回向をいただいているわけです。そして、

還相は、かの土に生じ已りて、奢摩他・毘婆舎那・方便力成就することを得て、生死の稠林に回入して、一切衆生を教化して、共に仏道に向かえしめたまうなり。もしは往・もしは還、みな衆生を抜きて生死海を渡せんがために、とのたまえり。（同前）

とあります。還相の回向も法蔵願心の回向なのです。我らは如来の往還二回向に値遇するのです。自分で還相するのではないのです。だからわかりにくいわけです。その次にまた『浄土論註』の「浄入願心章」の文を引用されます。

この三種の荘厳成就は、本四十八願等の清浄の願心の荘厳したまうところなるに由って、因浄なるがゆえに果浄なり、因なくして他の因のあるにはあらざるなりと知る応しとなり、と。（聖典二三四頁）

我らの因果ではない。凡夫の因果ではないのだ、法蔵願心の因果なのだということを繰り返しおっしゃっています。そして次に『浄土論』の出第五門の言葉を引用されます。

「出第五門」とは、大慈悲をもって一切苦悩の衆生を観察して、応化の身を示して、生死の園・煩悩の林の中に回入して、神通に遊戯し教化地に至る。本願力の回向をもってのゆえに。これを「出第五門」と名づくとのたまえり、と。（同前）

「神通遊戯」の用きをもたらすものが本願力であるということで、「出第五門」が押さえられます。ですから法蔵願心の用きなのだということを、徹底していただく、聞く立場なのです。それで、我々に成り立

つのは真実信心であると。

つまり何で曽我先生が、欲生心を、三心（自相・果相・因相）のうちの因相に当てられたか（信楽は自相、至心は果相）ということは、先（第三章第三節）にも言いましたけれど、我々が信心を得たら欲生するのだと考えると、自分で浄土に往って自分で還ってきて衆生を教化するのだということになります。これは、法蔵願心を利用して自分でやるという話になるわけです。そういう発想は間違っていると、親鸞聖人は徹底しておっしゃっているわけです。

しかし解釈学の中に、特に存覚師の解釈の中に、そういう傾向がときどき出ています。その影響と言いますか、一遍そういう味をつけてしまうと、皆そういう味にしてしまうと言いますか。それが教義学の伝承になってしまったと私は思うのです。これに抵抗できるのは、現代だからです。百年前でしたら、僧籍剝奪、お前は蟄居、言葉を出すなどと言われてしまいます。三河の了祥（一七八八―一八四二）師は、香月院深励（一七四九―一八一七）師に楯突いたと見られて蟄居、三河の国を出るべからずということで、あの方は死ぬまで名誉回復がなかったのです。明治時代になって、ようやく名誉回復して、妙音院という院号までもらわれました。亡くなって、数十年も経ってからもらってどうするのかと思うのです。そういうことがあったのです。封建教学の恐ろしさです。正しいことを言っても、そういう目に遭うわけです。ですから、教義学が権威主義という鎧を着ていた。そういう伝承であったのは、それは、しようがないといえばしようがない。ある意味で歴史の必然です。けれども現代にそれが正しいとして、また引き継いでいては親鸞聖人に申し訳ない。七百五十回忌ですから、これを機に、大谷大学が「親鸞像の再構築」という課題を出しているように、もう一回親鸞聖人、その人をいただき直そうではないかということで、わかったことにしないで出発したいと思うのです。

親鸞聖人のお言葉は本当に謎が多いです。親鸞聖人ご自身は、自分は凡夫だとおっしゃり、凡夫の立場で書いておられるのですけれども、なかなか、おっしゃっていることがよくわかりません。そういうことがやはり、こうして学びをせざるを得ないわけです。とにかく往還二回向が立体的であると。そこを、皆誤解するのです。自分でやるという話にしてしまいます。実は、法蔵願心が立体的なのです。

還相の回向と値遇するということ

如来の往相の回向だけでは、人間が本当に聞いてたすからない。だから、還相の回向とともに出遇うと。往還二回向と値遇するとおっしゃるわけです。往相の回向は、教・行・信・証として一応了解するにしても、還相の回向と値遇するということがよくわかりません。

二十二願と値遇するということは、どういうことか。そこに、いくら考えようとしても何かよくわからないことがあるのですが、ひとつのヒントは、「信巻」に、『涅槃経』の「信不具足」という問題を親鸞聖人は出されています（聖典二三〇頁）。これは「化身土巻」にも出されます（聖典三五二頁）。「化身土巻」の引用の仕方と、「信巻」の引用の仕方とは違う部分があるのですが、重なっている部分に、「ただ道ありと信じて、すべて得道の人ありと信ぜざらん」とあります。あれがひとつのヒントです。人間はどこまでも愚かな凡夫として本願をいただく。本願の用く場となって、もったいなくもこの愚かな身に本願をいただいていく。道があることを本願の行者となって証明していく、こういうことを徹底していくのです。

真実証は、往相の回向の展開としては果として与えられるものです。因から果へという形で与えられます。値遇するときには、果が現在に来るわけです。往相の回向は大悲願心が衆生の側の言葉となり、衆生の側の行となり、衆生の心となり、そしてさらには衆生の上に大悲心を恵まんとする、大悲が大涅槃を恵もうとする用きとなる。そういう往相の回向、それだけではなくて、願心自身がたくわえた還相の回向の成就を衆生に恵もうとする。

一般に還相の菩薩という言葉が使われますが、還相の菩薩という言葉は、わかったようなわからないような面もあって、還相の回向は法蔵願心なのだということがどこかで抜けて、人が還相するようになりますから、それはちょっとどうかと思うのです。我々が本願に出遇うのは、仏教の言葉とともに、その仏教の言葉を自分のものとして生きてくださっている先輩、親鸞聖人をはじめとして、そういう諸先輩方のおすすめというものにおいて出遇うわけです。凡夫が諸仏の位をいただくというのですけれども、それは凡夫が菩薩となるという意味ではありません。

人と出遇うということは、その人が還相するのではありません。そうではなくて、本願が人を生みだし、人に用いて人をひっくり返して、回心させるのです。念仏者として歩んでいる人間に出遇うことが、本願が還相の回向を誓っていること、それは本願の果（大涅槃）から因（真実信心）へ本願力が来るということだと。人間には正定聚に住すということが与えられる。正定聚に住して生きることにおいて、如来の二種回向というものが人間の上に成就するのです。

正定聚に住するということは、往相回向、還相回向の利益の用く場所になるということです。我々は、本願力を信ずるということにおいて、本願力が活躍してくださっている事実の場所になる。本願力が本当に用いているとはどういうことかというと、私どもが本願力を依り処にして、この煩悩のいのちを喜んで生きる力が与えられてくる、本願力を証明するようないのちが与えられてくるということです。

愚かな凡夫のいのちは、相変わらず愚かないのちであり、生死罪濁の群萌です。けれども、そこに本願力が用いていることを生きることが、「光明の広海に浮かびぬれば、至徳の風静かに衆禍の波転ず」（『教行信証』聖典一九二頁）と。衆禍の波がなくなるのではありません。衆禍の波の中を生きていくわけです。諸々の禍の中を生きていく。けれど、それを転じていく生活が与えられてくる。そうすると、「速やかに無量光明土に到りて大般涅槃を証す」（同前）という意味を持つのだと。

それは、本願力ということが、浄土荘厳を生みだす力でもあるし、荘厳を生みだして、荘厳が回向として衆生に来る力でもあるからです。だから、それに値遇するということは、こっちからどこかへ行く必要がないのです。

譬喩的に言えば、我々は香港に行かなくても、香港の映画を見ていれば、香港に行ったような感覚が与えられます。本当は行かないと駄目なのかも知れませんけれど、でもテレビなどを見ていると、行った以上によく知らせてくれます。まあ、それは譬喩です。

回向が来るということは、浄土の功徳が来るということです。浄土の功徳の体である不虚作住持功徳というのは、「観仏本願力」という言葉で始まります。これを親鸞聖人は、仏の本願力を心にうかべ観ると言っています（『一念多念文意』聖典五四三頁）。「観仏本願力　遇無空過者　能令速満足　功徳大宝海」（『浄土論』聖典一三七頁）、本願力を思い起こすと、浄土の大功徳に遇う。それは実は、一如の功徳に遇うことです（第五章第二節参照）。

我々は、浄土と教えられても、どこか違うところにあるのだと思い込んでいますから、こっちにいるのだから浄土には往っていないではないかと言うけれど、浄土というのは教えの世界、本願が荘厳している世界ですから、どこかに実体的にある世界ではないのです。空間的に違うところにある世界ではないのです。本願の用きを象徴している比喩的空間なのです。

我々の生活は、煩悩を地として、煩悩の生活をしているから浄土ではありません。けれども、本願の用く場が我が身であると感じたら、そこが願心の荘厳する場となるのです。我々は、そうするとどうなるのかというと、膝から下は泥田の中にあって、首から上は浄土の呼吸をすると。これは譬喩的表現です。それが、往相回向の心行を獲るということによって成り立つ信心の生活なのではないでしょうか。

そうするとそのときに、時をへず、日をへだてず、大涅槃の利益と接する。大涅槃の利益と接するということは、すなわち大涅槃の中に還相の回向が用いてくる。これは、「行者の願楽にあらず」（『如来二種回向文』聖典四七七頁）、自分で意欲するのではない。普賢菩薩の仕事は、衆生を仏道に入らしめると語られている（二十二願）。衆生を仏道に入らしめるというのは、どういうことかよくわかりませんが、凡夫として生きているのだけれども、本願を喜んでいるということが、何かの形で影響を及ぼす。そういう生活もあり得るのです。

普賢菩薩というのは、あまり目立つことをする菩薩ではないのです。第五功徳門は「煩悩の林に遊びて神通を現じ、生死の園に入りて応化を示す」（『教行信証』聖典二〇六頁）と言われているのですが、普通は煩悩や生死の中に入ってしまったら埋もれてしまう。ほとんど何をしているかわからない。何をしているかわからないのだけれども、そこに本願が用いている人間がいる。

本願を信じて生きている人間がいるということが、自分で光るのではないけれど、「ああ、本願があると、ちょっと人間が楽になるのかなあ」とか、「あいつはろくでもないことをしているけれども、何か信心を生きているから自由でいいなあ」とか、何か感じさせるものが出るわけです。

本願の用きが直接言葉となるということは、如来の往相回向なのですが、人間がそれを信じて生きている。つまり、諸有に回入するということは、煩悩の生活をするということです。煩悩の生活をしながら、煩悩を超えたような涅槃を味わいつつ生きている。そこに、このような不可思議なことが起こっているということは、法蔵願心がそれを待っていると言いますか、法蔵願心が人に用いて、人を通してまた伝わっていくようなことを起こしてくると。

だから、どこまでも自分でやるのではありません。人間が場所になって往相の回向を受け止め、還相の回向を受け止めると。こういう意味で親鸞聖人は、

還相の回向ととくことは　利他教化の果をえしめ
すなわち諸有に回入して　普賢の徳を修するなり（『高僧和讃』聖典四九二頁）

とおっしゃったのではないでしょうか。

そうすると、本願を信じ念仏して、この煩悩生活を続けていくことに、単なる煩悩生活ではない意味が本願力によって与えられてきます。でも親鸞聖人は、自分が普賢の徳を行じているとは、絶対おっしゃいません。どこまでも、行ずる主体は法蔵菩薩なのだという理解です。

寺川先生は、この往相・還相の問題を考えてくださって、往相回向は、教・行・信・証だと親鸞聖人が言われていると。還相回向は如来の還相回向なのだから、自分がするのではない。だから、親鸞聖人にとっては法然上人が本願力を証明してくださっているから、自分にとっては還相回向であると。これは、自分にとっての師である他人が還相回向するということで、自分はどこまでもいただいていくという点を徹底されました。自分は、どこまでも往還二回向を如来の用きとしていただいていくという形で理解していこうとされた点は、私も、そうだなと思うのです。ただ、あまり遠慮しすぎて、往相回向の利益に還相回向がついてくるという書き方を親鸞聖人がしていることが、どうなるのか。この問題が残ります。

長谷正當（一九三七—）先生は、確かに親鸞聖人は往還二回向に出遇うという言い方をしておられると。往還二回向に出遇って信心を得る、こうおっしゃるから、それは今まで信心を持っていなかった人間が、往還二回向に出遇う論理を語っているのではないかと。往還二回向で信心を得た人間は、今度は往相回向の利益を受けて、還相回向を行じていくという意味があるのではないかという言い方で了解をしようとしておられます。やはり行者が自分でするというニュアンスがちょっと残っている了解のように感じます。それと、信心を得る前と後という分け方は、親鸞聖人の発想には馴染まないのではないか、という感じがします。

そうすると二回向をどう考えたらいいのかというのが、謎となるのです。これを了解するひとつの試みとして、やはり本願力をいただいたものは、いただいただけですまないということがあるのではないかと思うのです。

人間は、人の間に生きていますから、教えをいただいた方からいろいろな言葉を聞き、育てられる。ですから、親鸞聖人の言葉の読み方も、師匠から教わったりほかの先生方の書いたものを読ませていただいたりして、少しずつ理解を進めてくる。そして育てられた結果、自分がいただくことができたならば、それが縁となって、本願力とはどのようなものだろうかと語れば、また知ってくださる方も現れてくるわけです。

愚かな凡夫だから、駄目だと遠慮する必要はありません。本願力が用くのですから。本願力は、広大無碍であって、無碍に用いてくださるわけだから、それを信ずればいいのです。自分で「思うがごとくに」するのではない。自分はどこまでもいただく立場、しかしいただいて生きていることを証明することはできる。自分が本願力をいただいて、このように生きられるのだと。「南無阿弥陀仏」を信ずるときには、「南無阿弥陀仏」は広大ですから、広大無辺なる用きをいただいていることを感じると、少しは自由な生活が開けるのではないでしょうか。

衆生が信ずることができないなら、本願は意味がないのですが、人間が信じてたすかっていることが起こるなら、本願力が用くということが証明され、それで伝わっていくこともあります。

親鸞聖人にとっては、法然上人が生きてくださっていました。親鸞聖人の弟子にとっては、親鸞聖人が生きてくださっていた。それは面々のおはからいだと、親鸞聖人は言うわけです。わしが伝えるわけではない、あなたたちはわしの弟子ではない、一人ひとりが本願を信ずるかどうかなのだというわけです。そういう了解のもとに、往還二回向というものを、了解できるのではなかろうかと思います。

第二十二願は、「究竟必至　一生補処　除其本願自在所化」云々と、補処の弥勒、弥勒菩薩の位を得られるのだけれども、自分で願い、出て行く人間はそれもいいよという言い方です。でも、補処の弥勒の位をいただいている人間と、出て行って利他教化をする人間とは、別のように説くけれども、本当は重なった利益を語っているのでしょう。

たとえば十八願の「至心信楽　欲生我国」は、真実信心を与える。「唯除五逆　誹謗正法」、これは五逆と正法を誹謗するものは除くと語っているけれど、親鸞聖人のいただき方は、除かれるのは、自分であるという方向です。罪の深いことを知らされて、自力無効だと、いよいよ本願を信ずると。除かれた人間と信じている人間とは同一人なのです。重なっている。ただ除くというのだから、自分はいいのだけれど、君らは駄目だ、そういう排除の論理を語っているのではない。除くというのは、本当に信ぜしめんがために除くのだと。

そういう本願の理解の仕方、これにヒントを得て、今の第二十二願を読めば、補処の弥勒に同じだと。けれども、自分で利他教化に出て行く力があると思うなら、出て行っていいよという言い方で、普賢菩薩の徳が語られてあります。これは、補処の弥勒の位を失わずして、普賢菩薩の修行が成り立つと。それが法蔵願心の用きだ、こういう意味で了解できないだろうかと思うのです。

宗教的時間は、「信の一念」「今」しかないのです。今において、実感する。未来の時がどうにかなるという話を語ったら、これは真の宗教的時間ではなくなります。生死無常の時間に退転します。宗教的時間は、千載一遇、今、千歳の闇室に光がさす瞬間に出遇うか出遇わないかです。それしかない。今、涅槃を得なかったなら意味がありません。

ところが今、それを得ているかといえば、得ていません。だが今、信心を得れば、往相回向の利益として必ず涅槃を与えると。「必ず涅槃を与える」という願に出遇うのは今です。そこに、「普賢の徳を修する」ということは、その必ずの内容として、今、与えられる事実の内面の意味ではないでしょうか。自分でやるのではないのです。どこまでも法蔵願心の用きが、信心の行者を通して用くと。

このように、願の内容は重層的だけれども、体は名号の信心です。体は名号であるけれど、名号を信ずる心がなければ、名号は用いてきませんから、人間に用くときには名号の信心として用く。これが、

南無阿弥陀仏の回向の　恩徳広大不思議にて
往相回向の利益には　還相回向に回入せり（『正像末和讃』聖典五〇四頁）

という和讃の内容なのではなかろうかと思います。

皆さん間違えるのは、自分が何か身に付いたと思うと、自分がやれると思いだすわけです。自分が布教するのだ、自分が人を回心させるのだと。それは親鸞聖人の考えとは違う道を勝手に走りだしてしまうことになる、と私はいただいております。

成上起下の文が、「大行」を証明する文だとどうして言えるのか

それでは次に、『浄土論』の文に入っていきたいと思います。親鸞聖人にとって、ご自分が真実の功徳に値遇することを本当に明らかにできた手がかりが『浄土論』『浄土論註』です。なかんずく『浄土論註』を通さずしては、『浄土論』の意味がわからなかったとおっしゃる（『高僧和讃』聖典四九二頁）。その『浄土論註』ですが、私は大谷大学で『浄土論註』の講読を担当させていただいて以来、何十年も『浄土論註』に触れる機縁をいただいて、ああそういうことだったのかと、少しくわかるようになりました。なかなか『浄土論註』も難しい。何回読んでも、どうして曇鸞大師がここでこういうふうに解釈するのだろうということのわからなさが残るのです。

これは先ほどの人間像（親鸞像）の問題にも関わりますが、親鸞聖人は比叡の山で、すでに『浄土論』『浄土論註』を徹底して読んでおられたのではないでしょうか。けれども比叡の山では、浄土門ということがあっても、どこまでも聖道門の求道の手がかりとして、あるいはひとつの方便の道としての浄土門です。聖浄二門判ということが、道綽禅師によって開かれてはいるものの、その浄土門が聖道門の中にありますから、寓宗である。つまり何か、あいつらは駄目な奴だと見られる形で、細々と続いている。しかし、曽我先生がおっしゃったように、本当に道を求めようとすれば、聖道門の表通りはさびさびとしている、裏通りの方が盛んなのだと。本当に求めようとしたら、浄土門の方が心にしみる教えなのだと。比叡の山での情況はよくわかりませんけれども、親鸞聖人は横川におられたのならば、源信僧都の浄土門の流れを、おそらく徹底して勉強しておられたはずです。そうすれば、天親、曇鸞も読んでおられただろうと思うの

です。その場合は、やはり菩薩道の課題として読むことになります。菩薩道の課題が浄土を潜って初めて満たされるのだというのが『浄土論』の説き方ですから、浄土というものを願生せずには、菩薩道は成就しません。『浄土論註』もそういうふうに註釈しています。けれども、浄土をどうやって獲得するかということについては、どうしても『観経』的な修行をして浄土を見るとか、見聞するといっても、自分が三昧の中で出遇うとか、そのような形で浄土の真実を得ようとする傾向が残るのです。おそらくそれに傷つき破れて、親鸞聖人は法然上人のもとに行かれ、法然上人が専修念仏の教えの意味は本願に帰するということだ、と言われた。本願に帰するということは、それまでの自力の行が全部要らないということになります。そう言われても捨てられませんというのが若き親鸞聖人、捨てなさいというのが法然上人の教えです。だとするならば、選択の本願ですから、諸行は要らない、念仏ひとつだと。それなら何で礼拝・讃嘆・作願・観察・回向という、自利利他成就ということが必要なのかというのが当然、疑問になると思うのです。ですから何回も言いますように、そういう問いから、回向門は如来の利他だといただいたわけでしょうから、我々がするという発想は微塵も入れてはいけないのです。「する」という発想でしたら、親鸞聖人のお仕事を無にするようなものです。そういう意味で『浄土論』『浄土論註』は親鸞聖人にとっては、非常に大事な意味を持ってきます。

ところが、その引文の仕方がよくわからないのです。かなり長く『十住論』を引用された後に、『浄土論』第二行の文章を引かれます。「我修多羅　真実功徳相に依って、願偈総持を説きて、仏教と相応せり、と」（『教行信証』聖典一六七頁）、この第二行は、第一行にある「世尊我一心　帰命尽十方　無碍光如来　願生安楽国」を受けて、「観彼世界相」以下の観察門との間に挟まっているので、これを曇鸞大師が「成上起下の偈」の文と呼んでいます。第一行の「我一心」は「信巻」において、真実信心であることが明らかにされます。続く「帰命（中略）安楽国」は次に引用される『浄土論註』において、礼拝・讃嘆・作願の三念門に相当しているとされますから、その三念門と観察・回向の二念門との間に、この成上起下の文が挟まっていることになります。

一般的な仏教の論であれば、第一行は「帰敬」で、第二行は論を表す意図を総括する「発起」が出されるところです。『観経』「序分」に配当するなら、さしずめ証信序・発起序にあたるとも考えられます。その第二行を、親鸞聖人は「大行」を表している文であると読まれたわけです。不思議な感じがします。修多羅真実功徳相に依って、願偈総持を説いて仏教と相応するということが、大行を証明する文だとどうして言えるのか。それは、謎です。すぐわかるものではないと思うのです。

そこを私なりに考えてみますと、これは前（第一章第一節）にもお話ししましたように、真実功徳相に依ると読んでいますけれど、『浄土論註』の読み方は、「我、修多羅に依る」「真実功徳相に依る」「願偈総持を説いて仏教と相応するに依る」と、依が三つにかかるという読み方をします。不思議な読み方です。金子先生が『真宗学序説』でここを取り上げられて、学問の対象と目的（理由・動機）とそして方法だと。学問として十分に成り立つ対象があり、理由（動機）があり、そして方法論もあるということを挙げた、ということを言っているわけです。

それで、真実功徳相という言葉は、修多羅が説いている浄土の相だというふうにも読めなくもないのですけれども、曇鸞大師は、『無量寿経』は「仏の名号をもって経の体とす」（『教行信証』聖典一六八頁）といい、この大乗修多羅たる『無量寿経』が明らかにしている真実功徳を「所依」として、今この願偈を説くといい、『無量寿経』には「大利無上の功徳」を説くと述べられていますから（聖典八六頁）、この第二行の「真実功徳」が名号であることは明らかです。ですから、親鸞聖人は『浄土論』のこの言葉を、大行を表す言葉として引用されるのでしょう。しかし、第二行には「説願偈総持」（願偈総持を説く）ということがあり、「与仏教相応」（仏教と相応する）ということがあります。単に名号を語っている言葉を引用するというのなら、「帰命尽十方無碍光如来」を引くべきではないでしょうか。

名号（帰命尽十方無碍光如来）そのものは、のちに『浄土論註』の解釈とともに引いてくるのですが、『浄土論』自体においては、成上起下の文を引くのはなぜか。思うに、親鸞聖人は言うまでもなく「仏の名」が大行であると押さえていますが、それを称名し聞名するところに、本願成就の事実があることを包んで「大行」の現行であるとしたのではないでしょうか。だから、この「行巻」は、単に「経」の言葉を出すのみでなく、その「経」を服膺《ふくよう》する祖師方の言葉をも大行の証明として引文するのでしょう。広くインド・中国・日本の三国、さらには新羅の仏教者たちによって名号が称揚されることが「大行」なのだ、ということであろうかと思います。だから、「与仏教相応」こそが、「大行」の現行なのだということになります。つまり、信心を発起する作用が、本願の衆生への回向作用なのだから、回向成就の事実は名号を依り処として、衆生の信心に結実する。我ら衆生が本願名号を明らかに信受する、それが「仏教と相応する」ことです。だから、「如実修行相応は　信心ひとつにさだめたり」（『高僧和讃』聖典四九四頁）ということとになるのでしょう。

ところで、この「上を成ず」とは、上の三念、つまり礼拝・讃嘆・作願を成ずるということですが、この三念門を天親菩薩は身・口・意の三業にも当てていますから、言わば全存在を挙げて阿弥陀を恭敬することがここに成立したとも言えるかと思います。ところが、それを成じたことが、「下を引き起こす」とはいかなることなのでしょうか。そこに、「論を造」(『浄土論註』真聖全一、二八一頁)ることと「仏教と相応する」(同前)ことが要求されるということなのでしょう。特に「願生安楽国」と作願するとき、その願の内容が吟味されねばなりません。何を汝は存在を挙げて深く要求するというのかと。天親菩薩は「解義分」で「いかんが観じ、いかんが信心を生じる」(『浄土論』聖典一三八頁)と釈していますが、要求する内容を仏陀の教えに従って、観察することを引きださせずにはおかない。そこに、「造論」と「相応」の展開のために、「観察門・回向門」が発起されてくる、ということなのだと思います。

曇鸞大師が天親菩薩の仕事を「経に傍えて願生の偈を作れり」(『教行信証』聖典一六八頁)というのは、経を聞思して、経からいただいた功徳を詠い上げる意味で、「願生の偈」を作るのだ、ということなのでしょう。

この天親菩薩の意図を承けて、曇鸞大師作の『讃阿弥陀仏偈』の出だしの「南無阿弥陀仏　釈名無量寿傍経奉讃亦曰安養(釈して無量寿と名づく、経に傍えて讃め奉りてまた安養という、と通常は読む)」(真聖全一、三五〇頁)とある文章を、親鸞聖人は「釈名無量寿傍経」を、「釈して『無量寿傍経』と名づく」(『教行信証』聖典三一六頁)と読んでいることが思い合わされます。

経を聞き、経言の真意を受け止めて、それを「自信教人信」（自ら信じ人をして信ぜしむ）するものは、本願を証明して仏道の伝統を持続する用きなのですから、そこに本願が現行していると言えるのだ、つまり、大行の現前なのだというのが親鸞聖人のいただき方だったのではないでしょうか。

そういう機縁となる用きとしては、先ほどの還相回向の用きです。いくら往相回向が用いてきても、お経を山ほど積んでみても、そして、お経を何百回読んでみても、機縁が熟さないと全然響かない。ただ空しく過ぎるのみです。そこにはやはり、曇鸞大師においては、菩提流支三蔵に叱られたということ。何をお前はもたもたしておるのだ、迷いのいのちを永らえて、何のために仏教を求めるのかと言って叱られた。それがやはり大きな機縁になって、浄土教に帰したと言われています。人間が生きているところに、気づかせる機縁となる用きが起こる。確かに出遇いに大きな機縁があるわけです。そういうことを包んで行の用きなのだと、親鸞聖人はお考えになろうとするのではないかと思うのです。

第二節　不虚作住持功徳の文

浄土の功徳が行の功徳になる

それに引き続いて引かれる文が不虚作住持功徳です。これも親鸞聖人が何回も取り上げる大事な御文《ごもん》です。これは観察門の、二十九種荘厳功徳の中の、浄土の荘厳功徳のひとつです。

礼拝・讃嘆・作願・観察、これが自利の四門、これは入の門です。それに対して回向、これは出の門で利他の門です。こういうふうに天親菩薩が自分の展開を押さえておられます。自利を成就して利他だと。しかし、自利の成就なくして、利他はない。しかし利他の成就なくして自利もないのだと逆におっしゃるわけです。

だから阿弥陀如来が成就していなければ、法蔵願心はない。しかし、法蔵願心が用かなければ、阿弥陀如来はない。同時交互の用きです。我々はこの世の原因結果しかわかりません。我々がわかるのは、柿の種を蒔けば、芽が出て、木になり、柿の実になる。そういう因果ならわかる。でも、ここに種があったら、もう成就しているのだと。それはこの世のこととして考えるとわかりません。阿弥陀如来の本願があるのに、何で阿弥陀さんになったのだと言うのか。阿弥陀さんがいるのに、どうしてまだ願が残っているのか。この世の話として考えようとすると、菩薩というなら仏ではない。仏になったら菩薩ではない。ところが、阿弥陀如来は仏となりながら、法蔵菩薩の願を失わない。これはどういうことだろうか。こういう問題がいつもあるわけです。

自利であって利他である。利他であって自利である。自利利他成就であると。この自利の成就を包んで、利他の用きを回向として衆生に恵むのだというのが、天親菩薩の五念門行を親鸞聖人が理解された基本的な形です。

観察門、ここに二十九種荘厳功徳が語られますが、浄土とは何であるかということを、天親菩薩はまずは器世間と言って、あたかも衆生の環境のごとくに十七種の内容で語ります。言葉、句が浄土だとおっしゃるわけです。選択本願の大悲の心を言葉にして十七種で語ります。そこで、一旦、「故我願生彼　阿弥陀仏国」（『教行信証』聖典二三七頁）と言っておいて、もう一回衆生世間として、この浄土というものを現に生きているような姿があるごとくに語ります。そこに仏功徳を八種、菩薩功徳を四種、総計して二十九種荘厳功徳と、こういうふうに言うのです。その三種の荘厳は、願心荘厳だと天親菩薩が押さえています（聖典一四二頁参照）。つまり願心が荘厳する。荘厳ということは、曽我量深先生は現代語で言えば象徴だとおっしゃった。つまり、願いという形なきものの形と言いますか。我々を救いたいという形なき願い。

我々は救いを求めるという場合、我々自身もどうなったら本当はいいのか、よくわからないところがあります。たとえば腹ペコでお金がない、お金をくださいということがあるとします。それで一遍助けても、すぐまた腹が減るから、またくださいと言ってきたら、仏の顔も三度までと言うけれど、そういう人が三度も来たら断ってしまいたくなります。一遍助けても、それで人間が本当にたすかるわけではないのです。だから、我々はどうなったらたすかるのかなんて、本当はよくわかりません。差しあたってということはあるけれども。

菩薩はどこまででもたすけたいのだと。本当に人間を人間として成就させてあげたいのだ。それを仏教は一如に帰れとか、大涅槃に帰れというわけです。しかし、大涅槃に帰れと言われてみても、どうなったら大涅槃なのか、凡夫にとってはわからないのです。お言葉はお言葉なのですけれども、私にとってはちっとも有り難くありませんと。大涅槃なんて欲しくもありません、それが凡夫でしょう。仏からすれば、これを得れば絶対満足なのだと。これに触れないなら全部無駄なのだとおっしゃってくださるけれど、我々からするとまったく意味がわかりません。そういう落差があるわけです。だから、願心を形にして、救いたいという大悲を、衆生が感じられるように象徴する、それが浄土の意味なのだと。願心荘厳の浄土ということを天親菩薩はおっしゃるわけです。

普通で見ると、浄土の功徳を二十九種も開いているから、浄土を語っていると思います。そして、そこに往生することが『浄土論』の目的だと思います。だから『往生論』という略称があるわけです。けれども、親鸞聖人はここに、選択本願が表されてあるのだと、本願の大悲が形を取って表されたのだと。願心荘厳と天親菩薩がおっしゃっているのだから、これは願心なのだといただかれました。「光闡横超大誓願」と「正信偈」「天親章」(『教行信証』聖典二〇六頁)で言うのは、普通に『浄土論』を読んでも、どこに本願があるのかということになります。本願力回向と書いてあるけれど(『浄土論』聖典一四五頁)、その主語が法蔵菩薩なのかよくわからないのです。でも、親鸞聖人は、全部これは選択本願だと。本願のほかに浄土があるのではないのだ。本願が浄土なのだ。本願を象徴して語ってあるのだというのが親鸞聖人の了解です。また、天親菩薩もそういう意図なのだと。

だから、ここと違うもっと楽しい世界、そこに往ったらきっといいだろう、そこでたくさん昼寝をしたいというような浄土は、極楽と名づけられてはいるけれど、それは方便化身土なのだ、と言われるのです。真実報土は本願の荘厳する世界です。本願の世界をここ(『浄土論』)に語っていると。普通だと『観経』のように、これをよく見て、その世界に往ってそして仏さまに遇おうというふうに、菩薩道の形として読むわけです。でも親鸞聖人は、五念門行の初めの入の四門の自利が利他の出門に来るのだと。五念門行の因果のすべてを「回向」に集約して、回向の名号として我ら衆生の信心を呼びかけるのだと。利他回向なのだ。だから、「南無阿弥陀仏」の中に全部この功徳を入れて恵んでくださるのだと読むわけです。

『浄土論』の言葉は、門というのですから、空間的、イメージ的にいえば、礼拝門・讃嘆門・作願門・観察門とドアを一つひとつ開けるとすれば、観察門なんてものすごく重たいドアです。どっこいしょっと開けると、二十九種ある。

曽我先生は面白いことを言っておられました。山の奥に、山の奥にと思って入って行ってみたら、里に出た。何で山の一番奥で鶏が鳴いているのだろうと思ったら、里へ出てしまったという話をされていました。つまり、仏功徳を得ると菩薩功徳が開ける。菩薩功徳というのは一旦仏の功徳に触れたらもう菩薩になる。菩薩になって自分でとにかく一念遍至、一遍にあらゆる世界に行って用ける。不動遍至、何にも動かずして、どこにでも行ける。孫悟空みたいな話を語っているわけです。なかでも無仏の世界、仏さまなどいない世界に行ってこそ、本当の仕事ができると語っています。

不虚作住持功徳の言葉は、『浄土論』の言葉の位置としては、観察門の三種荘厳の中の仏功徳八種の最後に置かれています。浄土の功徳の中でも言わば奥の院とでも言うべき位置です。この功徳を承けて菩薩功徳が開かれてくるわけです。浄土の中の浄土とでも言うべき場所の荘厳功徳を、親鸞聖人は「大行」の意味として取りだしてきています。一番奥の院の功徳、もうここに来たら浄土の功徳全部が詰まっているような功徳を「行巻」に引かれる。大行の功徳の中に不虚作住持功徳が入るのだと。曇鸞大師の言葉に、毛孔に大海を納むという比喩があります（『教行信証』聖典二一六頁）。髪の毛一本の毛穴、その中に大海、太平洋だろうが大西洋だろうが、全部この中に入れるのだ。それが仏の本願力なのだという喩えがあります。そのような話は、この世のこととしては普通では考えられません。いくら煮詰めてみても、大海の塩の量だけでも毛穴の中には入らないだろうというのは、物質的に考えればそういうことです。でも、この中に全部入っているのが名号なのだ、と言っているわけです。ここに、親鸞聖人が本願力の回向の積極的な意味を見出した基点があると言ってもいいのではないかと思うのです。浄土の功徳を彼岸の荘厳として建てるのみでなく、此岸を超越している大悲の無限の境界を、現実に苦悩の衆生の救済の場とせずにはおかないという願心が、「回向為首得成就大悲心故」（回向を首として大悲心を成就したまえるが故に）という利他の回向を具現する。ここに『無量寿経』の本願成就の事実があるのだということを親鸞聖人は見出されたのです。

ですから、「行巻」の初めに「この行は」（聖典一五七頁）といって大行を提示するところに、明らかに不虚作住持功徳の内容である言葉を当てているのです。不虚作住持とは、阿弥陀の本願力が浄土に生まれてきた衆生に用くとき、一度この用きに触れるなら、この願力の用きが失われることなく常に行者と一体になって以後の生活を絶対満足に導き、生活の意味がむなしく失われるなどということがないようになる、という功徳です。浄土は阿弥陀の仏力が住持する場所だということは、器世間の主功徳（正覚阿弥陀　法王善住持）でも言われていますが、さらに、「空しく過ぎることがない」ということを仏の本願力の住持なのだとして表している功徳です。これを和讃では、

本願力にあいぬれば　むなしくすぐるひとぞなき
功徳の宝海みちみちて　煩悩の濁水へだてなし（『高僧和讃』聖典四九〇頁）

と詠っておられます。仮名聖教（『一念多念文意』）にもこの功徳を引用して、

信心あらんひと、むなしく生死にとどまることなしとなり。（中略）この功徳をよく信ずるひとのこころのうちに、すみやかに、とくみちたりぬとしらしめんとなり。しかれば、金剛心のひとは、しらず、もとめざるに、功徳の大宝、そのみにみちみつがゆえに、大宝海とたとえたるなり。（聖典五四四頁）

と釈して、浄土の功徳がこの濁世を生きている信心の人の身にも心にも、充ち満ちてくるのだ、それが真実功徳の名号の用きなのだと明言されます。つまり、浄土の功徳が信心の人の身心に満ちてくる、浄土に往くというと生きる場所を変えるようなイメージですが、回向に値遇するということは、経文上では「得生」の利益とされているものを、願力が煩悩具足の凡夫のこの身にもたらすのだ、ということになります。ですから、「願生」の意欲は、回向に値遇するなら、「得生」に直結するのです。それは「願生彼国　即得往生」が信の一念の内実だということです。信の一念に「前念命終　後念即生」の事実を「不退転」の獲得として生きるのだというのが、親鸞聖人の信念なのです。

こちらから行くのではないのです。ここにいるところに向こうから来てくださるわけです。外から力をもらって、これから行こうというのは、とんでもない話です。

「あなたが欲しいのは、何か」「京都のうまい菓子が欲しい」「ああそれならあげるから、京都に来なくともいい」という話です。でも、やはり京都に行きたいというのが我々凡夫でしょう。京都に行ってから食べたいと、それが妄念であると。お前は来られないのだ、来られないからお前のところに行ってあげる、こ比喩的に言えばそういうことです。それが回向だと。それが往相の回向なのだという理解があるから、こ

ういう引文をされるのでしょう。浄土の功徳が行の功徳になるわけです。だから、正しい行為を積んで、どこかへ行くというふうに理解するのは間違いである。もうここにその行があれば、凡夫のところに仏法が成り立つのだということを、親鸞聖人はおっしゃるわけです。

その言葉をいただきながら、やはり人間が行じたり、人間が努力したりしていくという発想を持って、本願の言葉を読むものだから、混乱してみたり、いただいて自分が行くのだと無理やり考えたりするわけです。でも、凡夫はどこかへ行きたいわけですから困ってしまうのです。この穢土は辛い、もっといい世界へ行きたい、これが凡夫の願いでしょう。凡夫の願生、自力の願生が抜けないから、どうしても自力がらみのそういう解釈を持ってしまいます。その癖を親鸞聖人は徹底して、選択本願を見なさいとおっしゃってくださっているわけですけれど、なかなか発想が翻らない。もう抜きがたいものです。それは癖ですから、しようがないといえばしようがないのですけれど、親鸞聖人の教えは決してそれを認めない。凡夫はそういう形でたすかるのではないのだと。大悲回向によってはじめてたすかるのだと。だから回向に値遇するところにたすかるのだと曽我先生がおっしゃったのはそれです。値遇せよと。値遇しないで、ああだこうだと言ってみても始まりません。

回向に値遇するのだと。そのことが、たまたま他利することもあります。煩悩のいのちを持ちながら、こうして教えをいただいて生きています。そのことの功徳が感じられ、愚かな身だけれども、本願を証明する身とされたという喜びがあると、どれだけ虚偽の人間でも、どこかでそういう本願の真実を信じて歩んでいるということは、「ああそういう真実もあるのか」ということを、他人に聞いていただく縁になるわけです。縁となって用くこともあります。用くこともあるのであって、用かないことの方が多いでしょう。電車で隣り合って立っていたって、別に用きはしないのです。

こうして語らせていただいて、それを縁としてまた触れていただく場合もあります。でも、伝わるのは本願力なのです。本願力によって一人ひとりが立ち上がる。親鸞聖人は分限をはっきりさせたわけです。自分でやるのではないのだと。皆本願力なのだ。これがすごいことだなと思うのです。我々は凡夫ですから、なかなかそうはなれません。凡夫になりきれない。どこかで凡夫ではない方向に行けるものだと思いたいのです。そこが親鸞聖人の教えを聞くことの難しさでもあると思うのです。

第三節　『浄土論』自利利他成就の文

人間存在の根源で待たれる菩薩道、仏道の成就

不虚作住持功徳の文に続いて、「自利利他速得成就阿耨多羅三藐三菩提故」が引用されます（『教行信証』聖典一六七頁）。この『浄土論』の結語を曇鸞大師は、『浄土論註』下巻の結びに註釈しています。親鸞聖人は「行巻」を「行の一念」の釈で一旦結びながら、「他力と言うは、如来の本願力なり」（聖典一九三頁）と言って、いわゆる「他力釈」を始め、そこにこの曇鸞大師の文を引文されます（聖典一九四頁）。それによって、この『浄土論』の結びの言葉は、大菩薩の本願力を表す文であることを明らかにするのです。

この「自利利他成就」の自利の内容は、五念門の前四門（礼拝・讃嘆・作願・観察）です。次第としては

自利を全うして、利他（第五回向門）なのですが、それは交互的であって、自利の行の成就は利他によるし、利他の成就はまた自利による。「自利に由るがゆえにすなわちよく利他す。これ自利にあたわずしてよく利するにはあらざるなり」「利他に由るがゆえにすなわちよく自利す、これ利他にあたわずしてよく自利するにはあらざるなり、と知るべし」（聖典一九三頁）と曇鸞大師は言われ、さらにはこの「利他」について「他利利他の深義」（聖典二九八頁）と言われる釈から、この「利他」が仏力を顕すものであることを親鸞聖人は引用されます。「自利利他」は菩薩道の課題であり、これを成就して成仏するとされるが、曇鸞大師はことさらに、衆生より言うのであれば「他利」（他すなわち衆生が利せられる）というべきであり、「利他」（他を利益する）と言い得るのは如来の力のみなのだ、と註釈しています（聖典一九四頁）。それによって「速得成就」ということが本願力によって成り立つことを顕しているのだ、と言われます。この速を成就させるものが弥陀の本願力であり、この本願力が住持する場においてのみ、菩薩道が成就することから、天親菩薩も龍樹菩薩も願生するのだと、曇鸞大師は註釈しています（聖典二八六頁）。

これにおいて親鸞聖人は、菩薩道（自利利他）と仏道（阿耨多羅三藐三菩提の成就）の成就が凡夫の上に同時に成り立つ方法として、願生浄土の教えの意味があることに気づかれたのでしょう。

天親菩薩のみことをも　鸞師ときのべたまわずは
他力広大威徳の　心行いかでかさとらまし（『高僧和讃』聖典四九二頁）

という和讃は特にこのことを教えられたことを述べたのではないかと思うのです。

この『浄土論』の結語を大行の論証とする意図は、五念門行の因果のすべてを「回向」に集約して、回向の名号として我ら衆生の信心を呼びかけるのだ、というところにあるのでしょう。我ら凡夫には菩薩道は言うまでもなく、仏道の成就などはさらに不可能事です。しかし、この二道の成就は人間存在の根源で成就を待たれていることであるに違いありません。それが如来の悲願なのですから。如来の悲願として一切衆生に呼びかけられているのは、一切衆生の根源に埋め込まれている存在の課題なのでしょう。たとえ衆生自体は無自覚でも、じっくりと時が熟するのを待ち続けて、時来たらば本願力の中に育成して成就させずにはおかない、ということを知らしめずにはおくまいと。

第四節　『浄土論註』発端の文

曇鸞大師の本願他力への帰入の姿勢

続いて『浄土論註』から引かれます。言うまでもないのですが、天親菩薩の『浄土論』の註釈が曇鸞大師の『浄土論註』です。ここで、親鸞聖人が天親菩薩の『無量寿経優婆提舎願生偈』およびその註を引用するときに、『論』とか『論註』というほかに、『浄土論』『浄土論註』といって引用するということについて、少し注意しておきます。

この『論』は『往生論』と呼ばれたり『浄土論』と呼ばれたりして、浄土の祖師たちにしばしば引用されていますが、親鸞聖人は自分の著書に引用するについて、必ず『浄土論』『浄土論註』としています。『入出二門偈』には『浄土論』『往生論』の二つの名があることを記していますから、両名があることを承知した上で、浄土の論だという方を意識して用いていると言えましょう。これは第一章第一節で触れたように、本願の教学を真実の「浄土」を顕らかにすることであると考えていることと関係があると思います。「往生」のことは、『三経往生文類』や「化身土巻」の三願転入の文に明らかなように、親鸞聖人は信念の展開として考察していかれますから、もちろん大事な課題には相違ないのですが、それよりも真実の浄土の信念を解明することに重点を置いているので、『無量寿経』の「論」を「浄土の論」として考察しようとするのではないかと思うのです。

「願生偈」は「無量寿経優婆提舎」と名づけられていますから、当然『無量寿経』の論です。その『無量寿経』の論を、天親菩薩は「五念・五功徳」の因果を成就することによって、自利利他を円満して無上菩提を得るという形にして表現されました。その中の「作願・観察」を「奢摩他・毘婆舎那」の行であるともしています（『浄土論』聖典一三八頁参照）。だから、『浄土論』は菩薩道の成就を『無量寿経』によりつつ明らかにしたという面を持っています。

さらに、天親菩薩の仏教思想の基軸は「唯識思想」です。唯識観の実践は、六波羅蜜や十地の菩薩道の階梯の課題を取り入れて、それを克服成就すべく構想されています。こういうことを踏まえた上で、曇鸞大師は『浄土論』を註釈されているに相違ありません。

『浄土論註』は、その解釈を始めるに際し、龍樹菩薩の『十住論』のことを出しています。それは和讃に、

四論の講説さしおきて　本願他力をときたまい

具縛の凡衆をみちびきて　涅槃のかどにぞいらしめし（『高僧和讃』聖典四九一頁）

と言われ、また、

本師曇鸞和尚は　菩提流支のおしえにて

仙経ながくやきすてて　浄土にふかく帰せしめき（同前）

と言われているように、曇鸞大師の本願他力への帰入の姿勢によるのでしょう。

曇鸞大師という方は四論の学匠と言われています。四論宗、これは『中論』を中心にした空観の学問です。思想史の上では、『中論』の空観の系統と、唯識論の系統とは、ぶつかりあっています。昔、大谷大学の教授をしておられた山口益（一八九五―一九七六）さんは、『仏教に於ける無と有との対論』（弘文堂、一九四一年）という本を書いています。有を中心にする仏教学者と、無を中心にする仏教学者がぶつかりあっていました。大乗仏教になったけれど、大きく二つの流れが生まれて、龍樹の空観から、そのまま空観を引き継ぐ学派と、唯識論を生みだした学派の両方が、お互いに大乗思想としてどちらがすぐれているかという論争をやっていたと。思想を厳密にし、論敵を持つことによって、思想というのは深まるわけです。論敵がいなければ、それ以上深めようとはしないのでしょう。そういう人間の業と言いますか、思想と思想がぶつかりあって、思想自身が深まっていくという歩みがあったわけです。

ところが、ご承知のように曇鸞大師は、自分の健康法が欲しいということで仙経を求めたと言われます。仙経、これは道教の方の修行方法の書物らしいのですけれども、要は健康法らしいのです。曇鸞大師の伝記では、直接書いてはいないのですけれど、体が弱かったのではないかと推測されます。そのころ新しい経典がどんどん翻訳されていきます。それらを勉強したくてしようがない。そういう不思議な人が世の中にはいるのです。普通、我々は勉強なんかうっとうしくて仕方がない、やむを得ず勉強するのですけれど、勉強したくてしようがないというのが曇鸞大師です。けれども体が弱いから、入ってくる経典を読むに耐えないという心配があって、仙経つまり健康法を求めたと言われる。陶弘景（四五六―五三六）という人から仙経の免許皆伝をもらって、意気揚々と、「自分はこういう健康法を持っている。仏教は思想的にすぐれているけれども、健康法がないだろう」というようなことを菩提流支三蔵に言ったと伝記には書かれています。そのようなことを、曇鸞大師が言うだろうかとも思うのですが、するどい三蔵法師に「お前は何の甲斐があって仏教を求めているのだ」「流転のいのちを長生きして、何の意味があるのだ」と根性が見抜かれたわけです。それで、はたと気がついたと。それが偉いところです。そうやって叱られてその場で自分の間違いに気がついて、仙経を焼き捨てて、本当に有り難うございましたと言って、菩提流支三蔵から新しい浄土の経論をいただいた。そのときに浄土の教えに帰して「本願他力」を信念として、その後、『浄土論』を註釈して『浄土論註』を書かれました。

だから、龍樹菩薩によるといっても『中論』等の四論ではなく、『十住論』に依ったのです。

難行道の五難

本文を見ていただきますと「菩薩、阿毘跋致を求むるに、二種の道あり。一つには難行道、二つには易行道なり」（『教行信証』聖典一六七頁）、「阿毘跋致」（阿惟越致、正定聚、不退転）とは、『十住論』引文のところで触れましたように、求道者が求める成仏への確信ということです。「得不退転　於阿耨多羅三藐三菩提」（聖典一三二頁）と『阿弥陀経』には記されています。無上菩提への道が、たとえどれほど遠くとも、必ず行き着くことができるということを確定できる信念です。これを『十住論』ははっきりと「易行」によって明示しています。ここではまず「難行・易行」の二道を出して、難行道には五難あることを記しています。五難については「外道・声聞・無顧悪・顛倒・自力」と並記しています。「外道」とは、現代の問題としてはヒューマニズムの持つ人間中心主義のことでしょう。仏道以外の思想の根本問題は、人間の自我否定が徹底されていないことからくるのだ、というのが仏陀の批判なのだと思います。「声聞」の問題とは、二乗心とも言われますが、ここでは「自利」という言葉で出されています（『教行信証』聖典一六七頁）。「利他」、すなわち他の衆生を救済するという問題を、自己の救済の問題と平等の地平において求道するという態度の欠如です。それは、早くに自分のみが煩悩のない静けさを得てしまいたいという心であり、「人我」の根底にある「法我」の執着が見えていないのだ、とも批判されるところです。「無顧悪人」も「他の勝徳を破す」からだと言われていて、自我の否定がないことが根本にあります。「顛倒」も虚妄顛倒とも言われていて、我執の立場で正しさを求め、無我の真理を知らないことは、仏陀の教える真理に対して逆立ちした立場であることの自覚ができないことを表しています。したがってこの五難はよく考えると、最後の「ただこれ自力にして他力の持つなし」（聖典一六八頁）に帰結することになるのでしょう。

この自力とは、一般に言われる自分の力というよりも、自我の見に立って本来の関係を妄念の関係でとらえているところを批判する言葉なのだと思います。本来は自分自身も与えられた身において生存があるのであり、その生命力も寿命も大きな背景や環境や、見えない無数の関係によって支えられて生きている。そういう無我の見（正見）からして、所与の因縁の中で発起する求道心は、個人の力というよりも、如来が一切衆生に付与している深層の願心なのだ、というのが本願力の教えの意味なのではないかと思うのです。ですから、「他力の持」とは、すでに与えられている因縁に根ざしている本当の関係から与えられる力とでも言うべきものなのでしょう。要するに目覚めた者には他力の保持こそが、不退転を確保する信念の内容となるというところに、この五難の真意があるのだと思います。曇鸞大師はこの「他力の持」の意味を「信仏の因縁」と言われます（同前）。

この不退転をあらゆる衆生に与えるために易行道を説いている経が『無量寿経』であり、その「論」だから「上衍の極致」であり、「不退の風航」なのだと言い、この経は「無量寿仏の荘厳功徳を説き」「仏の名号をもって経の体と」していると。だから天親菩薩の仕事は「如来大悲の教を服膺して、経に傍えて願生の偈を作」ったのだ（同前）と曇鸞大師は言われるわけです。

法蔵菩薩はどこにいるのか

因縁というのは、因力に対する縁力というのが世俗的な因縁解釈です。でも因こそが縁なのだというのが、唯識論の因縁論の根本です。我々が因と考えることが縁なのだと。因縁、所縁縁、等無間縁、増上縁という、四つの縁（四縁）ということが言われます。その場合の因縁というのは、因が縁だというのです。これはなかなかわかりません。自分が思い立つ、それが縁なのだと。思い立たせる何かがあってではありません。自分が思い立つのだけれど、それが縁なのだと。自分で思い立ったと思うけれども、そうではない。それは大きな如来の呼びかけがここに立ち上がったのだと。

そのようないただき方が、曽我量深先生が言うところの、「法蔵菩薩はどこにいるのか」です。法蔵菩薩は自分が感じたところにあるわけです。どこか外にいるのではありません。一応、私はこの講義で徹底的に受身形で教えをいただくべきだということを言っているのですけれど、その受身形が成り立つという根拠がどうなのかという問題があるわけです。能動は如来だと、所動が自己だと言うけれど、石はいくら水をかけても受身形にはなりません。石は水をかけられても、やられたとは感じません。やられたと感ずるのは、やられた人間が感ずるのです。やられたと感ずることがないと受動形は成り立ちません。受動形として教えられるけれど、能動（如来）がどこか外にあるのではないのです。能動形を受け止める受動形がここにあります。だから能所一味なのです。でも所と受け止めるのが大事だと。それが法蔵菩薩の教えを徹底的に「したまえり」と送りがなをふる意味です。「したまえり」と言える根拠は、受け止めた側にあるわけです。親鸞聖人が受け止めたから、「回向したまえり」と読むわけです。どこか外に「したまえり」があるわけではありません。自分において「したまえり」が成り立つわけです。そういう意味で他力というのは誤解が多い。誤解を破っていくのは、仏法の真理性を自分が確認し、そのことを人にもわかっていただく。でも私にわからせる能動の用き、能動形は如来にあるのだというのです。

何回も言いますように、自分が能動形になるのではありません。自分は所動形だと。これが、親鸞聖人が一生自分は愚禿であると、自分は愚かな凡夫であるという信念を生き抜かれた立場です。これがすごいことだと思うのです。我々はつい能動形でものを考えます。でも、能動形を成り立たせる根拠が本願力なのだ、法蔵菩薩なのだ。こういうふうに常に所動形で受け止めていく、この聞き方が聞思の立場です。

何を言っているかわからないということがあるかも知れませんけれども、そこで立ち止まって、ご自分の聞思において考え直す縁にしていただけたらと思うのです。

わからないから、飛ばしてしまうのではなくて、どうわからないのか。わからなさにもいろいろあると思うのですけれども、仏道の道理としてわかりにくいなら、それは自分が明らかにしなければなりません。辞書的な言葉としてわからないというのだったら調べればわかりますから、わからないのは怠慢です。でも、怠慢ではないわからなさというのが必ずあるわけです。どうやってみても、わからない。仏教用語のわからなさもあるけれども、考え方のわからなさもある。それは人間が翻らないとわからない。世俗の立場でわかるはずがないのです。世俗とは違う立場のことを発信しようとしているのが、仏法の言葉なのです。

第五節　『浄土論註』三念門釈の文

阿弥陀如来の「威神力」を乞加す

次の引文は、天親菩薩の『浄土論』の初めの一句、「世尊我一心」の「世尊」の註釈です。何で「世尊」と天親菩薩が呼びかけるのかということについての註釈です。偈文を作ろうとする天親菩薩が、『無量寿経』の教えに依って偈文を作る。その『無量寿経』の教えは、仏陀の説法です。その仏陀の説法を、今偈《うた》にするについて、「世尊よ」と呼びかけるのだと。

これは「行巻」の「偈前の文」と言われるところを見ていただきますと、

それ菩薩は仏に帰す。孝子の父母に帰し、忠臣の君后に帰して、動静己にあらず、出没必ず由あるがごとし。恩を知りて徳を報ず、理宜しくまず啓すべし。また所願軽からず、もし如来、威神を加したまわずは将に何をもってか達せんとする。神力を乞加す、このゆえに仰いで告ぐ、と。已上

（聖典二〇三頁）

と『浄土論註』から引用されています。「偈前の文」では、親鸞聖人ご自身が、「正信偈」を作ろうとされるにあたり、天親菩薩にならって、「世尊我一心」と言いたいところだけれども、「帰命無量寿如来」から始められます。「帰命無量寿如来」から始めるけれども、その「帰命無量寿如来」というのは「帰命尽十方無碍光如来」と翻訳された天親菩薩の『浄土論』の仕事を受け止めて、それを新たに詠い直すというような意味もあって、「正信偈」の「偈前の文」に『浄土論註』の文を引いてきていると思うのです。どうぞ諸仏のご加護、仏さまのお力をお貸しくださいと。自分の力なんてないに等しい、どうか助力してくださいい。どうか仏陀の精神力を貸してくださいと。こういう言葉です。この場合の如来、「世尊」は、釈迦如来です。

ただし、今ここの『浄土論註』の文（聖典一六八頁）は行の引文です。行を明らかにする引文です。「偈前の文」は、自分が、偈を作るについての引文になりますけれども、今ここでは行の引文です。ですから

前の言葉は外しているわけです。世尊についての註釈のほとんどを外して、「所願軽からず」から引用しています。何かここに、親鸞聖人の意図をいただくべきではなかろうかと思います。この状態の引文でこの文章を読むなら、この「神力を乞加す」という神力は、阿弥陀如来の「威神力」ということになるのでしょう。

このことは、親鸞聖人の五念門理解を考えるにあたっても、大変重要なヒントになると思うので煩を厭わず、少し考察を加えておきます。『浄土論』の「自利利他」釈のところでも触れましたが（第五章第三節）、「利他」は徹底して如来に属する用きであると決定して、決して有限なる衆生の分限では使うべき言葉としないのが、親鸞聖人の用語法です。したがってその自利利他成就の修行内容である五念・五功徳の全体を、法蔵願心の修行の内容だと見ているということです。その本願力の因果は、全体を挙げて苦悩の有情を救済しようとするためのご苦労である。それに感応しそれを信受することは、実はこの本願力のご苦労のすべてが衆生の根源に与えられてくることによってのみ成り立つのだ、というのが親鸞聖人の回向の理解なのです。他力は衆生の外から用くのみでなく、衆生の根源に用き続けるものを自覚させることでもある、ということです。そこに、先に異訳の経文（第三章第四節）によって表されていた「再会」（安田理深の表現）ということも関わってきます。

三恒河沙の諸仏の　出世のみもとにありしとき
　大菩提心おこせども　自力かなわで流転せり（『正像末和讃』聖典五〇二頁）

という和讃は、今生の人生の背景に菩提心を見失ってきた永劫流転のいのちがあり、その流転は諸仏の下で自力の妄念で迷ってきたのだという自力の妄執の深さの痛みと、しかしそれを根底で深く支えて歩ませてきた「法蔵願心」への信頼とが語られていると言うべきでしょう。真実信心を発起させる因の力は、煩悩妄念の流転の歴史からは出てきません。その妄念の存在を大悲の全体をかけて回転させようとするものが、衆生の存在の根底に秘められている力であり、それを法蔵願心として語りだしたのだということではないでしょうか。一如宝海より形を表して法蔵菩薩と名告《なの》りでるということは、そのような秘められた根源の力が、一如のうちに蓄えられていて、それが大悲の現れをもたらしてくるということへの信頼なのだと思うのです。

仏法を生きる人間の「我」

本文に戻りますと、天親菩薩の偈文を曇鸞大師が解釈するときに、「我一心」の「我」は「天親菩薩の自督の詞なり」と言われ、当然一心も五念門も、天親自身の菩薩道を成就しようとする願心の表現とされます（『教行信証』聖典一六八頁）。だから礼拝するのは天親菩薩が「願往生」の意欲を持つからであると言い、作願門も「天親菩薩帰命の意なり」（聖典一六九頁）と言うのです。

偈文は天親菩薩の「己心」を述べるのだと見ていて、その個人の上に現れる宗教的事実が、一切の善男子・善女人の上にも成就することを「解義分」で五念門を通して成り立つと註釈しています。その一切の衆生の上に五念門行を成り立たせる増上縁としての他力、つまり存在の背景の力こそが、『無量寿経』の法蔵願心なのだと曇鸞大師が語るのを、その背景の力を受けて成就する五念門の行が、我らの上に「一心」となるのだ、と見たのが親鸞聖人の慧眼でしょう。

以前、「何で仏に帰依して、仏法を生きる人間に「我」があるのですか」と質問を受けたことがあります。『十住論』の龍樹菩薩の偈文も、我帰命、我恭敬と言って、「我」がずっと続くのです。「無我なのに何で「我」なのですか」と。曇鸞大師もその問いを起こして、天親菩薩の自督の詞だとおっしゃる。みずから自分自身を言うのであって、自我を主張しているわけではないという言い方なのです。

これは清沢満之先生の「他力の救済」でも「われ、他力の救済を念するときは、我か処するところに光明輝き、われ、他力の救済を忘る、ときは、我か処するところに黒闇覆ふ」（『清沢満之全集』第六巻、一五九頁）と、我、我と繰り返されます。何で我を言うのだと。清沢満之は自我があるのではないかと。それは誤解なのです。ここにやはり親鸞聖人がおっしゃる「親鸞一人がためなりけり」（『歎異抄』聖典六四一頁）という確認、つまり宗教的事実は自分に起こる、自分自身に確認するということです。

ロサンゼルスの伊東抱龍輪番夫人（籌子）が曽我先生に、「如来はどこにおられるのですか」という質問をしたときに、「如来は南無阿弥陀仏としてましますよ」とお答えになりました。「南無阿弥陀仏としてまします」と言っても、書いてあるところにあるわけではありません。事実は帰命する自己にあるわけです。自己の能所を貫いているような用きです。まあそういう意味で「我」に成り立つ。つまり、清沢先生で言えば、宗教的事実は主観的事実である、主体的事件である。単なる客観的事実ではない。現今のいわゆる宗教学、宗教的事実は主観的事実である、学問としての宗教学は、客観的に宗教を信ずる人たちがどういう現象を起こすかという、宗教社会学が学問の主流になっています。それは研究する方ご自身が、宗教者になって学問をすることが困難だからです。学問は客観的でなければならないという縛りがあるのです。しかし、宗教を求めて宗教を生きるということ以外に、宗教の本当の意味はないのです。仏教はもちろんそうです。仏教を生きるしかない。自分が仏教をいただいて、自分の信念として生きるしかない。それ以外にどこに真理があるのですか。そういうのが「我」という言葉だと思うのです。自我を主張しているわけではありません。自分においてという意味です。「我」において一心が成り立つ。こういうことでしょう。

五念配釈

「天親菩薩の自督の詞なり」に続いて、「言うこころは、無碍光如来を念じて安楽に生まれんと願ず。心心相続して他想間雑なし」とあります。それから「帰命尽十方無碍光如来は」と始まるわけです（『教行信証』聖典一六八頁）。

帰命、これは南無です。その帰命が礼拝門だと曇鸞大師は配当したのです。龍樹菩薩は「易行品」で繰り返し「我帰命」を「我稽首礼」と表現されます。身業礼拝の形をもって「帰命」の形として表現されますが、曇鸞大師は逆に「帰命すなわちこれ礼拝なりと。しかるに礼拝はただこれ恭敬にして、必ずしも帰命ならず」（聖典一六八頁）と言われます。つまり、帰命は必ず礼拝の形を持つが、しかし礼拝は必ずしも帰命ではないという。ただ礼拝さえすればいいというものではないと言われます。

この礼拝門という言葉は、「解義分」、長行《じょうごう》にあります。「願生偈」と言いますから、偈が中心なのですが、偈が終わってから、天親菩薩がご自分で散文の註釈を書いています。その散文のことを「長行」と言います。この散文で書いた文章と言いますか、論文と言いますか、解釈といっても偈文の言葉の註釈ではありません。「世尊我一心」に始まる偈文は、天親菩薩が『無量寿経』に出遇った信心の内容です。長行の方は善男子・善女人、つまり誰でもが、『無量寿経』の教えによって、無上菩提を得ることができるということを、曇鸞大師の見方で言えば十章に分けて、解釈しているのです。

それを、曇鸞大師が長行の解釈と偈文とを照らし合わせて、帰命というのは礼拝門、尽十方無碍光如来が讃嘆門、願生安楽国は作願門と配当されます。教学の方ではそれを「五念配釈」と言います。天親菩薩は、「五念門」という名前だけ挙げられて、それ以上は何も詳しく言われないのですが、曇鸞大師は、その五念門のそれぞれが、偈文のどこに当たるのかを考えていかれるのです。

それで讃嘆門については、曇鸞大師が「「尽十方無碍光如来」はすなわちこれ讃嘆門なり」（同前）と、阿弥陀の名を「讃嘆門」に配当しています。ここで名号に天親菩薩が「讃嘆」という意味を与えているということから、親鸞聖人はその根拠になる本願が、諸仏咨嗟を誓う第十七願であると見込んで、「行巻」を「諸仏称名の願」によって考察していかれたのでしょう。

次は作願門の配釈が引かれます。「「願生安楽国」は、この一句はこれ作願門なり、天親菩薩帰命の意《こころ》なり」（『教行信証』聖典一六九頁）とあります。「願生安楽国」について、これは作願門だと。天親菩薩の帰命の意、天親菩薩が無量寿如来に帰命する、阿弥陀如来に帰命するということが、阿弥陀の国に願生するという意欲になっているのだ。だから帰命の意だと。天親菩薩が浄土に願生する、願生安楽国というのは帰命の意だと、曇鸞大師が註釈しています。

この「願生浄土」の意欲は「信巻」の問題のように思いますが、「行巻」に取り扱っています。これは先にも述べましたように（第三章第三節）、「行中摂信」で信は行に包まれているからだ、とも言えますが、回向の「大行」には、単なる人間の行為ではなく、大悲の願心による大いなるいのちの具現があるということ、だから「信心」も中に包まれるし、さらには「往生」という信念の展開も包まれるということを示しているのではないでしょうか。

仏法語としての願生安楽国

そして、その願生について、曇鸞大師は「問うて曰わく」という問答を出し、大乗仏教の見地から註釈しています。

答えて曰わく、「衆生無生にして虚空のごとし」と説くに、二種あり。一つには、凡夫の実の衆生と謂《おも》うところのごとく、凡夫の所見の実の生死のごとし。（『教行信証』聖典一六九頁）

と書かれています。我々が生きている間は穢土だ、死んだらお浄土だというのはまさにこの凡夫所見の考えです。凡夫の謂うところのごとし。続いて「この所見の事、畢竟じて有らゆることなけん、亀毛のごとし」（同前）と。亀の毛の喩えを出されます。ウサギの角か亀の毛かということが言われます。ウサギは耳はあるけれど角はありません。亀は甲羅があって甲羅に毛は生えません。ただ大きな亀が海を長い年月泳いでいると藻が生えるそうです。その藻を毛だと思うけれど、洗えばきれいになってしまいます。だから、亀の毛のように見えますが亀毛というのはないものです。ウサギの角も、耳が長いのを間違えて角だと思うという、そういう妄見、妄念というものを喩えているわけです。亀毛のごとし。つまり、実の衆生が実の生死のごとく死んで生まれるのだと考えるのです。それは仏法語ではありません。仏法語としての願生安楽国ではないのだということを曇鸞大師が言っていることを、親鸞聖人がここに押さえています。これは大事なことだと思うのです。

それで、何で願生と言うのかと。曇鸞大師は、「この間の仮名の人の中において、五念門を修せしむ」(同前)と言われます。この間ということはこの世間、この世俗世界、この濁世の仮名の人、仮に名づけられて何のたれがしと言っている人が、五念門を修して、「前念与後念作因」(同前)。五念門というものが因縁となって、浄土に生まれると。前念は後念のために因となるという文章なのでしょうけれども、返り点が「前念と後念と因と作《な》る」とふってあります。どういう意図でこうふうに読んだのかはわかりませんが、前念と後念を分けるのは、つまり、「前念命終　後念即生」と言われる問題です。

続いて「穢土の仮名の人・浄土の仮名の人、決定して一を得ず、決定して異を得ず」(同前)とあります。曇鸞大師は、浄土は如来清浄の世界であると繰り返して言われます。如来清浄の世界に穢土の汚れた存在は入れないと。もし入るというなら、浄土が汚れてしまう。だから浄土に生まれるというときには、穢土の人間がそのまま生まれるのではない、穢土の人間の質が変わらなければ浄土には生まれられない。でも質が変わって全然違う人間になるのなら、同じ人間が生まれたとは言えない。ではどうするのかと。

だから、不一不異と言うわけです。これは大乗仏教の論理で、わかったような、わからないような話です。だから面白いのです。「決定して一を得ず、決定して異を得ず」、同じだというなら、因果とは言えないと。同じ人間が場所を変えただけなら、因果とは言えないと。もし違ってしまうのだったら、相続しない。その人間がそうなったとは言えないということになります。これは矛盾です。我々は、普通は同じ人間が往くとイメージします。違う人間になったのでは困ります。この世で生きていた人間が、浄土に往っても、同じ人間だと思っている。でもそれは、同じならば因果ではなくなります。つまり、穢土から浄土へという因果ではなくなると。これは、論理としてそういうことです。

願生が「無生の生」であるということを、曇鸞大師は、『浄土論註』の中で「本願無生の生」（真聖全一、三二七頁）とも言ってきます。生が死に帰結することを畏れて、転生して長生きできることを求めるのは、迷いの生を終わらせるのでなく、かえって「無窮の過《とが》」（真聖全一、二九九頁）を引くことになります。釈尊が「生死を超える」ということを「亦、後有を受けず」と言われたと言いますが、それは生の不安を今の生において乗り越えるのだということだったのでしょう。

不安に立つ

ところで、文明社会と言われる現在の日本の都市に生活する市民は、なぜこんなに不安なのでしょうか。電気・ガスなどのおかげで、夜も明るいし、冬も暖かな空間があり、夏には涼しい空気が送られます。経済生活のおかげで、世界中からの衣類や食物、家財道具すらも比較的安価で入手できるようになりました。コンクリートのおかげで、大きな建築物の中に住居も仕事場も、さらには盛り場すらも用意されています。便利になり、欲しいものが手近にあり、交通機関も発達し、日常の生きていくために必要な事柄はたいてい満たされています。

ところが、そこに生きている人間の心が満ち足りているかというと、決してそうではありません。確かに、生活するために必要な事柄への欲望はたいがい充足されるのですが、そのためにかえって、心の底の空虚が見えにくくなっているのではないでしょうか。実は「不安」は現代の物質文明によっては決して満たされないし消すこともできない心の奥の空虚に由来するのではないかと思うのです。心の外側の部分は、経済生活で満たしていけるのですが、心の内側の深みに見えない空虚があって、そこは外側の「もの」や条件では代替できない部分なのではないでしょうか。

『十住論』に「五つの畏れ」ということが出されています。死の畏れ、堕地獄の畏れ、悪名の畏れ、不活の畏れ、大衆威徳の畏れです（大正蔵二六・二七・c）。この中の「不活の畏れ」とは、生活ができなくなるのではないか、ということへの不安感でしょう。この不安感が現在の文明社会である日本の都市にじわじわと拡大しています。資本主義社会が成熟してきて、富の分散がかなり浸透して、一億総中流と言われた時代もあったのですが、欧米発の新自由主義という経済政策が日本を巻き込んで、あっという間に貧富の格差が拡大し、若年労働者の仕事がなくなり、あってもワーキング・プアーという情況になってきています。不活の畏れが、文明化や民主化によって少しも減少せず、それどころかますます増幅してさえいます。そのほかの畏れは、多分に精神的な不安感です。すぐわかることですが、これらはすべて文明や物質的豊かさによって消滅させたり削減したりできる事柄ではありません。「死の畏れ」というなら、死は生の必然であり、誰も避けることはできません。死の不安感は現代の長寿社会に蔓延しているとさえ見えます。「堕地獄の畏れ」についていうなら、生活する中で、罪悪に関わることも多い。その結果、地獄に堕ちることを畏れるのは、罪業生活の結果に対するものです。生きていることに付帯する罪悪も因縁ですから、これから逃げられません。そしてその結果が恐ろしい。そして「悪名の畏れ」とは、後ろ指を指されたり、面と向かって責任追及されたりして、他人から悪人と言われることへの畏れです。善人でありたいのに、すぐ背中に悪名の畏れが張り付いている。「大衆威徳の畏れ」とは、大勢の人から受ける威圧感でしょう。現代では、情報網が発達しメディアが動くので、この圧力を感じる立場の人には、見えざる大きなストレスが常時かかってくるのではないでしょうか。まして、昨今はインターネットが日常に入り込み、目に見えない人間からの圧力や不明な場所からの発信情報の氾濫に、不安感はいや増しているようです。

つまり、人は人びとの間に生きているし、寿命や生命力も有限であるし、思うようにならないことが多い。これらのままならないことへの鬱憤や人間関係のストレスは、どれほど科学的知識や文明社会が進展しようとも本質的に消すことのできないものです。むしろ、人間同士が直接に触れ合い語り合いぶつかり合うような時間が少なくなっている都市空間では、人間が孤独になり、存在の意味が不明になって、いのちの不安は増幅しているのではないでしょうか。

不安は、私たちの生活をおびやかしてくるので、足下が掘り崩されているようなものです。これを乗り越えるにはどうしたらよいのでしょうか。

これらの不安をもよおす外的な条件を変えてこの不安をなくすことはできません。それなら、内的な自己自身の精神を変革すればよいのか。普通はそれしかないと思われるので、精神強化の鍛錬とか、精神修養が求められます。しかし、たとえば精神を鍛えて「死ぬ」ということを畏れないようにすることが、いのちの本来のあり方なのでしょうか。

人間は愚かで弱いものです。親鸞聖人は煩悩具足の自己存在をそのまま許すような存在の自覚を求められた。それは、身体を鍛えるように精神を叩き直して、強い精神にすることではありません。本質的に有限情況を生きていることを率直に認める態度になることです。それでどうして不安に耐えられるというのか。それには、有限の情況のすべてを大いなる大慈悲に帰託して、自己の有限情況をそのままいただくのです。動きゆく心を止めるのでなく、動くままにおまかせするのです。それが安田理深先生の言う、不安を断ち切るのでなく「不安に立つ」ということなのではないでしょうか。

だから、願生ということは、浄土の生を求めることなのですが、その浄土は「涅槃界」であるとされ、また「無為の境」であるとも言われます。時間とともに移ろいゆく情況存在である我らが、ままならない情況を畏れていることから、時間が絡まないあり方への転換を求める。つまり、「有情」の存在に付帯する不安を逃れたいために、「無為」を求めるのだとも言えましょう。これは時間を生きる存在でありながら、時間のない存在になりたいということですから、絶対に両立することができないことを求めているとも言えます。それを時間のある不安の事実に立つのだということは、無為そのものとなるのではなく、無為を根源にして立ち上がってきた大悲の本願（一如宝海よりかたちを表し、御名をしめす）に摂取されて、必ず無為に適うことを信じて、この有限の事実を引き受けるということなのでしょう。

大行の内容

こうして、言わば信心の内実を考察する事柄を、「行文類」として取り扱っているということが、親鸞聖人における「大行」の意味なのでしょう。これは「はじめに行あり」という曽我量深先生のテーマに鮮明に提起されているように、名号が『無量寿経』の体であることは根本本願の具体化であり、本願全体を具現している形でもあり、したがって行・信・証さらには仏土を具現する本願をも内に包括する「用き」という面を、すでに「大行」が含んでいると見るべきなのだと思うのです。

大行ということが、もう往相回向の願の成就として、そこに本当は全部が包まれている。こういうことを大行であると仰せられる。ですから、我々には「南無阿弥陀仏」という一語で満足するのだと言われて、自力の礼拝、自力の讃嘆、自力の願生は要らないと言われる。「南無阿弥陀仏」の事実は、名《みな》を念ずるその人間を場として、本願が超発して起こる。それが「南無阿弥陀仏」です。

人間なしに「南無阿弥陀仏」が一人歩きするわけではありません。人間に帰命する心が起こる。我帰命と龍樹菩薩もおっしゃる。「我帰命す」ということが起こるのだけれども、「我帰命す」ということが成り立っていることが、法蔵願心の用きなのだという信念、本願の信心がなければ大行にならない。こういうことがあると思うのです。ですからこの三念門は、天親菩薩の自督、つまり天親菩薩のお心なのですけれども、それは実は大行の用きなのだと。回向の大行の内容なのだというのが、親鸞聖人の引用のお心でしょう。

先（第五章第一節）にも述べましたが、『教行信証』というのは、構造的には重なっていると。横に並べて理解してしまいますけれども、往相の回向と還相の回向は立体的です。同時に教・行・信・証も構造的には立体的であるという面があります。しかし、円環的に、あるいは運動的に、願心の用きとしていただくときには、それが開かれます。立体のままではわかりませんから、それが言わば横に開かれる、という構造なのではなかろうかと思うのです。

だから行の中に、行・信・証・真仏土までが包まれるような立体構造があります。事実は「信の一念」です。信の一念以外に宗教的事実はありません。その宗教的事実を開けば、教・行・信・証・真仏土です。さらには求道的な時間の因縁を通せば、化身土までも包んでいるとも言えるのではないでしょうか。全部を総合すれば、選択本願ひとつの用きなのです。体は「南無阿弥陀仏」です。こういう理解が親鸞聖人の大行理解なのではなかろうかと思うのです。

第六節　『浄土論註』成上起下の文

親鸞聖人はなぜ五念門を法蔵願力の修行内容だと考えていったのか

三念門の釈の引用に続いて、「成上起下」の釈文の引用です。ここで曇鸞大師の出された「三依」の文が引かれます。「三依」とは「何所依」「何故依」「云何依」です。第一には、何を依り処にするのかと。それについては、如来の言葉すなわち「修多羅」に依るのだと。ここには、如より来たるものが、如来の経説となった「修多羅」であり、如の真理が教えになっているという理解があります。

第二には、なぜそれに依るのか、という理由です。それは、如来はすなわち真実功徳の相だからだと。修多羅の言葉が、真実の功徳を相として表しているからだと。この「如来即真実功徳相」とありますのは、依り処とするのは、「如来」です。その如来とは「真実功徳」の来現であり、その表現された「相」だからだ、ということです。如来が真実功徳であるということについて、前節でも触れたように、「如来はどこにましますか」という問いに、曽我量深先生が「南無阿弥陀仏としてましますす」と答えられたことを想いだします。名号となった如来は真実功徳の表現だ、ということです。我らにとっての「如来」（如のままに来たり、如のままに去る）の事実は、「名号」となった如来なのです。

そして第三には、「依る」ということで、実践する方法を問うています。「いかに」その修多羅に依っていくのかと。それは「五念門を修して相応」するのだと。

上の三念門を成じて、下の二門を起こしてくるというところに、五念門を修して相応するという課題が挟み込まれています。その全体が「行」の意味であるとは、どういうことになるのか。親鸞聖人は「真実功徳」とは名号であると言います。その功徳の内容は、法蔵願心の「修行」によって蓄積されたものという物語的な意味づけがあります。真実功徳とは真如一実を物語で我らに訴えてきて、それが我らの事実になるということなのです。

それに「相応」するについて、「五念門を修して」とありますが、これが「兆載永劫」と語られる信心の背景の法蔵願心のご苦労なのだ、とされるのです。そのことを、三一問答の信楽釈で「正しく如来、菩薩の行を行じたまいし時、三業の所修、乃至一念・一刹那も疑蓋雑わることなきに由ってなり」（『教行信証』聖典二二八頁）と言われます。これは善導大師の「正しくかの阿弥陀仏、因中に菩薩の行を行じたまいし時、乃至一念一刹那も、三業の所修みなこれ真実心の中に作したまいしに由ってなり」（聖典二一五頁）を受けています。法蔵願心の「菩薩行」が、衆生の「雑行雑心」を突破して、「邪見憍慢の悪衆生」（聖典二〇五頁）に真実信心として発起することの「難」たることを、この菩薩行の永劫の時間が語っているのであろうと思うのです。だから、衆生の上に信心として発起することが、法蔵菩薩の菩薩行の功徳に依るという意味で、「大行」の中に信心も包まれているということができるのでしょう。

ところで、天親菩薩の引文のところでも触れましたけれども、親鸞聖人はなぜ五念門を法蔵願力の修行内容だと考えていったのでしょうか。浄土教の流れの中で天親菩薩の『浄土論』がたびたび言及されていることは、当然ですが、善導大師は『往生礼讃』（真聖全一、六四九頁）で五念門を衆生の往生のための実践行と了解しています。

善導大師の『往生礼讃』の出だしのところに、安心・起行・作業として、安心とは三心であり、起行ということの内容は五念門であり、作業とは四修だと書いています。その五念門を展開するときには、礼拝・讃嘆、そして作願門を後ろに回して観察・作願・回向とされます。作願も回向も願ということが入っています。そこに往相の願と還相の願ということを読むことができるから、善導大師は、観察門と作願門とをひっくり返して、礼拝・讃嘆・観察が、私たちの身口意の三業だとおっしゃるのでしょう。意業の内容は観察門だというふうに善導大師は理解して、五念門を並べ変えています。これは私たちにとってはひとつの問題ですが、とにかく一応人間が努力する内容として五念門を理解しておられます。

源信僧都も、『往生要集』の正修念仏を表すときに、五念門を行者の行為として解釈されます（真聖全一、七八〇頁以下）。もちろん菩薩道の行の内容です。行者の修行する内容です。それは修行を建前とする聖道門仏教であれば、当然といえば当然なのですが、浄土門として、浄土教の教えに触れながらでも、やはり人間が求道する。そして求道する中で、それこそ増上縁をたのむ、応援をたのむ意味で、浄土教を借りるという発想が、やはり親鸞聖人以前には根強いわけです。ですから、源信僧都の『往生要集』を読んでいれば、とても本願他力に帰したとは言えないのではないかと思うようなことがあるわけで、源信僧都も五念門を行者の行為として解釈しているのです。

親鸞聖人は比叡の山で堂僧を勤めていたと『恵信尼消息』にあります。その堂僧とは常行三昧堂の役柄であったと言われています。そうであれば当然、法華一乗の学問のみでなく、浄土の学びも兼学していたでしょう。「ひろく三観仏乗の理を達し、とこしなえに楞厳横河の余流をたたえて、ふかく四教円融の義に明らかなり」（聖典七二四頁）という『御伝鈔』の文は事実だったのではないでしょうか。のちに『教行信証』という体系的な大著を制作するような学問の蓄積は、比叡の二十年間の修行僧としての生活の中で行われたと見るべきでしょう。大乗の諸経論、つまり『涅槃経』『華厳経』『大集経』などをはじめとして、浄土三経や異訳の経典類その註釈類などの学びも、当然その学びの中にあったと考えられるべきでしょう。『教行信証』にたびたび引用される憬興師の『述文賛』なども、すでに『往生要集』で言及されているものなのですから、比叡の山での学びで目を通していたに相違ありません。『浄土論』『浄土論註』の学びの時期を、流罪以後に持ってこなければならない謂われはないのです。

むしろ、菩薩道のひとつの形式として、五念門の実践をすることで、往生浄土を求めていたのに、それを成就できない空虚感や求道心のつまずきなどがあって、六角堂の参籠となったのではないでしょうか。そして夢告を縁として、源空上人の「専修念仏」に帰するについて、『浄土論』の五念門をどう了解するべきかという疑念がぬぐえなかったから、その解消のために（つまり雑行を棄てて本願に帰するために）、「百か日、降るにも照るにも、いかなる大事にも、参」（『恵信尼消息』聖典六一六頁）る必要があったのではなかろうか、と考えられます。善男子・善女人が五念門を修してその成就を潜って、浄土に往生すると『浄土論』が述べているのに、なぜ「専修念仏」でよいと言い得るのか、という問いの解決が必要だったのでしょう。

これについて、親鸞聖人が「本願に帰す」（『教行信証』聖典三九九頁）という結論をいただいたということは、本願の因果の中で、そして念仏の謂われの中で、一切衆生を救済しようとする願心がすべてを成就してくださっているのだ、と信受することができたということでしょう。

そして、数年後に改めて源空上人から、『選択集』の書写を許されたことを縁として、『浄土論』を「三経一論」の「一論」であるとするのなら、五念門行は法蔵菩薩の修行といただくべきではないか、という問題を師源空に訴えたのではないでしょうか。

専修念仏への決断には、

聖徳皇のあわれみて　仏智不思議の誓願に

すすめいれしめたまいてぞ　住正定聚の身となれる（『正像末和讃』聖典五〇八頁）

という和讃が、六角堂から法然上人の下へ赴かせる夢告と関係していると思われますし、この『選択集』書写を縁とした改名には、

聖徳皇のおあわれみに　護持養育たえずして
如来二種の回向に　すすめいれしめおわします（同前）

という和讃がやはり夢告として関係しているのではないかとうかがわれます。こういうことが背景にあって、「綽空」を改めて「親鸞」の名を源空上人から新しくいただいたことを、「後序」で「悲喜の涙を抑えて由来の縁を註《しる》す」（聖典四〇〇頁）と書かれたのであろうと私は思うのです。

親鸞の名告り

「後序」は「竊かに以みれば」から始まって、「奇瑞称計すべからず。『別伝』に見えたり」までが前段（第一段）です（聖典三九八―三九九頁）。ここは、法然上人の下で流罪に遭ったと。そこに「真宗興隆の大祖源空法師」と書かれています。「真宗興隆の大祖源空法師、ならびに門徒数輩、罪科を考えず、猥《みだ》りがわしく死罪に坐す。あるいは僧儀を改めて姓名を賜うて、遠流に処す。予はその一なり」（聖典三九八頁）、罪禍が起こり、そして断罪が起こり流罪になった、こういう事件に自分も巻き込まれたと。こういって法然上人と同じように流されたというところに、以後自分は非僧非俗だから「禿」の字をもって姓とす」とされました。「姓とす」ということは家名を持つということです。家の名前を持つということです。姓、つまりこの世に家庭を持ち、両親から生まれて、名を持つというところに姓ということがあるわけですが、

これは貴族だからです。一般民衆はこの時代には、姓はない。何のたれ兵衛のところのかあちゃんとか、何のたれ兵衛のところの息子と言われて、姓があるのは武士階級と貴族階級だけだったわけです。親鸞聖人は一応貴族の末裔ですから、姓を名告《なの》ってよい立場でした。でもその姓の中でも禿という、いうならば蔑称と言いますか、僧という位置づけの中では、一番侮蔑されるようなところに使われる言葉をもって、自分の姓とすると。こういう立場を明らかにした。この内容についてはいろいろ考えられると思いますが、それが「後序」の前段に書かれていることの意味です。

そして、「しかるに愚禿釈の鸞」（聖典三九九頁）、ここから後は第二段、『選択集』の書写に預かったということについての記述です。ここに「空の真筆」をもって「釈の綽空」と書いていただいたと。「同じき日」、その日に「空の真影申し預かりて」とあります。たぶん、源空上人の絵像というものが上人の手もとにはあって、弟子として許した人間には、絵像を渡して、コピーを作ってよいということがあったのでしょう。ほかに、どれほど信頼した人に渡したか、何人に渡したかはわかりません。『選択集』は五、六人が書写することを許されたと伝えられていますが、真影についてはほかに流伝がありません。ということは、ひょっとしたら法然上人は、本当に心を許せる弟子が現れたら、自分の真影を写させようと思っていたかも知れません。何人かは写したのでしょうけれども、ほかに記録がありません。その真影はもちろん絵師に描いてもらうのでしょうけれど、それを描かせて師のもとへ持参したら、その銘に「南無阿弥陀仏」と善導大師の「若我成仏十方衆生」以下の言葉を書いていただいたと。

「また夢の告に依って、綽空の字を改めて、同じき日、御筆をもって名の字を書かしめたまい畢りぬ」

（『教行信証』聖典三九九―四〇〇頁）とあります。ここに綽空という名前を改めたということが書いてあります。『聖典』の年表では、この名の字は善信だと記しています。

しかし、「本師聖人、今年は七旬三の御歳なり」から『選択集』制作の謂われがあって、「教誨を蒙るの人、千万といえども、親と云い疎と云い、この見写を獲るの徒、はなはだもって難し。しかるに既に製作を書写し、真影を図画せり。これ専念正業の徳なり、これ決定往生の徴なり」（聖典四〇〇頁）と書いています。法然上人から本当に信頼していただいたのだ、もう間違いのない弟子だと見てくださったのだと。専念正業、もっぱら「南無阿弥陀仏」ということの業を信じて、専念していた徳であると。

そして、「仍って悲喜の涙を抑えて由来の縁を註す」（同前）と書いています。由来の縁ということも、どこまでが由来の縁かというのは読み方によっていろいろあり得ます。

しかし、私はこの「後序」を繰り返して読んでいて、ふと気づいたのは、この第二段は「しかるに愚禿釈の鸞」から始まります。見直してみますと、「総序の文」には、「愚禿釈の親鸞」とあります。自分がこの教えをいただいた名告りは愚禿釈の親鸞であると。「信巻」の「別序」も「愚禿釈の親鸞」と書いています。そして、各巻に撰集名、引用する文言を選び集める名前として愚禿釈親鸞と書いています。そして「後序」に「愚禿釈の鸞」と書いています。自分の名前「愚禿釈親鸞」の責任において、この書を作ったのだということは明らかです。『教行信証』を書いたのは、愚禿釈親鸞であるということを、徹底して何回も何回も押さえ直しているのです。

この『教行信証』を作る「愚禿釈親鸞」の名の中で、「禿」の字は流罪に遭って免罪になって、自分で名告ったのだと、第一段で書いています。そして、第二段で法然上人から名をいただいたとあって、「仍って悲喜の涙を抑えて由来の縁を註す」と。

それから、「深く如来の矜哀を知りて、良に師教の恩厚を仰ぐ。慶喜いよいよ至り、至孝いよいよ重し。これに因って、真宗の詮を鈔し、浄土の要を摭う。ただ仏恩の深きことを念じて、人倫の嘲を恥じず」（同前）と結んできています。この中に愚禿親鸞以外の名前が挟まるはずがありません。

善信というふうに「名の字」をいただいてきてしまった歴史は、覚如上人に責任があります。覚如上人が『御伝鈔』に書いているのでしたら、ある程度何か確信があったとも言えるけれども、一言も『御伝鈔』には名の字のことは言われません。『拾遺古徳伝』という法然上人伝をお作りになったときに、法然上人との出遇いを語る中で、この「後序の文」を引かれ、名の字は善信であると書いているのみなのです。ところがその場面の直前に、「善信聖人」という坊（房）号で聖人を語る文章があります。その直後に、流罪に遭ったときの名前は「善信房親鸞」と書いています。その真ん中のところに「名之字」が善信だと書いています。ちょっと不思議な展開なのです。

これを受けて、存覚上人が『六要鈔』を書くときに、「化身土巻」のここの「名の字」の解釈について、覚如上人が「善信」であると書いているので、「言令書名之字畢者、善信是也（「令書名之字畢」とは、善信これなり）」（真聖全二、四四〇頁）と、名の字は善信だと確定的に書いてしまったものだから、それ以後、「名の字」は善信となってしまった。そうすると、綽空の字を改めてからは、善信房善信ということになるのです。変な話なのですけれど。どういうことなのでしょうか。

そして、親鸞という名について、これだけ、『教行信証』に一貫して親鸞、親鸞、親鸞と言ってきたのに、『教行信証』に一言もその親鸞の名の謂われが書いていないということになります。しかも、流罪が解けてから自分で名告ったということになると、師教の恩厚とは何なのかと。よくこの「総序の文」「別序の文」「後序の文」を拝読すれば、ここに流れるものは、法然上人から「南無阿弥陀仏」の教えをしっかりと明らかにして欲しいと願いをかけられた名が、親鸞であると言えるのではないでしょうか。綽空も立派な名前です。道綽と源空を継げという名前ですから。聖浄二門の決判をされた道綽禅師と、諸行を捨てて専修念仏を取られた源空上人、そういう決断の名前から取った名をいただいていたけれども、もったいなくも天親、曇鸞の名前から一字ずつ取って、「親鸞」を名告れと言われたと。

これは明らかに背景に二回向の問題、ずっと問題にしてきた天親、曇鸞との出遇いの問題があって、法然上人と『選択集』付属をめぐって、話し合いがあって、「そうか、お前の言う通りだ。五念門は自分でやれるはずがない。自分でやれるのだったら専修念仏の意味がない」と。自分で努力してやって、阿弥陀如来の外からの援助を借りて浄土に往くというのだったら「南無阿弥陀仏」の信念ひとつではなくなるわけです。五念門行、特に讃嘆門、観察門ということになると、どこまで本当に観察できるか、どこまで本当に讃嘆できるか。それを自力の思いでやるとなったら、念仏往生の願を選択本願とした法然上人のお仕事というのは、どういう意味を持つことになるのでしょうか。五念門行は自力の行としては成り立たないけれども、「南無阿弥陀仏」が起これば、名の中に法蔵願心の五念行が具足しているのだという、そういう大きな用きがここに起こっているのだ、ということをいただいたわけでしょう。だから「慶喜いよいよ至り」（『教行信証』聖典四〇〇頁）なのです。

「総序の文」もそうです。「愚禿釈の親鸞、慶ばしいかな、西蕃・月支の聖典、東夏・日域の師釈、遇いがたくして今遇うことを得たり。聞きがたくしてすでに聞くことを得たり」（聖典一五〇頁）、「親鸞」が本願の伝承に出遇ったのです。

そういう名を、善信にしてどうするのかという問題を、私はもう十年来話しているのですけれど、いまだに聞いてくださらない方が多いのです。どうしてかと思うのですけれど。この「後序」の文章の意を読んで欲しい。異論のある方があちらにこう言っている、こちらにこう言っているということをつき合わせて言うのは勝手です。しかし親鸞聖人が書いていることをしっかりと読んで欲しい。愚禿釈親鸞の名で作っている『教行信証』に、名の字とあったら親鸞以外にないのです。法然上人から「親鸞」をいただいたに相違ないのです。願いをかけられた。だから、「師教の恩厚を仰ぐ」（聖典四〇〇頁）と言っておられるわけです。そういただく方が通じるではないですか。親鸞聖人らしいではないですか。何か法然からはいただいたけれど、やはり俺は独立者だというわけで、「法然何するものぞ」と、自分で名告った親鸞の名で『教行信証』を作ったのだという人間像は、私は間違っていると思うのです。

法然上人はどのように弟子の名を付けるのか。そういうことは、私はまったくわかりません。法然上人ご自身は、比叡の山で叡空上人からいただいた源空という名前で、亡くなるまで通しておられます。法然上人にはこの世に信頼できる師匠はいないわけでしょう。善導大師が「偏依善導一師」（『選択集』真聖全一、九九〇頁）としての師匠ですから。だから、名を変えられません。

だいたい、親鸞聖人が法名を自分で名告るはずがありません。仏弟子としての名告りを、自分で名告るはずがないのです。師匠からいただいたに違いありません。その因縁をこの「後序」に書いておられるのではないかと思うのです。自分で仏弟子になった、俺は仏弟子だぞと名告るという、そういう名告りは、考えられません。親鸞聖人だからいいのだというみたいに、本願寺の流れがそのように決め、私もそう思っていました。ほかの人間では許されないけれども、親鸞だからできたのだと。でも親鸞聖人が、そういう態度を取られるだろうかということを考え直してみると、自分で名告るはずがないと思うのです。

たぶん、一番の抵抗は、親鸞聖人が三十三歳で、『浄土論』『浄土論註』をそこまで読み込めるはずがないと。こういう偏見があるのです。それを私は、『教行信証』の引文というものを元に返して読んでみると、比叡山時代にもうすべて一遍通っています。どこに何が書いてあるかわかるから調べられるのです。たとえば『五会法事讃』とか、『述文賛』とか『集諸経礼懺儀』とかは、書物の大きさも相当なものです。そんなものを、関東で教化の最中に、自分の研究のために、初めて読むなどということは考えられません。『浄土論』『浄土論註』ももちろんです。

ですから、親鸞聖人の人間像について、どうも学びが浅かった親鸞聖人が、法然上人に遇ってから勉強しだしたと考えるのは間違いである、と私は深く思いますし、そう見るべきではないと問題提起しているわけです。これは非常に大事な問題です。どこまでも受身で、つまり回向の用きをいただいていく姿勢と、どこまでも愚禿釈という名前で生きていくということ。そういう親鸞聖人の人生態度と、仏法をいただく態度とが一貫している。そういう中で、名告りだけ自分で名告るというのが、どうも私の中で消化しきれない問題としてあります。

私の若いころに話したことが記録されて出てしまっている場合は、皆、「名の字」は善信なのです。それは間違いだったということをつくづく思っています。これは覚如上人が何か間違えたのではないか。それを存覚上人が鵜呑みにしたのではないか。以降それを批判できない。もうそういうものだと思って考えたら批判できないのです。でも考え直していただきたい。

宗派以外の立場の方はもう、「後序」の「名の字」は親鸞であると。もう歴史学者が、次から次へと親鸞と書いています。宗派の学者が何を根拠に、この「名の字」は善信だと言うのか。親鸞聖人の書いている「後序」のこの意図をどう読むのか。親鸞聖人が『教行信証』を、愚禿釈親鸞の名で書いてきたのに、それはどうするのか。それは皆さん方にもしっかり考えていただきたいと思うのです。

第七節　『浄土論註』回向門釈の文

回向の用きが現行する

次に、『浄土論註』回向門釈の文が引かれます。「云何回向、不捨一切苦悩衆生、心常作願、回向為首得成就大悲心故」（真聖全一、三一六頁）とあるのを、親鸞聖人は「大悲心を成就することを得たまえるがゆえに」と読んでいます（『教行信証』聖典一七〇頁）。回向門を法蔵願心の行であるとして、ふった送りがなです。そして「回向に二種の相あり、一つには往相、二つには還相なり。往相は、己が功徳をもって一切衆生に回施して、作願して共に阿弥陀如来の安楽浄土に往生せしめたまえるなり、と」（聖典一七〇―一七一頁）と続けています。この引文は、観察門を飛ばして、上の三念門から、回向門の釈に移っています。しかも、『浄土論註』上巻の回向門釈ではなく、下巻の釈を取っています。これはなぜでしょうか。上巻では「回向は己が功徳を回して、普く衆生に施して共に阿弥陀如来を見たてまつり、安楽国に生まれんとなり」（真聖全一、三〇七頁）とありますが、下巻は天親菩薩の「解義分」の語についての曇鸞大師の言葉になっており、そこに二種の回向の名が出されます。

大行を表すための引文に、この「回向に二種の相」があるということを引用する意図は何でしょうか。法蔵願力の用きのすべてを名号として案出し、その名号の功徳の中に一切苦悩の衆生を救済するための永劫の修行の功徳の用きを恵むことを示そうというのではなかろうか、と思われます。和讃に、

南無阿弥陀仏の回向の　恩徳広大不思議にて
往相回向の利益には　還相回向に回入せり（『正像末和讃』聖典五〇四頁）

とありますが、これは、衆生が何かを行ずることではなく、本願を信受するところに、名号の持つ功徳のすべてが本願成就の信心に現行してくることを語っているものなのではないでしょうか。名号から言わば一切衆生への救済の願心があふれだして衆生の心に流れ入るように、菩薩道を成就する回向の用きが現行するから、名号が大行だと言えるのだと。これは名号を方法として利用して浄土に往くという理解を打破して、浄土の功徳すらも名号の中に願力で封入して衆生に施与するのだ、という積極的な大悲願力による衆生への功徳の回転を語っているのではないでしょうか。

ここで、少し考えるべきことがあります。この『浄土論』『浄土論註』の回向門の言葉は、「信巻」にも引用されます。それは欲生心釈の中でです。この「行巻」の引文との違いは、「行巻」では二種回向の名は出すものの、その往相についての釈に止めて、還相の内容についての文は省いていますが、欲生心釈では、往相・還相の釈文を両方とも引用しています。

「信巻」には欲生心成就の文として、本願成就の文の「至心回向」以下の文を引用されますが、この至心回向を如来の大悲回向と読んでいます。一連の文章の主語は、「聞其名号　信心歓喜」では信心の人、つまり衆生ですが、この欲生心成就とされた「至心回向」は、主語を如来とするのですから、文章の流れとしては無理なのですが、本願の救済を成就することが仏説の本意だということから、欲生心成就は如来の回向によると読み取るのです。その欲生心成就の文の引文に、この回向門の釈を引用して往還二種の回向が欲生心を成り立たせていると考えておられるわけです。

それからすると「往相の回向を案ずるに、大行あり、大信あり。大行とは」（聖典一五七頁）と始められたこの「行巻」の場合、一応往相回向に止めるということなのでしょう。「名を称するに、能く衆生の一切の無明を破し、能く衆生の一切の志願を満てたまう」（聖典一六一頁）とありましたから、破闇満願の浄土の功徳が、称名において衆生の上に現ずるのですが、その功徳の還相の分位は回向心としての欲生心に譲るということなのでしょう。

後に「名号・光明」の父母を因縁として「信心の業識」の子が誕生するということ（聖典一九〇頁）が語られてきます。信心を中心にするときには、名号は「外縁」とされます。信心に対して単純な因なのでなく、親子のような関係だとされます。信心は信心自身の因から生まれてくる。その因は「至心信楽の願」なのだとされます。そこから考えると、大行の内面に阿頼耶識における種子のごとく、法蔵願心の累徳のすべてが「万徳の所帰」として包括されてはいても、それが現行するのには、「信心発起」が不可欠です。「名号は必ずしも願力の信心を具せざるなり」（聖典二三六頁）と言われるように、子が誕生しなければ、親にはなりません。そうしてみると、「行巻」の引文に、「荘厳功徳」を語る観察門からの引文を外されたのも、その内実は、『浄土論』の引文で「不虚作住持功徳」を取っているから、『浄土論註』の引文には不要と見られたのかも知れません。

　ともかく、五念門の修行のすべてを回向して「大悲心を成就」（聖典一七〇頁）するのですから、「一切の功徳にすぐれたる　南無阿弥陀仏」（『浄土和讃』聖典四八七頁）なのですが、ここでは「還相の回向」の文を外しています。

　たびたび触れる問題ですが、信心と真実証との関係は、「至心信楽の願」を因として「必至滅度の願」の果を成ずるという関係です。「正信偈」では「至心信楽願為因　成等覚証大涅槃　必至滅度願成就」（聖典二〇四頁）とあるように、信心を因として大涅槃の果を成就するというのが、親鸞聖人の明らかにされた本願の因果による衆生救済の論理です。

　その因と果との間に、衆生の条件（人間が死ぬこと）を入れて解釈してきたのが、封建時代に構築された教学の歴史的伝承です。その方が了解しやすかったからなのでしょう。しかし親鸞聖人の表現を温《たず》ねるならば、願心の因果には衆生の課題としては「信受」することのみが課せられています。いや、それすらも深みは如来の回向で成り立ちます。ただし、信心は現行しますが、大涅槃は「未来」として「必至滅度」と「必」の字が加えられていて、「還相回向」はこの未来の大涅槃の中から、展開することとされています。「証巻」の中に、『浄土論註』下巻の不虚作住持功徳の釈文の後半から引文されて、涅槃の内容として語ろうとされています。これを「純粋未来」の問題として、また「分水嶺の本願」の問題として考察されたのが、曽我量深先生でした。このことがあるため、今ここの「行巻」の引文では、回向の往相の内容のみを引用するに止めたのではないか、と考察しておきます。

第六章　『安楽集』の引文

第一節　念仏功徳の文

道綽禅師が念仏においていただかれた本願の喜び

曇鸞大師の次は、道綽禅師の『安楽集』からの引文です。第一に「伊蘭林」が出てくる段を引いています。「言うところの「伊蘭林」は、衆生の身の内の三毒・三障、無辺の重罪に喩う」（『教行信証』聖典一七一頁）とあります。本当に堪《たま》らないほど臭い林というのですが、煩悩具足の凡夫と言いますか、救いようのないような人間存在というものを喩えているわけでしょう。そこに栴檀の芽が生える。「「栴檀」と言うは、衆生の念仏の心に喩う」（同前）、罪悪深重の凡夫だからこそ、本願の教えをいただくということは、一挙に伊蘭林が栴檀の林に変わるような事実が起こるのだと。そういうことを読み取られて、道綽禅師という方が、念仏においていただかれた、本願の喜びをここで押さえておられるということでしょう。

そして、「「わずかに樹と成らんと欲す」というは、いわく、一切衆生ただよく念を積みて断えざれば、業道成弁するなり」（同前）とあります。この「念を積」むということと、「業道成弁」という言葉を、親鸞聖人は、大行についての結びのところで、もう一度引いています（聖典一九二頁）。

行という問題について、親鸞聖人は、「行巻」の出だしの御自釈で「正業はすなわちこれ念仏なり。念仏はすなわちこれ南無阿弥陀仏なり。南無阿弥陀仏はすなわちこれ正念なり」（聖典一六一頁）と言われています。そして「一行すなわちこれ正行なり、正行すなわちこれ正業なり、正業すなわちこれ正念なり、正念すなわちこれ念仏なり、すなわちこれ南無阿弥陀仏なり」（聖典一九二頁）は「弥勒付属の一念」（聖典一九一頁）を承けての、御自釈ですから、ここで行という問題を結んでいると言ってもいいわけです。

続いて親鸞聖人は、「しかれば、大悲の願船に乗じて光明の広海に浮かびぬれば、至徳の風静かに衆禍の波転ず。すなわち無明の闇を破し、速やかに無量光明土に到りて大般涅槃を証す、普賢の徳に遵うなり。知るべし」（聖典一九二頁）と言って、教・行・信・証全部が包まれるような言葉を出されます。

曽我量深先生が、この中から、「至徳風静」というお言葉を取りだされて、たびたび揮毫をされています。至徳というのは、名号ですから、名号の風は静かです。しかし、それに出遇うなら、「衆禍の波転ず。すなわち無明の闇を破し、速やかに無量光明土に到りて大般涅槃を証す、普賢の徳に遵うなり。知るべし」という内容が与えられるのだということです。

我々が読むと、ここに時間を感ずるわけです。「衆禍の波を転ず」るというのは、風静かにあって、それから旅をして行ったら波（衆禍）が静かになるとか、しばらく行ったら無明の闇が晴れてくるとか、速やかにというのは、死んでからとか、時間やら、体験やら、いろいろな解釈を加えるのです。

でも親鸞聖人は、そうは書いていないのです。これは「弥勒付属の一念」を承けての結釈、「南無阿弥陀仏」を承けての言葉ですから、わかりにくいというか、我々からするとついつい、いろいろな時間が絡むような解釈を加えてしまいます。

先（第五章第一節）にも触れましたように、親鸞聖人の見方は、教・行・信・証は立体的であって、構造的には重なっています。運動的に展開しているごとくに語る。けれども、事実は「行の一念」を通して、我々にいただくのは「信の一念」、この行信の一念、これ以外にありません。「南無阿弥陀仏」以外にありません。「南無阿弥陀仏」が『無量寿経』の体です。これを顕すのが「行巻」です。しかし「行」だけではない、回向の行の中に教・行・信・証の一切がある。こういう意味がこの結釈だと思うのです。

それを承けて、『安楽集』が引用されます。「十念相続とは、これ聖者の一つの数の名ならくのみ。すなわちよく念を積み思いを凝らして他事を縁ぜざれば、業道成弁せしめてすなわち罷みぬ。また労わしくこれを頭数を記せざれとなり」（同前）とあります。

十念相続といっても「一つの数の名ならくのみ」であるとして、数に拘らなくてよいと言われています。これも、「専心専念」を釈して「専心」が真実心であることを表して、専といっても専行中の専ではなく、純であることを表すものと通じ、数の問題ではなく、質の問題なのだと理解することなのでしょう。ですから、もとは行為の積み重ねという表現ですが、心の質の真実なることへと方向づけし、大行との純一なる相応を生みだすものといただいていくべきものなのでしょう。

大きい珠数で、ナンマンダブ、ナンマンダブ、ナンマンダブ、これで百回やった、ナンマンダブ、ナン

マンダブ、ナンマンダブ、千回やったという念仏がありますが、現実には、そういうのが随分と流行っていたのではないかと思うのです。そういう中で、親鸞聖人は、「行の一念」ということをおっしゃるわけです。

仮名聖教の『一念多念文意』で考察されているように、一念多念の問題は、法然上人の時代にも、そして親鸞聖人の関東教団でもありました。これがなかなかやっかいな問題で、いくら一念とか多念とかにとらわれてはならないと言っても、またどちらかに執着してしまいます。そういう中で、『一念多念分別事』（隆寛律師）というのが出されてきます。その『一念多念分別事』の漢文部分を註釈したのが、『一念多念文意』です。そういう問題があって、親鸞聖人は、「業道成弁」という言葉の大切さを、『安楽集』からいただかれたのではないでしょうか。ちなみに「業道」も「業事成弁」という語も、『浄土論註』の八番問答に出てきます。道綽禅師はこれを承けているのでしょう。

「業道成弁」ということが出ているので、これについて注意をしておきたいのは、「業道」とは、衆生の生死の生活を押さえる言葉でしょう。『無量寿経』の悲化段の三毒五悪を語るところで、「業道自然」ということが言われています。怨念が怨念を増幅し、悪業が悪業を積み増していくようなこの世の「業」の必然を表す「自然」の成り行きのことです。「業」の流れが自然に苦悩の結果を引いていくことを教えています。

生死無常の生をそのままいかに長時間延長するとも、存在の満足はないと見るのが仏陀の智見です。無明を晴らして迷いの見方を超えて初めて存在することの真の意味を知ると教えられています。それで生死を超えるとか、無明の闇を破して、存在の意味を満足すると言われるのです。

ところが、今ここでは、三毒の身を生きながら念仏するところに、「業道」を「成弁」すると言われます（『教行信証』聖典一七一頁）。譬喩から言うと、伊蘭林の臭気を栴檀の香気が改変するということは、煩悩の身を生きながら、その身の意味を念仏の功徳が変革するということでしょう。

そこに道綽禅師は「一念の功力よく一切の諸障を断つこと、一の香樹の四十由旬の伊蘭林を改めて、ことごとく香美ならしむるがごとくならんや」（同前）と、念仏を積み上げた功徳というのでなく、「一念の功力」と言ってみずから問いを出しています。その問いに『華厳経』にある譬喩を三例挙げ、念仏三昧を行ずる場合の大きな効果を語り、「よくこの念仏三昧を念ずるは、すなわちこれ一切三昧の中の王なるがゆえなり」（聖典一七二頁）と答えています。

行の独自の意味としての業道成弁

ところで、道綽禅師の浄土教の歴史における位置としては、「聖道門・浄土門」という言葉で、仏道において門の違いといえる差異があることを明らかにし、「聖道の一種は今の時証しがたし。一には大聖を去ること遙遠なるによる。二には理深く解微なるによる。（中略）当今は末法にして、現にこれ五濁悪世なり、ただ浄土の一門ありて通入すべき路なり」（『安楽集』真聖全一、四一〇頁）と、末法の時代情況の中で浄土門を選び取るべきことを宣言したことにあります。このことは「正信偈」に「道綽決聖道難証　唯明浄土可通入」（聖典二〇六頁）とまとめられている通りです。浄土門というと、この世では成就できない成仏への道を、滅後の彼土で成就するというように、時間と場所を異にして成仏道を全うするものと了解されてきました。

したがって、この「業道成弁」はいささか多義性を免れません。それはのちに蓮如上人が「平生業成」として「往生のためになすべき行為がすでに完了している」という意味に転じて使っていることからも理解できましょう。しかしながら、そのことを覚如上人は、「至心信楽の帰命の一心、他力よりさだまるとき、即得往生住不退転の道理を、善知識におうて、聞持する平生のきざみに治定するあいだ、この穢体亡失せずといえども、業事成弁すれば、体失せずして往生すと、いわるるか」（『口伝鈔』聖典六六六頁）というふうに了解して使用しています。この場合は、現生に「願生彼国　即得往生」を欲生心成就の内容であると見抜いた親鸞聖人の教えによって、「不体失往生」の意味で「業事成弁」を了解しています。つまり、「現生正定聚」の意味に取っているわけです。正定聚は元々浄土の利益であり、得生の上で獲得する位です。それを親鸞聖人は、欲生心成就は「至心回向」なる如来の大悲の恵みであり、その回向に値遇することによって、信心の行人が「願生・得生」を一念の信に獲得して正定聚に住するといただかれた。ですから、「体失」してから往生するのではなく、「体を失うことなく」、すなわち、この身は生きたまま信心において「死して生まれる」内実を獲得するのだ、と言っていることになります。

親鸞聖人の理解からすれば、「業道成弁」とは「業事成弁」であり、「現生正定聚」であるのでしょう。それは「光明・名号」に値遇して無明の黒闇を晴らし、摂取不捨の大悲の中で「正定聚」の信に安んずるということである、ということです。

業道は、日常生活に埋没して苦悩を脱出できないことであるのに、それが「成就し弁立する」ということは、「業道」がどうにも救いのない煩悩の生活でありながら、それ自身で完全な満足を示す仏智に契応《かいおう》するのだということです。それはおぞましく暗黒なる業道それ自身に、積極的な意味を回復するのだとも言えようかと思います。それは譬喩で示されたように、伊蘭の樹は消失するのではないのに、梅檀の香りで林が香気に包まれるということです。煩悩の身心が消え失せるのではないのに、それ自身に満足できる意味が与えられるということです。

仏道の完成には、「往生浄土」を未来に孕んで「業道成弁」を語ってはいるのですが、「一念の功力」をいうときには、業道の中にそこを離れずして満足することが成り立つことを表現しているのです。しかし、この場合に、先の覚如上人の理解は、業事成弁を信心の内容と押さえたことになりますが、先に述べたように親鸞聖人は大行の「行の一念」釈の結びの位置に、『安楽集』の言葉を置いて「業道成弁」ということを言っているのですから、そのことをいかに理解すべきでしょうか。

もちろん「行中摂信」だと言ってしまえば、そうなのかも知れないのですが、ここは行の独自の意味を、「業道成弁」として考えておきたいと思うのです。これは「行巻」の初めに、大行が「真如一実の功徳宝海」とあったことと関係していると思います。衆生の「行業」の中に現れて「諸仏の称名」という事態を現行するということは、内に信心を具してこそなのではありますが、行は行として「業道」の中にそれを刹那に突破する用きを具体化することだというのではないでしょうか。業道それ自体は、衆生の行為経験である限り、有限であり特殊であり、したがって普遍的な意味を持ち得ないし、煩悩を脱却して仏智に適うことは決してできません。それだけなら、「永劫沈淪」(『教行信証』聖典一八一頁)の言葉通り、未来永劫に我ら凡夫に浮かぶ瀬はありません。行の一念に「弥勒付属の一念」として、「大利無上」の功徳を語るのは(聖典一九一頁)、伊蘭林に栴檀の香気を吹き込むがごとく、業道に埋没する衆生の生活の中に名号の称念を呼び起こせば、「煩悩を断ぜずして涅槃を得」(聖典二〇四頁)るという如来の事業を具現するのだ、というのではないでしょうか。

このことは、時間と努力の蓄積として語られる菩薩道を、愚悪の衆生に行の一念として具現するということですから、これを信受するのは困難至極です。そうであるから、真実信心を得ることは極めて困難ですが、そこに、法蔵願心の苦労が一挙に集約し、兆載の修行を一念の信に凝縮して、行の一念となるところに、称名念仏が「諸仏称名」の具現となるのでしょう。この場合は行の一念・信の一念は一体不離と言うべきでしょう。

第二節　諸障皆除の文

親鸞聖人は、念仏三昧をどのように受け取っているのか

次は『大智度論』の三昧についての文の引用です。『安楽集』所引の『大智度論』の文を引いているのですが、親鸞聖人は『大智度論』をおそらく隅から隅まで読んでおられると思います。けれど、直接『大智度論』から引文されることは、「化身土巻」で一度(聖典三五七頁)だけのようです。

「三昧」は天台法華では中心の行です。親鸞聖人も、山では堂僧を勤めていたと恵信尼公が記されているところから（『恵信尼消息』聖典六一八頁）、常行三昧堂の堂僧であったのではないか、と言われています。また『般舟三昧経』などとの関係から、念仏が「諸仏現前三昧」（『教行信証』聖典一二一頁）と同一であるとも言われることもあります。また、念仏が念仏三昧と言われる場合もあります。

「三昧」と言えば、瞑想などによる精神統一の状態を意味する言葉であり、仏教では、「戒・定・慧」を三学といって、精神の集中した状態で智恵を求めることが修行の大切な方法にされています。そういう精神の統一を通して定における神秘体験のような精神解放を求める行を、善導大師は「定善」と押さえます。そして、これを『観経』の自力の教えの内容として、「散善」と合わせて「定散二善」と言い、それに対して、本願力による救いを「称名念仏」として明らかにされます。

しかし、善導大師自身も『観経疏』の初めに、「一経両宗」ということを出して、「観仏三昧をもって宗となす、また念仏三昧をもって宗となす」（真聖全一、四四六頁）と言われますし、『般舟讃』も作っていて（第七章第四節参照）、称名念仏と「三昧」との関わりがどうなっているのかは、わかりにくいところです。源空上人も『選択集』の結びで自分が「偏依善導一師」ということを言うのは、善導大師が「三昧発得の人」なのに対して、その師道綽禅師は三昧がないからであると言っています（真聖全一、九九〇頁）。

善導大師の著作は、『観経疏』と『観念法門』は散文ですが、ほかは全部偈《うた》です。偈を詠い続けているわけです。おそらくほとんどの時間を、三昧の中で生きていたような感じがします。

法然上人は、ご自分を「戒・定・慧、三学の器にあらず」と言われて、比叡山を下りたはずなのですけれど、やはり三昧の魅力と言いますか、三昧の中でたすかっていくという名残がお言葉にはあります。生活は「日課三万遍」とか、さらには「日課七万遍」とか言われ、まさに「念仏三昧」の中に生活していたとされています。説法されるときは念仏が背景に退くのでしょうが、とにかく念仏が絶えることがなかったというのですから、四六時中、眠ってまで念仏をしていたとされています。眠りの中でも、半分眠りながら称えているというか、そのように念仏していたと。そういう念仏が本当の念仏だというのが、法然上人に接する方のイメージでしょう。真宗以外の浄土系では念仏による精神統一の「念仏三昧」が念仏の本当のあり方であると考えられているようです。

これに対して、親鸞聖人は徹底して本願による大悲の摂取を救済のあり方として、信心による救済を主として、「三昧」という精神的状態を救済の条件とする立場は取られません。もし「三昧」という特殊な精神状態を本当のあり方であるとしていくなら、どうしても在家生活より出家生活の方が適合しやすいでしょうし、世俗生活は嫌われることになるのではないでしょうか。つまり、聖道門上位の方向を脱却できないことになるのでしょう。「信巻」では、もっぱら真実の信心を解明するのであって、特殊な精神的状態への傾斜は見られません。

散乱するこの世の生業の中で、宗教体験を要求するとき、惑いと不安から逃れてあたかも宇宙遊泳のように苦悩の空間から離脱したいという要求は断ちがたいことです。しかし、親鸞聖人は、そういう情況が真実の生存の本来性であるとは考えなかったのではないでしょうか。苦悩の生活の直中に、大悲の本願を憶念するとき、苦悩の生活を離れず大地が存在を支えるごとくに、法蔵願心の歩みが感受されてくる。

「大行」はその願心を衆生に呼びかける場所のようなものであって、三昧が与える功徳以上に、一念の功力が衆生を静謐な寂静の境地へと導くことを信じたのではないでしょうか。

一切の功徳にすぐれたる　南無阿弥陀仏をとなうれば
三世の重障みなながら　かならず転じて軽微なり（『浄土和讃』聖典四八七頁）

という和讃は、この『安楽集』の語る利益と相応じていると思われます。

三昧にはいろいろの利益がありますが、それぞれの特質がある代わりに、それぞれ限界があるとされます。しかし、念仏三昧は「現在・過去・未来の一切の諸障を問うことなく、みな除くなり」（『教行信証』聖典一七二頁）と。人間の苦悩の情況が起こるときには、様々な特定の要因が絡みますが、諸余の三昧は、その特定の問題や情況に効能があっても、逆に情況次第ではまったく効き目がないこともあると。これは『大智度論』からの引用ですが、道綽禅師もさらにはそれを引用する親鸞聖人も、おそらくは修行生活の中に実感してきたことなのでしょう。

ここでの引用の最後に出されている「常修念仏三昧」（同前）は言葉の上では、やはり修行する形としての「三昧」を表しているのですが、「念仏」がその内容に摂められていることによって、「常修の三昧」の形式を破る面を取り上げようとされたのではないでしょうか。親鸞聖人以前の念仏表現には、どうしても修行して自己の精神力を高めていこうとする自力の求道の中に、「念仏」の功徳が尋ね当てられていますから、自力と他力の混じり合いが表現に残ってきてしまうところがあります。自力の修行の中に他力の用きがくるように表現されたり、他力の助力を受けて自力の修行が成就するように表現されていることが多いのですが、この思考の混濁ともいうべき自力・他力の関係を、純潔な本願他力の信念による救済として一切善悪の凡夫に開示したのが、親鸞聖人の大切な仕事だったのだと思います。

それにしても、仏教の体験の特徴になる「三昧」とか、精神統一のことは、念仏の教えにまったく関係がないものでしょうか。そうではないと思いますが、それについて考察すると、自力の道との混濁が起こるためか、あまり積極的にそのことを教学の中で取り上げられてきていないようです。私は、この問題と五念門理解とには深い関わりがあるのではないかと思います。五念門の中に、作願門・観察門がありますが、これを天親菩薩は奢摩他・毘婆舎那に当てています。いわゆる止・観です。止・観は、ともに三昧の行と深く関係する行でしょう。止は「心を一境に止める」訓練ですから、まさにその結果が精神集中状態の三昧となるのでしょうし、観は精神統一の状態で仏陀の教えに語られる内容が、ありありと自身の心に観想されてくるのでしょう。これを普通は善男子・善女人が五念門を修していく中で実践するのであると解釈します。善導大師も源信僧都も基本的には、そう理解されているようです。それでは、本願を信受して名号を称すればおのずから不退転に致るという『十住論』の龍樹菩薩の教えや、専修念仏で往生するという源空上人の教えと一致しないのではないか、と親鸞聖人は考えたに相違ありません。

『無量寿経』には、法蔵菩薩の発願に「無上殊勝の願を超発せり。その心寂静にして、志着するところなし」（聖典一四頁）とあり、願の中にも「我が名字を聞きて、みなことごとく普等三昧を逮得せん」（聖典二四頁）というのもあり、勝行段に入ると「空・無相・無願の法に住して」（聖典二七頁）用きでるように表現されています。こういう法蔵願心の起こる起点にすでに「三昧」の功徳を踏み台にしているということから、五念門の止観の行の功徳が、本願力の回向を通して名号の功徳として凡夫に用きたるのだ、といただいたのではないでしょうか。五念門を衆生が行ずるのではなく、法蔵菩薩の物語の功徳として、衆生はそれを信受する生活に三昧の功徳を感受するのだ、ということではないでしょうか。名が行であるとは、名の功徳が衆生の信に回施されるということなのでしょう。

五念門中の作願門に奢摩他の意味を言われることは、欲生心に三昧の功徳が含意されるということでもあるのでしょう。「願生安楽国」という心が、世俗の関心を破って涅槃の象徴たる「報土」への意欲なのですから、その意欲にすでに散乱する世俗生活を突破する力があるとも言えるのでしょう。その欲生心を如来の回向心であるといただく眼には、「三昧」を衆生が求めて行ずるのではなく、「憶念弥陀仏本願」（『教行信証』聖典二〇五頁）による称名に、純粋なる未来からの光として、寂静なる報土の功徳も用いてきているると感受されたのではないでしょうか。

名号は単なる救済の形式ではありません。本願の物語が「衆生往生せずんば、我正覚をならじ」と誓っていて、阿弥陀と名告《なの》ったからには、一切の衆生はすでに往生しているのだ、という浄土異流の理解を、蓮如上人は信心の抜けた形式主義と見抜かれた。だから、「帰命の一念」「たのむ一念」の大切さを繰り返し主張されるのです。

衆生が何もしないのが「他力」だという理解も、他力を形式的に理解するところからくるものではないでしょうか。現実の宗教生活は、苦悩の中から寂静を要求せずにはいられない衆生の心の「奥底」から「至盛の要求」として、「願生」がわき起こるところに現成します。これは単に衆生の逃避的要求なのではなく、真実に無限なる用きに触れずにはいられない存在の根源からの要求なのでしょう。これは単なる個人の要求ではなく、「如来の作願」なのだ、というところに親鸞聖人の回向理解があると思います。しかし、常に衆生の事情やそれにまつわる煩悩と無関係になれないところに、願心が自力の作心に覆われることになります。それを自覚して純粋な本願力に帰していくことを、「おもいたつこころ」（聖典六二六頁）と『歎異抄』は表現するのではないでしょうか。

第三節　具足功徳・捨難取易の文

大利無上の功徳と聞名不退の功徳

続いて、曇鸞大師の『讃阿弥陀仏偈』からの言葉を『安楽集』から引かれます。道綽禅師は、『安楽集』で『浄土論』も取っておられるし、『讃阿弥陀仏偈』も取っておられるし、『浄土論註』（『浄土論』の名で取っている）ももちろん取っておられます。大体、道綽禅師は曇鸞大師に触れた方ですから、親鸞聖人が比叡の山で、道綽禅師のものを当然のこととして読んでおられたことでしょうから、天親・曇鸞のものを読んでおられるに相違ありません。こういうものが引用されるということは、専修念仏に帰して、法然上人の門下になってから勉強しはじめたのではないと言えると思うのです。「『大経の賛』（讃阿弥陀仏偈）に云わく、「もし阿弥陀の徳号を聞きて、歓喜賛仰し心帰依すれば、下一念に至るまで大利を得、すなわち功徳の宝を具足すとす」（『教行信証』聖典一七二―一七三頁）、これは『無量寿経』弥勒付属の文（聖典八六頁）

を受けた言葉です。そして、「たとい大千世界に満てらん火をも、また直ちに過ぎて仏の名を聞くべし」（聖典一七三頁）というのは、『無量寿経』「東方偈」（聖典五一頁）にある言葉を承けています。「行巻」では、行の一念の証文（聖典一九一頁）として弥勒付属の文が改めて取り上げられますし、「東方偈」の文は、先に『平等覚経』の文（聖典一六〇頁）に引かれています。この文をわざわざ『安楽集』から取られるのはどうしてなのでしょうか。

ここに限らず、こういう引用をされるのは、大事な指針があるのだと思います。『無量寿経』の言葉をほめるのは曇鸞大師の仕事ですが、その曇鸞大師の『讃阿弥陀仏偈』を取り上げたのが道綽禅師です。道綽禅師がそれを『大経の賛』として引用していることに、親鸞聖人は注目されたのではないでしょうか。

その意図は、『無量寿経』の体が「名号」にあることを顕彰することが「大行」の用きになること、つまり「諸仏称名」の歴史の証文であることを表すところにあるのだろうと思います。この偈の言葉を「讃阿弥陀仏偈和讃」では、

阿弥陀仏の御名をきき　歓喜讃仰せしむれば
功徳の宝を具足して　一念大利無上なり
たとい大千世界に　みてらん火をもすぎゆきて
仏の御名をきくひとは　ながく不退にかなうなり（『浄土和讃』聖典四八一頁）

と詠っておられます。「阿弥陀の徳号」「仏の名」とあるところを、和讃ではいずれも「御名」として表されています。先（前節）の文には念仏三昧とありましたが、ここではその内実が「御名」の持つ大利無上

の功徳であり、その力によって、「聞名不退」の功徳があることを見ておられるのでしょう。

自力無効の自覚

『安楽集』からの引文の最後は、「勧信の文」で結ばれています。「豪貴富楽自在なることありといえども、ことごとく生老病死を勉るることを得ず。（中略）このゆえに我説かく、無量寿仏国は往き易く取り易くして、人修行して往生することあたわず。（中略）何ぞ難を捨てて易行道に依らざらん、と」（『教行信証』聖典一七三頁）と、道綽禅師の勧めるところを取り上げられます。

ここは親鸞聖人にしては珍しく情念に訴えるような文章を引用され、印象が強く残るところです。特に「修行して往生する」ことはできないのだという言葉は、「大行」を裏から表している大事な押さえです。人間の行は、「大」ではなく「雑行」であり「少善」であると「化身土巻」で言われます。浄土への純粋な「行」は、人間の「修行」の質では成り立たないと。たとい「易」であっても、わずかでも人間の努力意識が加わるなら不純粋になります。つまりここのところは自力無効の自覚を呼びかけているのでしょう。ここに御名が大利であり、無上功徳であることを「信」ずることが必須となります。行が本願の御名であるから、大利無上の功徳を具して、衆生に「信ずる」ことを引きだすことで、純粋なる平等の救済を成り立たせる。「修行」は自利各別の行為でしかないということを徹底することが、親鸞思想の大切な方向です。

第七章　善導の論書からの引文

第一節　『往生礼讃』の文

第一項　「一行三昧」の文

安心・起行・作業の文を外された意図

道綽禅師に続いては、善導大師の引文です。善導大師については、親鸞聖人の直接の師である源空上人が「偏依善導一師」(『選択集』真聖全一、九九〇頁)と仰いでおられますから、引文が多いのは当然と思われますが、「行巻」の引文では、『往生礼讃』からの引文、そして、「玄義分」からの引文、『観念法門』からの引文、最後に『般舟讃』の引文となっていて、なかでも『往生礼讃』が中心になっています。「信巻」および「化身土巻」では『観経疏』が中心になるのですが、「行巻」では『往生礼讃』に中心を置くのが特徴的です。

『往生礼讃』からの引文を、前序「一行三昧の文」から始めています。「観」に対して、「称名字」と比対していることと、「衆生障重くして、境は細なり、心は麁なり、識颺り、神飛びて、観成就しがたきに由ってなり」（『教行信証』聖典一七三頁）と表現されていることが印象的です。

『往生礼讃』は、その序文に「『大経』および龍樹・天親、この土の沙門等の所造の往生礼讃に依り、集めて一処に在《お》き分かちて六時を作る。ただ相続係心して往益を助成せんと欲す」（真聖全一、六四八頁）と語られているように、『無量寿経』および龍樹・天親らの浄土を讃嘆している言葉を集め、一日を六分割して、四六時中それを読み続け信念を相続させるために作られています。そして「いかんが安心・起行・作業して定んでかの国土に往生することを得る也」（真聖全一、六四八頁）と問うて、『観経』の「三心」、『浄土論』の「五念門」、そして、「四修法」と展開して、この「一行三昧」の文にきています。

「安心」に対しては、『観経』の「三心」の語を出して、解釈をしています。「起行」に対しては、「修五念門」といって礼拝・讃嘆・観察、そして作願・回向という次第で、『浄土論』の五念門の順序を変更しつつ、これを上の三心と合して「真実業」とせよと言っています。そして「作業」に対しては、四修法、つまり、恭敬修・無余修・無間修と、それらを未来際を尽くして乃至成仏まで持続する長時修をもって往生浄土を得る、そして、得生するなら、「四修、自然任運にして自利・利他具足せざることなし」（真聖全一、六五一頁）と述べて、「一行三昧」の文に入るのです。

この次第を文字通りに読めば、真実の求道心を持って、阿弥陀仏国を求めようとするなら、やむことなく至誠心を尽くして、五念門行を修し、四修法を修めよ、ということです。この善導大師の三心・五念・

四修のうち、源空上人は『選択集』で「三心章」「四修章」を開いていますが、「五念門」については直接取り上げていません。親鸞聖人は、「三心」の問題を、「信巻」「化身土巻」に分けて取り上げますが、「四修」についてはは取り上げて問題にすることをしません。そして、五念門については、「回向門」を中心に如来大悲の願力回向の用きという意味を汲み取って、独自の思想展開をされます。

しかし、この「一行三昧」の文は、それまでの修行の内容に取り上げられている「観察」中心の説き方に対し、「名字」を称することを出していて、それまでの行の態度からこの「一行三昧」への間に不思議な落差があります。親鸞聖人の「行巻」の引文はそこから始まっています。もちろん、要文を取り集められた「文類」を読むということは、独立してその文自身の言葉でいただくべきなのでしょうが、引用する親鸞聖人の意図には、『往生礼讃』から切りだしたときの背景との落差への注意があるように思われます。

この落差とは、自力で求める真面目さと、自力の限界に苦悶した挙げ句に、その壁を突破した自力無効の信念との落差でしょう。親鸞聖人の叡山での修行僧としての生活が、源信僧都の流れの横川での求道であったとすれば、善導大師の『往生礼讃』は暗誦するほどに読み込まれていたことでしょう。この序文の三心・五念門・四修法はきっと行者の基本態度として、忘れるはずのない確認事項であったと思われます。それを外して「一行三昧」の文から、「大行」の引用をするところに、大切な意図があるといただくべきではないでしょうか。

そして、その落差を暗示しつつ、次の文の中に「大聖悲憐して、直ちに勧めて専ら名字を称せしむ。正しく称名、易きに由るがゆえに、相続してすなわち生ず」（『教行信証』聖典一七三頁）と、「名字」をもって衆生の行とする法蔵願心の意図を説示してきます。
そして、次に「西方」についての問答が引かれます。西方を勧めるのは、樹が倒れるときには、傾いている方向に倒れるようなものだと。人間に西方に向かって倒れる傾きがあるのだ、と言われます。この「曲がれる」方向とは、何を意味しているのかは語っていません。しかし、西の方とは、「日没」の方向であり、明るい昼間が終わっていくことを方角が教えてくれるのでしょう。つまり、人生は必ず終わるのだということを示し、それを縁にして本当の人生に出発せよということを呼びかけるのでしょう。ですから、文字通りの方位に意味があるのではないから、心の中で想うだけでも十分だというのでしょう。
さらには、一切諸仏は智恵も慈悲も平等であるから、どんな方向の仏を礼拝しようともよいのであるが、わざわざ「西方の弥陀」を勧めるのはどうしてかという問いを出して、

諸仏の所証は平等にしてこれ一なれども、もし願行をもって来し取るに、因縁なきにあらず。しかるに弥陀世尊、もと深重の誓願を発して、光明名号をもって十方を摂化したまう。ただ信心をして求念せしむれば、上一形を尽くし、下十声・一声等に至るまで、仏願力をもって往生を得易し。

（聖典一七四頁）

と言われます。この文は後に「内外の因縁」（聖典一九〇頁）のところで取り上げられる大切な文です。諸仏のさとりそのものは平等であるけれども、阿弥陀如来を勧めるのには理由がある、それは「深重の誓願」があるからだ、というのです。その内容が「光明名号をもって十方」を救おうとするからであり、我らはただ「信心をして求念」すれば「上一形を尽くし、下十声・一声等に至るまで、仏願力をもって往生

を得やす」いからである、と言われます。

それで、釈迦および諸仏が、行者に西方へ向かうことを特別に勧めるのであって、他の仏を称念して障を除き罪を滅することができないというのではないのだと再確認した上で、「もしよく上のごとく念念相続して、畢命を期とする者は、十即十生、百即百生なり」（同前）と言われる。それはどうしてかというなら、「外の雑縁なし、正念を得たるがゆえに、仏の本願と相応を得るがゆえに、教に違せざるがゆえに、仏語に随順するがゆえなり」（同前）という善導大師の言葉を引用されます。

この「正念」は、先に「南無阿弥陀仏はすなわちこれ正念なり」（聖典一六一頁）とありましたが、それが本願と教と仏語に随っているから、正念なのであると言われています（聖典一七四頁）。その中でも本願に相応するということが、一番大事なことなのではないでしょうか。

第二項　名義の文

摂取不捨と現生正定聚

次の『往生礼讃』からの引文は、日没礼讃にある阿弥陀の名義の文です。「また云わく、ただ念仏の衆生を観そなわして、摂取して捨てざるがゆえに、阿弥陀と名づく、と」（『教行信証』聖典一七四頁）と、『観経』の第九真身観の「念仏衆生　摂取不捨」（聖典一〇五頁）を、『阿弥陀経』の名義段に合しているところを引文しています。「阿弥陀」の意味は、「かの仏の光明、無量にして、十方の国を照らすに、障碍するところなし」（聖典一二八頁）という『阿弥陀経』の言葉がありますが、『往生礼讃』はそれを取らずにあえて

『観経』の「摂取不捨」を取り出して名義としています。そこを、親鸞聖人は引文しています。『歎異抄』には「摂取不捨の誓願」（聖典六二七頁）という言葉もあり、本願の「若不生者　不取正覚」の意味を表すこととして、これを大事にされるのであろうかと思われます。

阿弥陀の名義として「摂取不捨」を取り上げたことは、親鸞聖人の思想にとって非常に大事な意味をもたらすことになります。周知のように、親鸞聖人の信心の最大の特質として言われる事柄に「現生正定聚」ということがあります。この正定聚を現生に取ってくることは、親鸞聖人の求道心の本質に関わる大切な問題なのだと思いますが、今はその本質的要求に言及することはさておき、論理的な強い必然性を「かならず摂取してすてたまわざれば、すなわち正定聚のくらいにさだまるなり」（『唯信鈔文意』聖典五四九頁）とか「臨終のとき、はじめて信楽決定して摂取にあずかるものにはあらず。ひごろかの心光に摂護せられまいらせたるゆえに、金剛心をえたる人は正定聚に住するゆえに、臨終のときにあらず」（『尊号銘文』聖典五二二頁）と表現していることに注意したいところです。このことは、「摂取不捨」の用きが信心の行者を護念して、現生の生存の畏怖心や不安感から守り、煩悩の生活をそのまま受け入れて、その質を転じて、「現生」の生存を全面的に許された安心感に浸してくれていることを示しています。

親鸞聖人自身が、本願の論理として「現生正定聚」を確信されるのは、先（第三章第三節）にも触れたように根本的には「欲生心成就の文」によるのだと思います。その根拠の元は「回向成就」という思想です。これによって、至心信楽の本願成就の文を「本願信心の願成就の文」と「欲生心成就の文」として分けて見ることに着眼され、「至心回向」以下を「欲生心の成就」といただくことによって、「願生彼国　即得往生」を「至心回向」による現生の信の一念に回向される「不退転」の信の内容であると信受することができた。このことが、正定聚の成り立つ場所としての浄土を、本願の信心によって「即」の内景において直接に感じていこうとする親鸞聖人独自の理解に推し進めていったのではないか、と思うのです。

しかし、大悲の摂取不捨の用きによって、信心のところに正定聚の位に住すという表現が定着して用いられるのは、現在の生活を常に明るみに転ずる信心の構造を的確に表示しているからでしょう。清沢満之先生の表現する「絶対無限の妙用に乗託して、任運に、法爾に、此現前の境遇に落在せるもの」（『清沢満之全集』第六巻、一一〇頁）としての自己が、この信念を思い起こせば「光明海中に」浮かぶ自己であるということは、明らかにこの親鸞聖人の摂取不捨による正定聚の信念の確認なのでしょう。だから、死して生まれるという意味を持つ「往生」の内実を、現生の信の一念に感得することができるとし、闇から明るみへの転換をもたらす大行において、凡夫が本願力に値遇するところに正定聚を獲得することであるとする道筋を、親鸞聖人はこの「摂取不捨の利益」で確定していったのであろうと思われます。したがって「正信偈」の「摂取心光常照護」（聖典二〇四頁）の信は、阿弥陀の摂取の心光と相応する正定聚の信心の明るみを表しているのです。

第三項　『無量寿経』による讃文

名において本願を聞けという教言

次は、初夜の礼讃文です。善導大師が『無量寿経』によって書いた讃文を取りだしています。「弥陀智願海」から、四句ずつ三偈を続いて引用しています。第一偈の前半二句「弥陀智願海　深広無涯底」（『教行信証』聖典一七四頁）は、「如来智慧海　深広無涯底」という『無量寿経』「東方偈」の文によっています。ただし「智慧海」を「智願海」としています。「行巻」の結びに親鸞聖人が「一乗海釈」で取り上げる「願海」ということは、この善導大師の指示に関係があるように思われることです。後半の二句は、「聞名欲往生　皆悉到彼国」（同前）とあり、これは同じく「東方偈」の「其仏本願力」以下の文に由来する讃文でしょう。

第二偈は、「設満大千火　直過聞仏名　聞名歓喜讃　皆当得生彼」（『往生礼讃』真聖全一、六六一頁）とあり、これも前半二句は「東方偈」の最後の「設満世界火」以下の言葉によっていると言えましょう。後半二句は、本願成就の文の取意でしょうか。

第三偈は、法滅百歳のことですから、『無量寿経』「流通分」の取意でしょう。「その時、聞きて一念せん」（『教行信証』聖典一七五頁）とあって、弥勒に念仏を付属することを示している段です。

ここの善導大師の言葉は「聞名」で貫かれていますが、名において本願を聞けという教言を、名号をもって本願とする『無量寿経』の意図によって、「行」の証文とされたのでしょう。

法滅百歳

『選択集』では『無量寿経』についての最後の第六章「特留章」（真聖全一、九五三頁）に、「法滅百歳」の問題が取り上げられています。そして、その末尾でことさらに法滅の時に付属するのは、「かの仏願に順ずるがゆえ」であるが、末法のみというのでなく、本願の教えは「広く正・像・末法に通ず」るけれども、ことさらに「後を挙げて今を勧」めるのである、と言われます（真聖全一、九五五頁）。

親鸞聖人はこの問題については、真実の巻では一切触れず、「化身土巻」の正像末を取り扱うところで、『安楽集』の引文として触れてはいますが（『教行信証』聖典三五九頁）、「聖道の諸教は、在世正法のためにして、まったく像末・法滅の時機にあらず。すでに時を失し機に乖けるなり」と時代の限定は聖道の立場にはあるが、「浄土真宗は、在世・正法・像末・法滅、濁悪の群萌、斉しく悲引したまうをや」（聖典三五七頁）と述べて、時代や機類を超えて、いよいよ真実が聞かれていくのだということのみを表そうとされます。『正像末和讃』に明らかなように、我らが現に生きているあり方は「罪悪深重煩悩熾盛」（『歎異抄』聖典六二六頁）です。「末法」の真っ直中に生存を与えられていることを正面から見据えて、それを逃げることなく、「如来の遺弟悲泣せよ」（『正像末和讃』聖典五〇〇頁）と言われます。泣くしかない事実なのですが、それを縁として時代と機とを選ばない本願の大悲を聞いていこうではないか、と親鸞聖人は呼びかけるのです。

第四項　「後序」の「知識聞名」の文

「聞名」の宗教心が成就する事実

次は、「現にこれ生死の凡夫、罪障深重にして六道に輪回せり。苦しみ言うべからず。いま善知識に遇いて弥陀本願の名号を聞くことを得たり。一心称念して往生を求願せよ」（『教行信証』聖典一七五頁）とあります。この文の前半は、「信巻」所引（聖典二一四頁）の「序分義」の文「この五濁・五苦等は、六道に通じて受けて、未だ無き者はあらず、常にこれに逼悩す。もしこの苦を受けざる者は、すなわち凡数の摂にあらざるなり」という自覚と通底するものがあり、信心において自覚される人間観が書かれています。「いま善知識に遇いて」とあるのですが、「善知識に遇う」ことも、「信巻」に言われるべき出来事なのでしょう。この苦悩のところに「一心称念せよ」という善知識の教えが聞こえるとあります。「遇善知識」とあることも、信心の出来事です。それを生みだす原理が「弥陀本願の名号」であり、それを「聞く」のです。「『経』に「聞」と言うは、衆生、仏願の生起・本末を聞きて疑心あることなし。これを「聞」と曰うなり」（聖典二四〇頁）と「聞其名号」の「聞」の字を釈されていますが、聞は信の事実です。

その事実が「一心称念」と引き受けられるところに、「大行」現前の事実があります。行には必ずしも信が具せられるとは限らないが、信心には必ず名号が具せられると言われるのも（聖典二三六頁）、「聞名」の宗教心が成就する事実には、本願の名号が必然として具せられるが、名号には一面で「外縁」である限界があるから、内面が充足することが待たれます。そこに「値遇」ということが大切な要素となるということがあるのでしょう。

「願わくは、仏の慈悲、本弘誓願を捨てたまわざれば、弟子を摂受したまうべし」（聖典一七五頁）、これは願力による摂取を語っています。ここにも、摂取不捨を願心の用きとして仰ぐ善導大師の心が読み取れることです。

第五項　「後序」の結びの文

称念に与えられる功徳

これまで見てきたように『往生礼讃』は一日を六時に分け、礼讃の文がそれぞれ掲げられます。日中の讃で一巡りして、「後序」に入ったところで、先の「知識聞名」の文に続いて阿弥陀仏等の身相光明等を観見することが語られているところを親鸞聖人は乃至して、「問うて曰わく」から、この『往生礼讃』の結びまでを長文にわたって引文しています。その内容は、『観経』「下々品」の意と、『十往生経』『観経』『無量寿経』『阿弥陀経』などによって、阿弥陀仏を称念することによる現生の護念と往生の確実性を語っています。

この『往生礼讃』の引文の仕方は、「序文」と「後序」の文を引用することによって、称名念仏を「ねてもさめてもへだてなく　南無阿弥陀仏をとなうべし」（『正像末和讃』聖典五〇五頁）というようにいただいていくことを表しているのではないでしょうか。たぶん、比叡の山での堂僧の生活も、常行三昧堂の行事であれば、『往生礼讃』が用いられたでしょうし、源空上人門下が実行した別時念仏も、『往生礼讃』を用いて称名念仏の会座が開かれていたことでしょう。その『往生礼讃』から、大行の内実を選び取って「行巻」に引文していることと、善導大師の五部九巻のほかの著書に似た文があってもこの巻には引かず、ほかの巻に引いていることが注意されるべきではないか、と思うのです。もちろん、『往生礼讃』であっても正念に対して明らかに「雑業」を教えている文（たとえば真聖全一・六四八、六五二、六六一、六八〇頁など）

は「化身土巻」に、真実信心に関わる文（たとえば真聖全一・六五二、六七七頁）は「信巻」に引文されますが、圧倒的に「行巻」に多くの文を引いていることが注目されます。それに対して、『観経疏』からの引文の場合は「信巻」「化身土巻」に信心に関わる文としての引文が集中していて、「行巻」には「玄義分」からの二文のみということにも、親鸞聖人の念仏生活と思想生活との歩みの質を感じさせられるところがあります。

「阿弥陀仏を称念し礼観して、現世にいかなる功徳利益かあるや」（『教行信証』聖典一七五頁）と問答を起こしています。そして「阿弥陀仏を称すること一声するに」と称念を挙げ、そこから、種々の経典から、除滅罪障の功徳、鬼神からの守護、化仏菩薩の護念、本願に依る往生などと、『阿弥陀経』による諸仏の護念を顕しています。「現世利益和讃」にも明らかなように、親鸞聖人には現実の念仏生活に利益があることを、積極的に述べていくところがありますが、これらは「信巻」に顕す「現生十種の益」に帰結していくのでしょう。この「行巻」での『往生礼讃』によって語る功徳は、先に『往生礼讃』「序文」に引かれていた「外の雑縁なし、正念を得たるがゆえに、仏の本願と相応を得るがゆえに」（聖典一七四頁）によって明らかなように、信心に裏打ちされた称念に与えられる功徳であるに相違ありません。この「行巻」での引文の意図は、名号が「大行」として現行し、そこから信心を生みだし、本願に相応せしめる大切な動的な意味を表しているのではないでしょうか。

諸仏の国

ところで、『阿弥陀経』からの引文に諸仏という言葉が出てきています。ここは明らかに『阿弥陀経』「六方段」を承けておられる。「おのおの本国にして」（『教行信証』聖典一七六頁）とありますが、前（第三章第一、二節）にも言いましたように、諸仏の国は、一人ひとりが、一仏一国土です。

この世のイメージでは、王さまがそれぞれの領土を持っているかのごときイメージになってしまいますが、この土と違うのは、別に重なっていても何にも障げがないことです。この世的に言うのなら、同じ場所を諸仏同士が、それぞれ仏仏相念で我が国土を感じて生きているというか、対話しているというか、何の矛盾もない。何の国境もないというのが、諸仏の国なのです。

東西南北と一応は方向を言うけれど、それぞれ無辺なのです。阿弥陀如来も無辺です。東方の仏でも、どの仏でも、おのおのの仏におのおのの仏国があり、同時に阿弥陀の国でもあるのです。重なっていて何の障りもないし、境はないのです。そういう考え方というのは、我々にはできません。我々が領土を考えると、日本国は日本国、韓国は韓国、北朝鮮は北朝鮮、中国は中国と国境線があって、犯したら争いになる、そういうのがこの世です。

諸仏の国は、そうではないのです。おのおのが無碍というわからなさがあるのです。諸仏の国は、凡夫からはわからないのです。わからないと言ってしまえばわからない。でも、そういう世界の方が本当なのでしょう。

宇宙飛行士が、宇宙から地球を見たら、国境はなかったと言ったと。宇宙から見れば、国境などないのです。人間が勝手に、国境だ、国境だと騒いでいる。そのようなことは宇宙から見れば、問題外なのです。人間はしかし、国境がなかったら自分が成り立たないと思っています。

衆生というか、命を生きるものは、境界を持って、そこで自分の命を守ろうとします。それは、人間に始まったことではありません。鳥もそうですし、猛獣は、これは俺の領域だということを示す行動をします。虎でもライオンでも、ほかのものが入って来ると喧嘩して追いだすわけです。けれども草食動物は、それをあまり言わないで、夢中で草を食べています。不思議です。

智昇法師『集諸経礼懺儀』の注記

『往生礼讃』の引文の最後に「智昇法師『集諸経礼懺儀』下巻は善導和尚の礼懺なり、これに依る」（『教行信証』聖典一七六頁）という注が付されています。

「信巻」に、「『貞元の新定釈教の目録』（円照編）巻第十一に云わく、『集諸経礼懺儀』上下、大唐西崇福寺の沙門智昇の撰なり」（聖典二二二頁）と書いて、そして「『懺儀』の上巻は」、そして、「『懺儀』を造る中に、『観経』に依っては善導の『礼懺』の」云々と、こう引いて、「下巻は比丘善導の集記云云」と引いてこられます。

私は、文献研究やテキスト批判の研究をしておりませんので、詳しいことはわからないのですが、元の『往生礼讃』本文ではなく、それを使用しているものに依るのは、言わば孫引きと言われる引き方ですが、そのことをわざわざ注記するということには、親鸞聖人の強い意図があるのではないでしょうか。叡山での行道や、日常の実践にこれが用いられていたのか、原本が見られなかったのか、いずれにしろ何か積極的に「智昇法師」の仕事をほめることに意味を見ているように思われることです。特に伝承を通すことが、仏弟子の誕生の大切な契機であることを自身の求道を通して実感したことが、こういう注記となっているのかも知れないと思われます。

第二節　『観経疏』「玄義分」の文

『観経』の隠顕

『観経疏』は四巻からなっています。『観経四帖疏』とも言います。善導大師の思想としては、『観経疏』というものが、非常に大事です。『観経疏』は、なかに『往生礼讃』の文とか、ほかの偈文を引いてきますから、善導大師が後半生になって作られたのではなかろうかという感じがします。たぶん、善導大師としては、最後にこのことだけはやっておかなければいけないと思い立ってやったのではないかと思うのです。

ここでは一番初めに『観経』解釈の根本問題について、善導大師が独特の見解を語っている序説（「玄義分」）からの二文のみを引文します。「定善義」「散善義」からは一切引かれません。

その「玄義分」には、『観経』が「浄土の要門」を開いているけれども、そこに「安楽の能人は、別意の弘願を顕彰」しているのだと言い、「要門とは、すなわちこの『観経』の定散二門」であり、「弘願というは、『大経』の説のごとし」(『観経疏』真聖全一、四四三頁)と書いてあります。その「弘願」を受けて、「一切善悪の凡夫、生まるることを得るは、みな阿弥陀仏の大願業力に乗じて、増上縁とせざるはなきなり」(『教行信証』聖典一七六頁)とあるところを引用しています。

「大願業力」とは、曇鸞大師に依るなら、因位法蔵菩薩の本願の力と果上の阿弥陀如来の自在神力との交互の用きであると言えましょうが(聖典一九八頁)、力と願とが同時交互に用くことを五念・五功徳として『浄土論』が語るのだという親鸞聖人の見方からすれば、「大願業力」は大悲願心が回向しようとする用き、すなわち「増上縁」としての名号の回向にあるということになるのでしょう。「一切凡夫」が「得生」する場合には、すべて「阿弥陀の大願業力」を「増上縁としないものはない」というのは、名号の回向に与って一切凡夫が得生するのだ、ということなのでしょう。

『観経』は、定散の自力の行が説かれていますが、その背景に『無量寿経』の弘願がある、ということを見出したところに、善導自身が言う「楷定古今」の解釈が生みだされてきた源泉があるわけです。「散善義」を結ぶところに「毎夜、夢の中に一僧が現れて、玄義の科文(経典の段落を区切り、内容を把握する解釈の仕方)を指摘」(『観経疏』真聖全一、五六〇頁)してくれたと書かれていますが、この一僧はおそらくは阿弥陀の化現であろうと法然は書いています(『選択集』真聖全一、九九三頁)。善導大師はこの指示を受けて、隠・顕の二面で経説を解釈するという方法を見出していきました。その『観経』に顕説された定散に対して、「隠」に説かれている『無量寿経』の本願の面を「玄義分」に説きだしている。その部分を、「弘願」として親鸞聖人は「行巻」に引文してきています。

「玄義」の「玄」とは「幽玄」とか「玄奥」と熟される字ですから、玄義とは「深みにある真義」というような意味でしょう。『無量寿経』の説く弘願が『観経』の背景にある「玄義」であるということが、善導大師によって見出され明らかにされたことによって、『観経』が立体的に隠顕の二義を孕んだ経典であると見られることになったのです。この『観経』解釈に『無量寿経』の本願の大悲からの指示を入れるという智見を、親鸞聖人は「正信偈」で「善導独明仏正意」（聖典二〇七頁）と、押さえられたのです。

摂論家の論難と善導大師の応え

続いて、いわゆる善導大師の六字釈の文が引かれます。

また云わく、「南無」と言うは、すなわちこれ帰命なり、またこれ発願回向の義なり。「阿弥陀仏」と言うは、すなわちこれ、その行なり。この義をもってのゆえに、必ず往生を得、と。

（『教行信証』聖典一七六頁）

これは周知のように、称名に対する非難（代表的には摂論家の別時意趣）に対する善導大師の釈明です。称名が行であることは、一応認められてはいるのですが、龍樹菩薩が「易行」と言っていますように、修行の厳しさに耐えられないものに開かれた「安易」な行であるから、難行に修行の意味を認める立場からは、どうしても程度の低い行であると見られてしまうわけです。摂論家は、称名はほとんど行としての価値がないから、「一銭」みたいなものであり、時間をかけて多量に蓄えれば意味が出てくるにすぎないと言い、行の効き目が出てくるのは、「別時」、つまり行為するときではなく、ずっと時を隔ててしか功徳が現れないのだ、と非難したのです。

この論難に対して、道綽禅師は値遇の背景の見えざる深みということを提起されます。それは先に異訳の引文で親鸞聖人が示したように、物語的な前世以来の値遇の因縁があってはじめて御名の仏法に出会えるのだから、「十念」の背景が重いのだ、という理解です（『安楽集』真聖全一、三九八頁参照）。

それに対して善導大師は、「願のみあって行がない」という非難は当らないことを、名号が「願行具足」しているのだ、と示すことで応えられた（『観経疏』真聖全一、四五七頁参照）。臨終の一念に、「必得往生」が成り立たない、時を隔ててのちに往生することもあるにすぎないという論難に対して、一念の即時に「必得往生」が成立すると明示されたのです。この一念の時に、「必得往生」が成り立つことを、この後で親鸞聖人が御自釈して、「不退の位に至ることを獲ることを彰すなり」（『教行信証』聖典一七八頁）と言われます。つまり、願行具足とは、名を信ずる衆生に「現生正定聚」を与える原理でもあるのです。「必得往生」、そして「前念命終　後念即生」もそうですけれども、善導大師には人間が死んでから浄土に往くというイメージが色濃く残っています。つまり観経往生あるいは双樹林下往生と親鸞聖人がおっしゃるイメージが、善導大師の表現には強くついているし、善導大師もそう信じていたかも知れません。法然上人の念仏往生も『選択集』をどう読むかということがありますが、やはり、法然上人も三昧発得しながらも、最終的には臨終正念という問題が残っていたかも知れません。

逆に言えば、それがあったから、臨終に奇瑞を言わざるを得ないのでしょう。臨終に奇瑞が起こる。紫雲がたなびき、すばらしい香りがして、妙なる音楽が響き渡り、浄土の相《すがた》がこの世にも顕れてきた。さすが法然上人はすごいと。そういう伝説が伝わっていたことを親鸞聖人は、『西方指南鈔』にも書き留めるし、和讃にもされます（『高僧和讃』聖典四九九頁）。

そのことを親鸞聖人は、直接非難されませんし、法然上人のすばらしい出来事として仰いでおられると思います。しかし、自分にとっては「信の一念」、それが本願の救いだと。人間が勝れているからたすかるのではない。人間はどれだけ愚かであっても、どれだけ煩悩具足であっても、どれだけどうしようもない人間であっても、そのままたすかるのだ。それが弘誓の証明であり本願の救いだということを、ご自身で、いつもいつも確認し直して生きて行かれたのです。

ですから、親鸞聖人の娘である覚信尼公は、「お父さんは、念仏はしていたけれど、何も起こらない、本当に父は念仏してたすかっていたのだろうか」という疑いを持たれたから、母親の恵信尼公に手紙を出したのでしょう。そうしたら、母の恵信尼公は、臨終正念ではないのだということを、ご返事なさったわけです（『恵信尼消息』聖典六一六―六一八頁）。その後に書かれた手紙でも、親鸞聖人が五十九歳の時の熱病の出来事、「臥して二日と申す日より、『大経』を読む事、ひまもなし。たまたま目をふさげば、経の文字の一字も残らず、きららかに、つぶさに見ゆる也」（聖典六一九頁）ということを迷いの事実として語られます。

つまり、そういうことが、親鸞という人の姿なのだと。決して三昧に入るとか、念仏したら仏さまになったとか、そのようなことはおっしゃらない。どこまでも迷い深き愚かな人間として、しかし本願の信心に生き抜いた人なのだということを、娘に伝えたのです。

娘ですら疑うわけです。そのくらい、親鸞聖人という人は、罪悪深重の身の救いというものを生きていかれました。決して特殊体験とか、立派な人間とかになってたすかるのではないのだと。これがすごいことだなと思うのです。

第三節　『観念法門』からの「増上縁」についての引文

摂生増上縁、証生増上縁の文

次は、『観念法門』の引文です。『観念法門』は、観仏と念仏の三昧の功徳を説いている書です。その中で、五種の増上縁、すなわち滅罪・護念・見仏・摂生・証生という形で、現生の利益と得生の保証を「増上縁」として推し進める用きを語っています。そのうち、親鸞聖人は、第二の護念増上縁から「信巻」（その一端を「化身土巻」にも用いる）に一文を引きますが、それ以外は、初めの三つ（滅罪・護念・見仏）の増上縁の文の中からは、一切取り上げません。

第四の摂生増上縁とは、「願力摂して往生を得しむ」（『教行信証』聖典一七七頁）という言葉で示されるように、衆生を如来の願力が摂取して、往生せしめるという用きを、「増上縁」として語るところです。増上縁の用きをするのは弥陀の本願力ですが、その願として、初めは四十八願に言わくといって、第十八願の意を出されますが、続いては三輩段の意、次には『観経』『阿弥陀経』の意、さらには、十九願・二十願・三十五願の意を出して、男子も女子も、願力によって往生することを「増上縁」とするのだと述べているのですが（『観念法門』真聖全一、六三六―六三七頁）、親鸞聖人はその第一の文のみを大行の意味として引用します。

次に証生増上縁の文から、「善悪の凡夫、回心し起行して、ことごとく往生を得しめんと欲す」（『教行信証』聖典一七七頁）の文が引かれます。「証生」とは「保証得生」（真聖全一、六三七頁）とあって、「浄土に生まれることを保証する」という意味の増上縁を表しています。その場合の衆生を「善悪の凡夫」と見て、「回心し起行して、ことごとく往生を得しめんと」することを「保証」する用きについての記述を引文しています。

第四節　『般舟讃』からの引文

常行三昧に用いられる讃歌

善導大師の文の結びとして、最後に『般舟讃』の文が引かれます（『教行信証』聖典一七七頁）。『般舟讃』は「般舟三昧の楽」を讃する偈文から成っていますが、その「般舟三昧」について、「般舟」とは中国語で言えば「常行道」であり、「三業無間」を言うのだ（真聖全一、六八六頁）と善導が言われています。先（第六章第二節）にも触れましたように、『般舟三昧経』による三昧というのは、むしろ『観念法門』に「般舟経によって念仏三昧を明かす」（真聖全一、六一八頁）とあります。それに対して、『般舟讃』は般舟三昧（常行道）によって行道するための讃歌です。

この『般舟讃』も親鸞聖人の堂僧時代に、常行三昧に用いられてほとんど暗誦されていたのではないでしょうか。五百六十余行にも及ぶ偈の中から、六行のみを選びだしているのは、引かれた偈文がよほど強い印象を留めていた讃歌だったからなのだと思われます。「利剣は、すなわちこれ弥陀の号なり」とか「覚えざるに、真如の門に転入す」るとか、「娑婆長劫の難」を免れて、釈迦の巧方便をもって「選びて弥陀弘誓の門」を得ることができたのだというような、自己の長い求道の生活を通して、実感できた内容が表されているような文を引用しているのに相違ありません。これらの言葉は親鸞聖人の「和讃」にも使われていきます。

親鸞聖人の『観経疏』を読み取る眼

善導大師は、五部九巻（『観経四帖疏』四巻、『法事讃』二巻、『観念法門』一巻、『往生礼讃』一巻、『般舟讃』一巻）に及ぶ、大変な著作があるわけですけれど、これを読むとすごく魅力があります。なぜ魅力があるかというと、自力と他力が混乱しているから魅力があるのだと感じます。おかしな話ですけれど、整っていないのです。何というか、もがきながら、讃嘆したり、悲しんだりしている。不思議なことだと思います。それがかえって、すごく魅力がある。そういう中に、ピカッピカッと蛍みたいに、ときどき光る文があるわけです。でも、光っていないときも蛍でしょう。光っていないときも蛍なのだと見るのが、親鸞聖人です。

光ったときだけが善導大師だと見るのは、邪見憍慢の立場で見るからです。その立場からは親鸞聖人のような引き方はできません。善導大師の良いところを探してみろと言われたら、むしろ迷っているときの方が、魅力があるのです。まあ、読んでみてください。どちらに魅力があると感ずるか。そうすると、自分が自力で生きているという証拠がよくわかります。自力に迷っているから、自力の文の方に、魅力を感ずるのです。

本願の方はよくわからないから、あまり魅力がない。でも本当はそこが光っている。親鸞聖人は、それに出遇われた。不思議な引文の仕方です。

第八章　根本言の動態的了解——名号についての自釈

第一節　帰命について

「根本言の動態的了解」の背景

親鸞聖人にとりまして大きな骨格は、天親、曇鸞の回向ということがありますけれど、信心という問題は、善導大師との格闘なしにはあり得ません。善導大師の『観経疏』「三心釈」が、法然上人の『選択集』「三心章」に引かれており、その謎との格闘、これがやはり「信巻」で中心になってくるのだろうと思います。

天親菩薩の「世尊我一心」と『観経』の三心《さんじん》、その関係で、第十八願が「至心信楽欲生」ということに中心があって、願力回向の信心を誓っているのだという気づきを親鸞聖人は得られた。そういうことが、「信巻」を成り立たせています。そしてそれと対応して、「化身土巻」も、善導大師のお言葉、三心の理解というものが、大変大きな手がかりになっていますから、『教行信証』の骨格は天親、曇鸞の「回向」によるのですけれど、その内実、特に信心を中心とした中身ということになると、善導大師という方が非常に大きな意味を持つと思うのです。

それで、講義のサブテーマにした「根本言《ごん》の動態的了解」について、少しお話をしてみたいと思います。実は、この度の講義に「行巻」をテキストに選ぶということも大変厚かましい話ですけれど、さて、それにどう切り込むかということが、なかなか決まりませんでした。

このサブテーマについては、いろいろな因縁があります。アメリカ人で、浄土教を研究しているポール・ワット（Paul Watt　一九四六―）さんという方が、大谷大学にも毎年のように来ておられるのですが、その方は、安田理深先生の研究をしてくださっているのです。

アメリカの仏教学も非常に専門化してきて専門を持たないと、もう学者として残れないという、大変厳しい情況のようで、一般的な仏教などということでは、学問生活が成り立ちません。日本仏教、その日本仏教の中でも、誰を専門にするかという情況を潜って、今では、浄土真宗で近代教学の誰ということになってきているのだそうです。

そのワットさんという方は、日本語が非常に達者な先生で、近代教学の中で特に安田理深先生のものを読まれて大変感動され、自分はこれを研究するということで、安田先生の書かれたものを、日本人でもここまで考えるだろうかと思うほどに、ていねいによく読み込んでおられます。今度博士論文を兼ねて、安田先生のものを英語に翻訳した本を出版するという段取りになっているようです。

そのパソコンで打った下原稿のようなものを、私のところへ送ってきまして、読んで欲しいというのです。ちょっと困りましたので、本当はお断りをしてもよいのでしょうけれど、安田先生についてのものですから、私にとっては突き返すわけにはいかないので、その英語の論文を悪戦苦闘して一応読んで、単純ミスはいくつか注意することはできました。内容は本当に安田先生の日本語を読み直している感動と同じ感動を、もう一回いただくような思いでした。

そこで、「根本願・根本言《ごん》」(『安田理深選集』第一巻)という『親鸞教学』に載った、もう四十年以上前の論文ですけれど、それを翻訳してくださっていました。それを読んでいたのが、やはり心の底にあったのでしょう。「行」ということを、どういう切り口で考究するか決まらないままに、うろうろしていた中で、ふと「「根本言」として考えよ」というお示しをいただいたような感じで、「根本言」というサブテーマを出させていただきました。

変わったサブテーマなのですが、私が付けたというのではなくて、安田先生の言葉なのです。「根本願・根本言」は、本願を「根本願」と言われ、名号を「根本言」と押さえられた、安田先生の非常に難しい深い思索が展開されている論文です。その言葉を今回は、サブテーマとして出させていただいて、「行巻」を拝読するということにしたわけです。

この第八章に、このサブテーマをかぶせているわけですが、「根本言の動態的了解」というサブテーマは、実は「行巻」の全体を包んでいる課題でもあります。別に、ここだけの問題ではありません。親鸞聖人のお考えになる「行」、あるいは、「名号は行である」という問題を今回は考えています。親鸞聖人は名号が「行」である、「大行」だとおっしゃっています。その大行ということが、どういう意味なのか。人間が行為をするとか、どこかへ行くとか、功徳を積み上げるとか、そういう意味ではありません。名号が大行である。大行の功徳を我々がいただくことが、回向の救いであるということを、ずうっと考察させていただいております。名号が「根本言」という意味を持っていることが、「行巻」を貫く主題でもあると言えます。ですから、特別にこの章だけの問題ではないのです。しかし、中心としては、六字釈という内容を持っているので、この第八章の章題を「根本言の動態的了解」としたのです。

それで、親鸞聖人の六字釈についてですが、これは「行巻」の善導大師の『般舟讃』の引文を結んだところに置かれています（聖典一七七頁）。善導大師の六字釈を受けて御自釈をするということでしょうが、上五祖（龍樹・天親・曇鸞・道綽・善導）を結んでみずからの六字釈を置いています。こういうところに、親鸞聖人の浄土教の歴史についての独自の了解があるのではないかと思います。

七祖のうち、上三祖（龍樹・天親・曇鸞）が『無量寿経』を中心にして浄土の教えを顕しているのに対して、下四祖（道綽・善導・源信・源空）は『観経』に重点を置いた浄土の教えになっているということが言われます。そういう見方も確かにあり得ると思いますが、親鸞聖人がここに一旦名号の釈を開くということには、七祖で言うなら、日本の源信僧都・源空上人の前に、ひとつの区切りを置くという見方も成り立つのではないでしょうか。

それはこの御自釈の後、日本の源信僧都に入る前に、後善導とも呼ばれている法照禅師の『五会法事讃』や、新羅の憬興師の『述文賛』、さらには宗暁師の『楽邦文類』、元照律師ら、中国・朝鮮の祖師たちの文を多量に引文していますが、「正信偈」『高僧和讃』では七祖に絞っているということがあります。日本に来る以前に、浄土三経およびインド・中国の五祖によって浄土教の信心がほぼ確定していると、親鸞聖人が見ておられたということが、ここに六字釈の御自釈を置く意味なのではないか、と思うのです。

本願招喚の勅命

善導大師は、六字の名について、次のように書いています。

「南無」と言うは、すなわちこれ帰命なり、またこれ発願回向の義なり。「阿弥陀仏」と言うは、すなわちこれ、その行なり。この義をもってのゆえに、必ず往生を得、と。（『教行信証』聖典一七六頁）

「南無阿弥陀仏」の「南無」は、中国語の帰命であると言われます。

親鸞聖人は、それにていねいな註釈をつけられます。

しかれば、「南無」の言は帰命なり。「帰」の言は、至なり、また帰説《きえつ》〔よりたのむなり〕なり、説《せつ》の字、悦《えつ》の音《こえ》、また帰説《きさい》〔よりかかるなり〕なり、説の字は、税《さい》の音、悦税《えつさい》二つの音は告ぐるなり、述《のぶ》なり、人の意を宣述《のぶ》るなり。「命」の言は、業なり、招引《まねきひく》なり、使なり、教なり、道なり、信なり、計《はからう》なり、召《めす》なり。ここをもって、「帰命」は本願招喚の勅命なり。「発願回向」と言うは、如来すでに発願して、衆生の行を回施したまうの心なり。「即是其行」と言うは、すなわち選択本願これなり。「必得往生」と言うは、不退の位に至ることを獲ることを彰すなり。『経』（大経）には「即得」と言えり、『釈』（易行品）には「必定」と云えり。「即」の言は、願力を聞くに由って、報土の真因決定する時剋の極促を光闡せるなり。「必」の言は、審《つまびらか》〔あきらかなり〕なり、然《しからしむる》なり、分極なり、金剛心成就の貌《かおばせ》な

り。（聖典一七七―一七八頁）

親鸞聖人は六字の名号の解釈を始めるについて、「「南無」の言は帰命なり」と言って、帰命の文字を、解釈しています。まず「「帰」の言は、至なり」と言われます。「至」という字は、三心釈では「真」という意味を出されます（聖典二二三頁）。しかし、ここでは「帰」の意味としての「至」です。「至」という字は、本願文で「必至滅度」と使われ、「正信偈」で「至安養界」とか「必至無量光明土」と言われ、究極の涅槃に至りつくことをイメージさせます。「帰」という字が、故郷に帰るとか、家郷に帰るという意味を持っていて、それを「至」で仏教の究極概念である大涅槃へ到る方向を示しているように思われます。人間が、帰るべき本来の場所を見失って、この現象世界にさまよい出て、流転しているのだという仏教的生命観にとって、「帰去来」とは、本来帰るべき家郷への還帰です。それは自己自身を取り戻して、そこに安住できる境地が開かれるところに帰るということでしょう。人間は自己自身に安住できるまで、自己の外に場所を求めてさまようのですが、自己の存在に真の安住の大地の意味を見出せるならば、どれだけ情況の転変があろうとも、自己を失うことはない。その場所を安楽国として荘厳するのが、法蔵願心なのだと思います。「帰命」とは、その本来の国土への「願心」の呼びかけであることが、「帰」とは「至」であるという註釈の意味かと思います。

続いて、「帰説」と熟字して、「説」の字に「えつ」と訓を与えて、「よりたのむなり」と左訓し、「さい」と訓じて、「よりかかるなり」と左訓しています。そしてこの「えつ・さい」の二音は「告ぐるなり、述なり」と釈し、「人の意を宣述るなり」と言われます。

次に、帰命の「命」については、「「命」の言は、業なり、招引なり、使なり、教なり、道なり、信なり、計なり、召なり」と字釈して、「ここをもって、「帰命」は本願招喚の勅命なり」と結論されます。「南無」が「帰命」であるとは、『十住論』や『浄土論』に依るのでしょうが、曇鸞大師の『浄土論註』五念門釈に照らし、五念門を法蔵願心の永劫修行と見抜いた立場から、帰命には、衆生からの「帰命」の根底に「如来の招喚」があることを顕しているというのだと思います。これは明らかに、五念門行の第一にある礼拝門に、背景である法蔵願心の修行を読み込んでいる釈です。如来に対する恭敬は我らの心からの敬いの態度に相違ないのですが、そうせずにはおられないということは、衆生の個人的な思いなのではなく、存在の真理からの深いもよおしが用いてきて、我らのはからいを超えて「恭敬せしめられる」のだということを、「本願招喚の勅命」と言うのだろうと思います。

「招喚」「発遣」は善導大師の二河譬に出てくる用語です。彼岸からの阿弥陀の招喚に対し、釈尊が此土から往けと発遣する。二尊の遣・喚ということで、「二尊教」ということも善導大師の言葉です（『観経疏』真聖全一、四四二頁）。一人の人間として、衆生を教えるという立場は、有限の人間の分限では本当には成り立たない。たとえ釈迦如来であろうとも、本願に触れた立場からは、無限なる大悲のもとに往けと教える立場、発遣する立場なのだということです。「我がもとへ来い」と言えるのは、無限なる大悲のみであるということが、「招喚」の語の重さなのです。ですから、招喚を「勅命」と表したのでしょう。

衆生が南無する、それが勅命であるということは、衆生の意欲と如来の意欲が、二つあるのではない。衆生に起こる帰命の心それ自身が、如来の用きなのだと。自力があって、外から他力が来るのではない。

私に動くものが、如来の用きなのだ。こういう受け止めが如来回向の心です。そうでないと、二元論になってしまいます。自分がこっちにいて、向こうに如来がいてたすけてくれる、そういう二元論の構造をとって、教えの言葉が出ているけれども、仏教の根本的智恵は二元論ではありません。起こる事実は、私に起こる。私に起こること自身が私を超えたものの用きである。そういう表現が、「本願招喚の勅命」という頷きだと思うのです。ここが、なかなかわからないと言いますか、すぐ二元論で解釈してしまい、二元論で説明するという話になってしまう。そうすると、「私には、勅命なんか全然聞こえない」という感じになるわけです。一向に聞こえないと。

そうではない、自分が南無せずにおられない、心から南無しますという、それが勅命なのだと。ですから、自分に起こったように起こるのだけれど自分が起こすのではない。自分の中に本願が立ち上がるのだと。

比喩的に言えば、たとえばすばらしい天気で、ああ、こんなすばらしい富士山が見えた。ああ、かたじけないと。こちらが身を投げださずにおられないような感覚というのがあります。

それは、自分で投げるというよりも、山が投げださせるのだと。まあ、表現としてはそういうふうに言わざるを得ないようなものがあるわけです。「南無阿弥陀仏」のもとに、阿弥陀如来の大悲のもとに、愚かな身が、どうかお願いしますという心が起こるという。ですから、「帰命」が勅命だと。勅命が来てから、南無するのではない。命令がどこからか来るのではない。自分がせずにおられないということが、存在の根源からの勅命なのだと。こういうことです。

本当の自由は「必由」である

ところで「正信偈」の「偈前の文」のところに、親鸞聖人が、曇鸞大師の言葉を引いています。そこに「孝子の父母に帰し、忠臣の君后に帰して、動静己にあらず、出没必ず由あるがごとし。恩を知りて徳を報ず」（聖典二〇三頁）という喩えが引かれています。「出没必ず由あるがごとし」、ここに「出没必由」という言葉があります。

これについて安田理深先生が、本当の自由は「必由」だということをおっしゃっていました。謎のような課題ですね。必由以外に真の自由はないと。

我々人間が、自由とは自分が自分で思うままにできることだと思うのは、妄念です。あるいは、縛られた心である。わがまま心である。本当の自由は、必由であるとおっしゃっていました。「動静己にあらず」と、自分でするのではない。せずにおれない。それが必然性だと。必然性を引き受ける心こそが、本当の意味の自由なのだと。

これは、やはり大変大事な仏教の押さえだろうと思うのです。自由という問題は、近代文明にとっての大事な概念で、ヨーロッパの哲学やら、アメリカの社会学やらでも皆、自由とは何であるかということを言うのです。いろいろ言うけれども、よくわかりません。

freedomとか、libertyとか、いろいろ言うのですけれど、神話的には神の創造によって造られた人間は、被造物である。けれど、存在の根源に神から主体性を与えられているのだ。みずからの根底に依り処を所有しているのだと。自己に自由の根拠があるのだと。

しかし、やはり人間が生まれてきて、生きているということは、もうすでにある意味でがんじがらめの条件の中に、今ここにあるわけです。『歎異抄』が言うところの、宿業因縁の中にあるわけです。宿業因縁は人間を縛るものだと感じますから、自由ということが、free ということになると、フロム（Erich Fromm 一九〇〇―一九八〇）が言うように何か逃避、「自由からの逃走」になるわけです。逃げだしたいということになるのです。

そうではありません。運命的な必然性が自分に与えられているとき、本当にそれがたまわりたるものであるということを頷けたときに、必然こそが自由である。こういう意味で、自分が南無せずにおれないということが、勅命です。「勅命」とは絶対命令ですから、それを外から与えられたのなら、絶対不自由です。しかしそれを自己にとっての必然だと受け入れられれば、絶対不自由こそが絶対自由となるのです。それにおいて本当に解放されます。人間が人間を取り戻すということが成り立つのです。

そういう逆転と言いますか、そういうことが、この親鸞聖人の勅命ということだろうと思うのです。普通、勅命ということは、もう絶対不自由です。逃げられないのですから。国王に「死ね」と言われたら、「嫌だ」とは言えないわけです。「はい、わかりました」と言うしかない。そういうのを勅命と言います。ですから、何で「南無」が勅命なのかと。それは考えようによっては、ひどいことです。お前は奴隷になれという命令をするのか。そうではありません。自分が、ここで本当に自分を取り戻せるのだと。それが「南無」でしょう。そういう意味で、大変すごい言葉だと思うのです。

如来の願が衆生の行

次に、善導大師が「亦是発願回向之義」と釈しているところを、親鸞聖人は註釈されます。『観経』の三心の第三番目、回向発願心を受けてなのだろうと推測されますが、善導大師が「南無」の中に発願回向があると、書いておられます。この「発願回向」の「発願」も「回向」も、善導大師の表現された限りの意味では、本願文に出されている「至心発願」「至心回向」がともに願生行者の意志であるように、いずれも自力の意欲なのでしょう。しかし、「南無」を法蔵願心の勅命と受け止めるなら、この「発願回向」も当然、如来の発願回向となります。それを親鸞聖人は「如来すでに発願して、衆生の行を回施したまうの心なり」(『教行信証』聖典一七七―一七八頁)と釈されました。つまり、「南無」が、阿弥陀の本願によって名号の中にすでに包摂されて、「六字」の名号として衆生に呼びかけてきているということは、「発願回向」も如来の発願回向なのだ、というのです。

如来の発願が「衆生の行」だということはいかなる意味でしょうか。衆生が南無するということを待たず、衆生を救済しようとする祈りが曠劫の闇を貫いて衆生に用き続けているということなのではないでしょうか。「南無」が衆生の心理的な意欲ではなく、存在の根源からの回転をもたらす一如の祈りだということではないかと思います。衆生の思いより根源的に、兆載の時を貫いて発願し続け、大悲の回向を具現しようとして「衆生の行」となり、衆生の無意識の深みから、本願力に帰依せずにはおられない自覚を立ち上がらせてくる用きがあるということでしょう。帰命せずにはおられないことが「行」であるということは、本願がすでに「行」であるということです。

「願」と「行」とは、因果のごとくですが、本願においては、法蔵比丘の意欲が「発願」となったときには、すでに「行」なのです。曽我量深先生が四十八願を「四十八行」と表現していたことがあります（「本願の表現する四十八行」『曽我量深選集』第四巻、所収）。願と行とは、凡夫の意識上では、「願い」と「行為」、意業と身業として、内・外の落差があり、内に在るときと「行為」が外に出されたときとに位差があるのですが、仏教の見る「業」の本質は「意」にあって、意思が意識において表現を持つところに、時空の中に、「業」が現れます。自己にとっては「意業」が起これば、すでに「苦」「楽」の業果を引き起こすのであり、内なる「意思」こそ「業」の正体だとされるのです。

だから、如来の作願にあっては、願が決定することは、すでに「行」が動いていることなのです。真実の願が立ち上がることが「真実の行」の現成なのです。

善導大師が、帰命は願なのだと言っているところに、親鸞聖人が、それが「行」だという釈をつけているということは、『浄土論註』の「願力成就」の釈の「願もって力を成ず、力もって願に就く。願、徒然ならず、力、虚設ならず。力・願相符《かの》うて畢竟じて差《たが》わず」（『教行信証』聖典一九九頁）が思い起こされます。

願力成就ということを、曽我量深先生が、繰り返しおっしゃっていました。願もって力を成す。力もって願を就す。どちらも「なす」という意味だと。「就」という字は、毛利元就の場合、就を「なり」と読む、だから「なる」とも読むのだと。「つく」という意味もあるけれど、「なる」という意味もあると。だから、力が願になり、願が力になる。「力・願相符うて畢竟じて差わず」、阿弥陀如来になって、法蔵菩薩がなくなるのではない。法蔵菩薩のままで、まだたすからないのではない。それが交互に成就する。こういう力動的と言いますか、運動的な内容を孕んだ「南無阿弥陀仏」であるのだと。

もう少し積極的に言うなら、真の願いが立ち上がるなら、それがもうやむことのない行なのだということです。「一切諸法願為其本」（一切諸法に願をその本とす、大正蔵二六・二四・b）という『十住論』の言葉がこのことを表しているのであろうかと思われます。

第二節　阿弥陀の名について

「諸仏称名の願」が現行する行

続く釈文の「即是其行」は、善導大師が「言阿弥陀仏者即是其行」（阿弥陀仏と言うは、すなわちこれ、その行なり）と釈されたのを、親鸞聖人は「「即是其行」と言うは、すなわち選択本願これなり」（『教行信証』聖典一七八頁）と言われています。つまり、「即是其行」が「選択本願」だと言うのです。

「選択本願」は源空上人が異訳の経典から掘り出して、法蔵菩薩の本願に与えた独自の意味です。一切衆生を平等にすくい取りたいという大悲が、名号を選んで衆生の往生を具現するための行としたのだ、ということです。

無量寿と無量光の願の成就が阿弥陀如来それ自身となり、その名の意味が持つすべての功徳を衆生に回向しようとして、大行となろうという願が第十七願なのだ、その願が「南無阿弥陀仏」という言葉となっている。だから、名が行だと、善導大師は釈をされたのです。その名号が行であることを、親鸞聖人は

「選択本願」なのだ、というのです。

一般には名は名詞であって、「行」ではありません。行といっても、衆生が意欲を持って行為を起こし、その行為の蓄積で自己を変革していこうとする、いわゆる修行としての善行ということが一般的な仏道の行の理解です。もしそのままの意味であるなら、摂論家が非難するように「称名」には行としての力が足りない、ということになります。それに対して、善導大師は、名号に「願行が具足」しているのだ、と言われました。それは衆生の願と衆生の行為という意味ではないのだということを、親鸞聖人はここで「選択本願」であると押さえたのではないでしょうか。

この場合は、「行」とは、用いている願そのものです。願と行とが分かれてくるのが、衆生の意識の上での行為経験です。それに対して根本の願心は、行と成りつつ「永劫修行」し続ける願心です。だから、名が行なのです。名詞が動詞なのです。名詞は流れ動いている事実を、止まってあることとして、有る物や事として言葉にします。人間は名詞において、事実を人間の理解する「事柄」にします。そうしないと「諸行無常」の事実そのものを人間はとらえることができません。このことは、言葉によって人間は世界を構想し把握し切り取っているのであると言えます。それゆえ、言葉を持ったことによって、人間は文化や歴史や文明を構築できたのだと言うことができます。

しかし、事実そのものをとらえ直すことを教えるのが、仏陀の「無我」にして「空」なる実在に帰れという方向なのでしょう。だから換言すれば、一旦名詞になった事柄を、動詞として理解し直せということなのだと思います。しかし一旦名詞で事柄をとらえる訓練を受けてしまった人間存在にとっては、動くままに名詞の内容を動的に感得することは容易ではありません。そこに、名が行であるということが、理解しにくい原因もあるのだと思います。大いなる大慈悲を名に集約し、名を行として衆生に与えるということは、この名号の意味の用きで、本来の事実そのものを受け止め直す智恵を回復することができる道を開く、ということではないでしょうか。「本願や名号、名号や本願」（『執持鈔』聖典六四六頁）と言われているということは、名となっていても、願そのものであり、願が名詞として表現されても、願を失わないということです。曇鸞大師は、名が「実相身」であり「為物身」でもあると言われます（『教行信証』聖典二一四頁参照）。存在の実相である一如が名となり、名は衆生の言葉になった如来であるということなのでしょう。このことが、本願が諸仏平等の所証に照らされ、諸仏によって賛同を受け、諸仏称讃の用きとして行となる。法蔵願心にとっては、衆生に回向する行は、「諸仏称名の願」が現行する行だというのです。

そういうわけで、名号というものが、我らの煩悩の生活、迷いの生活、不安な生活、そういう苦悩の命の直中に名として与えられている。その名が単なる名でなくして、本願の大悲を我々に呼びかけてきて、勅命のような絶対命令を与えてくるような用きを内に持った言葉なのだと。その言葉を憶念するときに、本願と値遇する。本願の用きが我が身に用いてくる。そういう用きを持った名である、ということなのでしょう。

根本言

安田理深先生が、「言」とは何であるかということを、いろいろな形で考えてくださっていますけれど、

「言」ということが、人間にとってはある意味で、人間を迷わせる用きをすると。言葉に人間は苦しめられる。あんなことを言われたとか、何であんなひどいことを言うのだとか。人間は言葉でお互いに傷つけ合い、苦しめ合います。また一方で、言葉で喜び合い、出会い、表現し合います。

ですから、言葉を持たずしては、人間になれないけれど、その言葉で人間は、本当に苦しむわけです。人間は、言葉によって人間存在として苦しむわけです。人間として生きる中で、お互いに傷つけ合う。言葉がなければなかったで苦しむし、言葉があったらあったで苦しむ。そういうのが人間なのですけれど、あえてその苦しむ根本である言葉となって我々に用こうと。こういう選びを持ったということは、名号がたくさんの言葉の根底になるような言葉なのだという考え方を、安田先生が提起してくださったのです。名号を「根本言」であると安田理深先生がおっしゃったのは、衆生が迷妄流転を超えて、本来の存在を回復し得る道を、「言葉」として表しているのが本願の名だ、ということを示すためでしょう。

この言葉ということが、特に二十世紀の後半以降の近代哲学の中心テーマになり、「言葉」ということ自身がいろいろな形で考えられています。その中で、「根源語」（Grundwort　グルント・ヴォルト）という言葉で人間のあり方を言い当てたのは、マルティン・ブーバー（Martin Buber　一八七八―一九六五）でした。マルティン・ブーバーという人は、ユダヤ教の神学者です。第一次大戦前後、ですから今からもう七十年以上前に出された『Ich und Du』という本に出ている言葉なのですが、私が初めて読みましたのは、昭和三十年代に『孤独と愛――我と汝の問題』という名前で和訳された本でした。初めは何が書いてあるのか、ちょっとわかりませんでした。このごろでは知らない人もいないぐらい有名になっているかと思うのですけれども、ブーバーは、いろいろな言葉の中の根本の言葉ということを言うわけです。彼は、「われ―あなた」(Ich ― Du)「われ―それ」(Ich ― Es)という連結語を、人間存在のあり方を言い当てている根源語だと考えた。人間が人間として生きている一番根本になるものは、人間が、Ich ― Du、I ― You、I ― Thouという、「私」と「あなた」という関係で生きているか、「私」と「それ」、Ich ― Es、I ― Itという関係で生きているかであると。つまり、単なる「もの」としてしか存在を感じない、「もの」としてしか扱わない関心で生きているか。相手が私と同じように生きているという関係で生きているか。それを表すのが、根源語だというのです。

二つの根源語ということで、忘れられない言葉がその書物の中にありました。"Living is meeting."という言葉です。生きているということは、会うことだというのです。生きるということは、出会いである。出会いが生きていることだ。いろいろなものに出会うということが、生きていることなのだと。念々に新しい出会いをしていくのだと。ところが、現代の文明社会の生活は、命ある存在に対しても、ものとして数値化するような関心でしか見えなくなっています。これはやはり近代の文明の抱える問題です。そこにやはり、世界大戦を生んでいくようなものがあります。それをブーバーは厳しく思想として突きつけたわけです。することなすことすべてが、Ich ― Esになっているのではないかと。Ich ― Duという根源語に帰れと。そういう呼びかけです。

安田先生の「根本言」という言葉は、これにヒントを得ていると思われるのですが、本願の名号を「根本言」であるというときには、方向が逆になるのだ、ということがあります。自己から他への関わり方を、二種の関心で表現したところに、ブーバーの思想の特徴があります。それに対し安田理深先生は、如来から人間存在への呼びかけを表現する言語が、「根本言」なのだと言われます。南無＝阿弥陀仏の中に、願が行となり、名が願であるということを包んでいることを、「如来と衆生」との呼応を表現しているのだ、と見るからです。南無が衆生に先だって、一如から真実清浄なる願心となって衆生を呼び返そうと立ち上がる。その願に衆生が応える場が名です。しかし同時に、その名が、本来の「根本願」を表現する名であることによって、単なる対象的な名詞ではなく、真実の存在に呼び返す用きを持ったままの名としての行となる。そこに、「如来と自己」が一語の中に、自己から如来への発想を転じて、如来から自己へと呼応する自覚を与える願行となっていると。

ですから、名号が存在を表現する言葉だというだけでなく、本来の存在を回復する用きを呼び起こす「言葉」だという。それゆえ、名詞でありながら動詞なのです。動詞そのものを内に包んだ名詞なのです。その我と汝の方向転換の着眼は、善導大師の二河譬の釈にある「汝一心に正念にして直ちに来れ、我よく汝を護らん」（『教行信証』聖典二二〇頁）という対応からきたものだと思います。その「我」は、真実清浄なる願心、すなわち一如宝海から立ち上がった法蔵菩薩であり、またその願心の果としての報身たる阿弥陀如来です。つまり無限なる大悲が我と名告《なの》り、有限なる衆生を汝と呼ぶ。我ら凡夫は大悲なる如来に、汝と呼ばれるところに、自己の分限の自覚と自己を支える大地からの用きに気づくのです。

単なる「自己」は、無明に覆われた「自我意識」を依り処にして、一切を自己に関係づけていくあり方です。その自己を本来の清浄なる「自分自身」に帰すべく本来が用きかけようとする意欲が、一如の意欲と表現される「本願」です。本願から衆生への呼びかけを、如来たる「我」から衆生たる我らに「汝」と呼びかけるというのです。

名が行であることは、名において「呼びかけ」と「応答」が成就しつつあるということでもあります。この成就は「信の一念」において成り立つのですが、それを成り立たせる「増上縁」として、「根本言」が用いてくるのです。「「南無阿弥陀仏」の六字のすがたは、すなわちわれら一切衆生の、平等にたすかりつるすがたなりとしらるるなり」（聖典八三七頁）という『御文』の言葉は、この間の名の意味を適切に言い当てている表現なのだと思うのです。名において、本願成就の信心が発起するということです。それゆえ煩悩の暗雲をみずから晴らすことができなくとも、名言《みょうごん》によって、根源的な立場の回転をもたらされて、本願を依り処として「汝」と呼ばれる本来の「自己」に立ち上がれるのである。

呼びかけと応答というのは、どうしても二元論のような表現なのですが、表現すると、そういう表現を取らざるを得ないわけです。如来と出遇うとか、本願と出遇うとか。でも、出遇うというけれども、出遇っている事実において、大根をすぱっと包丁で切れば面が二つに割れるけれども、くっつければ一つなのだという。一つのことは表現できないから、二つに割って表現する。如来と自己というけれど、如来と自己が二つあってくっつくのではない。元々一つを二つに割ったのだ。仏教の考え方というのは、そういうわかりにくさを持っています。

そういうふうに、どうしても言葉は人間にとって分別を表現するわけですから、分別というのは、分《わか》ち、別《わか》つと書くように、もう意識が起これば別っている。それを言葉で表現するということですから、常に別っていくしかないわけです。別つことができないなら、言葉は出せないわけです。沈黙しかないわけです。「維摩の一黙雷の如し」と『維摩経』にはありますけれど、沈黙のわからない奴は駄目な奴だと。黙っている方が勝ちだと、何かを言ったら負けだと。そうすると勝てるのは、達磨さんか、維摩さんかでしょう。

でも、我々はそれではわかりません。せめて「南無阿弥陀仏」、「南無阿弥陀仏」という一語の中に、如来と衆生の出遇いを包んでいるのだと。そう教えられてそれに気づくのが信心です。信心がなければ、「南無阿弥陀仏」が根源語だということはわかりません。

そういうふうに、「南無阿弥陀仏」という言葉の意味を新しい視点から、切り開いてくださったのが安田先生です。なかなかそれは、何を言っているのかわからないというか、難しいと言えば難しい。安田理深先生の「根本願・根本言」を翻訳してくださったポール・ワットさんは、本当に感動したと言っておられました。おそらくワットさんはクリスチャンでしょうけれど、安田理深先生の文章に本当に感動したと。その感動をもって翻訳しているから、翻訳された英語がまた感動を呼んでくるのです。

「南無阿弥陀仏」という言葉は、古い言葉で、カビが生えたような感覚を持たれるかも知れませんけれども、新しい切り口で切ると、活き活きとして、生きた言葉として改めて感じられます。いろいろな言葉を、我々は持って苦しんでいるけれど、根源語に帰ればそこに人間を取り戻せる。自分の愚かさに気づかされ、自分の立場が確かめられて、改めて新しい意欲で生き直せるというような力が与えられてくる。そういう場所が、根源語という意味を持って我々に与えられてあるのだと。そういう意味でいただいていくと、「南無阿弥陀仏」が、古いカビの生えたような言葉ではなくなって、活き活きとした、もう我々にとって欠かせない、無くてはならない大事な根源語だということが、いただけてくるのではなかろうかと。そういうふうに思うわけです。

時剋の極促

次に、善導大師の六字釈は「以斯義故必得往生」（この義をもってのゆえに、必ず往生を得）とあるのですが、親鸞聖人はその「必得往生」を「「必得往生」と言うは、不退の位に至ることを獲ることを彰すなり」（『教行信証』聖典一七八頁）と言われます。「必ず往生を得る」という未来的な表現を、「至ることを獲ることを彰す」のだと表現し直しています。単なる未来なのではなく、「現在」に与えられる確信という意味を強く出すのです。名号が如来の願力を衆生にもたらす「行」であることによって、惑・業・苦の因果に埋没している衆生に、本願が荘厳する仏土の功徳を一挙に恵むのだというのです。これは、自業自得の道理に反するではないか、という常識が邪魔をして容易には信じられない論理です。しかし、いわゆる自業自得は苦悩の事実における因果です。それに対して、本願の救済意欲が用く論理は、無限なる大悲が一如の功徳を煩悩の衆生に恵むための論理です。それを物語として言うから、兆載永劫の修行の功徳を、罪悪深重の凡夫のために、回向するというのです。

我々が考える因果は、時間をかけて因が果になるという発想しかできません。ところが、仏教で何かを表現するときに、本当は、気づけばすでにあるのだということを言おうとすることがあります。その場合は、いわゆる時間的な因果ではありません。因果というと、我々は、種が芽を出して、花が咲くというような、時間がらみの因果しか考えられません。そうではないのです。気がついたらあるけれど、気がつかなければ無いのと一緒で、無い状態を因という、気がついたらあることを果という。そういう因果、これが仏法の因果になるのです。

この仏法のいう因果が物語になっているから、理解しようとすると難しい。これが我々にはわからないのです。信心を得れば、大涅槃の果が自然にいただけるのだと、親鸞聖人がおっしゃるときの因果は、これなのです。如来は、本願の大悲をもって摂取不捨というのですから、本当はもう全部大涅槃の利益を与えたいと。凡夫は、凡夫の分限ではつかむことはできません。だから因果というしかないのです。こういう因果です。

それを『経』（無量寿経）には「即得」と言い、『釈』（易行品）には「必定」と言うのだと釈され、「「即」の言は、願力を聞くに由って、報土の真因決定する時剋の極促を光闡せるなり。「必」の言は、審（あきらかなり）なり、然なり、分極なり、金剛心成就の貌なり」（『教行信証』聖典一七八頁）と言われます。願生の位が、即時に得生の位となる。その間に、時間が挟まらない。「時剋の極促」とは、「信の一念」の「信楽開発の時剋の極促」（聖典二三九頁）です。

極促、この「促」という字は、うながすという字です。うながしという字ですけれど、たいがいは、速度の速、名号の功徳に取り上げられた「不虚作住持功徳」の「観仏本願力　遇無空過者　能令速満足　功徳大宝海」の、速、この速と同じ意味ではないかと思うのです。速度の速、速さで表しながら、無限大の速さと言いますか、極めたる速さ、だから一瞬と言いますか。

現代は、アインシュタイン（Albert Einstein　一八七九―一九五五）の相対性理論によって、物質はすべてエネルギーの塊だというふうに説明されて、全部計算できるわけです。我々は、物は物、エネルギーはエネルギーと思うけれど、原理としては、全部光の速度に換算できるわけです。すごいことが見出されたから、原子爆弾が出てきてしまったわけです。そういう時代になっても、速度の限界に、光の速度があるという。

速度があるなら、光より速い速度があるのではないかという妄念が起こるけれども、光より速い速度はありません。速度に限界があります。頭の理念で考えても、何のことやらよくわかりません。光より速いのがありそうなものだと思うのだけれど、それはないのです。不思議な話です。考えたら、もっと速いものがありそうなものだと思うけれど、それはない。光より速くは行けないというわけです。

光より速いということができたら、時間は、遡れるわけです。でも、時間は遡れない。考えではできるけれど、昔の時代に戻ることは絶対にできません。もし、光より速いロケットが開発されれば戻れます。でも、それは妄念ですから絶対にできません。時間は一方通行です。光より速いものはないのです。

ですから、促というのは、「極速」と書いてあればよくわかります。ここでは「極促」とあります。極めたる促《うながし》というと、何だろうと思うのですが、親鸞聖人が、対応概念を作っておられて、絶対不二の「機」の所に、奢促対《しゃそくたい》という対応概念を出しています（聖典二〇〇頁）。その「奢」という字が、またわからない。おごるという字です。小さいのに、大きなものだと思う。カエルが牛になるという話です。そういう概念とどうして促の字とが対応するのだろうと。この奢促対というのがちょっとよくわからないのです。促というのは、つづめるという意味があります。だから、要らない時間・空間をずうっと縮めていくと言いますか、圧縮するというか。そういう意味合いです。

奢の方は、要らないものをたくさんふやしていくと言いますか。このごろ人間がだんだん資本主義経済の中で、何かだまされて、たくさん物を買いすぎて、もう買う気がしないという時代になってきているわけです。それでも、広告でまた欲しくさせられます。つまり、要らないものをふやしていくようなイメージが奢ではないかと思うのです。何かわからない字です。なぜそれと促とが対応するのか。促は、要らないものを全部捨てていくと言いますか。そうすると、圧縮した挙げ句の果てにぴったりくっつくと。

接着剤の研究をしている方が言っておられましたけれど、接着は二つのものの間に接着剤がなくなると、一番強い接着をするのだそうです。接着剤があると駄目なのだそうです。接着剤がないとくっつかない、けれども本当は、接着剤がない状態が一番よく接着した状態だと。というのは、大根を元に戻すような話です。大根をスパッと切ったら二つだけれど、もし、もとにつけられたら一つです。一遍切ったら空気が入ってしまうから、難しいけれども、技術的にはあるのだそうです。間に空気を入れないような接着をすると、絶対に剝がれません。これに包丁を入れれば間ができるから、切れますけれど、もう、ピッタリくっついたら、絶対に離れません。だから、接着剤の理想は、自分自身を主張しないで、くっつける。そういうことを研究している人がいるのです。それもミクロの世界でそういうことを研究している。

これは余談ですが、コンピューターの一番先端の小さいところで接着させるというときに、ピタッとくっつけさせたいと。簡単に離れては困る。ところが、ピタッとくっついて取れなくなると困るわけです。また離したいときには離れる。そういうことを研究していくと、一番何が近いかというと、自然界にあるものとしては、ハエの足なのだそうです。ハエの足というものは、どこにでもピタッとつくし、離れようと思えばパッと飛んでいくでしょう。そういうハエの足を研究している科学者がいるのです。しかも、ドイツまで留学して。まったく不思議な時代です。

話は横にそれましたが、時剋の極促とは、時を刻んでいくと、イメージではどこまでも刻めるように思うでしょうけれど、最後には、刻めない。そういうところを光闡するのだと。

不思議な表現です。願力によって真因が決定する。それは因果なのだけれど、因と果の間に何も入らない。それが本願を信ずるということなのだと。凡夫ですから、仏になったとは言えません。けれども、因に立てば、果は、極促であると。もう包まれているのだけれど見えない。光の中にあるけれどわからない。それを気づかせようと向こうから用いてきているのだというのが、「根本言」なのですけれど、我々はそれをいただきながら、それに背き続けています。そういう構造を生きているのだというのが、親鸞聖人が繰り返し繰り返し、言葉を換え、品を替えて教えてくださる意味ではなかろうかと思うのです。

金剛心成就の貌

そして、親鸞聖人は、「金剛心成就の貌なり」（『教行信証』聖典一七八頁）と押さえられます。私たちの生活は、有為転変極まりなく、真に持続することがありません。そういう移ろいゆく日常生活に、「金剛」

の心が成り立つとは、いかなることとか。これを親鸞聖人は「信巻」の中心のテーマとしているようです。本願成就の信心だから、大悲が摂取不捨の用きをもって守護していて、水に入ろうと火に当たろうと、壊れることがないというのです。本質が如来の心であり、法蔵願心の回向なのだから、変化することがありません。

『涅槃経』に阿闍世の変わらない身という表現があります。無常の命の中に「常身」を得る（聖典二六五頁）という。これが、どうして成り立つのでしょうか。そういう課題を本願力回向としていただくことができるということが、親鸞聖人の教えです。信じ難い、難信の教えです。

私たちの心は、動き行く心でしかありません。相手が変われば、こちらも変わります。因縁生起ですから、意識も縁が変われば、変わります。いくら腹を立てまいと思っていても、相手との関係ですから、怒りは起こってきてしまうわけです。腹が立ってしまう。因縁生起ですから、自分で押さえるということはできないわけです。

悲しきかな、そういう煩悩の身、変わり行く身です。悲しきかなという事実を生きているにもかかわらず、金剛ということが与えられるのだと。その事実が「南無阿弥陀仏」によっていただけるのだと。「南無阿弥陀仏」という中に、如来が衆生とぶつかり合って、衆生を如来の側の功徳に引き込むという用きを持っている。だから、それを信ずれば金剛心なのだと。こういう不思議な論理です。

その金剛心がどうもいただけない、だから死んでからという発想に持っていくのは、親鸞聖人の教えをちゃんと聞けていないということだと思うのです。我々は、どうしても、なかなか聞こうとしません。わからないから、死んでからでよいというふうにしておいた方が楽です。けれどもそれは無責任です。今、ここに本当に出遇いなさいと教えてくださっている、「金剛心成就の貌」だと。金剛心ということは、変わらないものに今もう出遇っているのだと。これがわからないのです。でも、阿弥陀如来となって我らに呼びかけている願心というものは、あえて変わり行くものの中に顕れるから、因果の形を取ります。「一如宝海よりかたちをあらわして、法蔵菩薩となのりたまいて」（『一念多念文意』聖典五四三頁）、つまり変わらざる一如から変わる形を取るのだと。変わる形を取って、そうして我々に呼びかける。変わらざるものの用きは、我々は直接には受け取れない。ものをつかむのではない。そうではないのに、動き行く心の中に金剛の心が成り立つという。これは矛盾です。

絶対矛盾を孕んだ言葉が、この「根本言」です。でも、絶対矛盾を孕んでいるからこそ我々を包んで、迷いからさとりへ、闇から光へという大いなる転換をもたらす。そういう用きが名号にはあるのだということです。

純粋未来

この金剛ということと、「必然」ということが重なって、未来が現在に時間を挟まずに接してきます。こういう構造の救済を、信心による凡夫救済の形として、親鸞聖人は現生に成り立つ本願の救いとして表現されました。時間の挟まる救済が、浄土教の救済構造であるという常識を打ち破って、煩悩の生活をしているこの現生に、即時に報土の用きを「即」の「未来」として生きることができるのだと言うのです。

「正定聚」とは、先（第三章第三節、第四章第一節など）にも触れたことですが、成仏の必然性を確定したことであり、これを本願成就の文では「住不退転」と言い、『観経』の韋提希の利益としては「無生法忍」と言うのですが、「信巻」でこれらをすべて現生の利益として、金剛の信心の意味を表すこととしています。自力の思念が混ざると、現生の自己の愚かさや煩悩罪濁が反省されて、とても不退転のような功徳に相応する自己ではないと思われる。それでこれらをすべて死後の浄土の利益にしておこうとするのが、一般常識となった浄土教なのです。しかし「横超」の本願力を信受するということは、まったくそれらに相応する身ではないにもかかわらず、現生に「如来とひとし」い位、「諸仏と同じ」位、「弥勒菩薩と同じ」位を得るのだ、と親鸞聖人は繰り返し語りかけます。凡夫であることと、真実証を得ることとを、言わば瞬時に接続することが、「真実信心」の持つ用きだ、というのです。

　しかも、その位は常に純粋未来を展望しています。果に止まることを言うのではなく、無上功徳に値うことは、限りなく苦悩のいのちを共に生きる衆生と、教法の喜びを分かち合っていくこと、「正定聚」の喜びを「自信教人信」していくことを勧めてくださっているのです。これを時間的に表現するなら、現在から未来へ行く時間ではなく、未来から現在に来る時間を生きるということです。未来にどうにかなるという発想が自力の根性として抜けない。自力は妄念です。これを破ろうとする真実の実在からの呼びかけが、「必至滅度」の願なのでしょう。願自身が未来から、必然性を呼びかける。我らはそれを素直に未来からの用きとして信受するのです。

　この未来からの時間は、生命の成り立ちを自己の中からの力で未来へ生きていくという考えを転じて、未来からの場所の用きで「生きる」ことが成り立つという考え方と重なるものでもあります。まして、大涅槃と我ら煩悩の衆生の関係は、無為法と有為なる身との関係ですから、大悲による未来からの用きによってのみ成り立つのだというのが、本願の信念なのです。

第九章　法照・憬興・宗暁らの諸師の引文

第一節　法照述『五会法事讃』の文

法蔵菩薩の因行は、釈尊の本生譚にまでも通底する大慈悲の願行

「善導和讃」の第二首目に、「世世に善導いでたまい　法照少康としめしつつ　功徳蔵をひらきてぞ　諸仏の本意とげたまう」（聖典四九五頁）と詠われているように、法照禅師は善導大師の教えを受け伝えて、中国に浄土教を根づかせていき、その存在が善導大師の生まれ変わりのようであったので、少康禅師と並んで「後善導」とも称せられています。『五会法事讃』は、その唐の法照禅師述の讃文です。

「行巻」に引文されている『五会法事讃』の初めの部分は、巻頭の文を取っています。そして、大分間を挟んで「五会」の法事について説明する文の中から、「無念・無生」に対応する念仏の実践を語る部分を引き、次には前に戻って、「荘厳の文」と法照禅師が述べているところから、仏の名号のことを引いています（聖典一七八頁参照）。

もとの長文の『五会法事讃』から、このように間の文章を大きく飛び越えたり、順序を逆にしたりして引文を選びだすということは、その選択される基準がはっきりしていることとともに、地の文章をしっかりと読み通しているからできることであるに相違ないと思います。このことは、釈論のみでなく経典類からの引文にも言えることでしょう。『無量寿経』の場合はもちろんですが、『涅槃経』『華厳経』などについて、適切な引文を取りだすために、地の経文をほとんどすべて文字が目に浮かぶほどに読み込んでおられたのではないでしょうか。善導大師の著書に加えて法照・憬興・宗暁というような浄土教の先達・祖師方の文を引用するためには、彼らがどこにどういうことを書き込んでいたかを、若い時代の研鑽で頭に叩き込んでいたから、そういう引文をすることが可能になったと思うのです。

次の「『称讃浄土経』に依る」（聖典一七九頁）文は、「釈法照」と自分自身の名を記して書かれている偈文です。この文は『唯信鈔』で聖覚法印が取り上げていて、それを親鸞聖人は『唯信鈔文意』で解釈をしています。「如来尊号甚分明」（如来の尊号は、はなはだ分明なり）とあるのを、

このこころは、「如来」ともうすは、無碍光如来なり。「尊号」ともうすは、南無阿弥陀仏なり。「尊」は、とうとくすぐれたりとなり。「号」は、仏になりたもうてのちの御なをもうす。「名」は、いまだ仏になりたまわぬときの御なをもうすなり。この如来の尊号は、不可称・不可説・不可思議にましまして、一切衆生をして無上大般涅槃にいたらしめたまう、大慈大悲のちかいの御ななり。

（聖典五四七頁）

と釈しています。「名号」という言葉の「名」と「号」について、因位と果位に分けて考えるということ

は、『末灯鈔』収載の顕智上人の聞き書きした、いわゆる「自然法爾章」の文にも見えることです（聖典六〇二頁）。「名」とは、一般的には、「姓・氏など家名に対して実名・通称など個人名を指す」とされ、「号」とは「本名、字《あざな》のほかに用いる雅号等」の名前とされます。僧侶の場合には、実名に対し「坊号」ということが日常の呼び名として用いられ、一般に呼び合う場合は「坊号」を用いるのが通例でした。しかし、この用い方は今の「尊号」を解釈する場合の因果の位には流用できないようです。

「名」が因位の名であるとは、「正信偈」に「法蔵菩薩因位時」とありますから、阿弥陀の因位「法蔵菩薩」を指しているのでしょう。名号を因位と果位とに分けるのは、本願の名号の持つ「根本言」の意味であると言えるのだと思います。つまり、名詞となった「阿弥陀仏」が「南無」を内に包んで、「南無阿弥陀仏」となっている。これを「回向」の行であると、親鸞聖人は言われます。名詞に止まれば彼岸に建てられた場所は、十万億土を超えた彼方に死後の世界として想念される場所に止まるでしょう。それを大悲の願心が衆生に用きかけて、彼岸の功徳を苦悩の衆生に与えるために、回向の願心となろうとする。それが名となることによって、衆生の行となろうとすることの意味です。名が行なのです。それは果位たる「南無阿弥陀仏」が因位を離れないということ。因位を成就した名でありつつ、果位の号としての行であること。だから、尊号がすなわち、回向する用きの名号なのだということなのです。何度も言っているように、名となった願なのであり、願を失わずに成就している号なのです。

これが「根本言」であるという意味は、いかなる言葉も本来は真実の存在を表現する意味を具していま す。にもかかわらず、名詞になったとたんに、人間の意識の外側に表象された実体となってしまいます。

いな、人間の意識にはあらゆることを「実体」として執着する妄念があって、名詞を実体的なものとして感じてしまうのです。またそういうこととして、名詞が人間の間に使用されてしまっているとも言えましょう。

これを生きた言葉として、妄念を翻して真実の実在に呼び返すべく、言葉となった願心が、言葉の中に動詞を包む。つまり、名詞が動詞の意味を具して、衆生に「回心」を呼び起こす用きとなる。目覚めを衆生に呼び起こす力を、名となった願が持っている。尊号が因位の作願を失わない。名号が大行であるとは、こういう「根本言」の意味を具現しているということを表しているのです。だから、行のない信ということは、本願の言葉を失った意識感覚とか感傷にすぎないとも言えましょう。「真実の信心は必ず名号を具す」（『教行信証』聖典二三六頁）とは、「根本言」の用きが人間に事実としての真実のあり方を回復することを、「信心」というからでしょう。信心とは、人間の心に、「根本言」が因位法蔵菩薩の願心の意味を具現することでもあるのです。

この偈文の引文も、飛び飛びに間を略しつつ引いているのですが、そのことは記入されません。元々続いている文章のごとくに引文されています。

さて、次に「『仏本行経』に依る」（聖典一七九頁）、とありますが、この経は現在の『大正蔵』では「本縁部」に所属している経典です。釈迦仏の因位の苦行の人生を過去世の因縁のごとくに語る経典です。ですから、『五会法事讃』の本文には、「釈迦如来因地時」（大正蔵四七・四七八・c）という言葉が出たりしています。「本行」とは「因位の行」でもあり「本生の行」でもあります。今生のみで人生を見るのではなく、深い宿縁を通して人生の真相を見ることを教えている経典なのです。これに照らして安田理深先生は、『無量寿経』は大乗の「本生経」（大乗のジャータカ）だということも言われています。法蔵菩薩は、大乗の菩提心の宿願を掘り起こした経の主体であるという見方です。

この段に、繰り返して「真宗」という言葉が出ていて、そこの一部を引文しています。仏の宿願であるような願が、「真宗」なのだということでしょう。

次は「『阿弥陀経』に依る」（『教行信証』聖典一八〇頁）という偈文です。浄土の功徳の勝れた様を述べて、浄土をほめるのは「本師金口」（釈尊の説法）の説のみでなく、「十方諸仏」が共に証していると述べ、「この界に一人、仏の名を念ずれば、西方にすなわち一つの蓮ありて生ず」（同前）と言われます。精神界の対応が、異なる場の距離を一挙に飛び越えて、同時に起こるという事実を語っています。

次は、「『般舟三昧経』に依る。慈愍和尚」（同前）という段からの引文です。この段には「彼仏因中立弘誓」の文があります。この文も、『唯信鈔文意』に取り上げられています（聖典五五〇頁）。ここの言葉で大事なことがあります。それは「不簡貧窮将富貴　不簡下智与高才　不簡多聞持浄戒　不簡破戒罪根深」とある「戒」の解釈として、

「浄戒」は、大小乗のもろもろの戒行、五戒八戒、十善戒、小乗の具足衆戒、三千の威儀、六万の斎行、梵網の五十八戒、大乗一心金剛法戒、三聚浄戒、大乗の具足戒等、すべて道俗の戒品、これらをたもつを「持」という。かようのさまざまの戒品をたもてる、いみじきひとびとも、他力真実の信心をえてのちに、真実報土には往生をとぐるなり。（聖典五五一―五五二頁）

と述べ、こういう戒を守るか破るかにかかわりなく、真実信心のみが浄土に生まれるのだと表しています。そして「具縛の凡愚、屠沽の下類、無碍光仏の不可思議の本願、広大智慧の名号を信楽すれば、煩悩を具足しながら、無上大涅槃にいたるなり」（聖典五五二頁）と言われます。このことは、「戒・定・慧」の学びで成仏への歩みが成り立つという旧来の仏教を捨てて、本願の名号を信ずることで大涅槃を得るという、本願の仏法（真宗）の明白な主張です。

「行巻」の引用の場所では、このことが釈尊の本生にまでその根拠を遡り得るのが、本願名号の大悲だということになります。法蔵菩薩の因行は、釈尊の本生譚にまでも通底する、宿業の衆生を救済しようとする大慈悲の願行なのだというところに、法照禅師と親鸞聖人との共感があるのだと思います。

そして、最後に、「『新無量寿観経』に依る。法照」として、「十悪五逆至れる愚人　永劫に沈淪して久塵にあり。一念弥陀の号を称得して、彼に至れば還りて法性身に同ず」（『教行信証』聖典一八一―一八二頁）という文が引かれます。この『新無量寿観経』という名前の経典は、現行の『大正蔵』にはありません。この段の『五会法事讃』の偈文では、現行の『観経』の内容とおぼしき事柄が詠われ、一句一行（五十六行ある）の合間に、「阿弥陀仏　南無阿弥陀仏」と繰り返し書かれています。その段の最後は「世尊説已向耆山」（大正蔵四七・四八七・b）云々とありますので、『観経』のいわゆる「耆闍会分」に当たっていますが、その直前にある偈文が、ここに引用される「十悪五逆至愚人」で、『観経』の「下々品」の内容に相当するのかと思われます。「法性身に同ず」ということは、『唯信鈔文意』の「無上大涅槃」の課題とも重なり、往生浄土が「大般涅槃」の課題に答えるものであることをも示していると思います。

第二節　新羅の憬興『述文賛』・宗暁らの諸師の引文

念仏の歴史に参画して大行を証する文

『五会法事讃』に続いての引文は、憬興師の『述文賛』です。憬興師（璟興とも書く）は新羅の人です。新羅は中国の唐とほぼ同時代に盛衰した朝鮮半島の大国です。『大正蔵』三十七巻の「目次」では元暁師が『両巻無量寿経宗要』の著者として、「新羅　元暁」とされているのに、憬興師については「無量寿経連義述文賛　唐　憬興」となっています。これは何らかのミスか勘違いではないでしょうか（ちなみに『大正蔵』の『目録』では、「新羅　憬興」となっています）。

『大正蔵』（三十七巻）に収められている『無量寿経』の釈論の順序からは、隋の慧遠・吉蔵に次いで元暁となっていて、最後が憬興となっています。生没年不詳なので、詳しいことはわかりませんが、新羅の憬興と聞き習っているので、新羅の人として考察を進めたいと思います。この憬興師の釈文を、親鸞聖人は「教・行・真仏土・化身土」にわたって引用されています。憬興師は法相宗の学者ですから、釈文の傾向が唯識論の考え方を取り入れているにもかかわらず、親鸞聖人はよほど読み込んでおられたと感じられる引文の仕方です。この憬興師の『述文賛』を源信僧都が『往生要集』で取り上げています。憬興師は、大体、善導大師と重なる年代に活躍された人です。唐の仏教文献が比叡の山に入ってきていて、源信僧都が善導大師の系統を学んだことは明らかですが、この憬興師のものも学んでいたのです。ということは、比叡の浄土教に『観経』のみでなく、『無量寿経』の学びもすでに歴然と存在していたのです。源空上人が三部経の講義を残していますが、『観経』のみでなく、『無量寿経』も講義しているのは、その学びの伝統がすでに比叡山に存在していたからなのでしょう。

憬興師の『無量寿経』の釈には、『無量寿経』の翻訳者を「法護」とすることや、異訳の経典、『大阿弥陀経』や『平等覚経』に照らして意味を尋ねたり、『観経』から意味を汲んできたり、『悲華経』の「授記」の問題に触れたり、広く経文の意味を掘り下げているところがあり、特に四十八願の釈には、非常にていねいな解釈を行っていますが、善導大師のような、「下品」の自覚や「称名正定業」というような独自の視点は見当たりません。ですから、『教行信証』に広く引文されるにもかかわらず、親鸞聖人の扱いが七祖とは異なってくるのでしょう。

『述文賛』の学びが非常に深いと感じられることからも、親鸞聖人の比叡の山での修学には、源信僧都の学びから遡って、善導大師・憬興師・道綽禅師が温《たず》ねられていたのではないでしょうか。そうなれば、源信僧都が取り上げている龍樹菩薩の『十住論』も天親菩薩の『浄土論』も、当然学びの視野に入っていたと見るべきでしょう。親鸞聖人の学びの広さと深さは、やはり若き比叡の修行時代にすでに徹底して叩き込まれたものであることを、しっかりと認め直すことが『教行信証』制作の問題解明にとっても大切なことなのではないでしょうか。

続いて、宗暁師・慶文師・元照師らの諸宗の祖師が名号の徳に触れていることを引文して、本願の教えが広く流布していて、立場の異なりを超えて求道の志を支えていたことを示しています。

特に、天台の慶文師が「浄土の諸経に並びに魔を言わず」（『教行信証』聖典一八四頁）と言い、「自力に約してまず魔種あり」（聖典一八五頁）と言われます。天台大師智顗の『摩訶止観』の四種三昧（常行・常座・半行半座・非行非座の三昧）には、それぞれ九十日を一期と限って、修行を続けることが指示されているのですが、その実践の中に、魔との戦いが起こることが言われていて、そこに、阿弥陀の名号を称念せよと教えられています。『楽邦文類』（大正蔵四七・一五八・a）にも、「止観に云わく、（中略）九十日口常に阿弥陀仏名を唱して休息なく、九十日心に常に阿弥陀仏を念じて休息なく、あるいは唱念倶に運んで」と記されていますように、常行・常座等の三昧の行に「阿弥陀仏名」が必須でした。それは阿弥陀如来の護持によって、自力の修行に襲ってくる魔を退治してもらうためです。その流れで、慶文師にとっては、「魔事」や「魔境」が修行や三昧には必ず襲ってくるから、それを退治し超えていくための不可欠の信念として、阿弥陀の仏力をたのむことを勧めているのです。

これらの祖師方にとっての念仏とは、源空上人の専修念仏のように純潔な本願念仏の信念というわけではなく、自力の修行にとっての助力のような位置なのではありますが、念仏の効能や功力をほめる言葉には、それ自身で念仏を証明する意味があるということで、親鸞聖人は念仏の歴史に参画して大行を証する文として、引文しておられるのでしょう。

第十章　源信『往生要集』・源空『選択集』の引文

第一節　源信の引文について

源信僧都の表現の深層に本願への信頼があることを読み込む

源信僧都の引文は、『往生要集』念仏証拠門の文です（『教行信証』聖典一八八頁）。これを源空上人は『選択集』「三輩章」に引いています。『無量寿経』の三輩段には、上・中・下輩に対応して、諸行が説かれていて、それに並べるように「一向専念無量寿仏」が出されています。そこに着目して、源信僧都が「浅深ありといえども、しかるに通じてみな「一向専念無量寿仏」と云えり」（真聖全一・八八二頁）と見抜いたことを、源空上人は評価されるのです（真聖全一、九五〇頁）。

ただし、諸行と念仏を並べていることをどう考えるかについては、源空上人は三義を挙げて、その第一は、善導大師によれば、「先に余行を説くといえども、後に一向専念と云う。明らかに知んぬ、諸行を廃して唯だ念仏を用うるがゆえに一向と云う」といって「廃立」なのであるとされます（『選択集』真聖全一、九四九頁）。そして、第二に「助正」の義を言うところに、「往生之業念仏為本」（真聖全一、九五〇頁）の語を出して、念仏が本であるが、それを「助ける」のが諸行だという説を出します。そして、第三に「傍正」の義と言って、念仏と諸行にそれぞれ三品を立てる考えのところに、この「浅深ありといえども、（中略）「一向専念無量寿仏」と云えり」という言葉を引用しています。源空上人は、善導大師の『観経疏』「散善義」の「上来定散両門の益を説くといえども、仏の本願の意を望まんには衆生をして一向に専ら弥陀仏の名を称するにあり」（真聖全一、九四九頁）という釈を挙げていて、三義の中の本意が「廃立」にあることは、明らかです。源空上人は浄土教の学びを横川で承けていますから、源信僧都の影響を受けてはいますが、「偏依善導一師」（真聖全一、九九〇頁）と善導大師に信服していて、源信僧都の態度の不徹底さをこういう形で、批判しているとも見えるのです。

親鸞聖人も「たとい、法然聖人にすかされまいらせて、念仏して地獄におちたりとも、さらに後悔すべからず」（『歎異抄』聖典六二七頁）という決断のもとに、源空上人に帰依したのですが、祖師の選びについては、「七祖」の選び方ということについても、そして、源信僧都の引き方も、言わば隠顕の義を通して平等に取り扱おうとしているようです。つまり、顕の義では、「助正」「傍正」の意味で諸行と並べて念仏も勧めるような表現が源信僧都の勧め方であり、「専修」の決断も本願への信念もはっきりしていないようにに見えるのですが、その背後に深い自力無効の自覚や大悲への信頼が秘められているという読み方をされたのでしょう。

先（第五章第六節）にも触れたのですが、源信僧都は、特に天親菩薩の五念門を「正しく念仏を修す」（正修念仏）という内容として了解され、五念を次第して解釈する中に、作願門においては菩提心論を展開しています（『往生要集』真聖全一、七八二頁）。源空上人は、「菩提心等の余行」（『選択集』真聖全一、九四八頁）と言って、三輩の諸行に「発菩提心」とあるのを、諸行の側に入れ、それに対する「一向専念無量寿仏」なのだから、余行を廃して「専修念仏」が「三輩章」の密意だと見られた。その見方から、念仏を専修するなら、「菩提心も無用だ」と言ったものだから、明恵上人の『摧邪輪』を引きだしてしまったのです。善導大師の顕している義にも、源信僧都の表現にも抵触するではないかと明恵上人が厳しく批判するのは、もっとも至極なのです。

だから、「専修念仏」の信念が「仏道」であり得るためには、五念門がいかにして成就し得るのか、そして、「専修念仏」に立ちつつ、菩提心の問題にいかに答え得るかは、親鸞聖人にとっては大問題であったに相違ありません。源空上人は、「三心・四修」については、念仏する中におのずから具せられるように考えていたようです。「一枚起請文」に「三心四修と申す事の候うは、皆、決定して南無阿弥陀仏にて往生するぞと思う内に籠り候う也」（聖典九六二頁）と述べておられます。例の『往生礼讃』初頭の「安心・起行・作業」に「三心・五念・四修」を当てている善導大師の考えについて、これらはすべて念仏往生の信心に「籠り」てあると考えられていたということなのでしょう。『唯信鈔』に聖覚法印はそれを正直に踏襲しています。

親鸞聖人はその「籠る」という意味を、『浄土論』において五念門行を成り立たせる「本願力」が「観仏本願力」の「仏の本願力」、つまり仏の力であり、五念門の修行内容としての「回向」の成就である第五功徳門の「大慈悲をもって一切の苦悩の衆生を観察して、（中略）本願力の回向をもってのゆえに」（『教行信証』聖典一四四―一四五頁）とあるのは、『無量寿経』の法蔵菩薩の菩提心の修行内容の因果であると思念され、この法蔵願心の往還二回向の「二種の回向」によって「横超の菩提心」が煩悩具足の凡夫に信心として発起せしめられるのだ、といただかれたのでしょう。

親鸞聖人も横川の修行道場の堂僧であったとするなら、『摩訶止観』の指示する行も実践したでしょうし、『楽邦文類』が受け継いでいるような、九十日を限った念仏と共なる行堂の生活もされたことでしょう。源信僧都の学びの伝承として、倶舎論や唯識論も学んでいたに相違ありません（『恵心僧都全集』の中に『倶舎論』の講義録がある）。その場合の浄土教は、いわゆる寓宗であって、自力修行の助けとなる実践方法です。そのとき、源信僧都の言葉の中に、「極重の悪人他の方便なし、ただ弥陀を称して極楽に生ずることを得」（『往生要集』真聖全一、八八二頁）というような表現があることに、若き親鸞聖人は衝撃のようなものを受けていたのではないでしょうか。

次の引文は、『心地観経』の語る功徳の文です。明らかに親鸞聖人からすれば、この「功徳田」は、「名号」なのでしょう。この引文の出所は、第四大門「正修念仏」の五念門中の「礼拝門」です。源信僧都はこれを「三業相応の身業」（真聖全一、七八〇頁）と釈しています。そして「一称南無仏皆已成仏道故、我帰命礼無上功徳田」（『教行信証』聖典一八八頁）とあり、「無上功徳田」に帰命するのだ、と言っています。その功徳田を六種に開き、また六種の功徳によって、六通りに念ずるのだとも言われます。親鸞聖人がこれを行の意味とするのは、先に「帰命」に「如来すでに発願して、衆生の行を回施したまう」（聖典一七七―

一七八頁）という意味を与えていたから、名号が功徳田となり、慈悲母ともなり、大法王ともなり、円融万徳尊ともなるということなのでしょうか。

次に、「波利質多樹《はりしつたじゅ》」の喩えが引かれています。この出所は、五念門中の作願門を展開する中で、「菩提心」をほめている譬喩を切り取って、名号の意味にして引用しています。波利質多樹とは、インドの物語上の樹木で、「忉利天《とうりてん》」に生じ、香木だとされています。菩提心の尊さを讃えようとする譬喩を、源信僧都の意図を換骨奪胎して、名号の功徳の譬喩に転じているのです。親鸞聖人においては、菩提心とは回向の信心が「横超の菩提心」であり、その本質は如来の清浄性に由来するのだから、信心の特質が名号に由来し、また名号の特質がそのまま信心の特質に転じても当然なのでしょう。

引文の最後の「一斤《いっこん》の石汁《せきじゅう》」以下の譬喩は、『往生要集』巻下末（真聖全一、九〇六頁）にあって「臨終念相を明かす」として論じられている部分で、「仏法不思議」の事例を出している中から、取りだされています。これも、元は臨終の念仏往生の不思議さを語る文脈の譬喩を、念仏そのものの譬喩に転じているのです。こういう引き方の根底に、源信僧都の表現の深層に、本願への信頼があることを読み込んでいるのだと思います。すべてが、本願の名号の力において成り立つ不思議さなのだ、といただいていくということでしょう。

さて、「行巻」の直接の問題ではないのですが、源信僧都の浄土教理解で親鸞聖人への影響として見逃すことができない問題は、「信巻」と「化身土巻」にあります。「信巻」では、引文と同時に「正信偈」にも取り上げている「我亦在彼摂取之中　煩悩障眼雖不能見　大悲無倦常照我身」（聖典二二二―二二三頁）という言葉があります。この語によって、親鸞聖人の信心の幅と深さが大きく広がっているのです。つまり、煩悩の身である我らは、大悲を忘れ日常生活にまみれて生きているけれども、大悲は常に我を摂して照らし続けているのだ、と信ずるということ。比喩的には、子は自分で成長し自分独りで苦しんでいると思っていても、親はその子を忘れることなく見守っている、そのあり方の子どもの側の目覚めの自覚内容です。つまり、大いなる大悲の場に、包まれて立っているという自覚構造が、親鸞の信心の大地性なのです。

「化身土巻」のこととは、「化身土巻」の初めに、「化身土」を顕すについて『菩薩処胎経』と「懈慢界」という言葉を出しています（聖典三二六頁）。この語は、「首楞厳院の『要集』に、感禅師（懐感）の『釈』（群疑論）を引きて云わく」（聖典三三〇頁）と言って、書きだしている引文に出てくる言葉です。つまり、「化身土巻」という巻で取り上げる課題を、源信僧都の『往生要集』の学びから気づかされたのだということでしょう。信心の問題を批判的に自覚していく過程を、三願・三経・三機・三往生という、いわゆる三三の法門に立体化していくヒントを、源信僧都から承けているということでもあると思います。

第二節　源空『選択集』の引文

法然上人との出遇いの内実

仏道の歴史に現れた本願の信心を証明する文章を、「大行」の意味を表す証文として引用されてきました。その最後が源空上人の『選択集』からの引文です。法然上人源空と親鸞聖人の出遇いは、浄土教の歴史にとっても、また苦悩の人生に傷ついている我ら凡夫にとっても、途方もない大きな歴史的事件でしょう。この出来事によって、「真宗」という思想信念が片州濁世たる日本に誕生したのですから。このことを親鸞聖人は『高僧和讃』で源空上人を讃えて、次のように詠っています。

本師源空世にいでて　弘願の一乗ひろめつつ
日本一州ことごとく　浄土の機縁あらわれぬ
智慧光のちからより　本師源空あらわれて
浄土真宗をひらきつつ　選択本願のべたまう
善導源信すすむとも　本師源空ひろめずは
片州濁世のともがらは　いかでか真宗をさとらまし
曠劫多生のあいだにも　出離の強縁しらざりき
本師源空いまさずは　このたびむなしくすぎなまし（聖典四九八頁）

和讃でこれほどの内実を持つ出遇いであると詠っているにしては、親鸞聖人の「行巻」の源空上人からの引文は非常に短いのです。『選択集』の扉に書かれた「南無阿弥陀仏　往生之業念仏為本」の語と、『選択集』の結びに記された「三選択」の文のみです。分量から見ると、なぜこれだけなのか、という疑問も起こることです。しかし、この引文の短さは、親鸞聖人と源空上人との課題の共通性と問題意識の合致とを示しているということなのではないでしょうか。むしろこのことが、鮮烈に本師源空が明らかにした「仏教」、「本師源空明仏教」（『教行信証』聖典二〇七頁）の意味を『教行信証』全体をもって応えようとされたのだということを示しているとも言えるのではないでしょうか。扉の言葉は源信僧都の、そして選択の第一は道綽禅師の「聖道門をさしおいて浄土門を」選ぶこと、第二は善導大師の「正雑二行の中から、正行に帰すること」、そして第三こそは善導大師の密意とでも言うべき、正助二業の中から「称名正定業」を選び取って、専修念仏として鮮明にした源空上人自身の、仏教思想の大改革とも言うべき内容を、まとめて提示しているからです。その中に一貫する事柄が「法蔵菩薩の選択」を手がかりにして、聖道門をさしおいて浄土門へ、雑行をなげうって正行に帰し、助業を傍らにして正定業を選び取るという、「選び」の決断です。その最後の決断が「仏の名を称する」という本願の選びに帰する決断なのです。

「易行」とは衆生の行の難である条件をできるだけ外して、誰でもどこでもいつでもできる行として「称名」を選んだのだ、と源空上人は如来大悲の意図を見抜かれました。しかし、人間はおのおの別々の事情の中で、他人より自分が勝れていくことで、人間のあり方に納得しようとします。つまり、自力の妄執とは、名聞利養の思いを仏道の「行」にまで持ち込むものであるとも言えます。多く修行し、他より高度の体験を持とうとし、それによって自他共に認められる求道者であろうとするからです。そういう方向の一切を選び捨てるということが、自己にとっての仏教的信念の根底を如来の願に据え替えるということなのです。

この選びによって、人間として「愚」であることも「罪業深重」であることも、本願の救済にとっては少しも障碍とならないという大悲の仏法が開かれるのです。しかし、それは努力と差別化で立場を構築することを当然としてきた旧来の「仏道」にとって、徹底的に憎悪される対象とならざるを得なかったのです。自己の愚かさに泣き、宿業の暗さにもだえる苦悩の有情に寄り添う方向は、出家修道して世俗生活を捨て去っていく「修行」の菩薩道にとって、「利他」の課題として展望されてはいるものの、現実には自己の努力と差別化に圧倒的な人生の時間も勢力も注ぎ込まれるのみで、離れることができない宿業因縁の罪業性や苦悩の現実は、常に置き去りにされてしまうのです。

おそらく、源空上人の決断はそういう人間の基準をきっぱりと捨てて、法蔵選択の基準を純潔に選び取るということなのでしょう。親鸞聖人がそれを選び取るために、二十九歳までの山の修行の功徳も学問の蓄積も、すべて役に立たないことと決判して、「たとい、法然聖人にすかされまいらせて、念仏して地獄におちたりとも、さらに後悔すべからず」（『歎異抄』聖典六二七頁）とまで、心を決めて入門するために、「百か日、降るにも照るにも、いかなる大事にも」（『恵信尼消息』聖典六一六頁）通い詰めたと恵信尼公が記していることは、大変なことだと思うのです。この百日にかけられた深い迷いと決断の強さを読み取った本師源空上人が、聖道浄土の決判をした道綽禅師と専修念仏の決断をした源空自身の名前から、一字ずつ取って「綽空」の名を、この新参の入門者に与えたのだ、と考えるのはごく自然ではないでしょうか。

『教行信証』の「後序」で、「由来の縁」として親鸞聖人が書き留めていることについて、この師弟の出遇いを背景に考察するなら、あの記述はこの『教行信証』を制作した「由来」でもあり、師から新しくたまわった「親鸞」の名の由来でもあると読まねばならないと強く思われるのです。

『教行信証』は一貫して「愚禿釈親鸞」の名で制作したことを記述しています。「総序」にも「別序」にも。「後序」では「愚禿釈鸞」と「親」の一字を外してはいますが、明らかに「親鸞」の略です。そして各巻の巻頭に撰集名としても、繰り返してこの名を記述して、「後序」にその謂われを書き留めたのだというのが、素直に親鸞聖人の文脈を読めば頷けることです。「後序」に記された「名の字」とは「親鸞」なのです。つまり、入門して数年で『選択集』の付属に与《あずか》り、真影の図画を許され、その上に一生をかけて成就すべき課題を新しい「実名」とともに付与されたこと、その師の恩に応えるべく一生をかけて書き上げたものが、『教行信証』なのだということを明示しているのではないでしょうか。

現今までの、流罪以後に「親鸞」を自分で名告《なの》ったという親鸞理解では、親鸞聖人の人間像が、どうも師との出遇いや「源空和讃」で語る言葉との齟齬を来《きた》しているのではないでしょうか。そして、一貫して「愚禿釈親鸞」で制作した『教行信証』にその「親鸞」という名の説明がない、ということは不自然極まりないことになります。この過りを七百五十回御遠忌を期としてぜひ改めなければならないのではないか、と問題提起したのです。

結び

親鸞の主著『顕浄土真実教行証文類』から、「行巻」を取り上げ、『親鸞の名号論――根本言の動態的了解――』という題で皆さまとご一緒に研鑽させていただきました。「行巻」は「謹んで往相の回向を案ずるに、大行あり、大信あり」（聖典一五七頁）というお言葉が巻頭に置かれて始められています。この「往相の回向」の語は、「還相の回向」とともに、曇鸞大師の『浄土論註』からいただかれたお言葉であり、これをもって、『無量寿経』の内容を整理し直して、浄土真宗の思想の骨格を明晰判明にしようとされたのだと、思われます。

この講義においてまずは、親鸞聖人の「如来二種の回向」という言葉の使い方をしっかりと見直して、主著の題名に託された課題が、「顕浄土」すなわち、「浄土」の真実を衆生の上に顕らかにすることであること、その「真実」を衆生に実現する根拠が「二種の回向」であることを、明確に自覚し直さなければならないのではないかと確かめました。

親鸞聖人は「如来の二種の回向によりて、真実の信楽をうる」（『三経往生文類』聖典四七一頁）とか「弥陀の回向成就して　往相還相ふたつなり　これらの回向によりてこそ　心行ともにえしむなれ」（『高僧和讃』聖典四九二頁）とか「如来二種の回向を　ふかく信ずるひとはみな　等正覚にいたるゆえ　憶念の心はたえぬなり」（『正像末和讃』聖典五〇二頁）と言われて、往還の二回向がいずれも如来よりの大悲の用きであり、我らはそれによって信心を得るのだ、と書いておられます。

周知のように、親鸞聖人は『浄土論』の五念門行の自利利他の因果が『無量寿経』の語る法蔵願心の大悲の菩薩行であり、その菩薩行の功徳を回向門に凝縮して、「回向を首として」大悲心を衆生の上に成就してくださるのだとご了解されました。我ら凡夫は、その回向の用きに値遇することにおいて、大悲の行願の功徳を一挙に回施されるのだと信受せよということです。だから、それを受け止めるなら、「金剛心のひとは、しらず、もとめざるに、功徳の大宝、そのみにみちみつ」（『一念多念文意』聖典五四四頁）るのだとまで仰せられるのです。

往還の回向に値遇すること、往還回向の用きを「受け止める」立場に立ち続けること、その受け身の立場が「罪悪深重の凡夫」の立場であります。ですから、徹底的に「受身形」でこの愚かな身を大悲願心の用く場として生きることが、信心を得ることによって成り立つ我らの立場なのだと言えようかと思います。「往相の回向について、真実の教行信証あり」（『教行信証』聖典一五二頁）と言われ、さらに「往相の回向を案ずるに、大行あり、大信あり」と言われることは、大悲の往相回向が、我らの行信となるのだということであります。行の根拠である「諸仏称名の願」を「往相回向の願」と言い、信心の根拠たる「至心信楽の願」を「往相信心の願」と言われるのも、如来の往相回向の用きで、煩悩具足の凡夫に「真実行」も「真実信」も具現するのだということを表現しているのです。しかし、信心の根拠を二種の回向とされるのには、還相回向も行信の獲得に当たって、我らに影響し作用する大悲の用きなのだということでしょう。

還相の回向については、『浄土論』に利他の「回向門」の行の果として語られる「第五功徳門」(園林遊戯地門)の文章を「証巻」に引用されて、その根拠を第二十二願とすることを述べておられますが、この問題は今回の直接の課題ではありませんので、これに止めておきます(『根本言の意味開示』東京教務所、二〇一三年、に譲る)。ともかく、如来の二種回向を信受するとき、煩悩具足の身が如来の大悲の用く場となり、愚かな身が、かけがえのない尊い場とされてくる。それによって、この現生に大悲本願を証明する命の意味が与えられてくるのでしょう。

次に、今回のテーマである「真実の行」ということですが、この「行」という言葉の理解も、注意が必要です。どこかへ行くとか、修行して自己を修正するという意味を持つ「行」という言葉を用いながら、その意味を転じているのです。衆生が「如来二種の回向」に値遇するところに、大悲心によって功徳成就した一切の阿弥陀如来の功徳を、一挙に衆生に回施されるという事実を表す言葉とするのです。それによって、「行」に「大行」という新しい意味を見出されました。そこに「大行」の内実として「第十七願」(諸仏称名の願)の因果を掲げる意図があるのではないでしょうか。だから、「行巻」の初めに「この行は、すなわちこれもろもろの善法を摂し、もろもろの徳本を具せり。極速円満す、真如一実の功徳宝海なり。かるがゆえに大行と名づく」(聖典一五七頁)と言われ、『浄土論』が語る浄土の仏功徳である「不虚作住持功徳」の文を引いて、浄土荘厳の無上の功徳が大行となって我らに回向されることを言われているのです。

この一切の浄土の功徳を名号に内包して我らに回向するということは、「言葉」となって我らの日常レベルに現れる法蔵願心の積極的な意図でしょう。その強い意図を表そうとするのがこの『行巻』の目的ではないかと思うのです。「昼夜一劫すとも、なお説き尽くせず」（『無量寿経』聖典三一頁参照）と言われ、さらには「不可称・不可説・不可思議」（『唯信鈔文意』聖典五四七頁など）とも言われる如来の大いなる功徳を、「真理の一言」によって衆生の日常生活の中に投げ入れるのだということです。法蔵願心の五劫思惟は、名号を選び取り人間のそのほかの一切の行為を選び捨てたのだと言われます。だからこの言葉に、万徳が収め尽くされていると教えられているわけです。

人間存在にとっての言葉はあらゆる意欲や活動と関係して、これによってすべてを理解したり表現したりする大切なものであるには違いないのですが、しかしまた、言葉には「同義語」があったり「多義性」があったり、また文脈で正反対の意味に用いられたりしますから、言葉それ自身を信頼するということは容易なことではありません。しかし如来の大悲は、「いつでもどこでもだれでも」がそれに触れ得ることとして、仏の名号を「正業」と決めて、それを我らに呼びかけ、この内実を聞き当てて欲しいと選択されたのです。

この仏の御名の意味を法蔵菩薩の物語として開示したものが『無量寿経』であり、それに触れた求道者の歴史が浄土教の伝承となってきたわけです。『教行信証』「行巻」には、この名号の意味を解明するとともに、その浄土教の歴史の証文をも引用されています。そのことは法蔵の願心が人間に受け止められて、それが人間に与えた喜びや感動をも「大行」の現前だといただかれたということなのでしょう。天親菩薩の『浄土論』が仏説の形式たる「優婆提舎」の名を持つことは、やがて仏説によって生みだされた本願の言葉への共感や「讃嘆」が、また仏説の真理性を人間が証明して、「大行」の用きを相続することになるとご覧になっておられたということであります。

念仏の行者を親鸞聖人が「御同朋・御同行」と仰がれたのは、そこに教主世尊の出世本懐が受け止められ、大悲の本願が証明されていたからでありましょう。弥陀の尊号を「真理の一言」として、それが我らの「根本言」、すなわち言語生活の根本となる言葉なのであると、心新たにいただいていきたいことであります。

あとがき

本書の成立した因縁をここに記しておきたいと思います。この講義録の元になっている講義は、真宗大谷派の夏安居での講義です。この安居本講を依頼されたのは、二〇〇九年の春でした。それから講義のためのテキスト（安居講本『根本言としての名号』）執筆にかかり、やっと二〇一〇年度の夏安居に間に合わせることができました。この年は、親鸞聖人七百五十回御遠忌（二〇一一年）を翌年に控え、ご真影をまつる御影堂の屋根瓦葺き替え工事が済んで、開講式・満講式が五年ぶりに御影堂で行われた記念すべき年でした。七月後半の猛暑の中、二週間にわたる安居だったのですが、大谷大学大学院の学生を含めて、百名に近い聴講者とともに、魔事なく安居を勤め終えることができたのは、諸仏善知識のご加護と感じられました。愚生にとっては、初めての安居本講であり、縁あって真宗学を学んできた立場でしたから、親鸞聖人の主著『教行信証』の主題となる「大行」を論じようと思って、「行文類」を取り上げさせていただきました。

この選びには、大谷派本山の夏安居で寺川俊昭師が十年ほど前に論講をされて以来、「行巻」が取り上げられていなかったという事情がありました。それに加えて、愚生が長い間お世話になった故安田理深先生由来の相応学舎で、愚生が『教行信証』の講義を続けさせていただいているのですが、その講義で、ちょうど「行巻」を読み終わっていたということがありました（相応学舎での講義録は、「総序巻」・「教巻」・「行巻1」〈草光舎〉、「行巻2・3」〈樹心社〉となって出版されています）。

さて、夏安居での講義は、テキストに添いながら進めたのではありましたが、二週間の連日の講義でも、テキストの途中までしか進められず、後半はほとんど講義することができませんでした。不十分な講義であったにもかかわらず、この夏安居を聴講してくださった数人の方々から、この講義を記録して読めるようにして欲しい、という願いを出していただきました。

講義録の作成は、並大抵の仕事ではないのですが、この安居の聴講者でもあった山口孝氏が、この仕事を引き受けて完遂してくださいました。それに加えて、安居の都講として講義に出席して、聴講者の攻究などのお世話をされた嵩海史《かさみひろし》氏が、原稿作成に加勢をしてくださり、講義できなかった後半部分を、安居のテキスト『根本言としての名号』から相当部分を切り取って、講義内容に組み込んだり、註や出典の確認などをしてくださいました。愚生も整文や作文を加えて、読者に親鸞聖人の思想信念に触れていただけるように、精一杯努力したつもりではあります。

二〇一四年二月は、先師安田理深先生の三十三回忌にあたります。愚生の学びは、ひとえに先師安田理深先生のお陰で成り立っていることですから、これに向けていささかなりとも教恩にお応えし、ご報告としたいと念じていたのですが、この度この書を上梓することができたことは、この微意を表現することにもなりました。ちなみに、本講義の書名のサブタイトル「根本言の動態的了解」は、安田理深先生の「根本言」というお言葉に依っています。

本書の出版に当たっては、困難な情況の中、読者の多くない仏教の専門書を持続的に出している、法藏館が引き受けてくださいました。法藏館社長の西村明高氏および編集担当の満田みすず氏には、深く感謝するところであります。

二〇一三年師走

本多弘之

本多　弘之（ほんだ　ひろゆき）

1938年，中国黒龍江省に生まれる。1961年，東京大学農学部林産学科卒業。1966年，大谷大学大学院修了。大谷大学助教授を経て，2001年，親鸞仏教センター所長に就任。真宗大谷派本龍寺住職。朝日カルチャーセンター（新宿）講師。1983年，大谷大学を辞任後，『安田理深選集』（全22巻，文栄堂）の編集責任にあたる。2011年，真宗大谷派講師。
著書に，『親鸞教学――曽我量深から安田理深へ』『親鸞思想の原点――目覚めの原理としての回向』『大無量寿経講義』全３巻，『一念多念文意講讃』（以上，法藏館），『浄土――その解体と再構築』『浄土――その響きと言葉』『浄土――おおいなる場のはたらき』『新講教行信証』行巻２・３（以上，樹心社），『他力救済の大道――清沢満之文集』『親鸞の鉱脈』『静かなる宗教的情熱――師の信を憶念して』『新講教行信証』総序巻・教巻・行巻１（以上，草光舎），『根本言の意味開示』（東京教務所）ほか多数。

親鸞の名号論
――根本言の動態的了解――

二〇一四年二月二五日　初版第一刷発行

著　者　本多弘之
発行者　西村明高
発行所　株式会社　法藏館
京都市下京区正面通烏丸東入
郵便番号　六〇〇-八一五三
電話　〇七五-三四三-〇〇三〇（編集）
〇七五-三四三-五六五六（営業）

装幀者　山崎　登
印刷　立生株式会社・製本　新日本製本株式会社

ISBN 978-4-8318-8722-1 C3015